国法体系における憲法と条約

国法体系における憲法と条約

齊藤正彰 著

信山社

はしがき

「日本国が締結した条約及び確立された国際法規は、これを誠実に遵守することを必要とする」という日本国憲法第九八条第二項は、何を定めているのであろうか。「この憲法は、国の最高法規であつて、その条規に反する法律、命令、詔勅及び国務に関するその他の行為の全部又は一部は、その効力を有しない」とする第九八条第一項に続けて置かれたこの規定の意義は、いかなるものであろうか。

憲法が「必要とする」と定める「日本国が締結した条約……を誠実に遵守すること」の意味としては、条約に国内的効力を認め、あるいは、国内法に優位する形式的効力を付与するものであるとされることがある。ただし、国内法に対する条約の優位は、日米安全保障条約を背景とする憲法優位説の台頭によって、法律に対する条約の優位にまで射程を刈り込まれている。条約の締結によって厳格な憲法改正手続が潜脱されることは認められない、という憲法優位説の主張は、説得的なものとして受け容れられ、通説的見解となった。砂川事件における最高裁判所大法廷判決も、憲法の優位を前提として条約の違憲審査を認めるものと一般的に理解され、憲法優位説を支持するものとされた。しかし、その後、国内裁判所において国際人権条約を援用する国際人権訴訟が展開されるようになったとき、憲法学がかねてから維持していた枠組は、議論の発展を拘束する意味あいを強くするものとなった。

本書は、「日本国が締結した条約……を誠実に遵守すること」について、条約を一律に捉えて論じるのではなく、それぞれの条約の性質に応じて憲法の対応を考えていくべきではないか、という思考の下に、憲法に対する条約の優位が許容ないし承認される場合（第一部）、国際人権条約に間接的な憲法的地位を認めるべき場合（第二部）、国際人権訴訟に関して「誠実に遵守すること」が有しうる意味（第三部）について考察するものである。

本書の第一部は、北海道大学審査博士（法学）学位論文に補筆したものである。第二部は、北海道大学に提出した修士論文を書き改めたものである。第三部は、日本弁護士連合会の勉強会での報告を機に北大法学論集に掲載した内容と、国際人権法学会での報告内容とをもとに、再構成したものである。本書にまとめるにあたって、公表済みのものに手を入れたものの、十分な補正や発展を加えるには至らず、不備が目立つばかりである。しかし、御批判・御叱正を仰ぐ好機を与えていただいたものと心得て、本書を世に送ることとしたい。

まがりなりにも研究者として一冊の著書を仕上げるまでには、多くの方々から御支援をいただいた。中村睦男先生には、学部三年目の演習に参加させていただいて以来、大学院では指導教官をお願いし、研究者としての万般について今日に至るまで常に御指導を賜っている。北海道大学での公法研究会においては、深瀬忠一先生、高見勝利先生、岡田信弘先生、常本照樹先生、林知更先生、そして木下毅先生をはじめ、多くの先生方から貴重な御教示をいただいた。また、研究会や大学院集中講義のために北大に来られた先生方からも、多くのことを教えていただいた。私の拙い研究が本書のような形に至ることを可能にしてくださった諸先生の学恩に深謝したい。北大大学院の諸先達および机を並べた同輩諸氏の御厚情にも、この場を借りて御礼申し上げたい。とりわけ、私の研究生活の成立は、熊本大学の木下和朗助教授の、学部学生のとき以来の御懇篤な御援助に負うところが大きい。

本書の出版については、北星学園大学後援会の学術出版補助を受けることができた。着任間もない筆者に寛大に御支援くださった北星学園大学と、自由な雰囲気の中で温かく接してくださった経済学部の諸先生に感謝したい。さらに、本書の出版をお勧めくださり、刊行に至るまで多大なお世話をいただいた、袖山貴氏、戸ヶ崎由美子氏をはじめとする信山社の皆様に厚く御礼を申し上げる。

そして、本書を手にとってくださった読者の皆様に。

二〇〇二年春

齊藤正彰

目次

国法体系における憲法と条約

序論

第一節　問題の所在

日本国憲法第九八条第二項は、「日本国が締結した条約及び確立された国際法規は、これを誠実に遵守することを必要とする」と規定する。日本国憲法と国際法、(1)とりわけ条約との関係については、同条第一項との関係や第八一条の文言の問題等とも併せて、学説上、今日までほぼ一貫して、条約優位説と憲法優位説の対立という図式で説明されてきた。日本国憲法の下では、当初は条約優位説が有力であったが、その後、国際情勢の影響もあり、(2)憲法優位説が通説的地位を獲得して今日に至っている。憲法改正手続に比べて厳格さを欠く条約承認手続によって実質的な憲法改正がなされることは認められない、という憲法優位説の主張が、強い説得力を保持してきたのである。このことは、憲法規定の差違だけではなく、直面した実践的課題の相違もあって、欧州における議論の展開とは様相を異にするものであった。

たしかに、一定の範囲で憲法優位に例外を認める見解も登場し、さらに、そのような例外的な条約優位の範囲を、国際人権条約にまで広げる説も現れた。(3)しかし、いずれにせよ、このように、憲法学が条約の国内適用の問題を考える際には、多くの場合、憲法との間での形式的効力の優劣関係が中心的論点であり、また、憲法と条約の関係についての議論の枠組をなしている。しかも、このような議論の枠組が形成された際に念頭に置かれていたのは、主に、日米安保条約をはじめとする二国間条約であったといえるであろう。(4)結局のところ、日本の憲法学において、「憲法と条約」という論点には、日本国憲法成立以来の条約優位説と憲法優位説との対立という図式が、その主張を大きく更新することもなく温存されていることに変わりはない。条約優位説の期待（そしておそらく憲法優位説の懸念）に近い状況にあったはずの欧州諸国の問題は、日本にまったく紹介されなかったわけではないが、この論点における対立図式に大きな変更を迫ることができなかった。

本書は、まず、「憲法と条約」という論点の最大の問題である、国法秩序の段階構造における条約の地位の問題について考究する(5)（本書第一部）。ここでは、EC法についての議論を手がかりとして、憲法に対する条約の優位が承認ないしは許容される場合について検討する。憲法を頂点とする国法体系の内部で、条約が憲法との関係でいかなる地位を有しうるかの問題を、条約の性質に照らしてその取扱いを考えるという観点から、ドイツ連邦共和国基本法とEC法の関係についての判例および学説を手がかりとして、考察することとする。

ドイツ連邦共和国基本法（以下においては、「ドイツ基本法」または単に「基本法」という）との関係においては、「優位要求」が内在する外来的法源としてのEC法に、「憲法秩序のアイデンティティ」の保護という一定の限界を伴う優位が認められている。この帰結は、基本法の基本的態度としての国際法調和性に基づく、基本法第二四条第一項の「国際的協力についての憲法的決定」の解釈から導かれている。日本国憲法については、その全体から基本的態度としての「国際主義」が看取され、憲法第九八条第二項には条約を「日本国が締結した条約……は、これを誠実に遵守することを必要とする」という憲法的決定が存在し、そこから、この憲法的決定は、条約の性質に応じて、条約優位を承認ないしは許容する構造として働き、あるいは、国内法の条約適合的解釈を要請すると解される。

つぎに、本書は、国際人権条約の国内裁判所における実効性確保、およびいわゆる国際人権訴訟に関する諸問題について考究する（本書第二部・第三部）。憲法学が、条約の国内適用に関して、憲法と条約のいずれが形式的効力において優位するかという、国法秩序の段階構造における条約の地位を主要な論点としてきたことは、前述の通り、国際人権条約についても基本的に変わりはない。日本の憲法学が国際人権法という新たな課題への対応を求められたとき、条約優位説の再評価を提唱する見解が一部に散見されるようになった。しかし、すでに欧州人権条約への対応を迫られていた彼地の憲法学は、このときまでに、国法秩序の段階構造における条約の地位の上昇によらずに、欧州人権条約に対して憲法と同等の尊重ないし配慮を実現しつつあった。

本書は、国内裁判所における国際人権条約の実効性確保を考える場合に、国法秩序の段階構造における条約の地位という問題は、少なくとも従来論じられてきたような形においては、必ずしも重要性を有しないと考える。従来、憲法優位説は、憲法対条約・法律という、最高法規としての憲法とそれ以下の法規範との対立という枠組をとり、条約優位説は、条約対憲法・法律という、国際法と国内法との対立という枠組をとってきたように思われる。いずれも、国法秩序の段階構造において最上位に立つ法形式が何であるかを最大の関心事としてきたと解される。そして、国際人権条約の実効性確保についても、そのような枠組を前提とした議論が展開されてきた。しかし、本書は、国内裁判所における国際人権条約の実効性を確保するためには、必ずしも国法秩序の段階構造において単独で最上位を確保する必要はない、すなわち、必ずしも憲法と条約のいずれが形式的効力において優位するかを問題とする必要はないと考える。つまり、国内裁判所における国際人権条約の実効性確保に際しては、憲法に優位するか否かが重要なのではなく、国際人権条約に対して、憲法に対するのと同等の尊重ないし配慮が国内裁判所によってなされうるか否かが問題だと解されるのである。

その際に重要なことは、国内的効力を有する条約、すなわち、国法の一形式となっている条約の国内裁判所における適用を論ずるにあたって、条約が一定の範囲で裁判規範としての効力を有することを前提にして、いかなる訴訟類型において、いかなる形で、条約に裁判規範としての効力を認めうるかという問題を究明することである（本書第二部）。[6]

また、従来から、判例・学説ともに、条約が国内的効力を有し、少なくとも法律には優位するということを承認してきたにもかかわらず、近時しばしば指摘されるように、[7]こと国際人権条約に関しては、その国内裁判所における実効性という点を見る限り、現状が、「誠実に遵守することを必要とする」という要請に十分応えているといいうるか、疑問が残らなくもない。

問題として指摘されることは、第一に、最高裁判所が、国際人権条約について、憲法に対するのと同等の尊重ないし配慮をしていないということである。これは、制度的な面で、国際人権条約違反を理由とする最高裁判所への上訴の途が、必ずしも十全に確保されていないという問題とも連繋する。問題の第二は、市民的及び政治的権利に関する国際規約（以下、「B規約」という）に基づく条約機関である規約人権委員会の意見・見解が、日本の国際人権訴訟において、必ずしも十分に活かされていないのではないかという批判に関わる。これについては、日本がB規約の第一選択議定書を批准していないという事情と連繫して、規約人権委員会の意見・見解が国内裁判所においてどのような法的意義を有しうるのかという問題が提起される。本書は、この二つの問題について、本書を貫く基本的思考である「国際法調和性の原則」の観点から、考察を試みる（本書第三部）。

日本国憲法の下では、法律に対する条約の優位は、さしたる議論もなく当然のように認められ、他方、憲法に対する条約の優位も、その否定が必ずしも忘却を意味せず、なお通過すべからざる論点としての地位を維持している。条約が国内法に優位するということは、前提となる国内的効力の獲得に関する問題は措くとして、次のような諸問題を生じさせる。

第一に、条約が憲法にも優位する場合には、その限界が問題となるはずである。憲法の規定が条約の優位を認めているならば、その憲法の基本原理までも無条件に条約に劣位させてしまうものかどうかは疑問である。つまり、日本国憲法が条約の優位を認めているとしても、それは、無条件かつ絶対的な優位ではないのではないかとも考えられるのである。

第二に、条約が憲法に優位する場合、そしてそこに法定立権限を有する国際機構が関わるときには、対外権の統制が問題となってくるであろう。対外権（外交権）は、主に政府の掌中にあり、これが国際機構の立法に関与して国内法に優位する効果を獲得するとなると、議会による統制も裁判所による統制も十分に働かなくなるおそれがある。

第三に、条約が国内法に優位する場合には、国内裁判所による司法審査の問題が発生する。少なくとも法律には優位するならば、法律の条約適合性審査が問題となる。「違憲審査制と条約適合性審査との擦り合わせ」といったことも問題となってくる。これらのことは、もちろん、立法権が司法権によって掣肘される可能性の増大を意味している。

本書は、まず第一の点について考察する。第二の点は、マーストリヒト条約前後からドイツ連邦共和国において喧しく議論されていることではあるが、上述のような日本の憲法学の問題関心に鑑みて、本書では扱わず、他日を期したい。第三の点については、国際人権条約の国内裁判所における実効性確保の問題として考察することとする。

本書は、ＥＣ法および欧州人権条約を考察の手がかりとするが、なかでも、ドイツ連邦共和国に範を求めることとする。ドイツ連邦共和国においては、憲法たる基本法に対するＥＣ法の優位については、連邦憲法裁判所が欧州裁判所（いわゆるＥＣ裁判所）との間で厳しい対立を繰り広げてきた。また、国内裁判所において欧州人権条約が援用された例も多く、また、欧州人権条約違反を理由とする連邦憲法裁判所への憲法異議の可否についての議論は、条約違反を理由とする最高裁判所への上訴の問題について、なんらかの示唆を与えるのではないかと思われる。さらに、欧州人権裁判所判例の援用について、連邦憲法裁判所は、比較的に積極的な判断を示していることが注目されるのである。

（1）一般国際法の構成要素である慣習国際法は、日本国憲法前文および第九八条第二項との関わりにおいて、日本国憲法と国際法との関係を考える上で重要な意義を有するが、本書の考察との関係では必ずしも十分に扱うことができない。

（2）橋本公亘「条約の国内法的効力」ジュリ三〇〇号（一九六四年）六七頁。また、憲法優位説の台頭について、いわゆる日米安保条約との関連をとくに指摘する見解も存する。例えば、芦部信喜＝小嶋和司＝田口精一『憲法の基礎知識』（有斐閣・一九六六年）二四頁〔芦部執筆〕、上野裕久「第九八条憲法の最高法規性、条約および国際法規の遵守」小林孝輔＝芹沢斉編『別冊法学セミナー基本法コンメンタール憲法』〔第四版〕（一九九七年）四〇一頁〔畑尻剛執筆〕、中村睦男「現代国際社会と条約の国内法的効力」佐藤幸治＝中村睦男＝野中俊彦『ファンダメンタル憲法』（有斐閣・一九九四年）三二五頁、戸波江二「条約の修正」法セ四七一号（一九九四年）七四頁。なお、尾吹善人『日本憲法――学説と判例』（木鐸社・一九九〇年）一〇一頁。

（3）江橋崇「日本の裁判所と人権条約」国際人権二号（一九九一年）二三頁。この見解に対する批判として、例えば、横田耕一「人権の国際的保障と国際人権の国内的保障」ジュリ一〇二二号（一九九三年）三二頁註四、同『国際人権』と日本国憲法――国際人権法学と憲法学の架橋」国際人権五号（一九九四年）七頁、戸波・前掲論文（注2）七四頁、佐藤幸治『憲法』〔第三版〕（青林書院・一九九五年）三九五―三九六頁註一等。

（4）二国間条約と多国間条約との相違を強調し、両者を条約として一律に論ずるべきではなく、後者については特別の考慮が必要であるとする見解が現れている。例えば、伊藤正己『憲法入門』〔第四版〕（有斐閣・一九九八年）二六三頁（「条約を一律に扱うのではなく、たとえば国際人権規約のような普遍性をもつ多国間の条約は、国内法としても憲法にほぼひとしい効力をもつと考えてよいであろう」とする）、芹澤齊「憲法と条約」法教一七三号（一九九五年）七八―七九頁等。

（5）「形式的効力」における「効力」の語の使用が、条約に関する議論における混乱の一端となっているのではないかと解されるので、本書では、原則として、「国法秩序の段階構造における地位」と称する。

(6)　本書において「国法」の語を用いる場合、それは、「特定の国家の法の総称」(竹内昭夫＝松尾浩也＝塩野宏編集代表『新法律学辞典』(第三版)(有斐閣・一九八九年) 四八七頁) の意味である。なお、専ら国内で制定された(国際法に起源を有しない) 国法形式を総称する場合には、「国内法」の語を用いることとする。

(7)　伊藤正己「国際人権法と裁判所」国際人権一号 (一九九〇年) 九―一〇頁、横田・前掲「人権の国際的保障と国際人権の国内的保障」(注3) 二八頁、同「人権の国際的保障をめぐる理論問題」憲法理論研究会編『人権理論の新展開』(敬文堂・一九九四年) 一六六―一六八頁等。

第二節　条約の国内適用

第一款　国際法学上の議論

一　一元論と二元論

国際法と国内法との関係についての一元論と二元論という国際法学上の議論は、条約の国内適用についてなんらかの具体的な帰結を導きうるものとは考えられず、本書においても中心的な問題として取り組まれるものではない。しかし、日本国憲法の下での憲法と条約の関係について、憲法学においては、今日なお決着のつかない論争として、一元論と二元論の対立に触れられることが少なくない(1)。したがって、ここで確認的に言及しておくこととする。ただし、ここで留意されなければならないのは、一元論と二元論という議論ないしは用語法について、本来の国際法学上の議論と、日本国憲法の解釈における憲法学による理解との間に、相違が存するということである。
まず、国際法学上の一元論と二元論という議論は、本来、総体としての国際法秩序と国内法秩序とがいかなる関係にあるかをめぐるものである。したがって、国際法および国内法が有する様々な法形式の区別は、ここでは問題とはならない。つまり、例えば、国法形式としての憲法と条約の関係が直接に問題とされるということではない。

国際法学上は、国際法の規律事項の増大によって国内法と国際法の規律領域の重複あるいは交錯が生じるようになったことが、従来の、国際法と国内法は相互に独立の法秩序をなすという認識に対して、両者を一元的に捉える理解が登場する背景として指摘される[2]。国際法学上、一般に、この国際法と国内法の関係をめぐる諸学説は、二元論と一元論に大別され、さらに後者は、国際法優位の一元論と国内法優位の一元論とに分けられる。このうち、二元論と国際法優位の一元論との間の論争には、未だ決着がついていないとされるわけであるが、一方、この点に関して、国際法学上、以下のことが指摘されている。

第一に、一口に一元論あるいは二元論といっても、その主張内容および根拠はさまざまであり[3]、しかも、一元論の創始とされるケルゼンと二元論の創始とされるトリーペルの間でも、その議論が「互いに噛み合わず平行線を辿っていることは明白である[4]」とされる。

第二に、一元論も二元論も、「それぞれ実際の妥当範囲には限界があり、国際・国家実行に必ずしも適合しない[5]」のであって、「これらの理論は、必ずしも現実の国際法と国内法の関係を的確に説明するものではない[6]」とされる。つまり、「これらの学説は、論理的に首尾一貫させることに主眼がおかれ、議論の展開が規範論理的な形でなされているため、現実の法現象や実定国際法にそぐわない部分もみられ、いずれも実際の法現象を矛盾なく全体的に説明しているとはいえない」[7]、あるいは、「これらの諸理論は、いずれも国際法と国内法との論理的な関係を論じるものであって、それらのいずれかをとって両者の実定法上の関係を正しく説明することは困難である」[8]とされるのである。

第三に、一元論と二元論との論争は、「しばしば政治的・イデオロギー的主義主張に結びつき、また法の本質、国際法の法的性質といった法哲学的諸問題にも深く関わる」[9][10]ことがあるとされる。

第四に、「今日では、国内法と国際法が内容的に抵触する場合いずれが優先適用されるかという問題については、一元論、二元論のいずれを採るかに拘らず、国際面と国内面を分けて論ずる形で、幅広い見解の一致が存在」[11]しており、「実定法上の国際法と国内法の効力関係について説明する」ためには、「これを国際法レベルの関係と、各国の国内法レベルの関係に区別して考えなければならない」[12]とされる。つまり、「根底的な理論的対立は後景に退いて」[13]おり、「結局、実際的諸問題についての解答は、いずれの立場に立ってもそれほど異ならない」[14]とされるのである。こうしたことから、国際法と国内法の「関係を正しくみるためには、国際義務の履行に関する国際判例や、条約の受容に関する憲法規定等にそくして、これを実証的に検討する必要がある」[15]こと、あるいは「国際法と国内法の相互抵触については、法規範体系の問題ではなく、各国の裁判所その他の国家機関による実行を重視すべきだ、という考えが、学説上も有力になっている」[16]ことが指摘されている。そして、「原理的対立に容易に出口が見出されない以上、実際面に議論を集中する傾向は今日の国際法学の主流であり」、「論争の歴史的使命は終わったのかもしれない」[17]とされる。[18]

こうした点に鑑みると、条約の国内的効力あるいはその実効性確保の問題を検討する場合、憲法学において、国際法学上の一元論と二元論のいずれを採るかを決定する必要は、少なくとも本書の考察のためには、存在しないと考えられる。

次に、日本国憲法の解釈に際しての憲法学上の議論は、以上のような国際法学上の議論とは内容を異にするということが指摘されうる。すなわち、憲法学においては、国際法と国内法の関係を考える場合、国法秩序における憲法と条約の関係に議論が集中しがちであり、そのため、一元論と二元論という問題も、国際法秩序と国内法秩序との間の問題ではなく、国法秩序における憲法と条約との間の問題と理解されることがある。しかも、その議論のあり方も、必ずしも一様ではない。

第一に、一元論における「国際法優位説」と「国内法優位説」との対立が、国法秩序の段階構造における地位に係る、「条約と憲法との効力関係の問題」と同視されることがある[19]。

第二に、一元論と二元論という問題が、条約に国内的効力が認められるか否かの問題として扱われることが多い。条約に国内的効力を認める国は「一元論的」あるいは「一元的」とされ、認めない国は「二元論的」あるいは「二元的」とされるのである[20]。本来、国際法学上の議論は、慣習国際法をも含む国際法秩序と国内法秩序との関係を扱うものであり、条約の国内的効力の問題と「必ずしも直接に結びつくわけではない[21]」のであって、条約に国内的効力を認めるか否かの決定は、一般に、国際法上の問題ではなく各国の憲法体系に委ねられていると解されているのであるから、「一元論的」あるいは「二元論的」という表現は適切ではないと考えられる。また、条約に国法体系における効力が認められているか否かの問題は、「条約の国内的効力」の有無の問題として論ずれば足り、あえて「一元的」あるいは「二元的」と表現する必要があるかは疑問である。

二　“self-executing”

条約の self-executing 性の問題[22]も、一元論と二元論の議論とともに、条約の国内適用を論ずる際に問題とされる。しかし、これも、本書の検討に関しては、必ずしも重要性を有しないと考えられる。

“self-executing”という用語は、その概念も決定基準も必ずしも明らかではなく、「実は『“self-executing”……という用語ほど、専門用語として不可欠だが同時にこれほど混乱を生んでいる法律用語はほとんどない』といってよい[23]」とされる[24]。“self-executing”概念の発祥の地であるアメリカ合衆国[25]では、①「self-executing な条約」とは、「何らの立法の必要なしに国内で効力をもつ」条約と理解されることが少なくないとされるが[26]、②「しかしながら、self-executing という言葉の通常の（そして本来の）意味は、『それ以上の措置の必要なしに適用されうる』（直接適用可能）ということである[27]」とされる。

①の用法は、第一に、条約の受容についての憲法体制を示すために用いられる場合があり、第二に、立法府の立法措置の必要なしに条約が国法秩序に受容されることが可能な国[28]においては、特定の条約が、具体的な実施のための立法措置を要するか否かの問題となる。第一の問題は、各国の憲法体系の問題として扱われるべきものである[29]。第二の問題の観点は、条約の内容を国内で実施するために新たに具体的な法律の制定を必要とするような条約は、non-self-executing であり、国内的効力を有しないとするものである。しかし、

条約は、その規定の態様に関わりなく、少なくともその公布によって、国法の一形式としてすでに国内的効力を獲得しているものと解すべきであろう[30]。他の国法形式の場合には、その規定の態様が法的効力を左右することはないであろう。条約についてのみ、裁判所において直接適用できないものは無効であると解さなければならない理由は見出しがたい[31]。

②の用法は、self-executing 性を直接適用可能性と同義に捉えるものであるが、条約の直接適用可能性という問題は、例えばドイツ連邦共和国においても論じられることがあり、そこでは、法規範の直接適用可能性という問題は、広い意味においては、あらゆる法秩序において見出される一般的な問題とされ、国内法においては、例えば、憲法の基本権規定がプログラム規定か否かという問題として現れるとされる[32]。また、アメリカ合衆国においても、直接適用可能性という意味での self-executing 性は国内法、とりわけ憲法についても問題になるとされる[33]。実際に、「self-executing な憲法規定（self-executing constitutional provision）」について、self-executing な憲法規定とは、「補助的な立法を必要とすることなく、直接に効果を有する規定に関する用語である。与えられた権利を享受させ、課された義務を強制するような十分なルールを提供するならば、憲法規定は self-executing である。原則に法的効力を与えるようなルールを規定することなく単に原則を示しているに過ぎないときには、憲法規定は self-executing ではない[34]」、あるいは、「憲法規定は、その規定を実施するために何らの立法も必要としない場合、およびその憲法規定を実施するために立法府によってなされるべきことが何もない場合には、反対の意思が明らかに示されているのでない限り、self-executing である[35]」と説明されることがある。このように、“self-executing” を②の用法と理解する限りにおいて、条

約について“self-executing”という概念で説明されてきた内容は、必ずしも、条約に固有の問題ではないと考えられる。

しかも、“self-executing”の語が②の用法、すなわち、「それ以上の措置の必要なしに適用されうる」という意味で用いられる場合において、ある条約規定について、具体的事案の内容と関わりなく一律に、それが「self-executing か否か」という形で二者択一的に判断がなされるのであれば、それは、例えば、日本国憲法第二五条の法的性格を択一的に論じることに対するのと同様の批判を受けることとなるであろう。そこで、self-executing 性の「相対的把握」が主張されるが、[36] その際、まさに、日本国憲法第二五条の解釈における憲法学の議論が引照されているのである。それならば、憲法学において条約の国内適用の問題を考える場合、わざわざ“self-executing”という不明確な概念を導入する必要があるか疑問である。

条約の self-executing 性という議論の発祥の地であるとされるアメリカ合衆国は、国際人権規約の批准に関して消極的であった。[37] その一因として、連邦と州との権限問題があるとされる。[38] つまり、合衆国憲法第六条によって、合衆国が締結した条約は、州憲法を含むすべての州法に優位する。そのため、州の側では、国際人権条約の締結は州の権限縮小につながるということが懸念された。国際人権条約が直接適用可能であるならば、裁判所において条約違反の州法は無効とされることとなるのである。そのため、国際人権規約すら、上院の承認を得られず、大統領が署名はしたものの批准できないという状況にあった。そして、一九九二年に至ってようやくB規約の批准が承認されたが、このとき、上院は、B規約第一条から第二七条は non-self-executing であるという宣言を付して、国内裁判所によるB規約の直接適用に制約を加えたのである。

翻って日本国憲法の下では、従来の裁判例はしばしばB規約を直接適用しており、しかもself-executing性の問題については、ほとんど言及していなかった(39)。

以上のようなことに鑑みると、憲法学として条約の国内適用およびその実効性確保を検討するに際して、少なくとも本書の考察に関しては、self-executingという概念を導入し、その問題に配慮する必要があるとは考え難い。国内裁判所における条約の直接適用可能性に関する問題が言及されるとしても、その実質的内容は、従来、憲法学において、例えば日本国憲法第二五条について論じられてきたことと基本的に同様であると考えられるのである(40)。

三　条約の国内適用の前提

以上のことから、ここでは、一元論・二元論およびself-executing性といった議論を離れて、条約の国内適用の問題を考えるに際して前提となる論点を、順に検討することとする。

まず、条約が国内的効力を有するか否か、そして、国内的効力を有する場合には、いかなる手続を経て国内的効力を付与されるか、が問題となる。国際法規範として成立した条約の内容が締約国の国内において実施されるには、その条約が、国内法に変型されるか国法秩序に受容されることを必要とする(41)。条約を国法秩序に受容する憲法体系の場合に、条約は国内的効力を有することとなる。受容の手続は二つに大別されるので、条約内容の国内的実施のあり方は、大きく三類型に分かれることとなる(42)。

次に、国法形式としての条約が、国法秩序の段階構造においていかなる地位を有するかが問題となる。本書第一部の中心的課題であるところの日本国憲法の解釈における憲法優位説と条約優位説の対立は、この段階の問題に関するものである。この第一、第二の問題、すなわち、条約が、「国内的効力を認められるか」、「国法秩序の段階構造において、いかなる地位を与えられるか」は、国際法上の問題ではなく、各国の憲法体系が決定する問題である。

そして、以上のような問題をふまえて、条約が、国内裁判所において、いかにしてその実効性を確保しうるかが検討されることとなる。この段階の問題が、本書第二部の中心的課題である。

そこで、本書の中心的検討に入る前に、その前提問題として、上の第一、第二の点について一瞥しておくこととする。

第二款　条約の国内的効力

一　変型方式

これは、条約自体には国内的効力が認められず、条約の内容を国内において実施する必要が存する場合には、その必要に応じて別個に国内法が制定されるというものである。そのようにして制定された国内法は、条約の発効または失効に関わりなく、独自に効力を有する。条約が批准され、当該国家に対して国際法上の拘束力を有することとなっても、国内裁判所は当該条約を直接に適用することはできない。この方式をとる国としては、イギリス、カナダ、オーストラリア、アイルランド、ノルウェー、スウェーデン等が指摘される。また、例えばイギリスの場合、条約内容の実施のために制定される国内法には、いくつかの種類が存す

るとされる。(43)

二　承認法による受容方式

これは、変型方式とは異なり、条約の内容を国内法として立法し直す必要はなく、議会の承認を得ることで足りるが、次に扱う一般的受容方式とは異なり、議会の承認は法律の形式で行われなければならないというものである。ドイツ連邦共和国、イタリア、フランス、ベルギー、オランダ、ギリシア、ルクセンブルク等がこれに属するとされる。ここでは、一元論と二元論との論争を背景として、受容理論（実施理論）と変型理論との対立が存在する。変型理論によれば、承認法は条約を国内法に変型する作用を有し、条約の国内的効力は承認法という国内法に根拠を有するとされる。ドイツ、イタリア等において有力に唱えられた見解であるとされる。これに対して、受容理論によれば、承認法は条約を国内法に変型する作用を有さず、承認法は国内機関に対して条約についての適用命令を発するものに過ぎないとされる。これは、フランス、ベルギー、オランダ等において有力であるとされる。

三　一般的受容方式

これは、アメリカ合衆国、オーストリア、スイス等が採用しているものであり、条約は議会の承認を経て公布されれば、自動的に国内的効力を獲得するというものである。この場合、議会による承認は、法律の形式で行われる必要はなく、単なる議決で足りる。(44)日本国憲法の下でもこのような取扱いがなされていることは、周知の通りである。

第三款　国法秩序の段階構造における条約[45]の地位

一　対憲法優位／対憲法同位

オランダは、「王国内で効力のある法令規則は、その法令規則の適用が、すべての人を拘束する条約の規定又は国際機関の決議の規定に抵触するときには、適用されない[46]」とする一九八三年の憲法第九四条により、すべての人を拘束する条約はすべての国内法に優位するとされ、ここでいう国内法には憲法も含まれるとされている。なお、憲法と抵触する条約の議会による承認には、憲法改正と同じ三分の二の多数を要する。日本国憲法の解釈における条約優位説の見解は、この類型に属するものである。オーストリアでは、条約は対法律同位とされるが、憲法と抵触する条約は、憲法改正に必要な多数によって議会で承認された場合、憲法と同位となる。ちなみに、欧州人権条約は憲法と同位である。

二　対法律優位

条約は憲法に劣位するが法律には優位する、つまり、条約は国法秩序の段階構造において憲法と法律との中間の地位を有するとされている国がこの類型に属する。フランス、ギリシア、スペイン等がこれに該当するとされる[47]。日本国憲法が少なくとも条約の対法律優位を認めているということには、一般に、ほぼ異論はない。憲法優位説の見解は、この類型に属するものである[48]。

三　対法律同位

条約は法律と同位とされる国も存在する。この場合、条約と法律との間に後法優越の原則が適用されることがある。ドイツ連邦共和国[49]もこの例である。また、アメリカ合衆国においては、条約が州法に優位することは合衆国憲法第六条第二項により明らかであるが、条約と、連邦憲法および連邦法律との関係については明確な規定は存しない。しかし、判例上は、条約は連邦憲法には劣位し、連邦の法律とは同位であるとされる[50]。

（1）　例えば、芦部信喜『憲法学Ⅰ憲法総論』（有斐閣・一九九二年）八五頁以下、佐藤幸治『憲法』〔第三版〕（青林書院・一九九五年）二九頁以下、佐藤功『日本国憲法概説』〔全訂第五版〕（学陽書房・一九九六年）五七八頁以下、清宮四郎『憲法Ⅰ』〔第三版〕（有斐閣・一九七九年）四四八頁以下、宮沢俊義（芦部信喜補訂）『全訂日本国憲法』（日本評論社・一九七八年）八〇九頁以下、樋口陽一『憲法』〔改訂版〕（創文社・一九九八年）九七頁、阪本昌成『憲法理論Ⅰ』〔補訂第三版〕（成文堂・二〇〇〇年）九二頁以下、辻村みよ子『憲法』（日本評論社・二〇〇〇年）六〇頁、松井茂記『日本国憲法』（有斐閣・一九九九年）六一頁以下、尾吹善人『日本憲法——学説と判例』（木鐸社・一九九〇年）九五頁以下、小林直樹『憲法講義（下）』〔新版〕（東京大学出版会・一九八一年）五一九頁以下、丸山健「条約」法時臨増『憲法三〇年の理論と展望』（日本評論社・一九七七年）一九〇—一九一頁、野村敬造「条約の国内法的効力」小嶋和司編『憲法の争点』〔新版〕（有斐閣・一九八五年）二六五頁、吉川和宏「条約の国内法的効力」高橋和之＝大石眞編『憲法の争点』〔第三版〕（有斐閣・一九九九年）二九六頁等。

（2）　山本草二『国際法』〔新版〕（有斐閣・一九九四年）八一頁、杉原高嶺ほか『現代国際法講義』〔第二版〕（有斐閣・一九九五年）二五頁〔杉原執筆〕。

（3）　田中忠「国際法と国内法の関係をめぐる諸学説とその理論的基盤」山本草二先生還暦記念『国際法と国内法——

――国際公益の展開』（勁草書房・一九九一年）三八頁以下。なお、一元論について、杉原ほか・前掲書（注2）二五頁。

（4）田中・前掲論文（注3）四五頁。ケルゼンによれば、トリーペルは二元論ではなく国内法優位の一元論とされる（同論文四四頁、樋口・前掲書［注1］一〇二―一〇三頁）。

（5）山本・前掲書（注2）八五頁。

（6）杉原ほか・前掲書（注2）二六頁（杉原執筆）。

（7）広部和也「国際法の国内的適用」寺澤一＝山本草二＝広部和也編『標準国際法〔新版〕』（有斐閣・一九九三年）六九頁。

（8）松井芳郎ほか『国際法〔第三版〕』（有斐閣・一九九七年）一九頁（松井執筆）。

（9）田中・前掲論文（注3）三三頁。

（10）山本・前掲書（注2）八三頁も、「しばしば規範論理ないし世界観の相違も反映する」ことを指摘する。

（11）田中・前掲論文（注3）三七頁。

（12）松井ほか・前掲書（注8）一九頁（松井執筆）。

（13）田中・前掲論文（注3）三三頁。

（14）同論文四九頁。

（15）杉原ほか・前掲書（注2）二六頁（杉原執筆）。

（16）山本・前掲書（注2）八六頁。

（17）田中・前掲論文（注3）四九頁。

（18）なお、このような傾向の一つとして、「国際法と国内法を等位の関係におき、相互間に生ずる『義務の抵触』については、調整による解決に委ねようとする」等位理論が挙げられることがある（山本・前掲書［注2］八五―八六頁）。しかし、「その帰結は二元論である」（田中・前掲論［注3］四九頁、なお、四〇頁も参照）との評価も存する。等位理論については、さらに、奥脇直也「『国際法と憲法秩序』試論（一）」立教四〇号（一九九四年）八一頁以下、多喜寛「国際法と国内法の関係についての等位理論」新報一〇五巻六＝七号（一九九九年）二三三頁以下、三浦武範「法体系の調整に関する一考察——国際法と国内法の関係についての『調整理論』を中心に（一）（二・完）」論叢一四二巻二号（一九九七年）七六頁以下／一四三巻五号（一九九八年）三四頁以下等参照。

(19) 例えば、清宮・前掲書（注1）四四八頁。なお、内野正幸「国際法と国内法（とくに憲法）の関係についての単なるメモ書き」国際人権一一号（二〇〇〇年）六頁参照。

(20) 例えば、芦部・前掲書（注1）八五頁（ただし、憲法学の議論は、条約の国内的効力の問題に関するものであり、国際法学上の議論とは次元を異にすることが明確に指摘されている。なお、同『憲法の焦点ＰＡＲＴ３統治機構』（有斐閣・一九八五年）六三頁以下参照）、佐藤（幸）・前掲書（注1）三〇頁。なお、阪本・前掲書（注1）九三—九四頁、岩沢雄司『条約の国内適用可能性——いわゆる"SELF-EXECUTING"な条約に関する一考察』（有斐閣・一九八五年）二三頁註五九参照。

(21) 戸波江二＝松井茂記＝安念潤司＝長谷部恭男『憲法(1)統治機構』（有斐閣・一九九二年）二四七頁〔戸波執筆〕。なお、戸波江二『憲法』〔新版〕（ぎょうせい・一九九九年）五〇八頁は、「一元論と二元論との対立は国際法の理論的基礎づけの問題とも関連して、古くから争われている。しかし、この論争は、国際法秩序と国内法との体系的把握に関する基礎理論的な争いであって、国際法と国内法との具体的な衝突・調整に関する議論とはいえないことに注意する必要がある」と指摘している。

(22) これに関しては、すでに、岩沢・前掲書（注20）によって、詳細な分析がなされている。

(23) 同書四—五頁。なお、さまざまな用法の実例について、同書二八一頁以下参照。

(24) しかも、日本語の場合、その訳語あるいは片仮名表記の方法も区々である（岩沢・前掲書〔注20〕六〇頁註一四六参照）。

(25) 同書二四頁。

(26) 同書一六―一八頁。
(27) 同書一六頁。
(28) いわゆる一般的受容方式をとる国。詳しくは後述（本節第二款三）する。
(29) 後述（本節第二款）する。
(30) non-self-executing な条約規定は、具体的な実施措置のために必要な法律が制定されない場合には、その「実効性」を欠くことがあるであろうが、それは条約規定の国内的効力の有無とは別問題ではないであろうか。
(31) なお、この第二の問題においては、ある条約が全体として self-executing か否かという形で論じられることがあるが、これに対しては、一般に、強い批判が存在する。
(32) *Albert Bleckmann*, Begriff und Kriterien der innerstaatlichen Anwendbarkeit völkerrechtlicher Verträge (Berlin, Duncker & Humblot, 1970) S. 55.
(33) 岩沢・前掲書（注20）二八四頁。なお、その他の国においても、条約の直接適用可能性の問題が論じられる際に、憲法規定の直接適用可能性の問題が、類似の問題として説明されることは少なくないとされる（同書二八四頁）。
(34) *Black's Law Dictionary* 1220 (5th ed. 1979).
(35) 16 Am. Jur. 2 d. Constitutional Law §99 (1998).
(36) 岩沢・前掲書（注20）三二五頁以下。
(37) 批准の経緯等について、詳しくは、宮川成雄「自由権規約とアメリカ法」同法四八巻三号（一九九六年）一七八頁以下参照。
(38) 阿部浩己＝今井直『テキストブック国際人権法』（日本評論社・一九九六年）三九―四〇頁。
(39) 横田耕一「人権の国際的保障をめぐる理論問題」憲法理論研究会編『人権理論の新展開』（敬文堂・一九九四年）一六八頁、岩沢・前掲書（注20）三三三―四二頁参照。
(40) 「現実に重要なことはこの概念〔＝自動執行性すなわち self-executing 性の概念〕の定義如何ではなく、特に裁判所における条約の直接適用可能性の有無を探ることであり、その際必ずしも『自動執行性』なる言葉を使用する必要もないだろう」。「しかも、ある条項が直接適用可能かどうかは常に二者択一ではなく、憲法二五条の請求権部分はプログラム規定であるが、不作為を要請する部分については直接適用が可能であるように、ある状況の下では直接適用が可能で別の状況の下では不可能であるという事態も十分起こりうる」。「憲法規定について行っていると同等の検討や基準作りが必要であろう」（横田耕一「『国際人権』と日本国憲法――国際人権法学と憲法学の架橋」国際人権五号（一九九四年）一〇、一一頁。

(41)　変型と受容は、合わせて「編入」といわれることもある（例えば、山本・前掲書［注2］一〇〇頁）。

(42)　阪本・前掲書（注1）九四頁、岩沢・前掲書（注20）一三―一四頁、水上千之「条約の国内的編入と国内的効力」広法一六巻四号（一九九三年）二六九―二八二頁（ただし、三類型間での分類が若干異なる）参照。ただし、「変型」と「受容」の二類型として説明されることも少なくない。

(43)　岩沢・前掲書（注20）一八―一九頁。

(44)　なお、この三類型とも、実質的意味の条約すべてを対象とするものではない。例えば、イギリスの場合、その国内的実施のために議会の関与を必要とするのは、一定の種類の条約についてである（この点について、国内における立法権を独占する議会が条約締結については実質的な役割を有していないということとの関連が指摘される（水上・前掲論文［注42］二六九―二七一頁））。ドイツ基本法第五九条第二項およびフランス第五共和制憲法第五三条第一項は、一定の種類の条約を、法律の形式での承認を要するものとして列挙している。アメリカ合衆国の場合は、国会の承認を必要としない、いわゆる行政協定が存在する。行政協定は、日本国憲法の下でも認められている。

(45)　各類型に該当する国家の例については、阪本・前掲書（注1）九六頁、および水上・前掲論文（注42）二八三―二八八頁等参照。

(46)　邦訳は、水上・前掲論文（注42）二八八頁による。

(47) 現在は失効しているが、ハイチの一九一八年憲法第一二七条は、国法秩序の段階構造における地位について、憲法、条約、法律という順序を明文で規定していたとされる(畝村繁『英米における国際法と国内法の関係』(法律文化社・一九六九年)一〇頁)。

(48) 日本国憲法には明文の規定が存しないので、国法秩序の段階構造における条約の地位は、専ら解釈に委ねられることとなる。通説的見解である憲法優位説の論拠はいくつか存するが、条約に対する憲法の優位について、憲法改正手続と条約承認手続との比較がなされることがある。しかし、法規範の定立手続の観点からは、条約承認手続は法律制定手続よりも簡易であることが指摘されうる(この点に関連して懸念を表明する見解(宮崎繁樹「国際人権規約の国内的効力」自正三一巻一号(一九八〇年)一六頁)が存する一方、「条約の承認手続と法律の制定手続とを比べると、前者の方が簡易ではあるが、そのことから条約の優位を否定することは、かえって条約を尊重しようとする精神に反する」とする見解(橋本公亘「条約の国内法的効力」ジュリ三〇〇号(一九六四年)六七頁)も存する)。また、法律に対する条約の優位について、憲法第九八条第二項が根拠とされることがある。しかし、憲法第九八条第二項にいう「条約」には、国会の承認を要しない、いわゆる行政協定も含まれるとする見解も存することが指摘されうる。

(49) ドイツ基本法第二五条(「国際法の一般原則は連邦法の構成部分である。それらは、法律に優先し、連邦領域の住民に対して直接に権利・義務を生ぜしめる」)が注目されることがあるが、条約については原則として第五九条第二項(「連邦の政治的関係を規律し、または、連邦の立法の対象にかかわる条約は、それぞれ連邦の立法について権限を有する機関の、連邦法律の形式での同意または協力を必要とする。……」)が適用されるということが看過されてはならない。

(50) 岩沢雄司「アメリカ裁判所における国際人権訴訟の展開——その国際法上の意義と問題点(二・完)」国際八七巻五号(一九八八年)二頁。

第一部　条約の優位要求と憲法の対応

序　章　日本国憲法における「憲法と条約」の問題の諸相

日本国憲法第九八条第二項は、「日本国が締結した条約及び確立された国際法規は、これを誠実に遵守することを必要とする」と規定する。日本国憲法と条約の関係については、学説上、今日までほぼ一貫して、条約優位説と憲法優位説の対立という図式で説明されてきた。そして、憲法改正に比べて手続の厳格さを欠く条約締結によって実質的な憲法改正がなされることは認められない、という憲法優位説の主張が、強い説得力を保持してきたのである。

日本の憲法学が国際人権条約の国内適用という新たな課題への対応を求められるようになったとき、国法秩序の段階構造における国際人権条約の地位の再評価を提唱する見解が散見された(1)。しかし、すでに欧州人権条約への対応を迫られていた彼地の憲法学は、このときまでに、国法秩序の段階構造における条約の地位(2)の上昇によらずに、欧州人権条約に対しての憲法と同等の尊重ないし配慮を実現しつつあった。通説的見解である憲法優位説に立脚しても、国内裁判所における国際人権条約の実効性を確保することは十分可能であり[3]、また、その延長線上において、「違憲審査制と条約適合性審査との擦り合わせ」の問題を考えることもできる[4]。

しかし、日本の憲法学において、「憲法と条約」という論点には、日本国憲法成立以来の条約優位説と憲法優位説の対立という図式が、その主張を大きく更新することもなく温存されていることに変わりはない。そこで、本書第一部は、「憲法と条約」という論点の最大の問題領域である、国法秩序の段階構造における条約の地位について論究する。国法体系において条約が憲法に優位するならば、その限界が問題となるはずである。つまり、憲法の規定が条約の優位を認めているとするならば、その憲法の基本原理までも無条件に条約に劣位させてしまうものかどうかが問題となるのである。

第一節　日本国憲法第九八条第二項の成立

「天皇ハ戦ヲ宣シ和ヲ講シ及諸般ノ条約ヲ締結ス」とのみ規定する大日本帝国憲法第一三条について、憲法問題調査委員会、いわゆる松本委員会においては、さまざまな改正案が提示されていた。昭和二〇年末から二一年一月にかけて各委員によって提出された改正私案において、例えば、宮沢俊義委員は次のような案を示していた。

大日本帝国憲法改正案（宮沢委員）第一三条(5)
天皇ハ諸般ノ条約ヲ締結ス但シ法律ヲ以テ定ムルヲ要スル事項ニ関ル条約及国ニ重大ナル義務ヲ負ハシムル条約ハ帝国議会ノ協賛ヲ経ルヲ要ス
天皇ハ条約ノ公布ヲ命ス
条約ハ公布ニ依リ法律ノ効力ヲ有ス

他の委員から提出された改正私案も、「条約については、すべての案が何らかの範囲で議会の協賛を必要とする方向(6)」をとっていたとされる。(7)この後、憲法問題調査委員会の小委員会の審議のために宮沢委員によって提出された甲・乙の二案(8)のうち、甲案第一三条(9)は先の宮沢私案とほぼ同一であったが、乙案には次のような規定が見られた。

乙案第一三条(10)
天皇ハ戦ヲ宣シ和ヲ講シ及諸般ノ条約ヲ締結ス
戦ヲ宣スルニハ敵軍ノ進攻ヲ防ク為ニスル場合ヲ除ク外帝国議会ノ協賛ヲ経ヘシ条約ニ依リ国庫ニ負担ヲ生シ又ハ臣民ノ権利義務ヲ定ムル場合ニ於テ其ノ締結ニ付亦同シ

種々の経緯の後、委員会においては、次の二案（小改正案および大改正案）が用意された。

小改正案第一三条[11][12]

天皇ハ諸般ノ条約ヲ締結ス但シ法律ヲ以テ定ムヘキ事項ニ関ル条約又ハ国庫ニ重大ナル負担ヲ生スヘキ条約ヲ締結スルニハ帝国議会ノ協賛ヲ経ルヲ要ス

前項但書ノ場合ニ於テ特ニ緊急ノ必要アルコト前条第二項ト同シキトキハ其ノ条規ニ依ル

大改正案第一三条[13]

天皇ハ諸般ノ条約ヲ締結ス但シ此ノ憲法ニ於テ法律ヲ以テ定ムヘキモノトシタル事項ニ関ル条約又ハ国ニ重大ナル義務ヲ負ハシムル条約ノ締結ハ国会ノ協賛ヲ経ルヲ要ス

前項ノ場合ニ於テ国会ノ召集ヲ待ツコト能ハサル緊急ノ必要アルトキハ国会常置委員会ノ諮詢ヲ経ルヲ以テ足ル此ノ場合ニ於テハ次ノ国会ニ報告シ其ノ承諾ヲ求ムルヲ要ス

条約ハ公布ニ依リ法律ノ効力ヲ有ス

こうして、憲法問題調査委員会においては、条約に関する比較的詳細な規定が用意されつつあったのである。

しかし、周知の通り、これらが陽の目を見ることはなかった。この案を葬り去ることとなった、いわゆるマッカーサー草案は、その第九〇条において、アメリカ合衆国憲法をモデルとした最高法規条項の形で条約に言及していた。また、議会の協賛を伴う天皇の大権という形に改められるはずであった条約締結は、内閣の行為に対する議会の協賛という形で規定されていた。条約に関する憲法規定をめぐる状況は、マッカーサー草案によって一変したのである。そのマッカーサー草案は次のようであった。

マッカーサー草案第九〇条（外務省訳[14]）

此ノ憲法並ニ之ニ基キ制定セラルル法律及条約ハ国民ノ至上法ニシテ其ノ規定ニ反スル公ノ法律若ハ命令及詔勅若ハ其ノ他ノ政治上ノ行為又ハ其ノ部分ハ法律上ノ効力ヲ有セサルヘシ

この後に日本側が提出した、いわゆる三月二日案[15]、総司令部における逐条審議の後の、いわゆる三月五日案[16]を経て発表された憲法改正草案も、やはり最高法規条項の体裁をとるものであった。

憲法改正草案第九四条[17]

この憲法竝びにこれに基いて制定された法律及び条約は、国の最高法規とし、その条規に反する法律、命令、詔勅及び国務に関するその他の行為の全部又は一部は、その効力を有しない。

この最高法規条項は、その連邦制的規定が批判を浴び、憲法のみを最高法規とするように改められることになった。外務省は、「九四条削除により日本が条約・国際法を尊重する旨の規定が欠けることは好ましくない」として、七月二六日に、萩原条約局長から金森国務大臣に対して次のような試案を示したとされる[18]。

外務省試案第九四条第二項

日本の締結又は加入した条約、日本の参加した国際機関の決定及び一般に承認された国際法規はこの憲法と共に尊重されなければならない。

その後、衆議院帝国憲法改正案特別委員会の下に置かれた小委員会において、八月二日に、芦田均小委員長から、第九四条に関する外務省の修正希望として、次のような案文が紹介された[19]。

外務省修正希望

日本が締結又は加入した条約、日本の参加した国際機関の決定及び一般に承認せられた国際法規は立法その他の国政の上で最大の尊重を必要とする。

この提案に対しては、「各派の委員の賛成があって、法制局で条文を調整して第九四条に入れることとなった[20]」。こうして、多分に不明確といわれる現在の日本国憲法第九八条第二項の形が仕上がっていったのである[21]。この条文の解釈において、憲法と条約がいかなる関係にあるかという問題は、帝国議会における審議段階でも繰り返し論及された。これらの問いに対して、金森国務大臣は、「抽象的に、一般に条約は憲法を否定し得るか[22]」というような形の問題に回答することを避け、大要以下のように答弁していた。

「条約と云うものの持って居る意義は、必ずしも一義的に、一つの意味に於て、効力の解決をすることが出来ませぬ。其の本質を顧みつつ適当なる国内法的の処置をしなければならぬのであります[23]」

「憲法との関係に於きましては、其の条約の性質に照らして如何に扱うかを慎重に考えなければならぬと思うのであります[24]」

そのうえで金森国務大臣は、

「条約に関しまする部分は学問に依って発達すべき部分が非常に多いのでありまして、之を法律で、憲法ではっきり書くと云うことに付きましては尚遠慮して宜い部分がありまして、斯様な規定の下に後は学問で十分一つ内容を示して行きたい(25)」

としていたのである。

(1) たとえば、江橋崇「日本の裁判所と人権条約」国際人権二号（一九九一年）一二二頁。

(2) 前述のように、「形式的効力」における「効力」の語が条約に関する議論における混乱の原因の一端となっているのではないかと解されるので、ここでも、原則として、「国法秩序の段階構造における地位」と称する。

(3) 本書第二部。

(4) 本書第三部。

(5) 芦部信喜＝高橋和之＝高見勝利＝日比野勤編著『日本国憲法制定資料全集(1)——憲法問題調査委員会関係資料等』（信山社・一九九七年）一六八頁。

(6) 佐藤達夫『日本国憲法成立史第一巻』（有斐閣・一九六二年）三三二頁。

(7) 例えば、以下のようである。

・美濃部顧問私案第一三条（芦部ほか・前掲書［注5］一六六頁）

天皇ハ戦ヲ宣シ和ヲ講シ及諸般ノ条約ヲ締結ス

戦ヲ宣スルニハ敵軍ノ進攻ヲ防ク為ニスル場合ヲ除クノ外帝国議会ノ協賛ヲ経ヘシ条約ニ依リ国庫ニ負担ヲ生シ又ハ臣民ノ権利義務ヲ定ムル場合ニ於テ其ノ締結ニ付亦同シ此ノ場合ニ於テ条約ハ公布ニ依リ法律ノ効力ヲ有ス

・大日本帝国憲法改正試案（清宮委員）第一三条（同書一七一頁）

天皇ハ諸般ノ条約ヲ締結ス但シ法律ヲ以テ定ムルヲ要スル事項ニ関ル条約及重大ナル義務ヲ負ハシムル条約ハ帝国議会ノ協賛ヲ経ルヲ要ス

・大日本帝国憲法改正試案（河村委員）第一三条（同書一七四頁）

天皇ハ諸般ノ条約ヲ締結ス但シ帝国議会又ハ裁判所ノ権限ニ属スル事項ヲ定ムル条約ハ当該機関ノ正規ノ決定ヲ俟チテソノ効力ヲ発ス

(8) 佐藤達夫『日本国憲法成立史第二巻』（有斐閣・一九六四年）四八七頁以下、芦部ほか・前掲書（注5）二六九頁以下。

(9) 佐藤・前掲書（注8）四八八頁、芦部ほか・前掲書（注5）二七〇頁。

(10) 佐藤・前掲書（注8）四九五頁、芦部ほか・前掲書（注5）二七四頁。

(11) 佐藤・前掲書（注8）五一二頁、芦部ほか・前掲書（注5）二七六―二七七頁。後に要綱化され、一部字句の修正があった。

(12) この小改正案は、松本委員長が自ら起草した憲法改正私案によるものである。松本私案第一二条は、帝国憲法第一三条のうち、和戦に関する部分を規定するものであり、その文言は次の通りである。

・松本私案第一二条

天皇ハ帝国議会ノ協賛ヲ以テ戦ヲ宣シ和ヲ講ス

前項ノ場合ニ於テ内外ノ情形ニ因リ帝国議会ノ召集ヲ待ツコト能ハサル緊急ノ必要アルトキハ議院法ノ定ムル所ニ依リ帝国議会常置委員ノ諮詢ヲ経ルヲ以テ足ル此ノ場合ニ於テハ次ノ会期ニ於テ帝国議会ニ報告シ其ノ承諾ヲ求ムヘシ

(13) 佐藤・前掲書（注8）五六九頁、芦部ほか・前掲書（注5）二九五頁。

(14) 佐藤達夫（佐藤功補訂）『日本国憲法成立史第三巻』（有斐閣・一九九四年）四三頁。なお、当初の外務省仮訳では、「政治上ノ行為」の部分が「政府ノ行為」となっていたが、閣議配布案において訂正された（同書一九―二〇頁参照)。

(15) 三月二日案第一〇七条(佐藤・前掲書［注14］一〇四頁)

此ノ憲法並ニ之ニ基キ制定セラレタル法律及条約ハ国ノ最高ノ法規ニシテ、之ニ反スル法令、詔勅又ハ行政行為ハ其ノ効ナシ。

(16) 三月五日案第九三条(佐藤・前掲書［注14］一七三頁)

此ノ憲法並ニ之ニ基キテ制定セラレタル法律及条約ハ国ノ最高法規トシ其ノ条規ニ矛盾スル法律、命令、詔勅及其ノ他ノ政府ノ行為ノ全部又ハ一部ハ其ノ効力ヲ失フ

この後の三月六日に発表された憲法改正草案要綱も、体裁および読点の位置の違いを除いて、内容的には同様である。

(17) 佐藤・前掲書(注14)三四七頁。

(18) 佐藤達夫(佐藤功補訂)『日本国憲法成立史第四巻』(有斐閣・一九九四年)七四六—七四七頁註三参照。

(19) 同書七八〇頁。なお、「小委員長は『……この憲法とともに尊重されなければならない。』というのが提案者の第一案であったことを明らかにした」(同書七八〇—七八一頁)。

(20) 同書七八一頁。この外務省案は、法制局によって現行の第九八条第二項とまったく同じ文言に修正されるのであるが、「法制局側ではこの条項を入れることにはかねて反対であった。その理由は、(イ)形式論として最高法規の規定の中に入れるべきことではない。(ロ)むしろ前文で明らかにすべきことである。(ハ)このままの文章では法制的に未熟である」ということであったとされる(入江俊郎『憲法成立の経緯と憲法上の諸問題——入江俊郎論集』(入江俊郎論集刊行会・一九七六年)三八九—三九〇頁)。なお、芦田小委員長から外務省案が紹介された時点では、「立法その他の国政の上で」という文言はなく、小委員会の仮決定案において挿入されたとされている(同書三八九—三九〇頁)。

(21) 「外務省原案から九八条二項への変化は、国際法の国内法的効力およびその形式的効力を規律する法的意義を

担う条文から、国際社会におけるわが国の過去の態度への反省と将来に向けての姿勢を表現する政治的意味合いの条文への変化、を表象するものであった。そしてこのような変化が、憲法施行後、国際法と国内法との関係をめぐって様々な見解を生ぜしめる要因ともなった」（佐藤幸治『国家と人間――憲法の基本問題』（放送大学教育振興会・一九九七年）一八〇頁）という指摘も存在する。日本国憲法第九八条第二項成立の過程について、詳しくは、新正幸「憲法九八条二項立案過程の分析（一）（二）」福島一巻三＝四号（一九八九年）一頁以下／二巻二号（一九八九年）一頁以下、加藤英俊「憲法第九八条第二項の成立と解釈」法学五〇巻七号（一九八七年）一一三頁以下、西岡祝「憲法第九八条第二項の成立と解釈（その一）（その二・完）」福法一八巻三号（一九七四年）一七一頁以下／二一巻一号（一九七六年）一頁以下等参照。

(22)　清水伸編著『逐条日本国憲法審議録第三巻』〔増訂版〕（日本世論調査研究所ＰＲセンター・一九七六年）七八九頁。

(23)　同書七七九頁。

(24)　同書七七九頁。

(25)　同書七八五頁。

第二節　条約優位説と憲法優位説の対立

第一款　条約優位説の展開

一　条約優位説の論拠

日本国憲法の成立後、当初は、少なからぬ有力な学説[26]が、憲法との関係において条約優位説[27]を採用していた。これらの学説が着目していたのは、「日本国憲法の条約に対する態度[28]」、「新憲法の基本観念[29]」、「新憲法全体の建前[30]」、「憲法全体の精神[31]」、「憲法のとる基本的な態度[32]」といったものであった[33]。そして、最終的に条約優位という結論を採用することについての論拠は、「本条の最高法規の立場並びに新憲法全体の精神[34]」、「日本国憲法の承認している徹底した国際主義の立場[35]」、「日本国憲法は、国際主義に立脚する[36]」ということ、「新憲法は、国際性の強い」憲法であるということ[37]、等に鑑みて、「国際協調主義を重視して[38]」ということにあった。これらの条約優位説において、憲法第九八条第一項や第八一条の文言は、上述の国際主義等から導かれた条約優位の帰結を裏づけるものであるに過ぎず[39]――その意味で、これらの規定も国際主義の徴憑ではあるが――、必ずしもこれらの規定の文言が条約優位という帰結を採用することの直接の論拠となっているのではないことに注意しなければならない。そして、これらの条約優位説は、条約が憲法に優位しそれゆえ条約によって実質的な憲法改正が生じる結果になることをも、憲法は自ら認めていると解していたのである[40]。

二　出発点としての過去の反省と論拠としての国際主義

このような条約優位説の代表的見解とされる宮沢説は、公布による条約の国内的効力の承認、および法律に対する条約の優位については従来の明治憲法下での慣行が継続するものと考え[41]、そのうえで、日本の過去の行為に対する反省を出発点として[42]、日本国憲法の国際主義を論拠に、憲法に対する条約の優位を主張したものと解される。

このような条約優位説は、条約に対する過去の日本の態度についての反省を出発点としたこともあって、憲法に対する優位が認められる対象をすべての条約と考えることとなり[43]、国際主義の射程の明確化が不十分なものとなってしまったのではないかと考えられる。理論的には優れた点があるにもかかわらず、後日に憲法優位説によって厳しく批判されることとなった遠因は、ここにあると考えられるのである[44][45]。

第二款　憲法優位説の台頭

一　憲法優位説の多数説化の背景

当初は有力であった条約優位説に代わって憲法優位説が通説的地位を占めることとなった契機として、アメリカ合衆国との間の安全保障条約の問題が指摘される[46]。確かに一九四〇年代からすでに憲法優位説は存在していたが[47]、「憲法と条約との効力関係……について多数の学説は条約優位説をとって[48]」いたといわれる。そのような状況において、後に強力に憲法優位説を展開してゆくこととなるある学説は、次のような危機感を示していた。すなわち、「戦争放棄と安全保障」と題する論稿において「講和後の安全保障方式」について考察したとき、この学説は、「特定国、現実においてはアメリカとの軍事協定という方式」について、「もしも第九条の下において、即ち第九条をそのままにしておいて、この方式を採用するという場合には、それは、この軍事協定が、憲法以上の拘束力を有するとすること、即ちこの軍事協定にいわゆる超憲法的効力を認めるという考え方をとるより他はないのではないか[49]」と指摘していたのである[50]。「その後、東西冷戦の進行、サンフランシスコ平和条約および日米安全保障条約を軸とする日本の西側陣営への加入という背景の下で、条約優位説は日米安保条約の日本国憲法に対する優位を意味するようになった[51]」のである。

二　憲法優位説の論拠の問題点

憲法優位説の論拠として挙げられる個々の要素、およびその組み合わせ方には、論者によって差違があるが、おおよそ以下の諸点を指摘することができる(52)。

第一に、条約締結権の憲法による拘束である。これに関しては、条約締結権は憲法によって拘束されているので違憲審査の対象となると論じられる場合と、憲法によって権限を付与され憲法によって拘束されている機関が条約を締結するのであるから条約が憲法に優位することは法論理的に不可能であると論じられる場合とがある。また、憲法第九九条の憲法尊重擁護義務と結びつけて、国家機関が憲法と矛盾する条約を締結することは許されないとされることもある。

第二に、憲法改正手続との対比である。厳格な憲法改正手続と、比較的簡易な条約締結手続との対比から、もし条約が憲法に優位するならば、憲法と矛盾する条約によって容易に実質的な憲法改正が行われうることになり、厳格な憲法改正手続の定めが形骸化するとされる。

第三に、憲法第九八条第二項の射程である。つまり、国際協調主義は、条約優位説が示すような意義は有しておらず、国民主権主義を排除するものではなく、違憲の条約の遵守、そしてそれによる実質的な憲法改正までをも許容するものではないとされる。あるいは、第九八条第二項は、条約の国内的効力を認める規定であって、国法秩序の段階構造における条約の地位を決定するものではなく、また過去の条約不遵守に対する反省を示すことに重点があるとする見解(53)もある。

第四に、第八一条および第九八条第一項に「条約」という文言がないことは条約の優位を意味しない、ということである。これに関しては、条約は相手国があることなので明文で規定することを避けたのであるとする見方と、条約はそれぞれ「法律」または「規則又は処分」ないしは「処分」、および「法律」または「国務に関するその他の行為」に含まれるとする見方とがある。前者の見方をする場合、条約には裁判所による審査に適さないものがあるからである、あるいは、明文で規定せず解釈・運用に任せたのである、という説明がなされる。

第五に、憲法は最高法規であるから条約が優位することはない、ということである。

第六に、現在の国際社会および国際法の発展段階は条約優位を実現させる程度には至っていない、ということである。

これらのうち、第六の点については、いわゆる国際法優位の一元論に対する誤解と、一元論・二元論の議論と国法秩序の段階構造における地位の議論との混同との上に成り立っている面があるのではないかと解される。さらに、「いわば世界国家・世界連邦的な国際社会が形成された段階においては、まさに条約優位説が妥当することとなるが、今日の段階においてはなお国際社会の構造が国家主権の観念を前提とする国家の集合体たる性質をもつものである限り、条約ないし国際法が憲法に優位する効力を有すると見ることはできないであろう」という批判については、国法秩序の段階構造における条約の地位は、各国の憲法体系が決定しうるものであることが想起されるべきであろう。第五の点については、「憲法の形式的最高性は、国内法秩序における憲法の効力を示すにとどまり、憲法が国際法（条約）との関係でも優位するか否かとは、直接かかわりないことである(54)」という批判が可能である。第四の点については、事前に憲法優位という「結論をもって探し出された根拠にすぎないとの印象を否定しえず、相手方を納得させえない」、そして、条約が第八一条および第九八条第一項の文言に含まれているという「主張は苦しまぎれとも思える」との批判[55]がある。また、一般的な説明においては、しばしば条約優位説との対照的な点として挙げられるが、条約優位説にとってこれらはさほど重要な論拠ではないことは前述の通りである。[56][57]

従来、憲法優位説の強固な立脚点として憲法優位説を通説たらしめていたものは、主に上述の第一から第三の点であろう。しかし、これらも、疑問を免れない。

第一の点（条約締結権の憲法による拘束）および第二の点（憲法改正手続との対比）についての憲法優位説の議論は、一見説得的である。しかし、これらの主張についても、憲法優位という結論を前提とした立論であって論理必然というわけではないとの批判[58]があり、また、憲法優位説独自の論拠であり、かつ憲法優位説のもっとも説得的な論拠ということができる第二の点についてさえ、その貫徹可能性に疑問が投げかけられている。[59]さらに、問題は、ここで憲法優位説よって背理であり不可能であるとされる状況が、いくつかの国においてはすでに現実化しているということである。日本が同様の結論に至るべきか否かは別として、論理的に成り立たないわけではないのである。その意味で、これらは、通説たる憲法優位説が主張するほど自明の論拠ではない。本書第一部の主たる考察の関心はここにある。

第三の点（憲法第九八条第二項の射程）については、憲法優位説が条約優位説に対して、「硬性憲法および国民主権の趣旨から言えば、国際協調主義という不明確な一般原則に大きくよりかかって条約優位を主張するのは、妥当ではない[60]」、「国際協和主義・平和主義といったような抽象的な大原則から国際法優位を帰結することはやや緻密さを欠くのではないかという疑問があ」る[61]、あるいは「国際協調主義という抽象的な大原則から結論を出そうとする性急さがみられ、精密な議論とはいい難い[62]」というような批判を行うとき、それは、条約優位説のいう「国際主義」の意義を見誤っているのではないかとの疑念を払拭できないのである。

(26)　宮沢俊義『憲法』〔第三版〕（有斐閣・一九五一年）、同『法律学体系コンメンタール篇日本国憲法』（日本評論新社・一九五五年）、法学協会『註解日本国憲法下巻』（有斐閣・一九五四年）、田中二郎「新憲法における条約と国内法の関係――国内法的考察」日本管理法令研究二四号（一九四八年）一七頁以下、蝋山政道「第十二章最高法規」同編『新憲法講座第三巻』（政治教育協会・一九四七年）五二五頁以下、俵静夫「憲法における条約――比較憲法的考察を中心として」公法五号（一九五一年）三四頁以下等。法学協会・同書一四九二頁註四一も蝋山説を条約優位説に分類しているが、蝋山説自体は「国内法」に対する「優越性」しか明言しておらず、この「国内法」に憲法も含まれるのか否かは必ずしも明確ではない。ただし、「従来の国家主権に対する一つの新しい変革を意味する」という記述がある。

(27)　以下本書においては、単に「条約優位説」という場合には、憲法に対する意味での条約優位説、つまり条約は憲法に優位すると主張する学説を指す。

(28)　宮沢・前掲『日本国憲法』（注26）八一七頁。

(29)　法学協会・前掲書（注26）一四八四頁。

(30)　田中・前掲論文（注26）二七頁（同『法律による行政の原理』（酒井書店・一九五四年）所収一一二頁）。

(31)　同論文三二頁（同書一一七頁）。

(32)　俵・前掲論文（注26）三四頁。

(33)　なお、後に対外権の概念を基礎として日本国憲法において憲法改正なしに国際機構への主権の移譲が可能であると論じた見解は、「憲法のとっている国際平和と国際協調という国際友好の基本態度にかんがみ」て、その主張を展開している（阿部照哉「日本国憲法と国際社会」公法四三号（一九八一年）一四頁、なお、同『憲法』〔改訂

版〕（青林書院・一九九一年）一二七五―一二七六頁参照）。
(34) 蝋山・前掲論文（注26）五二五頁。
(35) 宮沢・前掲『日本国憲法』（注26）八一八頁。
(36) 宮沢・前掲『憲法』（注26）四〇二頁。
(37) 田中・前掲論文（注26）三五頁（同・前掲書一二〇頁）。
(38) 法学協会・前掲書（注26）一四八四頁。
(39) 例えば、「憲法九八条一項が……そこに『条約』をあげ〔ない〕……こともかような解釈を助けるであろう」（宮沢・前掲『憲法』〔注26〕四〇二―四〇三頁）、「第九八条に、憲法と並べて条約を定めていること、第八一条の違憲法令審査権に関する規定のうちに、条約の違憲審査に関する規定を全く欠いていることは、右のような解釈を裏付ける法的表現の一例といってよいであろう」（田中・前掲論文〔注26〕二九頁〔同・前掲書一一三頁〕）、「国法秩序における条約の最高性を認めるところに、新憲法の特色があると考えるのであって、それは、憲法全体の精神から導き出される結論ではあるが、さきにあげられた憲法第八一条及び第九八条第一項に、特に条約の違憲性の問題を意識的に除外していることは、この解釈を裏づける素材となしうるであろう」（同論文三二―三三頁〔同書一一七―一一八頁〕）、「憲法の効力を定めた第一項と並記して、第二項でべつに条約の国内法的効力を定めているところからみれば、むしろ憲法は条約との関係において必ずしも最高法規でないことも示していると解せられる。……第八一条の規定が、……条約をあげていないことは、この解釈を助けるものである」（俵・前掲論文〔注26〕三六頁）等。
(40) 田中・前掲論文（注26）三五頁（同・前掲書一二〇頁）、俵・前掲論文（注26）三六頁。
(41) とりわけ法律に対する条約の優位については、「日本国憲法の下では、それが国際主義を高くかかげているとか、条約の誠実な遵守をうたっているとかいうことをもち出さずとも、条約の締結は、すべて国会の承認を要することになっているから、明治憲法の下で天皇のみによって議会の関与なしに締結された条約に対してさえ、法律よりつよい形式的効力がみとめられていたことからいっても、日本国憲法の下で、条約に法律よりつよい形式的効力がみとめられることは、あまりに当然といえる」（宮沢・前掲『日本国憲法』［注26］八一五頁）としている。

(42)　宮沢・前掲『日本国憲法』（注26）八一七頁。

(43)　「明治憲法時代、ことにその末期における日本の条約に対してとった態度をかえりみる必要がある。当時の日本は、多くの条約を破ったと非難された。……。……破滅から立ち上がろうとする日本は、何よりも国際信義を重んずる立場を守ろうとしなくてはならない。……日本が外国と結んだ条約は、どこまでも誠実に守らなくてはならない」（宮沢・前掲『日本国憲法』［注26］八一七頁）。

(44)　ただし、憲法に優位する条約の範囲について、条約優位説がまったく無関心であったわけではないと考えられる。第九八条第二項の解釈について、「条約が成立した以上、その権限・手続において明白かつ重大な瑕疵があれば格別、条約の効力を憲法に優先せしむべきであろう。特にポツダム宣言や講和条約の場合は勿論、例えば国際連合に日本が加入し、その多数決で憲法と矛盾する条約が採決されたときには、これに拘束されると解すべきである」（法学協会・前掲書［注26］一四八四頁）とする見解は示唆的である。この見解は、同時に、「国際協調主義を重視して、条約優位説を採るべきであると……解しても、内閣及び国会は違憲の条約を締結する権限はない」（同書一四八四頁）とし、「条約締結の権限に明白かつ重大な欠缺があれば、本項に所謂『条約』に含まれないから、その効力の優劣は生じない」（同書一四八四頁）としている点が注目される。しかし、憲法に対する優位が認められる条約の範囲に実質的な限定が存するのか否かは、必ずしも明らかではない。

(45)　条約優位説は、国際主義をめぐって、日本国の、あるいは日本国憲法の側の事情のみを重点的に考察し、条約の側の問題については、国際社会の発展への信頼があるのみで、実質的には十分に考慮していなかったと解される。しかし、他方で、憲法優位説も、条約（とりわけ日米安保条約）に関する憂慮が先行し、これも条約についての実質的考慮が不足していたがゆえに、後に国際人権条約をめぐる問題に十分な対処ができないこととなったものと考えられる。

(46)　例えば、芦部信喜「国際協調主義を重視し、形式的効力において条約が憲法に優越すると考える学説は、妥当か」芦部信喜＝小嶋和司＝田口精一『憲法の基礎知識』（有斐閣・一九六六年）二四頁、江橋崇「国際人権規約と日本国憲法」江橋崇＝戸松秀典『基礎演習憲法』（有斐閣・一九九二年）二八―二九頁、浦田賢治「戦後理論史における憲法と条約」全国憲法研究会編『憲法問題2』（三省堂・一九九一年）一二頁等。なお、和田英夫「条約と違憲立法審査権」季刊法律学二八号『憲法と自衛隊』（一九五九年）一三三頁註三参照。ちなみに、和田英夫『憲法略説』（有信堂・一九五七年）二四一頁は、条約については「司法機関（裁判所）がこれを審査する権限はなく、結果的には、条約の効力を憲法に優先せしめるほかはないであろう。のみならず、右の国際法優位説は、第二次大戦後における諸外国の憲法の一般的傾向にそうものでもある」としていた。ただし、和田英夫『新版憲法体系』（勁草書房・一九八二年）三八七頁も、締結手続の違憲審査を認めるにとどまり、内容的に抵触する場合には「その限度において、憲法その他の国法が実質的に修正される結果とならざるをえ」ないとする。

(47)　例えば、河原畯一郎「憲法と条約」法律新報七四四号（一九四八年）一頁以下、藤田嗣雄『新憲法論』（講談社・一九四八年）一三四頁以下等。

(48)　佐藤功『日本国憲法講義案』（学陽書房・一九五四年）三三六頁。

(49)　佐藤功「戦争放棄と安全保障」同『日本国憲法十二講』（学陽書房・一九五一年）一四七頁。

(50)　後に、この点を一般化して、憲法優位説を採用する論拠とする見解が登場した。すなわち、「国際社会の現状においては、条約優位説は、政治的・経済的諸手段によってその意思を小国に強制しうる巨大国にとってははなはだ好都合であるが、その反面小国にとってはその独立性を否定する論理として機能することになる」（杉原泰雄「憲法と条約との関係」芦部信喜＝池田政章＝杉原泰雄『演習憲法』（青林書院新社・一九七三年）六二〇―六二一頁）として、「日本の現状においては、とりわけ対米関係における日本の従属的性格からして、条約優位説は、アメリカの『国益』のために日本国憲法の平和主義・人権尊重主義・独立等の基本原理を否定する機能を営むおそれが強い」（同論文六二二―六二三頁）とするのである（なお、杉原泰雄「憲法と条約との関係」芦部信喜＝池田政章＝

杉原泰雄『演習憲法』（新版）（青林書院・一九八四年）六五一頁以下においても基本的に同様である）。

(51)　中村睦男「現代国際社会と条約の国内法的効力」佐藤幸治＝中村睦男＝野中俊彦『ファンダメンタル憲法』（有斐閣・一九九四年）三二五頁。なお、江橋崇「占領の憲法学――条約優位説の生成と展開」志林八三巻四号（一九八六年）五二―五三頁参照。

(52)　ここでは個々の学説を摘示することは避けるが、学説の整理として、丸山健「条約の国内法的効力」奥平康弘＝杉原泰雄編『憲法学6統治機構の基本問題Ⅲ』（有斐閣・一九七七年）一七二―一七八頁が細密である。

(53)　佐藤功『憲法(下)』（新版）（有斐閣・一九八四年）一二八七―一二九〇頁。

(54)　芦部信喜『憲法学Ⅰ憲法総論』（有斐閣・一九九二年）八四頁。小嶋和司『憲法概説』（良書普及会・一九八七年）一四一―一四二頁、および阪本昌成『憲法理論Ⅰ』（補訂第三版）（成文堂・二〇〇〇年）九七頁も同旨。

(55)　小嶋・前掲書（注54）一四三―一四四頁。

(56)　「結局、条約優位説がその実質的な論拠としてあげる国際主義をどう見るかが、もっとも重要なポイントになる」（芦部・前掲論文［注46］二二頁）、「条約優位説は、その実質的根拠として、日本国憲法の国際協調主義を援用する」（樋口陽一『憲法』（改訂版）（創文社・一九九八年）九九頁）等は、その意味で適切な指摘であろう。なお、「条約優位説を直接の条文的根拠によって基礎づけることは困難である」という認識から、消極的ないしは消去法的に、「むしろ日本国憲法の基本構造である国際協調主義によって支持することが最も有力なものといえるであろう」と評されることもある（伊藤正己『憲法の研究』（有信堂・一九六五年）二三二頁）。ちなみに、この引用部分の直後において、国際主義に依拠する解釈の帰結についての危惧が示されているが、そこでも、後述するような条約の分類の観点、そしてそれに応じた国際主義の射程の検討という思考が決定的に欠けている。

(57)　憲法制定過程の帝国議会における政府見解は、憲法と条約の関係について憲法は特定しておらず、学説の発展に委ねる、というものだったことを考えると、憲法の規定は憲法優位説・条約優位説双方に対して開かれているはずであり、「憲法の条文を根拠とする形式的な理由としては、条約優位を積極的に裏づけるものはない、また反対に、憲法が優先するということも、はっきりわからない」(芦部・前掲論文〔注46〕二二二頁)、「条約優位説の言うように、『意識的に』除外されたのだと解することも可能であるが、また同時に憲法優位説の言うように解することも可能である」(大西芳雄『憲法の基礎理論』(有斐閣・一九七五年)九八頁)ということになるのではないであろうか。

(58) 小嶋・前掲書(注54)一四三頁、阪本・前掲書(注54)九七―九八頁参照。

(59) 川添利幸「第八講国際法の誠実遵守」田口精一=川添利幸編『憲法(重要問題と解説)』〔増訂版〕(法学書院・一九七八年)七五―七六頁参照。

(60) 芦部・前掲書(注54)九三頁。なお、芦部・前掲論文(注46)二二一―二二四頁参照。

(61) 樋口陽一=佐藤幸治=中村睦男=浦部法穂『注釈日本国憲法下巻』(青林書院・一九八八年)一五〇一頁〔佐藤執筆〕。

(62) 阪本・前掲書(注54)九八頁。

第三節　失われた三つの観点

「憲法と条約」という論点において条約優位説と憲法優位説との対立図式が定着するなかで、その重要性を看過されている観点があるといえる。

第一款　金森徳次郎国務大臣答弁

一　金森答弁における条約分類論

前述のような学説の展開とは一線を画するかのように、「憲法と条約の効力に関する政府見解は、憲法優位説と条約優位説とを一元的に捉えることなく、条約の内容によって、憲法が優先するものと、条約が優先するものを区別する立場に立っている(63)」とされる。

このような政府見解は、憲法制定過程における議会での政府答弁に源を発するものであるといえる。これに関する金森国務大臣の答弁の要点は、次のようなものである。

「条約と云うものには、種々なる種類があろうと思うのであります(64)」

「そう考えて来ますと、条約と云うものが直ちに憲法以下のものであると云う結論を下しにくいと思う訳であります(65)」

「先ず大体は憲法以下、普通の場合に於きましては憲法以下のものとして考えて宜い。けれども稀にそうでない場合が、国際法的に起り得る。斯う云う風に考えまして、そこで、此の二項に於きましては、其の両方を含めまして、……そう云う種々なる関係を命令的に規定すると云うことは、なかなかやりにくいのでありますから、斯様な広い言葉を以て遵守すると云うことを書きまして、それから以下は解釈に依って判断に依ってさせると云う方法に出でたのであります(66)」

つまり、性質上一様ではない条約を一律に憲法に劣位するとすることは困難であり、第九八条第二項は、条約が憲法に劣位する場合とそうではない場合の両方を含める意味で、「遵守する」と規定しているというのである。そして、この、一様ではない「遵守」の射程について、解釈によって明らかにすることが期待されているのである。

二　憲法施行後の政府見解の展開

憲法施行後の政府見解は、憲法第九九条の憲法尊重擁護義務の存在にも鑑みて憲法と矛盾する条約を締結することは考えられないことの指摘[67]、あるいは、憲法改正手続と条約締結手続との対比[68]によって、基本的には、「条約は憲法に優先することはない[69]」という立場を維持している[70]。

ただし、金森国務大臣答弁の流れを汲む「条約分類論」は維持されており、それは次のように整理されている[71]。

「憲法と条約の関係につきましては、学説上、憲法優位説、条約優位説が両方あるわけでございます……が、従来のわれわれの考え方といたしましては、これを必ずしも一元的に考えておりません。いわゆる条約と申しましても、いろいろなものがあるわけであります」

「国際自然法と申しますか、要するに確立された国際法規」

「二国間の政治的、経済的な条約」

「たとえば降伏文書あるいは平和条約というような一国の安危にかかわるような問題に関する件」

「こういう三点に分けて、大体、従来言っておるわけであります[72]」

そして、憲法との関係については、「確立された国際法規」は、「これは当然に憲法がその秩序の中に受け入れておるものである」、「国際法秩序がそこは優先して働くものである」とされ、「逆に二国間の政治的、経済的な条約、こういうものがあったから、直ちにそれによって憲法が改正されるかということになりますと、これはやはりそう簡単には言うことができない。やはりそういう場合においては、憲法を優先して考える。憲法違反のような、そういう二国間条約を結ぶべきではない」とされる。また、「降伏文書あるいは平和条約というような一国の安危にかかわるような問題に関する件におきましては、これは必ずしも、憲法と条約とを比較してみた場合には、やはり条約が優先するという場合はあろう」とされているのである。

このようにして政府見解は条約分類論を展開したのであるが、ここで留意しておくべきことは、憲法施行後の政府見解の分類の内容である。多国間条約も国際人権条約も言及されてはいないし、国際機構に関する問題にも触れていない。つまり、政府見解は、金森国務大臣の答弁の段階でも十分予測されえた程度のものであり、金森答弁が学説および実務に対して期待した発展の要請を満たしているとは評しがたいのである。

三　条件つき憲法優位説の登場

学説の発展に俟つとした金森国務大臣の期待に反して、条約優位説も憲法優位説も、「条約」を一元的に捉えて議論を展開した。日米安保条約の問題について、学説は、個別具体的な事例あるいは特定の類型の条約に関する事例としてではなく、一般的に「憲法と条約」の問題として対処した。しかし、通説的地位を確保した憲法優位説においても、憲法優位の例外を認める見解が提唱されるようになっている。

まず、第九八条第二項が、「日本国が締結した条約及び確立された国際法規」と規定していることに注目し、前文第三段の文言にも鑑みて、「確立された国際法規」を「日本国が締結した条約」とは別異に扱うべきであるとし、「確立された国際法規」には憲法に対する優位を認める見解が現れた(73)(74)。

さらに、政府見解に近く、あるいはそれ以上に、「確立された国際法規」にとどまらず、一定の条約にも優位を認める説が登場した。

ある見解は、「国際的にのみ定められ、一国の意思のみでは定めえない事項についての条約」[75]、および『確立された国際法規』を内容とする条約」については、通常の憲法と条約との優劣関係の論議からは除外しておくべきであるとする[76][77]。

別の見解は、「憲法優位があらゆる国際法について妥当するかも問題で、『確立された国際法規』(国際社会で一般に承認・実行されている慣習国際法)を成文化した条約や、あるいは領土や降伏などに関する条約は憲法に優位するとみるべきであろう[78]」とする。

このようにして、戦後の憲法学説は、金森国務大臣の期待に応えることのないまま、逆に、憲法優位説の一部が、憲法施行後に確立された、しかし金森国務大臣の期待に十分応えてはいないと解される政府見解に、追随する形となっているのである[79]。条約の分類の必要性が憲法学において一般的に指摘されるようになったのは、そう古いことではない[80]。

第二款　宮沢俊義説

一　宮沢説の前提

ここで、日本国憲法制定までの過程に深く関与しており、そして「国際主義」に立脚する解釈を強力に展開した宮沢説の意味を再確認しておくことは、本書の考察にとって有益であろう。宮沢説においても、「条約優位説」として整理されるときに見失われてしまった点があるといえるのである。

まず、「国際法と国内法との関係については、これまでいろいろな考え方が行われているが、それらは、大きく分けると、だいたい次の二つになるとおもう[81]」として、二元論は、「国際法と国内法とを、それぞれまったくちがった次元のものと見る。国際法は、国家を義務づけるものであるが、それは直接に国内法に影響をおよぼすものではない[82]」とするものと説明され、対して、一元論は、「国際法も国内法も同じ法秩序に属するものと見る[83]」ものとされる。

ここで適切に指摘されているように、トリーペルが主唱したところの二元論は、国際法と国内法を異なる次元のものと捉え、国際法は国家と国家の関係を規律するものであって個人を規律対象とはしないものと解する。そこで、「国内法とは別の淵源をもつ国際法が存在するなら、それは対等の国家の相互関係を規律する法以外の何物でもなく、国内法が規律する関係は国際法の規律対象たり得ず、両者が異なる淵源から出る以上異なる内容をもつものでなければならない」という「トートロジー……を受入れるか否かが彼の二元論に与するか否かの分岐点である[84]」とされる。現在の日本の憲法学説において、なお二元論的立場に好意を寄せる見解が存在するが、そうした見解が個人は国際法——たとえそれが国際人権条約であっても——の規律対象にはならないという二元論の淵源に遡っても同意を維持するものであるのか否かは、必ずしも詳らかではない。

一方、ケルゼンの提唱した一元論については、従来、一元論のいう法秩序の統一性の下における国際法優位（の一元論）／国内法優位（の一元論）という問題と、国法秩序の段階構造における地位の問題とが混同されることが少なくなかった。しかし、ケルゼン自身は、「もし国法と国際法とが互いに『矛盾する』なら、いずれの規範を適用すべきかという問題が生ずる。この問いは、もっぱら実定法によってのみ答えられる[85]」としている。抵触が生じた場合に国法と国際法のいずれが適用されるかは、「もっぱら問題の実定法秩序の解釈によってのみ決定されうる。同様に、国際法の国法への変型が必要かどうかも、もっぱら実定法によってのみ答えることができ、国際法や国法の性質、もしくは両者の関係の性質についての学説によって答えることはできない[86]」のである。「国際法の優位の仮設を受け容れる人達も、国際法は国法にうち勝つとか、国法の規範は、もし国際法の規範に矛盾すれば無効であるとか主張する場合、同じように間違っている。このようなことは、国際法の規範との矛盾を理由として国法の規範を無効化する手段を定める実定法の規範があって初めて言えることとである。とにかく、一般国際法はこのような規範を包含していない[87]」。理論上いわゆる国際法優位の一元論の見地に立つとしても、現実の国法秩序の段階構造における地位について条約優位説が貫徹されることに直結はしないのである。したがって、理論と現実との齟齬に直面しても、「法的現実は同時に一元的でもありかつ二元的である[88]」という言明に依存する必要も、「規範命題として、実証的[90]」で[89]あることを求めて、「国家責任の法現象を重要な支えとする国際法の国内法に対する優位、両者の一元性は、国内法内部にみられるそれに比べて、実効性が弱く不完全……な形ではあるが、それによって、国際法と国内法の一元性と国際法の国内法に対する優位は、独特なものとして認めなくてはならないであろう[91]」として一元論の維持をはかる必要もないであろう。

ところで、一元論という考え方は、ケルゼンの法理論を前提とした説明である。ケルゼンの所説をすべて受け容れるのではないならば、条約の問題を一元論から説きおこす必要もないであろう。また、一元論というモデルを現実に適合するように修正ないし緩和することは、憲法学が条約の問題を考えるために意味のある作業であるとは考えがたい。さらに、今日の日本の学説が、トリーペルの思惟にも完全には従いえないであろうこと、そして、一元論と二元論のいずれを採るかについて旗幟鮮明にしなければならないと考えているわけではない場合が少なくないであろうこと[92]、もまた否定できないであろう[93]。

ただ、「一元論と二元論のいずれが諸問題を矛盾なく、整合的に説明する前提であるかという問題も存在するが、双方が共に成立するとされる限り、憲法の諸条項の解釈とより整合する方が理論前提と考えられなければならないであろう[94]」というのも一つの見識かもしれない。宮沢説も、日本国憲法第九八条第二項および第七条から、一元論を採用する[95]。

この後の叙述において、宮沢説は、「国際法と国内法との関係について一元説をとるとして、そこで、国際法と国内法とのいずれが優位をみとめられるべきか[96]」という問題を設定し、「ここで、いわゆる国際法優位説と国内法優位説との対立がある[97]」としている。ここにいう「国際法優位説」および「国内法優位説」を、「国際法優位の一元論」および「国内法優位の一元論」と解するのは誤りであろう。ここで扱われているのは、国法秩序の段階構造における地位の問題であると解される。なぜなら、この直後に、「国際法のある具体的な規定と国内法のある具体的な規定とがある具体的な場合においてたがいに牴触するときに、そのいずれが優先するかについては、もちろん超実定法的に決定することはできない。もっぱら実定法的にきめなくてはならない[98]」とされているからであり、これは、一元論の理解についての上述のケルゼンの言明とも合致するのである。そして、「国際法と国内法のいずれが優先するかについては、きわめて高い程度において

（……）関係する国内法秩序にその決定がまかされてあると見るべきである[99]」とされる。そして、「国内法にまかされてあるといっても、国内法に対する意味の国際法によって国内法秩序にまかされてあるというのではない。国内法と国際法とのいずれでもなく、そのいずれをも超えた法秩序――世界法秩序または人類法秩序――によってまかされてある、というのである[100]」とされるのである。

二　宮沢説による解釈

そこで、宮沢説は、「具体的な場合に、国際法と国内法とが牴触したときに、そのいずれが優先するかは、もっぱらその国内法秩序の内容の問題だということになる[101]」として、日本国憲法が国際法と国内法のいずれに優位を認めるものであるかを考察する。そして、第九八条第二項は、「特に憲法の国際法に対する態度を明らかに定めたものとはいえない[102]」が、前文、第九条、第九八条第一項等を背景として見ると、「その精神が、確立された国際法規の遵守を妨げるような国内立法を否認し、したがって、そうした国際法規の国内法に対する優位をみとめるにあることは、明らかなようにおもう[103]」とする。これを承けて、以下で、条約と法律、条約と憲法の「形式的効力」の関係が検討される。

条約と国内法の関係については、条約の国内的効力は、第九八条第二項の「趣旨から明らか[104]」であり、条約の公布を定める第七条からも「推測される[105]」とする。一方、条約と法律との「形式的効力」の関係については、前文や第九八条第二項を持ち出さなくとも、条約の締結には国会の承認が必要と規定する第六一条と明治憲法下の慣行との比較から、「日本国憲法のもとで、条約に法律より強い形式的効力がみとめられることは、あまりに当然といえる」[106]とする。

条約と憲法との「形式的効力」の関係については、条約優位説は、「国際法と国内法との関係で、前者に優位をみとめる説のコロラリーである」[107]とされ、「条約の誠実な遵守を実効的ならしめる」ために、「条約の実行を妨げる国内法の成立を否定することが必要であ」[108]るという趣旨を徹底させるために、条約に憲法より強い「形式的効力」を認めるものと説明される。「日本国憲法は、まさにそこまで徹底させる態度をとっていると考えられる」[109]のである。条約の「内容が憲法に違反する場合でも、それによってその効力は少しも妨げられない、と見るべきである」[110]。そして、条約優位説と憲法優位説とは「どちらにも一長一短がある」[111]が、「日本国憲法の承認している徹底した国際主義の立場から、乙説（条約優位説）をとることがおそらく正当とされよう」[112]と結論づけるのである。

三　宮沢説の要諦

ここで、宮沢説にいう「国際主義」と日本国憲法第九八条第二項の解釈の関係について、少しく検討しておきたい。

宮沢説において、第九八条第二項は、国際法の「形式的効力」を規定するものとは解されていない。それは、法律との関係においても、憲法との関係においても、同様である。第九八条第二項は、国際法が優位するか否かについて、「特に憲法の国際法に対する態度を明らかに定めたものとはいえない」[113]。前文、第九条、第九八条第一項等と相俟ってはじめて、その「精神」が国際法の優位を「みとめる」ものであることが明らかになるとされるのである。

そして、憲法に対する条約の優位は、第九八条第二項が条約優位を規定していると理解することによるのではなくて、次のような解釈によって導かれるのである。

まず、日本国憲法は、第九八条第二項において、「条約の誠実な遵守を言明している[114]」。さらに、第九八条第一項における「国内法の諸形式の列記から条約は除かれている[115]」。また、第八一条においても「条約が国内法の諸形式から除かれている[116]」。これが、日本国憲法の規定である。

次に、「日本国憲法の条約に対する態度[117]」を考えるに、過去の行為の反省から、「日本は、なによりも国際信義を重んずる立場を守ろうとしなくてはなら[118]」ず、「この立場からは、日本が外国と結んだ条約は、どこまでも誠実に守らなくてはならない[119]」ことになる。この立場を徹底させれば、条約の「形式的効力は、すべての国内法形式（憲法をも含む）に優先するものであり、その内容が憲法に違反する場合でも、それによってその効力は少しも妨げられない[120]」ことになる。

そこで、日本国憲法の規定を検討すると、第九八条第二項にいう「条約の誠実な遵守を実効的ならしめるには、条約の実行を妨げる国内法の成立を否定することが必要であり、その意味で、条約に対して、一般の国内法の諸形式より強い形式的効力をみとめなくてはならない[121]」。さらに、「その趣旨を徹底させるためには、憲法よりも強い形式的効力を条約にみとめることが必要となる[122]」。そして、「日本国憲法は、まさにそこまで徹底させる態度をとっていると考えられる[123]」。それは、「日本国憲法の承認している徹底した国際主義の立場[124]」から論証されるのである。

このように、宮沢説は、憲法に対する条約の優位を認めるに際して、条約の優位を許容ないしは承認する憲法規定の構造と、そうした解釈を基礎づける憲法の基本的態度を問題にしていると考えられる。そして、宮沢説においては、「国際主義」が、条約の遵守を確保することを目的として憲法に対する条約の優位を導き出す基盤となるような、日本国憲法の基本的態度として論じられていると解されるのである。

条約優位説は抽象的で緻密さを欠くという、従来の憲法優位説の側からの批判の多くは、日本国憲法の諸条項から看取されるところの、また第九八条第二項の「精神」ともいわれる「国際主義」に立脚する宮沢説の論理を、十分に評価しないままに曖昧であると難じていたのではないであろうか。憲法優位説が、法律に対する条約の優位を論証するに際して、第九八条第二項ないし「国際協調主義」を安易に援用しているとするならば、自らもまた、宮沢説に浴びせられたのと同様の批判にさらされなければならないであろう。

もちろん、宮沢説も、条約を分類する観点の欠落もあって、「国際主義」の射程の検討が不十分なものとなっている観を否めない。宮沢説においては、第九八条第二項が国法秩序の段階構造における条約の地位を確定していないことから、「国際主義」の要請によって、国法秩序が国際法に対して最高度に開放されることになると理解されているものと考えられる。しかし、それだけでは、第九八条第一項および第八一条の文言についての言及と合わせても、必ずしも説得的ではないであろう。少なくとも、憲法優位説の側からの憲法改正手続との対比に基づく論難に、有効に反駁することができないと考えられる。

ただ、注目すべきは、宮沢説が「憲法よりも強い形式的効力を条約にみとめる」(125)というとき、「みとめる」主体は日本国憲法であると考えられるということである。つまり、日本国憲法が条約に優越的地位を付与しているると考えるのである。また、条約の「内容が憲法に違反する場合でも、それによってその効力は少しも妨げられない[126]」というとき、それは、憲法が優越的地位にある条約に違反していると考えるのではなく、憲法と条約が衝突している場合、憲法が条約の優先的適用を認めていると考えるということを意味していると解される。

ここで、宮沢説の構成に金森国務大臣の条約分類論的観点を加味して考察を展開するならば、日本国憲法の基本的態度としての「国際主義」を基調として導かれる、場合によっては条約の優越的地位の許容ないし承認を含むこととなる、条約を「誠実に遵守すること」の射程を、当該条約の性質に応じて明らかにする方向に進むこととなるであろう。

第三款　折衷説ないし間位説

従来の条約優位説と憲法優位説の論争に新たな視点を導入する見解として、政府見解が条約の分類を試みたこととは対照的に、憲法規範の分類を試みるものがある。これらの見解は、本書において検討するドイツ連邦共和国の学説の展開と軌を一にする面を有するのであるが、しかし、「折衷説」あるいは「間位説」等と称されるそれらの学説は、日本においては、適切な考慮を払われておらず、条約優位説と憲法優位説との対立図式に変化をもたらすことに成功しているとはいいがたい。

この見解に立つ代表的な学説は、「条約が独立主権国家間の合意にもとづく以上、それを国際主義の見地からどれほど重んずるにしても、条約による根本規範の変革まで認めることは、最大のパラドックスというべきである。したがって、憲法に対する・いわゆる条約優位説は、この根本的背理に目を閉ざしたものと評されよう[127]」とする一方、「憲法典規定を一律かつアプリオリに条約の上に置くことの再検討が必要となろう。……国際法＝条約を最高度に尊重する建前と憲法の基本性および最高性とを調和的に考慮すれば、憲法の根本規範を最上位に置き、条約には法律に優位する位置のみならず、根本規範以外の憲法律と同様以上の効力を認めてもよいのではないか[128]」と述べている。

これに対しては、次のような批判がなされている。いわく、「根本規範と条約との関係については異論がないが、条約と憲法律との関係については、憲法の国際協調主義から直ちに憲法律に対する条約の同位もしくは優位をみちびきだすことには無理があるようであるし、条約との関係において、根本規範と憲法律とに所説のような差異があるものとも思われない[129]」、またいわく、「『根本規範』と『憲法律』の各領域を客観的に明確化することが困難であることに加えて」、条約優位説に対する疑問がこれにもまた当てはまるので、『憲法律』の部分について条約の優位を認めることも困難である[130]」、またいわく、「注目に値するが、根本規範について憲法優位を主張しながら、根本規範以外の通常の憲法規範について、憲法優位説の最も重要な論拠である国民主権（具体的には国民意思による憲法改正の決定）の原理をはずすだけの実質的意味があるのかどうか、疑問に思われる[131]」。

また、この見解に立つ別の学説は、おそらくドイツ連邦共和国の学説の影響を受けながら[132]、「日本国憲法の意図するところは、条約に対して、理論上許される最高の国内法上の地位を与えることにある」という見地から、「憲法を、基本原理とそれ以外の規定とに二分し、条約を、その中間に位置づけること」を提唱している。[133]この学説によれば、「法論理上の自殺を避けるためには、憲法の同質性を維持するのに必要な基本原理だけを守れば十分であり、なにも憲法の一〇三カ条すべてを条約に優先させる必要はない。かくて、憲法が法論理上の矛盾をおかすことなく決定しうる条約の最高の地位は、憲法の基本原理と他の規定との中間ということになる」[134]とされる。この帰結は、換言すれば、「違憲条約は有効であるが、憲法の基本原理に反する場合は例外とする」[135]ということである。

これらの学説と類似の立場をとる裁判例も存在する。いわゆる朝連事件に係る東京地裁昭和三四年三月二五日判決[136]は、「日本国憲法はその第九八条第二項に於て日本国が締結した条約及び確立された国際法規が憲法の上に位することを宣言し、憲法を含めて全ての国内法に対する国際法の優位を承認した。このことは日本国憲法が国際協調主義、恒久平和主義をその基本原則の一として採用したこと、……等により明らかである[137]」としたうえで、「国際法の憲法に対する優位はそれが国家主権の制限と云う一点に集約されることに注意しなければならない。国家は仮令条約によっても国民の享有する基本的人権を制限し又は剝奪することは出来ない[138]」と判示している。

(63)　中村・前掲論文（注51）三二七頁。
(64)　清水・前掲書（注22）七八三頁。
(65)　同書七八三頁。
(66)　同書七八三頁。第九八条第二項起草のきっかけとなった外務省試案を金森国務大臣にもたらした萩原条約局長も、後に、「憲法第九十八条第二項成立の経過に付て」という文書において、「遵守することを必要とする」という文言について同旨の見解を示している。それは、「形式的効力について、国際法の性質ないし内容に即して区別して考えてゆかねばならないという立場がとられている」ものと評されている（新・前掲論文（一）［注21］二三、二五頁）。

(67)　第一二回国会衆議院平和条約及び日米安全保障条約特別委員会（昭和二六年一〇月二三日）における大橋武夫法務総裁の答弁（山内一夫＝浅野一郎編集代表『国会の憲法論議第二巻』（ぎょうせい・一九八四年）四六二〇頁）、第一五回国会衆議院予算委員会（昭和二七年一二月一二日）における佐藤達夫法制局長官の答弁（同書四六二〇―四六二一頁）。なお、第九回国会衆議院外務委員会（昭和二五年一一月二五日）における西村熊雄外務省条約局長の答弁（同書四六四九―四六五一頁）、および第三四回国会衆議院予算委員会（昭和三五年二月二三日）における高橋通敏外務省条約局長の答弁（同書四六四六頁）も参照。

(68)　第一二回国会参議院平和条約及び日米安全保障条約特別委員会（昭和二六年一一月九日）における大橋武夫法務総裁の答弁（山内＝浅野・前掲書［注67］四六二二頁、四六二三頁）、第一九回国会参議院外務委員会（昭和二九年四月一六日）における佐藤達夫法制局長官の答弁（同書四六四三頁）、第一六回国会衆議院外務委員会（昭和二八年八月五日）における高辻正巳法制局第一部長の答弁（同書四六四七頁）。

(69)　第一五回国会衆議院予算委員会（昭和二七年一二月一二日）における佐藤達夫法制局長官の答弁（山内＝浅野・前掲書［注67］四六二二頁）。

(70)「条約は憲法には優先し得ないものである、憲法に違反する条約ができた場合には少くとも国内法的には、これは無効であるというような考え方を、ずっと堅持して参っておるわけであります」とする、第一九回国会参議院外務委員会（昭和二九年四月一六日）における佐藤達夫法制局長官の答弁がある。山内＝浅野・前掲書（注67）四六四三頁参照。

(71)　第三三回国会参議院予算委員会（昭和三四年一一月一七日）における林修三法制局長官の答弁（山内＝浅野・前掲書［注67］四六四五頁）。

(72)　なお、すでに、第一六回国会衆議院外務委員会（昭和二八年八月五日）における高辻正巳法制局第一部長の答弁（山内＝浅野・前掲書〔注67〕四六四七頁）において、「『確立された国際法規』というようなものの内容をなすものが、たまたま条約の内容に入っておったというような場合については、あるいは条約優先だということも言えないではないかと思います。……それは憲法に抵触するということはあり得ないと思いますけれども、……そういうものが条約に入っておる場合には多少問題は違うと思いますけれども、そうではなくて、普通の一国対一国の間で結んだ『確立された国際法規』と言われないようなことで二国間の権利義務を定めたものがありといたしまして、……それは明らかに憲法が優先すると言っていいと思います」とされている。また、第三四回国会衆議院予算委員会（昭和三五年二月二三日）における藤山愛一郎外務大臣および高橋通敏外務省条約局長の答弁（山内＝浅野・前掲書〔注67〕四六四六頁）においては、「一般的な国際法規」・「一般国際法」と、「二国間で締結いたしますような」条約・「個別国際法」との間で区別がなされている。

（73）　橋本公亘『憲法原論』（有斐閣・一九五九年）四二三―四二四頁、および和田英夫『憲法体系』（弘文堂・一九五九年）三〇二頁が、すでに「確立された国際法規」の優位を認める見解を採用している。とくに前者は、「『確立された国際法規』が条約に基づいているときは、それは憲法に優先する」（同書四二〇頁）としている。なお、近時の学説として、樋口・前掲書（注56）一〇〇―一〇一頁。

（74）　「確立された国際法規」の優位に対する批判として、高野雄一『憲法と条約』（東京大学出版会・一九六〇年）一九四―一九五頁。なお、小林直樹『憲法講義（下）』〔新版〕（東京大学出版会・一九八一年）五二三、五二七―五二八頁参照。

（75）　この論議に関しては、「憲法典はなんら明示しない。……かくて公権的決断が重要な意味をもつ」（小嶋・前掲書〔注54〕一四四―一四五頁）とされる。

（76）　小嶋・前掲書（注54）一四四頁。なお、すでに、「領土・降伏等、本質的に国際法事項に属する条約や、『確立された国際法規』を成文化したにすぎない条約（例、外交関係に関するウィーン条約）のごときは、国権に対する優越的拘束規範をなすと考えなければならぬ」（小嶋和司『憲法概観』（有斐閣・一九六八年）五六頁）という指摘がなされていた。

(77)　なお、「前者は国家の能力の問題として、いわゆる『条約優位説』の立場で考えらるべきものですらある」とされ、「後者については憲法第九八条第二項の指示がある」とし、「国際社会における独善主義をとらないかぎり、『確立された国際法規』は、国権に対し規制的効力をもつべきものと考えられる。この憲法の前文は明示的に独善主義を排しているから、憲法典に抵触する『国際法規』もまた、誠実に遵守するを要すると考える以外にない」とされる（小嶋・前掲書［注54］一四四頁、一三九頁）。

(78)　佐藤幸治『憲法』〔第三版〕（青林書院・一九九五年）三三二頁。なお、これらの条件つき憲法優位説は、「条約の憲法への『影響』を認めた政府の答弁と似ているが、明白に効力の上下関係の問題として論じている点で政府の見解と全く性格を異にしている」（加藤・前掲論文［注21］一二二頁）という理解もある。なお、芦部・前掲書［注54］九六—九七頁註一三参照。

(79)　「硬い憲法優位説の遵守」に疑問を呈し、国際人権規約等に「憲法なみ、ないしそれ以上の効力を認めること」を主張する見解（江橋崇「日本の裁判所と人権条約」国際人権二号（一九九一年）二二頁）も、「ポツダム宣言、サンフランシスコ条約などの効力が日本国憲法よりも上位にあることは否定されていない」として、「国際人権規約をこのような国家形成的な基本条約と考える」（江橋・前掲論文［注46］三〇—三一頁）ことに立脚している。

(80)　例えば、伊藤正己『憲法入門』〔第三版〕（有斐閣・一九九三年）二五六頁において、「条約を一律に扱うのではなく、たとえば国際人権規約のような普遍性をもつ多国間の条約は、国内法としても憲法にほぼひとしい効力をもつと考えてもよいであろう」という言及がなされるようになっている（なお、同書・第四版も同様である）。また、芹澤齊「憲法と条約」法教一七三号（一九九五年）七六—七九頁も、金森国務大臣の答弁を引用しながら、「国際協調主義を加味すれば、一律に条約や憲法の優位を導くことには慎重でなければならない」（同論文七八頁）と説いている。さらに、条約の分類の必要性を強力に主張するものとして、甲斐素直「憲法における条約の多義性とその法的性格」司法研究所紀要八巻（一九九六年）一頁以下がある。ただし、この見解において、「超憲法的な条約が、憲法に違反して制定されることがないようにするには、原則的には、条約の締結に先行して、憲法そのものの改正を行うほかはない」（同論文一八頁）として、「その手続を行うことなく締結された超憲法的な条約は、原則として、憲法の文言に抵触する限りで無効のものというべきである」（同論文一九頁）とする理解には、疑問が残る。

(81)　宮沢俊義（芦部信喜補訂）『全訂日本国憲法』（日本評論社・一九七八年）八〇九頁。

(82)　同書八〇九頁。

(83)　同書八〇九頁。

(84)　田中忠「国際法と国内法の関係をめぐる諸学説とその理論的基盤」山本草二先生還暦記念『国際法と国内法――国際公益の展開』（勁草書房・一九九一年）三四頁。

(85)　ハンス・ケルゼン（尾吹善人訳）『法と国家の一般理論』（木鐸社・一九九一年）五五一頁。

(86)　同書五五二頁。

(87)　同書五六二―五六三頁。つまり、「国際法優位の一元論は、法相互の授権関係における国際法の上位性を主張するものであって、両者が内容において衝突する場合、効力においてつねに国際法が優ると主張するものではない。国際法が国内法秩序の妥当性を支えている場合、つまり国際法が国内法への授権を行っている場合も、かならずしも国際法の効力が国内法の効力に優るわけではない」（長谷部恭男『憲法』〔第二版〕（新世社・二〇〇一年）四三七頁）ということができるのである。

(88)　ミルキヌ・ゲツェヴィチ（宮沢俊義＝小田滋訳）『国際憲法』（岩波書店・一九五二年）一五頁、および同（小田滋＝樋口陽一訳）『憲法の国際化――国際憲法の比較法的考察』（有信堂・一九六四年）一三頁。

(89)　小林直樹『憲法秩序の理論』（東京大学出版会・一九八六年）三八九頁以下。「国際社会の現実に照らしてみれば、二元論も一元論も、純粋な形で維持することはできない」こと、および、「両法体系の関連の仕方は歴史的に変化しており、全体としては歴史の発展に応じて把握する必要がある」ことが、その論拠とされる（同書三八九頁）。しかし、ゲツェヴィチの所説とは、そもそも出発点を異にしているのではないかという疑問が存する。

(90) 高野雄一『国際法概論（上）』〔全訂新版〕（弘文堂・一九八五年）一〇三頁。

(91) 同書一〇五頁。なお、ここでも、ゲツェヴィチの結論が、異なる意図で引用されている。

(92) 日本の学説が、この論点において、ゲツェヴィチの所説を好んで引用するのは、そうした考慮の現れではないであろうか。国際法学においても、国際法と国内法の関係については、実証的な検討の必要性が説かれることが少なくない。

(93) なお、一元論と二元論の「論争の歴史的使命は終わったのかも知れない」（田中・前掲論文〔注84〕四九頁）との指摘があることは前述（序論第二節第一款一）の通りである。

(94) 加藤英俊「憲法第九八条第二項——解釈と理論」小嶋和司博士東北大学退職記念『憲法と行政法』（良書普及会・一九八七年）一九五頁。

(95) 宮沢・前掲書（注81）八一二頁。

(96) 同書八一〇頁。

(97) 同書八一〇頁。

(98) 同書八一〇頁。

(99) 同書八一〇—八一一頁。

(100) 同書八一一頁。

(101) 同書八一一頁。

(102) 同書八一二頁。

(103) 同書八一二頁。

(104) 同書八一四頁。

(105) 同書八一四頁。
(106) 同書八一四頁。なお、政府見解も同様である。第一〇回国会参議院外務委員会（昭和二六年六月一日）における西村熊雄外務省条約局長の答弁（山内＝浅野・前掲書［注67］四六四八頁）。
(107) 宮沢・前掲書（注81）八一六頁。
(108) 同書八一六頁。
(109) 同書八一六頁。
(110) 同書八一七頁。
(111) 同書八一七頁。
(112) 同書八一八頁。
(113) 同書八一二頁。
(114) 同書八一六頁。
(115) 同書八一六頁。
(116) 同書八一六頁。
(117) 同書八一七頁。
(118) 同書八一七頁。
(119) 同書八一七頁。
(120) 同書八一七頁。
(121) 同書八一六頁。
(122) 同書八一六頁。
(123) 同書八一六頁。
(124) 同書八一八頁。

(125) 同書八一六頁。
(126) 同書八一八頁。
(127) 小林直樹『憲法の構成原理』(東京大学出版会・一九六一年) 四九頁。
(128) 小林・前掲書 (注89) 四〇三頁。なお、同・前掲書 (注74) 五二七―五二八頁参照。
(129) 清宮四郎『憲法I』(第三版) (有斐閣・一九七九年) 四五一―四五二頁。
(130) 杉原泰雄『憲法II統治の機構』(有斐閣・一九八九年) 五二六頁。
(131) 芦部・前掲書 (注54) 九四頁。なお、同旨の批判として、阿部照哉=池田政章=初宿正典=戸松秀典編『憲法(1)総論』(第三版) (有斐閣・一九九五年) 二三六―二三七頁 (芹澤斉執筆)。
(132) 「西ドイツの学説の中に、結論はかならずしも同じではないが、考え方として、同種のものがみられる」(川添利幸『憲法概論』(文久書林・一九六二年) 九九頁)。
(133) 川添・前掲論文 (注59) 七七頁。また、川添・前掲書 (注132) 九七―九九頁も同旨。なお、小貫幸浩「第四章 人権の前提――国際法の誠実遵守」川添利幸=山下威士編『憲法詳論』(改訂版) (尚学社・一九九〇年) 九九、一〇八頁。
(134) 川添・前掲論文 (注59) 七八頁。
(135) 同論文七八頁。なお、小貫・前掲論文 (注133) 九九頁は、ここでいう「憲法の基本原理」を、「実定憲法の根本規範部分、より特定化すれば人権規範」であるとする。ただし、「人権の優位性」(同論文一〇八頁) という以上の論証は見出されない。
(136) 判時一八〇号九頁以下。
(137) 判時一八〇号一三―一四頁。
(138) 判時一八〇号一四頁。これに対して、「かかる考え方は事案の内容からは理解できるとはいえ国家主権の制限は人権に及ばぬというのは、きめの粗い、論理の運び方と思われる」(清水睦「条約の国内法上の効力」綜合法学五巻五号（一九六二年）五二頁）という批判もある。

第四節　考察の対象

本書第一部が主に扱う問題領域は、従来、「憲法優位説」対「条約優位説」という図式で捉えられてきたものである。憲法優位説と条約優位説の対立という図式に関しては、「近年の国際協力の実態からしても憲法優位説を再検討すべきだとの説は傾聴に値する」(139)とされる一方、「憲法優位説は理論構成として説得力が強く、憲法学界から内在的に再検討の声は上がりにくい状況がある」(140)ともいわれる。

しかし、前述のように、現在の憲法優位説の確立の背景には日米安保条約の存在があるということが指摘される。前述の金森国務大臣の答弁を敷衍するならば、日米安保条約の問題は、憲法と条約の関係についての一般的問題ではなく、古典的な二国間条約に関わるものでしかないということができる。かりに現在の憲法優位説の構成が適切であるとしても、その射程は自ずと限定されてくるはずである。

前節で瞥見したように、この問題領域においては、条約を一律に扱うのではなく、問題とされる「条約の性質に照らして如何に扱うか」を考えることが必要であり、その際にはそうした「種々なる種類」の条約に対応すべく規定された日本国憲法第九八条第二項の「誠実に遵守すること」という文言の射程を、日本国憲法の基本的態度としての国際主義を基調として検討することが求められるのであり、そして、場合によっては従来の条約優位説・憲法優位説以外の解答の可能性をも視野に入れる、という前提において、第一部の考察は展開される。

日本の憲法学は、憲法と条約の関係について、戦後の一時期を除けば、近年まで実質的には日米安保条約のみを背景として議論を展開してきたきらいがある。前述の三つの点が見失われた一因も、そこに帰することができるであろう。そこで、日本が経験してこなかった種類の状況への憲法学としての対応を、この問題領域での議論を積み重ねてきたドイツ連邦共和国の判例・学説を手がかりとして、いわば「追体験」することは有益であろう。第一部は、ＥＣ法とドイツ基本法の関係を手がかりとして、従来日本において十分考察がなされていなかったと考えられる、「条約の性質」に応じた憲法の側の対応のあり方を探るものである。

基本法第二四条第一項は、「連邦は、法律により、高権を国際機構に移譲することができる」と規定する。ここで、いわゆる主権の移譲を明文で規定する基本法第二四条第一項と日本国憲法第九八条第二項との間の懸隔が問題とされるかもしれない。しかし、後述するように、基本法第二四条第一項にいう「高権移譲」は、その文言に反して、主権（の一部）を国際機構に譲り渡すことを意味しない、というのが現在の彼地の通説である。基本法第二四条第一項は、国際機構の下に創設された公権力（その意味で、各国からの移転・譲渡によるものではない）がドイツ連邦共和国の国法体系内部で行使されることを容認する規定であるとされているのである。さらに、基本法第二四条第一項の解釈においては、この高権移譲についての憲法上の限界の問題と、高権移譲が行われた後に当該国際機構によって定立された法の、ドイツ連邦共和国の国法体系内部での適用についての憲法上の限界の問題とが、区別されなければならないことが指摘されている。いわゆる国際統合ないしは主権移譲等に関する議論に属する前者の論点からは一定程度独立して後者の論点が存在しうるので

あれば、この後者の論点についての議論は、本書の考察にまさに適合的な素材を提供するものと考えられる。(141)

ここで、憲法と条約という問題を考えるに際してEC法を手がかりとすることの適切さが問題とされるかもしれない。詳しくは後述するが、少なくとも、国法体系の外部で定立された法規範が国法体系の内部においていかなる地位を有しうるか、という点では、憲法学にとって共通の問題を提起しているものと解してよいのではなかろうか。

(139)　横田耕一「人権の国際的保障と国際人権の国内的保障」ジュリ一〇二二号（一九九三年）二七頁。
(140)　横田耕一「『国際人権』と日本国憲法——国際人権法学と憲法学の架橋」国際人権五号（一九九四年）九頁。
(141)　前者の国際統合ないしは主権の移譲等についてのドイツ連邦共和国の議論を整理・紹介する先駆的業績として、阿部照哉「主権移譲の憲法的考察」論叢八一巻六号（一九六七年）一頁以下（樋口陽一＝針生誠吉編『文献選集日本国憲法15各国憲法論』（三省堂・一九七七年）所収一六七頁以下）がある。同じ視点から近年の状況を視野に入れたものとして、同「欧州連合と憲法」宮田豊先生古稀記念『国法学の諸問題』（嵯峨野書院・一九九六年）三頁以下。日本国憲法との関係において、同・前掲論文（注33）一二頁以下。

第一章　ＥＣ法の優位

第一節　ＥＣ法の特質

ＥＣ法[1]の直接的効力／直接効果と優位性は、ＥＣ法秩序の重要な原則であるとされるが、ＥＣ条約によって明文化されているわけではなく、欧州裁判所の判例に依存する部分が大きいこともあって、彼地においても議論に錯綜があり、また、ＥＣ法が従来の国際法とは異なる、あるいは先進的であることを強調しようとするあまり、従来の国際法学の成果を閑却したり不当に低い評価を与えたりしているような向きも見受けられる[2]。

通常の条約の場合は、各国の憲法が定める手続を経て締結され、国内的効力を獲得し、あるいは国内法に変型される。ＥＣ法の場合、基本条約は別として、この段階が存在しないのである。したがって、構成国には、国法秩序の外部において成立したＥＣ法の国法秩序への受容を阻止する機会が存在しないこととなる。こうして成立したＥＣ法が国法秩序において優位性を有するとされるため、さまざまな問題が生じてくるのである。その意味で、ＥＣ法の直接的効力／直接効果と優位性は、ＥＣ法の特質である。ＥＣ／ＥＵおよび

ＥＣ法についてはすでに多くの邦語文献[3]もあるので、ここでは本書の考察に必要な限りでの確認をするにとどめたい。

第一款　ＥＣ法の諸形式

ＥＣ法には、大別して、一次法と呼ばれる基本条約と、二次法あるいは派生法と呼ばれるＥＣ立法とがある。

一次法たる基本条約は、各共同体の設立条約、設立条約を改正する条約、原構成国以外の構成国の加入条約、機関併合条約、単一欧州議定書、欧州連合条約いわゆるマーストリヒト条約、アムステルダム条約等である。ただし、形式的には通常の条約であっても、構成国における扱いは一般の条約とは異なり、二次法と同様に国内法に対して優位するとされる。ただし、ＥＣ機関による立法である二次法とは異なり、構成国自身によって締結されている一次法の場合は、憲法との抵触は存在しないという推定が成り立つとされることがある。

二次法たるＥＣ立法は、超国家性を有する委員会[4]が法案を提出し、構成国政府の代表からなる理事会[5]が採択する、というのが基本である[6]。二次法には、規則、指令、決定、ならびに、勧告および意見の形式がある。ここで問題となるのは、前二者である。規則は、「一般的な適用性を有する」。そして、「その全体において拘束力があり、すべての構成国において直接適用することができる」とされる[7]。これに対して指令[8]は、「達成すべき結果について、これが向けられたすべての構成国を拘束するが、方式及び手段の選定については構成国の機関の権限に任せる」というものである。[9] なお、決定は、特定の名宛人に対する個別立法であり、勧告および意見は、原則として法的拘束力を有しないとされる。

欧州裁判所[10]には、EC機関や構成国からばかりではなく、個人からの直接の提訴も可能である。また、構成国の国内裁判所からEC法の解釈問題について移送を受ける、EC条約第二三四条（旧第一七七条）の定める手続[11]の存在も特徴的である。欧州裁判所は、EC条約が明確に規定していない点についても、ECに有利な判例理論を構築して、欧州統合の進展に大きな影響を与えてきたのである。

第二款　直接的効力／直接効果

一　議論の交錯

EC法は、各構成国による締結および国内的効力付与の明示的な手続の段階が存在せず、また、直接適用可能とされる規定が非常に多いものの、その国内適用については、国法秩序の外部から国法秩序内に入ってそこに地位を占めるものという意味では、基本的に一般の条約の場合と同様の枠組で考えることが可能なはずである。

しかし、この点に関して、実際の議論は錯綜している感があり、一般の条約に関する国際法学の議論とは隔絶しているかのような様相を見せている。

その要因としては、「規則は、一般的な適用性を有する。規則は、その全体において拘束力があり、すべての構成国において直接適用することができる」と規定するEC条約第二四九条（旧第一八九条）の文言、欧州裁判所判例における用語法、国際法とＥＣ法は別物であるという考え方の過度の強調、従来の国際法学の議論とりわけ「self-executing な条約」に関する議論[12]もまた混乱していること、等が考えられる。

ＥＣ法学にいう「直接適用性（direct applicability）」は、規則について、ＥＣ条約に規定がある。「直接的効力／直接効果（direct effect）」[13]は、欧州裁判所の判例理論に依っている。彼地のＥＣ法学においては、比較的早い時期からこの両者の概念を峻別する見解が提唱され、これが現在の支配的見解であるとされる[14]。

それによれば、まず、「直接適用性」は、国法秩序へのＥＣ法の受容の態様を記述するものである。ＥＣ条約に規定されている規則の「直接適用性」とは、規則が自動的に、すなわち構成国による批准、承認、受容、変型といった手続の必要なしに、すべての構成国の国法体系において法的効力を有することをいう。つまり、規則の「直接適用性」とは、規則が成立と同時に国内的効力を獲得することを意味するものと解される。他方、「直接的効力／直接効果」は、ＥＣ法が国内的効力を獲得した後の、国法体系におけるＥＣ法規定の作用の態様を記述するものである。「直接的効力／直接効果」を有するということは、当該ＥＣ法規定が、その国内的実施のための構成国による立法措置の必要なしに、個人に国内裁判所において執行可能な権利を付与し、または義務を課すという法的効果を生ずることを意味する[15]。

さらに、直接的効力／直接効果の概念は、「ある規定が単にプログラム的なものであるか、それとも、その客体に対する命令、個人に付与された権利、または個人に課せられた義務を構成するかを判断する、立法者意思の裁判所による解釈に由来する」[16]とも説明される。これは、従来の国際法学においては、いわゆる self-executing という概念で説明されてきた問題、つまり、条約規定の直接適用可能性の問題にほかならないと考えられる。[17]

ところで、「直接適用性」と「直接的効力／直接効果」の峻別については、前者を規則という法形式のみに関わるものと解し、『直接適用』が一八九条で定められた二次立法の形式に着目するのに対し、『直接効果』はそれとは視点を異にして当該共同体法の内容に着目し、共同体法が加盟国の行為に関わり無くそれ自体で個人に国内裁判所で実現可能な権利を付与することを意味する」[18]として、「直接適用されない指令が直接効果を有する場合がある」[19]とする見解がある。これは、従来の国際法学の議論に引きつけていえば、「国内的効力を有しないが国内裁判所で直接適用されうる」ということになる。それは、現在の国際法学の理解とは相容れないこととなろう。したがって、もしEC法の性質としてそうしたことが承認されるのであれば、EC法体系は、独自の原理をもって従来の国際法理論と袂を分かつことになるかもしれない。しかし、この見解が自ら指摘しているように、「直接効果を生じ個人が国内裁判所で援用できるとは、指令の規定が、その限りで国内法秩序に融合していることを意味しよう。そこにおいて、直接適用されないと言うことに、実際上どれほどの意味があるであろうか」[20]という疑問があり、すでにこのような理解は彼地においても批判されている。[21]

こうしたことから看取されるのは、EC法学にいう「直接適用性」とは、従来の国際法学における「国内的効力」に等しく、EC法学にいう「直接的効力／直接効果」とは、従来の国際法学における「直接適用可能性」に相当する、ということである。

二　交錯の背景

「直接的効力／直接効果」を有することがself-executingであることと同義に扱われることがある(22)一方で、「直接適用性」も、一定の条約および条約規定についてのself-executingな性質と結びつけて説明されることがある(23)。確かに、ここでＥＣ法についていう「直接適用性」も、条約のself-executing性の意味でいわれる「直接適用可能性」も、英語では同じdirect applicabilityである。その意味で、ＥＣ条約のドイツ語正本における文言が、gelten unmittelbar（have direct validity）であることは適切であるという評価もある(24)。

このような交錯が生じる背景となった、欧州裁判所が直面した状況と課題、そしてそこで欧州裁判所が採用した見解について、以下のように考えることができるかもしれない。

国際法の一般原理においては、締約国は自国の国内法を理由に条約義務を免れることはできないとされるが、それは相手国との国際法上の関係においての問題である。また、国内裁判所が国内法との抵触を理由に条約の国内適用を拒否したとしても、そこから生じるものは当該締約国の国際法上の義務違反の問題である。いずれも、国際法規範をただちに国内適用することを義務づけるものではない。したがって、構成国におけるＥＣ法の統一的適用は、各国の憲法体系が国際法規範の国内的効力および国内法に対する優位を承認しているか否かに依存することとなる。しかし、多くの構成国は、条約の国内適用について保守的な理論ないし慣行を有する国々であった。こうした状況下でＥＣ法が国内において直ちに適用されるものであることを主張するために、欧州裁判所は、ＥＣ法が通常の国際条約とは異なるという点を強調したのである。

直接的効力／直接効果についてのリーディング・ケースとされるVan Gend en Loos事件判決(25)において

問題となったのは、ＥＣ条約の中の構成国の義務を定める形の規定を個人が国内裁判所において援用できるか、ということであった。そのため、直接的効力／直接効果が認められるか否かは、当該規定が個人に権利を付与しているか否かという問題であると認識されることとなった。他方、規則について定めるＥＣ条約第二四九条（旧第一八九条）は、「直接適用性」という概念を用いているが、これは内容の如何にかかわらず規則という法形式であることによって認められるものと理解された。このため、直接的効力／直接効果は規定の内容によって定まるものであり、直接適用性は規定の法形式によって認められるものであるという見解が生じたものと考えられる。しかし、いずれも、当該ＥＣ法が、構成国による国内的措置の必要なしに直ちに国内裁判所において適用されうるかという問題であったのではなかろうか。そして、それぞれの焦点は、ＥＣ条約（ないしは指令）に関しては国際法学における直接適用可能性の問題にあり、規則に関しては国際法学における国内的効力の問題にあった、ということであると解される。(26)

そうであるとすると、本書の考察に関する限りでは、ＥＣ法学と従来の国際法学との間で、用語の違いはあるものの、問題とされていることの本質は同じであり、ＥＣ法の場合には、二次法については一般の条約と違って各国による締結・国内的効力の付与の手続を必要とせず、成立と同時に国内的効力をも獲得するということ、および、国内裁判所において直接適用可能な規定が極めて多いこと、を確認しておけば足りるであろう。後者の、直接適用可能な規定の多寡の問題は、従来の条約の中でも差があり、その相違は相対的なものでしかないということもできる。(27)ただし、個々の規定が直接適用可能であるか否かの判断は、一般の国際条約の場合には国内裁判所が行うが、ＥＣ法の場合には、欧州裁判所が統一的に行うとされた点に留意する必要がある。前者の国内的効力の獲得に関する問題については、国内的効力を獲得した後の、国法体系における問題を扱う本書においては、受容の段階の問題は、必ずしも考察の主題を構成するものではないと考えられる。

第三款　優位性

一　無効と不適用

構成国の国内法に対するＥＣ法の優位は、前述の直接的効力／直接効果とともに、ＥＣ法の特徴として日本においても広く知られているが、これについても留意が必要である。(28)

ＥＣ法優位の実現は、抵触する国内法の適用を排除することであるとされる。(29) これは、ＥＣ法と国内法が衝突した場合、ＥＣ法の優先的適用が求められるに過ぎず、ＥＣ法がそれに矛盾する国内法を直接的かつ一般的に無効とするのではない、ということを意味している。(30) 現在のＥＣ法の性質としては、ＥＣ法に抵触する国内法の全部または一部を廃止する効力は要求されておらず、ＥＣ法の優先的適用が確保されることで足りるとされるのである。(31) したがって、当該ＥＣ法がなんらかの理由で廃止された場合、それまで適用されえなかった抵触する国内法は、再び適用可能となるのである。これは、ＥＣ法と構成国の憲法との関係においても同様である。

ＥＣ法の優位性についてのこの考え方は、ＥＣ法に内在する要請に由来している。つまり、すべての構成国において統一的に適用されること、というのがＥＣ法の要請である。常にＥＣ法が適用される状態が確保されれば十分なのであり、抵触する国内法が直ちに廃止されることは必須ではないのである。

このようなEC法の優位性は、EC条約にはなんら直接の明文上の根拠を有しない。EC法の優位性は、欧州裁判所の判例として存立しているのであり、欧州裁判所も、EC法を優先的に適用すること、換言すれば、抵触する国内法を適用しないことのみを要求している。[32] 欧州裁判所は、抵触する国内法は「適用不可能」であるとしか述べていない。直ちに無効となるとはしていないのである。[33] EC法優位の原則は欧州裁判所の判例によって形成されたものであり、その意味で欧州裁判所が「適用不可能」としか述べていないことは重要である。

二　欧州裁判所の判例理論

(1)　Costa v. ENEL 事件判決

欧州裁判所がEC法と国内法との衝突の問題に直面した最初の事例は、一九六〇年のHumbelt v. Belgium 事件[34]であったが、本件においては、欧州裁判所は、EC法の優位性を前提として、EC法に違反すると判示された構成国の行為がそれぞれの機関によって是正されなければならないことを述べるにとどまっていた。また、EC条約の直接適用性ないし直接的効力／直接効果についてのリーディング・ケースとして著名な、Van Gend en Loos 事件判決[35]も、国内法に対する条約の優位が認められているオランダにおける事件であったことから、EC法優位の問題については論及されなかった。[36] EC法の優位性は、必ずしも自明のことではなかったのである。

国内法に対するＥＣ法の優位を欧州裁判所が確認したのは、一九六四年七月一五日の Costa v. ENEL 事件判決(37)であった。この判決において、欧州裁判所は、憲法を含むすべての国内法に対するＥＣ法の優位を確認したのである。

本件は、イタリアの国内裁判所での訴訟において、当事者である Costa 氏が電力事業を国有化して ENEL を設立したイタリアの法律がＥＣ条約に違反すると主張したため、ＥＣ条約第二三四条（旧第一七七条）に基づいて欧州裁判所の解釈が求められたものである。

欧州裁判所は、大要以下のように判示した。

「通常の国際条約と異なり、ＥＣ条約は、その発効と同時に構成国の法秩序の構成部分となり、構成国の国内裁判所が適用しなければならない、独自の法体系を創設した。……そしてとりわけ主権の制限すなわち構成国からのＥＣへの権限の移譲から生ずる実体的権限を有する、無期限の共同体を創設することによって、構成国は、限られた分野においてであるがその主権的諸権利を制限したのであり、また、このようにして構成国の国民と構成国自身の双方を拘束する法の一体を創設したのである」

「もし後に制定される国内法を守るためにＥＣ法の執行力が構成国ごとに変わるならば、それは第五条第二項で述べられているＥＣ条約の目的の達成を危うくせずにはおかず、また第七条で禁止されている差別を引き起こさずにはおかない」

「ＥＣを設立する条約の下で引き受けられた義務は、もし締約国の後の立法行為によって異議を唱えうるのであれば、無条件のものではなく条件つきのものに過ぎなくなる。ＥＣ条約が構成国に一方的に行為する権利を与えている場合には、常に、明白かつ明確な規定によって行っている。……。もし構成国が通常の法律によってその義務を放棄することができるのであれば、これらの手続はその目的を喪失するであろう」

「EC法の優位性は、第一八九条によって確認されている」

「これらすべての考察からして、一つの独立の法源であるEC条約から派生する法は、その特別のかつ独自の性質のゆえに、そのEC法としての性質を奪われることなしには、そしてECの法的基礎自体が異議を唱えられることなしには、いかなる法形式のものにせよ国内法の規定に優位されることはできない」

ここにおいて、欧州裁判所は、あらゆる国内法に対するEC法の絶対的優位論を展開していると解される。

(2)　その後の判例

欧州裁判所は、その後もこの立場を維持している。たとえば、本書の考察においても後に重要な事案として登場することとなる一九七〇年の国際商事会社事件において、欧州裁判所は、Costa v. ENEL 事件判決で明示されたEC法優位の立場をさらに明確化して次のように判示した。

「ECの機関によって定立された法の効力を判断するために、国内法規または国内法上の観念に依拠することは、EC法の統一性および実効性を侵害する。EC法の効力はEC法に照らしてのみ判断されうる。実際に、一つの独立の法源である、EC条約から派生する法は、その性質のゆえに、そのEC法としての性質を奪われることなしには、そしてECの法的基礎自体に異議を唱えることなしには、国内法規に優位されることはできない。したがって、構成国の憲法に規定された基本権または憲法構造の諸原理に反するという主張によっては、ＥＣ法の効力または構成国内における効果は影響されえない[38]」

憲法を含むあらゆる国内法に対するＥＣ法の優位が打ち出されたことによって、構成国の憲法裁判所との間での論争が生じた。とりわけ、ＥＣにとって重大な問題であったのは、基本権保護に関するドイツ連邦憲法裁判所の抵抗であった。欧州裁判所は、当初、構成国の国内法に対するＥＣ法優位の原則の確立を優先させ、各構成国は自国の憲法規定を理由にＥＣ法に反することはできないという見解をとったため、固有の権利章典を有しないＥＣにおける人権保護が重大な問題となった。ドイツ連邦憲法裁判所は、基本法の保障する基本権がＥＣによって侵害されることを憂慮して、基本法に対するＥＣ法の優位の貫徹に抵抗する姿勢を見せたのである。

(3)　欧州裁判所による人権保護

そこで、ＥＣにおける人権保護[39]の確立が急務とされ、その方法として、独自の権利章典の制定（独自方式）、あるいは欧州人権条約への加入（加入方式）[40]等も検討されたが、欧州裁判所が採用したのは「法の一般原則」の内容として人権に配慮する方法であり、その際に欧州人権条約がガイドラインとして用いられてきた（ガイドライン方式）[41]のである。ガイドライン方式とは、欧州裁判所が、法的には欧州人権条約を直接に適用することができないことから、判断に際してこれを考慮要素として間接的に用いる方法をいう。欧州裁判所は、人権の尊重が法の一般原則の不可欠の要素であるとした判断[42]の後、当初は、「構成国に共通の憲法的伝統」をその内容としていたが、一九七四年の Nold 事件判決[43]において、「構成国が作成に関与し、その署名国となっているところの、人権保護のための国際条約は、ＥＣ法の枠内において従われるべきガイドラインを提供しうる」[44]として、はじめて欧州人権条約をガイドラインとして用いた。その後、一九七五年のRutili事件判決[45]は、「欧州人権条約が基礎を置く原則は、ＥＣ機関の行為の適法性を審査する際にばかりではなく、ＥＣの権限内に入る事項についての構成国の行為とＥＣ法との適合性を評価する際にもまた、依拠されうる」[46]とし、Nold事件判決の漠然かつ包括的な欧州人権条約の参照から一歩進んで、欧州人権条約の特定の条項を参照したのである。[47]

このように、欧州裁判所は、人権に関わる問題を判断する際に、欧州人権条約をガイドラインとして用いるようになった。[48][49]しかし、後述するドイツ連邦憲法裁判所の一連の反抗の口火が切られたのは、ガイドライン方式の嚆矢となった前述のNold事件判決のわずか二週間後であった。

このようなガイドライン方式は、単に欧州裁判所の判例上のものにとどまるのではなく、その後、ＥＣ内において、条文上の根拠を有するようになってゆく。まず、一九七七年四月五日の欧州議会、理事会、および委員会による人権共同宣言[50]において、これらの三機関は、構成国憲法とならんで欧州人権条約から導き出される基本権の保護を最重要であるとみなすことが強調された。[51]その後、一九八六年には、単一欧州議定書が、その前文において、「構成国の憲法及び法律、欧州人権条約、並びに欧州社会憲章で認められている基本的人権、とりわけ自由、平等、及び社会正義に基づく民主主義を促進するために協力することを決心し」[52]と述べ、さらに、マーストリヒト条約第Ｆ条第二項（現・欧州連合条約第六条第二項）は、「連合は、一九五〇年一一月四日にローマで署名された人権及び基本的自由の保護のための欧州条約により保障され、かつ各構成国に共通する憲法上の伝統に由来する基本的権利を共同体法の一般原則として尊重する」と規定したのである。

こうして、ECにおける人権保護の態勢は長足の進歩を見せ、それに応じて連邦憲法裁判所もその態度を緩和するに至った。(53)

(1)　欧州共同体（欧州連合）およびその法制度の呼称は、一個の問題である。本書においては、欧州共同体の法については、さしあたり「EC法」という呼称を用いることとする。「EU法」ではなく「EC法」とするのは、欧州連合条約（マーストリヒト条約）発効以降も「EC」は存続しており、しかも欧州共同体の法の呼称としては「EC法」の方が適切であると考えられるからである。そこで、本書は、欧州連合条約以前と以後との呼び分けあるいは併記による繁雑さを避けるという便宜もあり、欧州諸共同体という意味で「EC」、その法という意味で「EC法」の語を用いることとする。ただし、条約規定を指示するときには、EC条約第○○条とは、欧州経済共同体（欧州連合条約発効後は欧州共同体）を設立する条約の条文を指す。一九九九年五月一日にアムステルダム条約が発効したが、これに係る問題は本書の射程を越える。同条約によりEC条約および欧州連合条約の条文番号も変更されたが、本書においては、引用文献との対照の便宜から、アムステルダム条約による変更前の条文番号も適宜併記することとする。

なお、呼称の問題について、須網隆夫『ヨーロッパ経済法』（新世社・一九九七年）七頁および植木俊哉「『地域統合の法』の構造と特質」岩波講座『現代の法2国際社会と法』（岩波書店・一九九七年）二四一―二四二頁参照。

(2)　この点に関する従来の日本における議論も、必ずしもこのような傾向から自由ではないであろう。

(3)　すでに一九八〇年代に、EC法に関する先駆的かつ重要な意義を有する業績が多く示されている。例えば、ピエール・ペスカトール（小田滋監修／大谷良雄＝最上敏樹訳）『EC法――ヨーロッパ統合の法構造』（有斐閣・一九七九年）、大谷良雄『概説EC法』（有斐閣・一九八二年）、P.S.R.F. マテイセン（山手治之監訳）『EC法入門』（有斐閣・一九八二年）、平良『ヨーロッパ共同体法入門』（長崎出版・一九八二年）、田村悦一『EC行政法の展開』（有斐閣・一九八七年）等。EC／EUないしEC法に関する近年の著書としては、岡村堯『ヨーロッパ法』（三省堂・二〇〇一年）、山根裕子『EU／EC法――欧州連合の基礎』〔新版〕（有信堂・一九九五年）、同『ケースブックEC法――欧州連合の法知識』（東京大学出版会・一九九六年）、金丸輝男編著『ECからEUへ――欧州統合の現在』（創元社・一九九五年）、須網・前掲書（注1）、中村民雄『イギリス憲法とEC法――国会主権の原則の凋落』（東京大学出版会・一九九三年）、広岡隆『欧州統合の法秩序と司法統制――欧州諸共同体司法裁判所の裁判を中心として』（ミネルヴァ書房・一九九八年）、デイヴィッド・エドワード＝ロバート・レイン（庄司克宏訳）『EU法の手引き』（国際書院・一九九八年）、また、島野卓爾＝岡村堯＝田中俊郎編著『EU入門』（有斐閣・二〇〇〇年）、石川明＝櫻井雅夫編『EUの法的課題』（慶應義塾大学出版会・一九九九年）、村田良平編『EU――二一世紀の政治課題』（勁草書房・一九九九年）、ジョゼフ・H・H・ワイラー（南義清＝広部和也＝荒木教夫訳著）『ヨーロッパの変容――EC憲法体制の形成』（北樹出版・一九九八年）等。

（4）「EC委員会」、あるいは欧州連合条約発効後は「欧州委員会」とも呼ばれる。

（5）いわゆる閣僚理事会。理事会は、欧州連合条約発効後、自らを「欧州連合理事会」と称することとした。

（6）「民主主義の赤字」という批判に応えるため、度重なる条約改正を経て、現在は、ECの立法過程への欧州議会の関与が増大しているが、立法過程における理事会の役割は依然として大きい。

（7）EC条約第二四九条（旧第一八九条）。以下、EC条約の邦訳については、『国際条約集』（有斐閣）による。

（8）「命令」と訳されることもある。

（9）条約上はこのように性格づけられているが、実際には、指令の「直接的効力／直接効果」が認められてきている。

（10）日本では、EC裁判所またはEU裁判所、あるいは欧州司法裁判所とも呼ばれる。ECには、欧州裁判所の他に、職員訴訟をはじめとする係属件数の増大による欧州裁判所の過重負担に対処するために一九八八年の理事会の決定によって設置された、第一審裁判所がある。

(11)　この手続の邦訳にも議論がある。フランシス・G・ジェイコブズ（北村一郎=中村民雄訳）「ヨーロッパ共同体法院の役割——その判例政策に関するいくつかの観察」法協一〇九巻一〇号（一九九二年）二五—二六頁、伊藤洋一「EC判例における無効宣言判決効の制限について（二）」法協一一一巻二号（一九九四年）五四—五五頁参照。

(12)　これについては、岩沢雄司『条約の国内適用可能性——いわゆる“SELF-EXECUTING”な条約に関する一考察』（有斐閣・一九八五年）参照。

(13)　邦訳としては、以前は「直接的効力」、近年は「直接効果」とする例が多いように見える。この他にも、「直接効力」、「直接効」等が見られる。本書では、「直接的効力」と「直接効果」を併記することとする。

(14)　先駆的な見解として、J.A. Winter, *Direct Applicability and Direct Effect, Two Distinct and Different Concepts in Community Law*, 9 Common Mkt L Rev 425 (1972). 少数説および欧州裁判所の判例は、「直接適用性」と「直接的効力／直接効果」とを截然とは区別しないとされる。なお、「わが国のこれまでの研究では両者の意味を区別しない『同視説』が一般に受け入れられてきている」（北村泰三「EC法基本権規定の水平的直接効力——EC法の私人間適用問題に関する一考察（一）」熊法七七号（一九九三年）五頁、および三七頁註四）とされる。この「直接適用性」と「直接的効力／直接効果」の峻別に関しては、同論文のほか、近年では、須網隆夫「直接効果理論の発展に見る欧州統合の現段階」日本EC学会年報一四号（一九九四年）一三九頁以下、および同・前掲書（注1）二五頁が、詳細な論述を行っている。なお、すでに、「『直接適用性』をもつ『規則』が、常に『直接的効力』をもつことを意味しない。『直接的効力』をもつかどうかは、EC裁判所によって決定される」（石渡利康『EC法概論』（八千代出版・一九八二年）九—一〇頁）と指摘する見解が存在していた。

(15)　See Alan Dashwood, *The Principle of Direct Effect in European Community Law*, 16 J Common Mkt Stud 229, 230 (1978); Akos G. Toth, *The Oxford Encyclopaedia of European Community Law Vol. I, Institutional Law* 161 (Clarendon Press, 1990); Henry G. Schermers and Denis F. Waelbroeck, *Judicial Protection in the European Communities* 138-139 (Kluwer Law and Taxation Publishers, 5th ed. 1992).

(16) Dominik Lasok with K.P.E. Lasok, *Law and Institutions of the European Union* 295 (Butterworths, 6th ed. 1994).

(17) See Winter, 9 Common Mkt L Rev at 425–426 (cited in note 14), Bruno de Witte, *Direct Effect, Supremacy, and the Nature of the Legal Order*, in Paul Craig and Grainne de Burca, eds., *The Evolution of EU Law* 177, 179 (Oxford University Press, 1999).

(18) 須網・前掲論文（注14）一四六頁。

(19) 同論文一四六頁。

(20) 同論文一四七頁。

(21) このような理解は、Winter, 9 Common Mkt L Rev (cited in note 14) に淵源を有するものであるが、これを批判する見解として、Josephine Steiner, *Direct Applicability in EEC Law—A Chameleon Concept*, 98 L Q Rev 229, 233–239 (1982).

(22) Dashwood, 16 J Common Mkt Stud at 232 (cited in note 15). なお、Paul J.G. Kapteyn and Pieter Verloren van Themaat, *Introduction to the Law of the European Communities* 330 (Laurence W. Gormley, ed., Kluwer Law and Taxation Publishers, 2nd ed. 1990) は、国法体系において裁判所による直接適用の可能であることが、国際公法の用語ではself-executingであり、EC法の用語では「直接的効力／直接効果を生ずる」と表現されるとしている。

(23) Lasok with Lasok, Law and Institutions at 295 (cited in note 16).

(24) Winter, 9 Common Mkt L Rev at 436 (cited in note 14).

(25) Case 26/62, Van Gend en Loos v. Nederlandse Administratie der Belastingen, [1963] ECR 1. 邦語での紹介として、山根・前掲『ケースブックEC法』（注3）八三頁以下、中村・前掲書（注3）一六―一八頁等。

(26) これらの諸問題について、de Witte, Direct Effect at 209 and 187–188 (cited in note 17) および岩沢・前

掲書（注12）二一九―二八〇頁参照。

(27)　この点について、量的相違が質的相違に転化する可能性を指摘する見解もある。Dashwood, 16 J Common Mkt Stud at 232 (cited in note 15). なお、ワイラー・前掲書（注３）三八―三九頁参照。

(28)　なお、日本の憲法学において「条約の優位」が意味するところも、必ずしも明確ではないように解される。小嶋和司『憲法概説』（良書普及会・一九八七年）一四二―一四三頁参照。

(29)　Vgl. Trevor C. Hartley, *The Foundations of European Community Law* at 234-236 (Clarendon Press, 3rd ed. 1994); de Witte, *Direct Effect* at 189-190 (cited in note 17); *Ondolf Rojahn*, Art. 24, in: Ingo von Münch, Grundgesetz-Kommentar, Bd. II, 3. Aufl. (München, C. H. Beck, 1995) Rn. 69 ff.; *Albert Bleckmann*, Zur Funktion des Art. 24 Grundgesetz, in: K. Hailbronner/G. Ress/T. Stein (Hg.), Staat und Völkerrechtsordnung, Festschrift für Karl Doehring (Berlin/Heidelberg/New York/London/Paris/Tokyo/Hong Kong, Springer, 1989) S. 63 (78 ff.); *Eckart Klein*, Der Verfassungsstaat als Glied einer europäischen Gemeinschaft, VVDStRL 50 (1991), 56 (81); *Klaus Stern*, Das Staatsrecht der Bundesrepublik Deutschland, Bd. I, 2. Aufl. (München, C. H. Beck, 1984) S. 544.

(30)　欧州裁判所判例および学説の中には、国内裁判所において「直接適用可能な」ＥＣ法規定が国内法（憲法を含む）に優位するという趣旨の理解を示すものがあるとされる。適切な理解ではないと批判されているが、このような理解が生じるのも、ＥＣ法が適用において優先するという考え方に起因しているといえるのではないであろうか。

(31)　Vgl. Rojahn (Anm. 29) Rn. 72; *Stern* (Anm. 29) S. 542.

(32)　Case 106/77, Amministrazione delle Finanze dello Stato v. Simmenthal, [1978] ECR 629.

(33)　Hartley, *The Foundations of European Community Law* at 235 (cited in note 29). それゆえ、構成国による改廃措置が求められる。

(34)　Case 6/60, Humblet v. Belgium, [1960] ECR 559.

(35) Case 26/62, Van Gend en Loos v. Nederlandse Administratie der Belastingen, [1963] ECR 1.

(36) なお、大谷・前掲書（注3）一〇二頁は、判決の「共同体が新しい法秩序を構成し、その法益のために構成国は、限られた分野においてであるけれどもその主権的権利を制限する」という部分において、EC法の優位性がすでに認められているとする。

(37) Case 6/64, Costa v. ENEL, [1964] ECR 585. 邦語による紹介として、田畑茂二郎＝太寿堂鼎編『ケースブック国際法』〔新版〕（有信堂・一九八七年）二五頁以下〔山手治之執筆〕、大谷・前掲書（注3）一〇一頁、中村・前掲書（注3）一一頁以下、山根・前掲『ケースブックEC法』（注3）一二三頁以下等。

(38) Case 11/70, Internationale Handelsgesellschaft v. Einfuhr- und Vorratsstelle für Getreide und Futtermittel, [1970] ECR 1125. 欧州裁判所のその後の判例について、岡村・前掲書（注3）二九五頁以下参照。

(39) EC法と人権保護の問題について、概観を提供するものとして、山根・前掲『ケースブックEC法』（注3）九五―九七頁がある。また、この問題についての論稿として、例えば、田村悦一「欧州同盟（EU）の『憲法裁判』」覚道豊治先生古稀記念論集『現代違憲審査論』（法律文化社・一九九六年）二三七頁以下（とりわけ二五八頁以下）、同・前掲書（注3）九七―一四八頁、庄司克宏「欧州人権条約をめぐるEC裁判所の『ガイドライン』方式」日本EC学会年報五号（一九八五年）一頁以下、同「ECにおける基本権保護と欧州人権条約機構」法研六〇巻六号（一九八七年）四二頁以下、同「ECにおける人権保護政策の展開——社会労働憲章の成立まで」際政九四号（一九九〇年）六六頁以下、同「国連人権システムの現状と役割に関する一考察——ECおよび欧州人権条約との関連において」際政一〇三号（一九九三年）一二九頁以下、同「EC裁判所における基本権（人権）保護の展開」国際九二巻三号（一九九四年）三三頁以下、村田編・前掲書（注3）一〇九―一四五頁〔申惠丰執筆〕、鈴木秀美「EU法と欧州人権条約」比較憲法学研究一一号（一九九九年）一五頁以下、ゲオルク・レス（入稲福智訳）「EUにおける基本権保護——今日の問題」石川＝櫻井編・前掲書（注3）七九頁以下、山根裕子「ECの人権保護」ジュリ九六一号（一九九〇年）一一六頁以下、高橋悠「基本権の保護とヨーロッパ共同体——ヨーロッパ人権保護条約へのヨーロッパ共同体の加入に関する委員会覚書を中心として」同法一七二号（一九八二年）一頁以下等。

(40) 庄司・前掲「欧州人権条約をめぐるＥＣ裁判所の『ガイドライン』方式」（注39）二頁は、六つの方式を紹介している。

(41) 欧州裁判所による人権保護およびいわゆるガイドライン方式について、例えば、田村・前掲論文（注39）二六〇頁以下、同・前掲書（注３）一〇九頁以下および一三九頁以下、庄司・前掲「欧州人権条約をめぐるＥＣ裁判所の『ガイドライン』方式」（注39）一頁以下、同・前掲「ＥＣにおける基本権保護と欧州人権条約機構」（注39）四二頁以下、同・前掲「ＥＣにおける人権保護政策の展開」（注39）六六頁以下、同・前掲「国連人権システムの現状と役割に関する一考察」（注39）一二九頁以下、同・前掲「ＥＣ裁判所における基本権（人権）保護の展開」（注39）三三頁以下、鈴木・前掲論文（注39）一七頁以下、山根・前掲論文（注39）一一六頁以下等参照。

(42) Case 29/69, Stauder v. City of Ulm, [1969] ECR 419.

(43) Case 4/73, Nold v. Commission, [1974] ECR 491.

(44) 「署名」であって「批准」でないのは、判決の一一日前に批准したばかりのフランスの存在を考慮したためといわれる。

(45) Case 36/75, Rutili v. Ministre de l'Interieur, [1975] ECR 1219.

(46) 欧州人権条約第八条、第九条、第一〇条、第一一条、第四議定書第二条。

(47) その後も、欧州裁判所は、ＥＣ規則の審査に際して欧州人権条約の関連条項をも詳しく分析し（Case 44/79, Hauer v. Land Rheinland-Pfalz, [1979] ECR 3727). また、「欧州人権条約が基礎を置く原則は、ＥＣ法においても考慮に入れられなければならない」（Case 222/84, Johnston v. Chief Constable of the Royal Ulster Constabulary, [1986] ECR 1651）としている。

(48) このようなガイドラインとしての援用によって、欧州人権条約の実体規定は、国内法との関係においてＥＣ法の性格を獲得し、ＥＣ構成国における欧州人権条約の地位は、ＥＣ法と同様、全ての国内法に優位するものとなっていると主張されることもあった。Andrew Z. Drzemczewski, *The Domestic Application of the European Human Rights Convention as European Community Law*, 30 Intl & Comp L Q 118 (1981). なお、*Meinhard Hilf*, Der Rang der Europäischen Menschenrechtskonvention im deutschen Recht, in: E. G. Mahrenholz/M. Hilf/E. Klein, Entwicklung der Menschenrechte innerhalb der Staaten des Europarates (Heidelberg, C. F. Müller, 1987) S. 33 ff.

(49) ただし、この場合、欧州人権条約は一般的にEC法の構成要素となるわけではない。欧州裁判所は、構成国の裁量の範囲内の行為を欧州人権条約に基づいて審査することはないのである。Case 60, 61/84, Cinéthèque SA v. Fédération Nationale des Cinemas Française, [1986] ECR 2605; Case 12/86, Demirel v. Stadt Schwabisch Gmünd, [1987] ECR 3719

(50) 詳細については、庄司克宏「欧州共同体における基本権の保護――『人権共同宣言』の採択と意義」石川明編著『EC統合の法的側面』(成文堂・一九八九年) 二〇一頁以下。

(51) これによって、欧州裁判所が欧州人権条約に依拠することが明確に支持されたわけであり、欧州裁判所も、欧州人権条約を用いる際に、この宣言に依拠することがあるとされる (Toth, *The Oxford Encyclopaedia vol. I* at 287 (cited in note 15))。

(52) 単一欧州議定書の邦訳としては、金丸輝男編著『EC――欧州統合の現在』〔第二版〕(創元社・一九九〇年) 三二六頁以下がある。

(53) その過程においてドイツ連邦共和国において行われていた議論が、本書の主たる考察の対象である。なお、その間の連邦憲法裁判所の判例の流れを概観するものとして、阿部照哉「欧州連合と憲法」宮田豊先生古稀記念『国法学の諸問題』(嵯峨野書院・一九九六年) 一三一―一三二頁、川添利幸「欧州統合とドイツ憲法」日本比較法研究所編『国際社会における法の普遍性と固有性――経済のグローバル化と日米欧における法の発展』(中央大学出版部・一九九五年) 一八〇―一八一頁。なお、ECにおける人権保護の展開について、村田編・前掲書(注3) 一〇九—一四五頁〔中執筆〕参照。さらに、独自の権利章典の制定を指向する動きについて、庄司克宏「EU基本権憲章（草案）に関する序論的考察」横国九巻二号（二〇〇〇年）一頁以下参照。また、欧州人権条約との関係について、同「EU政府間会議と欧州人権条約加入問題——欧州司法裁判所意見の意義」外交時報一三三二号（一九九六年）八〇頁以下、同「欧州人権裁判所とEU法（一）——マシューズ判決（欧州人権裁判所）の概要」横国八巻三号（二〇〇〇年）九九頁以下、同「欧州人権裁判所とEU法（二）——マシューズ判決（欧州人権裁判所）の意義」横国九巻一号（二〇〇〇年）四九頁以下も参照。

第二節　EC法の絶対的優位の諸相

第一款　EC法の絶対的優位論

EC法の優位性には条約条文上の明確な根拠がないことから、国内法に対するEC法の優位についての実践的な要請をいかに理論的に根拠づけるかが問題となった。欧州裁判所の判例およびそれに好意的な学説は、EC法は構成国の国内法に対して絶対的に優位するという主張を展開した。

一　共同体機能確保の要請

欧州裁判所の判例理論およびEC法の絶対的優位を主張する学説に共通していることは、国内法に対するEC法の優位の基礎をECの共同体としての性格に置いているということである[54]。ここで、EC法の優位性の問題に関して、共同体機能確保の要請が鍵となると解される。共同体機能確保の要請に依拠する見解は、構成国におけるＥＣ法の統一的適用を確保するために、ＥＣ法の効力が構成国によって侵害されてはならないとする。こうした見解によれば、ＥＣ法は、究極的には、それが構成国の憲法の基本原理を含むあらゆる法規範に対してもまた優位する場合にのみ、有意義に存在し、かつ統一的に適用されることになる。

この点に関して、ＥＣ条約第一〇条（旧第五条）は、「構成国は、この条約に基づくか又は共同体の機関の行為に基づく義務の遂行を確保するため一般的又は特別のすべての適切な措置を執り、かつ、共同体の任務の達成を容易にする」と定め、これを受けて「構成国は、この条約の目的の実現を危うくするおそれのあるいかなる措置も執ってはならない」と規定するが、構成国のＥＣへの誠実協力義務を定める規定として、共同体機能確保の要請の背景をなすとされる。Costa v. ENEL 事件判決[55]において、欧州裁判所は、このＥＣ条約第一〇条（旧第五条）と、規則の直接適用性に言及する第二四九条（旧第一八九条）、構成国におけるＥＣ法の統一的適用のために欧州裁判所がＥＣ法の解釈および効力について判断する手続を定める第二三四条（旧第一七七条）という条約条文上の根拠と、構成国が一定分野の権限をＥＣへ移譲したということから、ＥＣ法の優位性を導いている。

欧州裁判所は、すべての構成国における、ＥＣ法の統一性と実効性の確保の必要を強調している[56]。欧州裁判所が国内法に対するＥＣ法の優位を認める「根拠としているのは、ヨーロッパ共同体法に不可欠な統一性という理念である[57]」。すなわち、共同体機能確保の要請である。換言すれば、「共同体法優位の原則に対するいかなる攻撃も、結果として、共同体の存在それ自体を危うくすることになる[58]」とされる。「共同体法が国内法と抵触した場合、国内法に優位を与え、その結果、各加盟国において共同体法の適用がさまざまになるのであれば、市場の統合という共同体の目的を達成することはおぼつかない[59]」のである。

すべての構成国において同じ意味を有し、同じように存在しており、かつ同じ程度に拘束していなければならないというEC法の意義ないし目的から、憲法を含むすべての国内法に対するEC法の絶対的優位を導く見解[60]も、この流れを汲むものであるといえる。

二　EC条約の規定

欧州裁判所およびそれに与する学説においては、「規則は、一般的な適用性を有する。規則は、その全体において拘束力があり、すべての構成国において直接適用することができる」と規定するEC条約第二四九条（旧第一八九条）に優位性の根拠が求められる[61]。EC条約第二四九条は、前述の第一〇条（旧第五条）とともに、共同体機能確保の要請の徴憑とされるのである。欧州裁判所によれば、構成国の国法秩序へのEC法の受容は、構成国がEC法の規範に対して事後的な一方的措置を対抗させることを不可能にする。構成国による事後的な一方的措置は、EC法の適用を阻止しえないのである[62]。EC法が構成国内で直ちに効力を生じ、直接適用されうるということから、構成国の国内法と抵触する事例が生じうることとなる。その場合、抵触する国内法の存在を理由としてEC法が実施されないこととなるならば、第二四九条の定めはその意義を失うであろう。したがって、抵触する国内法が存在する場合でもEC法の適用は確保されなければならず、そのためには、EC法は国内法に優位しなければならない。第二四九条は、それを予定しているとされるのである。[63]

三　共同行為理論

ＥＣ法の絶対的優位論にとっては、ＥＣおよびＥＣ法秩序が設立条約という通常の形式の条約によって創設されたという事実をいかに説明するかが、一つの問題である。この点を根拠としてＥＣ法優位の制限を試みる見解に対抗する必要があるからである。

共同行為理論によれば、ＥＣが通常の条約によって創設されたという理由からは、ＥＣ法を通常の国際法と同様に扱うことは必然的には要求されない。ある秩序の内容および本質と、その成立基盤とは、別のものと考えられるからである。[64][65]ＥＣの設立は、確かに、条約の締結を必要とした。しかしながら、そこからは、ＥＣ法の効力基盤、または法的性質に関するなんらの法理論的帰結も、導き出されえないとされる。[66]

他の国際条約と異なり、ＥＣ条約においては、「国家の統合権力の共同行為[67]」として、共同体の任務設定、共同体の構成および制度が法秩序の創設に向けられているという構成国の意思が明らかになるとされる。ここでいう法秩序の創設は、国家の外で行われ、かつ国家に対して独立して作用するところのものである。この共同行為へのドイツ連邦共和国の参加は、ドイツ連邦共和国の高権行使についての排他性要求がＥＣの枠内において放棄されたこと、およびドイツ連邦共和国におけるＥＣの高権行使が許容されたことによって、基本法第二四条第一項に規定された法律をもって行われることとなる。

同一の法律が同時に基本法第五九条第二項の意味における同意法律としての機能を果たしているというこ

とは、ただ単に条約締結の法的技術に適合させているのみであり、この法律は、国法秩序における優位を形成する特別の効力を、むしろ基本法第二四条第一項から与えられているとされる。その内容は、共同行為によって創設された統合連合体の憲法ないし法秩序の内容および本質によって構成されているのである(68)。

そのことから、ＥＣ法秩序は「自立的」であるとされる。ＥＣを構成しそしてそれによってＥＣ自体が法を定立しうるような法秩序と、その設立を可能にするところの国家の憲法との間には、導出または依存といったいかなる法的つながりも存在しない。ＥＣ法秩序の効力は、国家が自らに対して、およびその固有の領域において、ＥＣ法秩序の効力を許容したことから導出されたのではなく、またそれに依存しているものでもない。ＥＣ法は、自立的な法秩序として、国家の支配領域においても効力を発揮しうるのである。このようにして、ＥＣ法には、国内法に対する優先的適用が認められる。すべての国内機関は、ＥＣ法を、その法的存在の事実のゆえに、それ自体として尊重しなければならないとされる(69)。この作用は、直接には、ＥＣ権力から生じ、国家の受容、変型、または法適用命令から生じるのではないとされる(70)。国法体系におけるＥＣ法の効力基盤は、ＥＣの公権力を起源とするものであるとされる。

そして、このような立場からは、基本法第二四条第一項によるＥＣへの加入によって、ドイツ連邦共和国は、同時に、連邦共和国の領域におけるＥＣ法の不可侵の効力を承認したとされるのである(71)。

この共同行為理論の考え方を発展させ、ＥＣ法の自主性を確保するために、ＥＣ法と国内法との間のあらゆる抵触は、ＥＣ法上の抵触規則によってのみ解決されうるとし、ＥＣ法と国内法との衝突に際して、構成国の国内法の無効を導く規範が必要であるとする見解(72)もある。

この見解は、「ＥＣ法は国内法を破る」[73]としてＥＣ法の優位性を主張し、専らＥＣ法自体が、抵触事例におけるその適用可能性を決定するとする。[74]この見解は、抵触規則を、一次法についてはＥＣ条約第一〇条（旧第五条）の中に、[75]二次法については、ＥＣ条約第二四九条（旧第一八九条）の中に[76]見出している。これらの規定にはＥＣ法違反の国内法は無効であるという抵触規則が黙示的に含まれているとされるのである。[77]

この見解によれば、ＥＣ法の効力基盤は、統一的に構成されたＥＣ権力であり、それに基づいてＥＣ法の法的拘束作用が達成される。[78]確かに、このＥＣ権力は条約によって創設されたものであり、その設立条約へのドイツ連邦共和国の参加は基本法第二四条第一項による憲法上の権限付与に基づく。しかし、この憲法上の権限付与は、それに結びつけられた憲法上の制限の問題も含めて、ＥＣの成立についてのみ問題となるのであって、ＥＣによって行使される高権の性質および構造、ならびにＥＣ法の効力については問題とはならないとされる。[79]ＥＣ法の効力は、ＥＣが国内法との関係における抵触規則を設定する固有の高権を有するというＥＣ法の構造分析に基づいて決定されるのである。

四　黙示的権限理論

ＥＣ法の優位性について条約に明文上の規定が存在しないことをどのように説明するかもまた問題となる。そこで、黙示的権限理論が援用される。つまり、条約は当該条約が有意味に適用されるために必要な法命題をも自動的に含んでいるという理解から、ＥＣにおいては「ＥＣ法は国内法を破る」という抵触規則が妥当しなければならず、そして、これについて条約上に明文の規定は存在しないが不文の構成要素としてＥＣ条

約に内在しているとされるのである。(80)

第二款　ＥＣ法の優位要求

一　ＥＣ法優位の成立

国内法に対するＥＣ法優位の確保という実践的な要請が存在し、それを理論的に根拠づけるための試みがなされてきた。しかし、それのみをもってＥＣ法の優位性が確立されたとすることには疑問が残る。なぜなら、欧州裁判所の——そしてその判例を支持する学説の——展開するＥＣ法の優位性というものが構成国の側でどのように受け容れられるか、という問題があるからである。つまり、誠実協力義務を含むＥＣ条約が国際法上の拘束力を有し、憲法に規定された方法に従って成立しており、かつその本質ないし目的に従ってＥＣ全体において統一的な解釈および適用を必要とする自立的なＥＣ法秩序を創設したとしても、ＥＣ法の優位性はさまざまな国内法上の観念との関係においていかに理由づけられるか、という問題が残っているのである。(81)「共同体法が国内法と抵触した場合、国内法に優位を与え、その結果、各加盟国において共同体法の適用がさまざまになるのであれば、市場の統合という共同体の目的を達成することはおぼつかない。その点で、共同体法の優位の原則を確立したリーディングケースとされるのが、欧州裁判所の一九六四年七月一五日の Costa v ENEL 判決 (Case 6/64) である。……問題は、加盟国の裁判所がこの原則をどう受け入れているか、ということであるが、基本的人権の保障の点などで、ドイツおよびイタリアの憲法裁判所がこの原則を認めるのをためらったことがあったが、今日ではだいたい各加盟国ともこの原則を受け入れるに至っている[82]」と説明されるときの後半の問題を、本書第一部の考察の手がかりとしたい。日本においてＥＣ法優位の問題については、欧州裁判所の判例理論に注目が集まりがちであるように見える。しかし、欧州裁判所がＥＣ法優位の原則を「確立した」とすることには疑問が残る。欧州裁判所がＥＣ法優位の判例を確立することはできても、独り欧州裁判所のみによってＥＣ法優位の原則が法的拘束力をもって実現されるということはありえない。したがって、欧州裁判所のそのような判例を構成国が受け容れるかどうか、どのような条件の下に受け容れているか、についての詳細な検討が必要となるはずなのである。

ＥＣ法の優位性についての欧州裁判所の判例は、確かに、構成国によって広く受け容れられた。しかし、国内法に対する優位はＥＣ法の本質的性格であるという欧州裁判所の理論が空疎なものとならずに済んでいるのは、構成国がこれを受け容れているからなのである。換言すれば、ＥＣ法優位の実現は、構成国の国内裁判所の態度如何にかかっているのである。そして、このことは、欧州裁判所自身も認めているのである[83]。

二　ＥＣ法の絶対的優位論の問題点

欧州裁判所の判例理論およびそれを支持する学説において展開されている、ＥＣおよびＥＣ法の性質ないし構造からＥＣ法の優位性を導く考え方、そしてそれによって、ＥＣ法とあらゆる国内法との間の抵触をＥＣ法上の抵触規則によってのみ解決する考え方に対しては、「ＥＣ法は国内法を破る」という広範囲に及ぶ帰結を有する命題を、もっぱらＥＣ条約第一〇条（旧第五条）および第二四九条（旧第一八九条）に依拠して導き出すことはできないとの批判がある[84]。ＥＣ条約の規範の解釈に際しては、基本条約を締結した構成国の意思を無視することはできない。条約締約国の見解に反して基本条約の規定からＥＣ法の絶対的優位を導き出すことは誤りであるとされる。条約上に明文の規定を有しない共同体機能確保の要請によっては、超国家法秩序への国法秩序の無条件の従属のような、広範囲に及ぶ帰結を理由づけることはできないのである[85]。ＥＣ法の絶対的優位論は、ＥＣ法と構成国憲法の衝突に際して、ＥＣ側に非常に重きを置いた解決を採用する。しかし、少なくとも構成国の憲法の基本原理を意のままに扱うことは、共同体機能確保という理由からは要求されえないのである[86]。

ＥＣ法秩序の自立性を根拠として、ＥＣ法は国法秩序から分離されており、したがって構成国の憲法の統制の下にはないと主張されることがある。しかし、その際には、ＥＣ法もまた、内容的に抵触する構成国の国内法を規制できないことを認めなければならない[87]。また、ＥＣ法の優位性を、欧州裁判所は繰り返して述べ、構成国の憲法に対してもまたＥＣ法優位の貫徹を主張しているが、その際、欧州裁判所は、国内法の無効という帰結を伴う抵触解決を拘束力をもって実現する権限を有しない[88]。したがって、欧州裁判所は、基本条約の目的論的解釈によって導き出したＥＣ法の優位性を、ＥＣの裁判所としての観点から確認しうるにすぎないのである[89]。

結局のところ、構成国の国法秩序におけるＥＣ法優位の実現は、各構成国の国内裁判所に依存しているのであり、したがって、国内裁判所が欧州裁判所の示すＥＣ法優位の理論を受け容れるか否かにかかっているのである。

三　ＥＣ条約に内在する「優位要求」

ＥＣ法の優位性は、欧州裁判所のＥＣ法解釈によって導き出された、ＥＣ法に内在する「要求」であるということができるであろう。国内法に対するＥＣ法の優位を明確に規定する条項は、ＥＣ条約の中には存在しない。ＥＣ法の優位性は、明文をもって規定されているのではなく、ＥＣ法自体から、共同体機能確保という目的のために、その「要求」が読みとられたものである。今日までの幾度かのＥＣ条約の改正や補足を経ても、一方で欧州人権条約の尊重が繰り返し宣言されたのに対して、ＥＣ法の優位性が明定されることはなかった。ＥＣ法を特徴づける原則とされる、憲法を含むすべての国内法に対するＥＣ法の優位性は、欧州裁判所の判例として存在しているのである。

欧州裁判所の判例と軌を一にして国内法に対するＥＣ法の優位を導き出す見解は、前述のように、ＥＣについての共同体機能確保の要請、つまり、各構成国におけるＥＣ法の統一的適用の確保の要請が、条約上に明文では規定されていなくとも、ＥＣの性質ないし構造から当然の要請として存在しているとする。つまり、ＥＣ法の優位性についての要求がＥＣ条約に内在していると解しているのである。

この「優位要求」は、ドイツ連邦憲法裁判所の判例においても前提とされていると解される。また、ＥＣ法秩序の総体が構成国の国法秩序の上位にあって統一的法秩序を形成するというＥＣ法の絶対的優位論を承認せず、ＥＣ法には構成国憲法による権限付与に基づき構成国憲法の基本原理を侵害しない範囲で優位が認められるとする見解にあっても、その存在と尊重を認められている。ＥＣ法の絶対的優位を否定する見解においては、ＥＣ法の優位要求に対して各国の憲法がどの程度までそれに応じることができるか、逆にいえば、

ＥＣ法の優位要求の限界はどこにあるか、という形で問題が構成されるのである。

このように考えた場合、ＥＣ法優位の論拠として共同体機能確保がＥＣ条約に内在する不文の要請として読みとられるとしても、その射程にも一定の限界を認めざるをえないならば、そして、構成国の（条約締約国としての）意思が尊重されざるをえないならば、ＥＣおよびＥＣ法の性質ないし構造を根拠としてＥＣ法の絶対的優位を主張する見解は、結局は、国内法に対するＥＣ法の絶対的優位を論証しうるものではなく、単に、ＥＣ法についてＥＣ条約に内在する優位要求の存在を明らかにしたにとどまるものであるということができるであろう。欧州裁判所の判例もまた、ＥＣ法の統一的適用の確保を目的とするＥＣ条約における優位要求の存在を理論的に解明し、そうした優位要求の存在をＥＣ機関として構成国に繰り返し宣告したものと解することができるであろう。

つまり、ＥＣ法の絶対的優位論の主張は、ＥＣ法に優位要求が内在することを論証してはいても、それだけでは直ちにＥＣ法優位の確立にはならないことに注意しなくてはならない。ＥＣ法の統一的適用が阻害されるから、たとえ憲法の基本権規定であってもＥＣ法に対して優位することはできないという見解は、決して十分な論証とはいえないのである。ＥＣ法の統一的適用を確保するためのＥＣ法の優位要求が共同体機能確保の要請から導かれるとき、欧州裁判所は、構成国の国法体系におけるその実現を構成国の国内裁判所に依存せざるをえない。構成国は共同体機能確保の要請を憲法上保護していると考えられるが、構成国憲法の基本原則が侵害されることとなる場合には、共同体機能確保の要請に対する憲法上の保護は相対化されることとなるのである(90)。

四　「優位要求」の意義

このように、国内法に対するＥＣ法の優位が問題となるのは、ＥＣ法に優位要求が内在しているからであると考えられる。

これと対照的であるのは、欧州人権条約の場合である。欧州人権条約についても、国法秩序の段階構造における地位において国内法に優位させるべきであるという見解が少なからず主張されてきた。[91] そのなかで、欧州人権条約機構についても基本法第二四条第一項を適用して、国内法に対する優位を確保すべきであるという見解が存在した。[92] これに対してなされた批判は、欧州人権条約はＥＣ法のような「優位要求」を含んでおらず、したがって基本法第二四条第一項によって欧州人権条約の優位を基礎づけることはできない、というものであった。欧州人権条約は、自らに国内的効力を付与することすら要求していないと理解されているのである。[93] つまり、問題となる条約自体が「優位要求」を有しているか否かが、国内法とりわけ憲法に対する優位を承認するための前提となると考えられるのである。

この優位要求にどのように応ずるかは、もっぱら構成国の側の問題である。もちろん、構成国はＥＣ条約を締結したのであるから、ＥＣ法優位の諾否について完全に自由であるわけではない。憲法に対するＥＣ法の優位を明文で規定している構成国憲法は例外的であるが、[94] 憲法にＥＣ法優位の承認を意図した規定が存在しなくても、ＥＣ法の統一的な解釈・適用は構成国によって顧慮されなければならず、構成国の憲法の基本観念との間で調整を行う必要が存在するとされるのである。[95] そこに、「優位要求」の意義が見出されるといえるであろう。

第三款　ＥＣ法と国際法の異同

一　「外来的法源」としてのＥＣ法

このようなＥＣ法が国際法の範疇として理解されうるのか、ということは一個の問題である。本書との関わりでは、ＥＣ法が従来の国際法とまったく異なるものであるならば、ＥＣ法と構成国の国内法の関係についての議論は、従来の意味での国際法と国内法の関係についての議論にとって参考とはならないのではないか、日本における条約と憲法の関係の問題を論じる手がかりとはなりえないのではないか、という疑問が呈せられるかもしれない。

この論点については、まず次のように回答することが可能であろう。つまり、かりにＥＣ法が従来の国際法とは性質を異にするところがあるとしても、それは本書の考察にとって障害とはならないということである。ＥＣ法が従来の国際法とは異なるとしても、ＥＣ法が国内法ではないこともまた確かである。ＥＣ法が構成国の憲法体系の統制の下でもっぱら憲法上の機関によって定立されたものではないことは否定できない。この意味で、ＥＣ法は、伝統的な国際法と同様に、国内法に対するものとしての「外来的法源」である。ドイツ連邦共和国の学説においても、「外部の法秩序」が国法秩序の構成要素となる場合としてＥＣ法と従来の国際法とを並べて記述する見解があり、そのようにして国法秩序の構成要素となったものを「外来的法源」と称することも可能であろう[96]。また、「国内法領域へのＥＣ法の侵入は、国家領域での外部の法の効力に関する、国法秩序について形成された観念の変革を意味している[97]」といわれることもある。少なくとも、国法体系外部で定立された法に対して国法秩序を開放した場合に外来的法源が国法秩序において憲法とどのような関係を有するか、という問題を考察する限りでは、とりわけ条約を一律に把握するのではなく分類的観点から考察する本書の視点においては、ＥＣ法も国際法も対象としての性質において変わりがないということができるであろう。

二 「ＥＣ法の独自性」の理解

「ＥＣ法は基本条約が国家間の条約という形式をとるなどの点で国際法的性格を残しながらも、国際法とも国内法とも異なる『独自の』特徴を持つと言われる」(98)。このＥＣ法秩序の独自性という観点から、欧州裁判所がＥＣ法秩序の国際法上の基盤からの分離という帰結を導いているか、という問題が存する(99)。基本条約が国際法の法形式をとっているとしても、ＥＣ法秩序は、もはや国際法の枠組から離れていると主張されるのである。これに対しては、そのようなことを欧州裁判所は決して明言していないという反論が存在する。一九六三年二月五日の判決において、欧州裁判所は、むしろ、ＥＣ法を「国際法の新たな法秩序」と称し(100)、そして Costa v. ENEL 事件判決において、ＥＣ条約を通常の条約から区別しただけであった(101)。そして、後に国際法に言及することなしにＥＣ法の独自性が強調されるようになったが(102)、それは、専ら国内法に対するＥＣ法の意義を強調するためであって、その国際法上の基礎からの離脱を主張するためではなく、いわんやそれを理由づけるためでもないとされるのである。ＥＣ法という新現象は、従来の国際法にまつわる受容方式や国法秩序の段階構造における地位の固定的な理解から逃れるために、新たな思考の表象および法的な表象を必要としたのだと説明される。ＥＣ法は、国際法にも国内法にも属さない、第三の可能性、ないし独自性を主張することによって、この目的を達成しようとしたのである[103]。

つまり、ＥＣ法が通常の国際法とは異なる自立的法秩序であるといわれる場合は、通常の条約について認められる、国法秩序の段階構造における地位の決定および条約規定の直接適用可能性の判断は各国の国法体系に委ねられるという一般原則の例外を構成するということを意味しているのではないであろうか。ＥＣ法の独自性の主張は、ＥＣ法には優位要求が内在していることの指摘にほかならないともいえるであろう。

三　国際法としてのＥＣ法

本書にとっては、前述のように、ＥＣ法を国際法とともに「外来的法源」として把握することで足りると解されるので、必ずしも本書にとって死活の問題ではないが、さらに、ＥＣ法は十分に国際法の範疇であることを論証しようとする見解について概観しておくこととする。

ＥＣ法を通常の条約と同視し、あるいはＥＣ法体系が設立条約によって成立したことから二次法を含むＥＣ法を条約に類似するものと性格づけることによって、条約と国内法の関係についての伝統的な理論ないし慣行をそのままＥＣ法にも当てはめようとする見解も、とりわけ Costa v. ENEL 事件判決以前には、少なからず存在した。しかし、ＥＣ法を通常の条約と同一に取扱うことは、ＥＣの共同体機能を危険にさらす。各国法秩序の段階構造におけるＥＣ法の地位が、通常の条約と同様に、各構成国の国内法によって任意に決定されることとなれば、ＥＣ法の統一的適用が確保されないこととなる。条約について承認法による受容方式をとり変型理論が有力であったドイツ連邦共和国においては、通常の条約と同視された場合のＥＣ法には法律と同じ地位しか認められないこととなり、その結果、ＥＣ法に対して後法たる連邦法律が優先することとなる。[104] また、一次法たる基本条約を通常の条約と同視し、逆に二次法を条約と同視しない場合には、二次法はそれ自身が基礎を置く一次法よりも高い地位を与えられることとなるという不合理が生ずる。それゆえ、通常の条約に関する伝統的な理論ないし慣行がそのままＥＣ法に適用されることは、排除されなければならない。

しかし、そのことは、ＥＣ法が国際法の一分枝であることを直ちに否定するものではないとされる。ある見解は、ＥＣ条約がいくつかの強度の革新的特徴を有することは議論の余地がなく、その一つは、条約の統一的適用を確保するための欧州裁判所のしくみであるということができるが、他方、ＥＣ法の特質とされる直接的効力／直接効果および優位性は、必ずしもＥＣ法に独特のものではないとする。[105] 欧州裁判所によるＥＣ法の絶対的優位論の主張も、「合意は守られなければならない（pacta sunt servanda）」という旧来からの原則に淵源を有するものと考えることができるとされる。他の条約との相違は、統一的適用の要請を国内裁判所に対して明確に宣言するしくみの有無に過ぎないのである。そして、ＥＣ条約それ自体が、たとえ不文であっても、その国内適用についての指図を含んでいるという欧州裁判所の判断は注目されるものであるが、しかし、それは国際条約の性質と相容れないものではないとされる。また、優位性も、現段階においては、構成国の国内裁判所が当該構成国の憲法上の条件に基づいてＥＣ法の優位性を受け容れる限りにおいて実現されるのであり、そのことはＥＣ法を連邦法の原理から峻別している。したがって、優位性もまた、

ＥＣ法は国際法ではないという主張を正当化できないとされる[106]。

さらに、別の見解は、「ＥＣの現象は、一貫して、いっそう発展した国際法の範疇として把握することができ、したがって、ＥＣ法の性状はその国際法的性格を排除しない[107]」と主張する。この見解は、固有の法定立権限、二次法の効力が構成国の国内においても貫徹されること、多数決による決定等、ＥＣの「超国家性」を理由づけまたは特徴づける徴憑とされるものは、すでに、国家間で創設された他の国際機構において見出されるとしている[108]。

この見解は、ＥＣが、「いっそう発展した国際法の意味における国際機関[109]」として理解可能であることを論証するため、一八三四年のドイツ関税同盟との比較を行っている。この関税同盟の法律は、内容的には関税についてのものに限られていたが、一八六七年の条約以降は、政府代表から構成された共同体機関である関税同盟参議会、および独立の、普通・平等・直接の選挙に基づく機関であるドイツ関税議会の一致の多数決によって制定され、かつ、直接に、すなわち批准および変型なしに構成国において効力を有した。したがって、ＥＣ法の直接的効力／直接効果は、決して、先例のないものではないとするのである[110]。

くわえて、この見解は、いくつかの国際機構の例を挙げて、ＥＣの特殊性が独自のものではないことの論証を試みている。そして、ＥＣの特徴的な要素が、すでにＥＣ以前の国際機構の中に見出されることを指摘する[111]。また、「設立条約がＥＣの『憲法』と呼ばれ、またそのように見られうるということは、なんらの特殊性も意味していない。なぜなら、このことは、あらゆる国際機構の設立文書に当てはまるからである[112]」とする。

このように、ＥＣは、その「超国家性」と特徴づけられた個々の要素の斬新性によっては、従来の国際機構からは峻別されず、かえって、個々の領域においては、既存の国際機構に遅れをとっている点もあるとされる。しかし、従来の国際機構において、これらの要素が、それぞれについて個々に存在したに過ぎないのに対して、ＥＣの下ではこれらの要素が累積されている。[113] さらに、ＥＣは、権限の相対的な広がり、統合の力学、およびそれによって増大するまたは少なくとも可能になる統合密度によって、従来の国際機構から区別される。しかし、国際法は、まさに多くの領域における近年の発展が示しているように、決して静的な法秩序ではなく、ＥＣもまた、国際法のこのような発展の枠内にあると見ることができるとされる。[114]

結局、この見解によれば、ＥＣ法が国際法の枠組から引き離されていることを論証するような実際上の存在は確認されず、他方で、国際法秩序の発展は超国家的共同体のような現象もまた十分に把握しうるし、適切に規律しうるとされるのである。[115]

(54) *Elvira Pfrang*, Das Verhältnis zwischen Europäischem Gemeinschaftsrecht und deutschem Recht nach der Maastricht-Entscheidung des Bundesverfassungsgerichts (Frankfurt am Main, Peter Lang, 1997) S. 195.
(55) Case 6/64, Costa v. ENEL, [1964] ECR 585.
(56) Case 11/70, Internationale Handelsgesellschaft v. Einfuhr- und Vorratsstelle für Getreide und Futtermittel, [1970] ECR 1125.
(57) ペスカトール・前掲書（注３）一〇八頁。なお、大谷・前掲書（注３）一〇〇―一〇一頁。
(58) ペスカトール・前掲書（注３）一〇九頁。
(59) 金丸編・前掲書（注３）四二頁〔谷本治三郎執筆〕。

(60) *Léontin-Jean Constantinesco,* Das Recht der Europäischen Gemeinschaften I. Das institutionelle Recht (Baden-Baden, Nomos, 1977) S. 658 ff.

(61) *Pfrang* (Anm. 54) S. 184.

(62) Case 6/64, Costa v. ENEL, [1964] ECR 585, 594.

(63) しかし、当然ながら、第二四九条（旧第一八九条）は、国法秩序の段階構造におけるEC法の地位を明示しておらず、また、直接的な抵触規則も示していないとする批判が存在する（*Pfrang* (Anm. 54) S. 217–218)。この批判によれば、第二四九条は、そのような優位性を導き出す方向に解釈されうる出発点を示しているにとどまる（*Pfrang* (Anm. 54) S. 218)。

(64) *Hans P. Ipsen,* Europäisches Gemeinschaftsrecht (Tübingen, J. C. B. Mohr, 1972) S. 59; *ders.,* Über Supranationalität, in: Horst Ehmke u. a. (Hg), Festschrift für Ulrich Scheuner zum 70. Geburtstag (Berlin, Duncker & Humblot, 1973) S. 211 (220 f.).

(65) この共同行為理論と結びつけられたEC法秩序の独自性という観念は、ドイツ以外のEC法文献においても受け容れられてきたし、また、欧州裁判所の判例へも流れ込んでいるとされる（*Rudolf Streinz,* Bundesverfassungsgerichtlicher Grundrechtsschutz und Europäisches Gemeinschaftsrecht: Die Überprüfung grundrechtsbeschränkender deutscher Begründungs- und Vollzugsakte von Europäischem Gemeinschaftsrecht durch das Bundesverfassungsgericht (Baden-Baden, Nomos, 1989) S. 98)。

(66) Vgl. *Ipsen* (Anm. 64) S. 58 ff.

(67) *Ipsen* (Anm. 64) S. 61.

(68) *Ipsen* (Anm. 64) S. 60 ff.

(69) *Ipsen* (Anm. 64) S. 69.

(70) *Ipsen* (Anm. 64) S. 62 f.

(71) *Manfred Zuleeg,* Das Recht der Europäischen Gemeinschaften im innerstaatlichen Bereich (Köln, Carl Heymann, 1969) S. 120 f.

(72) *Eberhard Grabitz,* Gemeinschaftsrecht bricht nationales Recht (Hamburg, J. F. Zeller, 1966) S. 56.

(73) *Grabitz* (Anm. 72) S. 98 ff.

(74) *Grabitz* (Anm. 72) S. 56.

(75) *Grabitz* (Anm. 72) S. 92 ff.

(76) *Grabitz* (Anm. 72) S. 95 ff.

(77) *Grabitz* (Anm. 72) S. 113.

(78) *Grabitz* (Anm. 72) S. 43.

(79) *Grabitz* (Anm. 72) S. 41 f.

(80) *Konrad Zweigert,* Der Einfluss des Europäischen Gemeinschaftsrechts auf die Rechtsordnungen der Mitgliedstaaten, RabelsZ 28 (1964), 601 (638 ff.).

(81) Vgl. *Helmut Henrichs,* Gemeinschaftsrecht und nationale Verfassungen—Eine Konfliktstudie, EuGRZ 1989, 237 (241).

(82) 金丸編・前掲書（注3）四一一―四一三頁〔谷本執筆〕。

(83) See de Witte, *Direct Effect* at 193 (cited in note 17). なお、ワイラー・前掲書（注3）三一七頁参照。

(84) *Pfrang* (Anm. 54) S. 198.

(85) *Pfrang* (Anm. 54) S. 201.

(86) Ebd.

(87) *Klein* (Anm. 29), 56 (79).

(88) *Michael Schweitzer / Waldemar Hummer,* Europarecht: Das Recht der Europäischen Gemeinschaften

（EGKS, EWG, EAG）—mit Schwerpunkt EWG, 4. Aufl.（Neuwied/Kriftel/Berlin, Metzner, 1993）S. 215. この点に関する欧州裁判所の判例について、vgl. *Streinz*（Anm. 65）S. 99, Anm. 71.

(89) *Albert Bleckmann,* Sekundäres Gemeinschaftsrecht und deutsche Grundrechte. Zum Beschluß des BVerfG vom 29. Mai 1974, Zur Funktion des Art. 24 Abs. 1 Grundgesetz, ZaöRV 35（1975）, 82; *Heribert F. Köck,* Der Gesamtakt in der deutschen Integrationslehre. Eine Untersuchung aus dem Grenzbereich von staatlichem Recht und Völkerrecht（Berlin, Duncker & Humblot, 1978）S. 135 ff.

(90) *Hans-Peter Folz,* Demokratie und Integration: Der Konflikt zwischen Bundesverfassungsgericht und Europäischem Gerichtshof über die Kontrolle der Gemeinschaftskompetenzen; Zum Spannungsverhältnis zwischen demokratischer Legitimation und Autonomie supranationaler Rechtsordnung（Berlin, Springer, 1999）S. 209, 367 f.

(91) この国法秩序の段階構造における欧州人権条約の地位の向上に関する議論については、本書第二部第一章第三節参照。

(92) Vgl. *Georg Ress,* Verfassungsrechtliche Auswirkungen der Fortentwicklung völkerrechtlicher Verträge —Überlegungen zum Verhältnis des Grundgesetzes zur Europäischen Wirtschaftsgemeinschaft und zur Europäischen Menschenrechtskonvention, in: W. Först/R. Herzog/D. C. Umbach（Hg.）, Festschrift für Wolfgang Zeidler, Bd. II（Berlin/New York, Walter de Gruyter, 1987）S. 1775（1790 ff.）.

(93) 本書第二部第一章第三節(2)参照。

(94) 憲法が明文をもって認めているのは、法律に対する優位にとどまるとされる。*Henrichs*（Anm. 81）, 242.

(95) *Henrichs*（Anm. 81）, 244 f.

(96) *Pfrang*（Anm. 54）S. 165. このような考え方は、EC法学においても見られる。例えば、Lasok with Lasok, *Law and Institutions of the European Union* at 295（cited in note 16）にも、「外来的法源（extraneous source）」

という表現が見られる。

(97) *Zuleeg*（Anm. 71）S. 15.

(98) 北村・前掲論文（注14）二四頁。

(99) Vgl. *Ipsen,* Gemeinschaftsrecht（Anm. 64）S. 293 ff.

(100) Case 26/62, Van Gend en Loos v. Nederlandse Administratie der Belastigen, [1963] ECR 1, 25.

(101) Case 6/64, Costa v. ENEL [1964] ECR 585.

(102) See, for example, Case 14/68, Walt Wilhelm v. Bundeskartellamt [1969] ECR 1, 14.

(103) *Stern*（Anm. 29）S. 540. 連邦憲法裁判所も、この点には同意した（BVerfGE 22, 293 [296]）。

(104) ドイツ連邦共和国における条約の受容方式については、本書序論第二節第二款二参照。

(105) De Witte, *Direct Effect* at 209 (cited in note 17).

(106) Id.

(107) *Streinz*（Anm. 65）S. 102.

(108) *Streinz*（Anm. 65）S. 102.

(109) Ebd.

(110) *Streinz*（Anm. 65）S. 103, Anm. 93. Vgl. *Schweitzer / Hummer*（Anm. 88）S. 210.

(111) *Streinz*（Anm. 65）S. 105.

(112) *Streinz*（Anm. 65）S. 105; Vgl. *Karl Zemanek,* Was kann die Vergleichung staatlichen öffentlichen Rechts für das Recht der internationalen Organisationen leisten ?, ZaöRV 24 (1964), 453 (455 ff.); vgl. auch *Herbert Kraus,* Betrachtungen über die rechtliche Struktur der Europäischen Gemeinschaft für Kohle und Stahl, in: Rechtsprobleme in Staat und Kirche, Festschrift für Rudolf Smend zum 70. Geburtstag (Gettingen, Otto Schwartz, 1952) S. 189 (205 ff.).

(113)　これがＥＣの本質的特徴であるということは、すでに、*Hermann Mosler*, Der Vertrag über die Europäische Gemeinschaft für Kohle und Stahl. Entstehung und Qualifizierung, ZaöRV 14 (1951/52), 1 (36) が欧州石炭鉄鋼共同体について浮き彫りにしている。

(114)　この点に関する学説の整理について、*Streinz* (Anm. 65) S. 106, Anm. 117 参照。

(115)　*Streinz* (Anm. 65) S. 125 ff.

第三節　抵触解決のための諸理論

ＥＣ法と国内法の関係については、ＥＣ法や構成国憲法の規定の解釈から離れて、一般的な理論を展開する見解も存在する。本書の主たる考察にとりかかる前に、ここではそうした諸理論を概観して、本書の視点を確認することとしたい。

第一款　連邦国家理論

構成国の中でもとりわけドイツ連邦共和国の学説は、再三にわたって、ＥＣ法と基本法との衝突の問題を連邦法と州法との関係に準えて解決する可能性に取り組んできたといわれる[116]。連邦国家における連邦法の優位のように、ＥＣにおけるＥＣ法の優位性を論じようとするのである。

一　「連邦法は州法を破る」の類推

基本法第三一条に規定されているような、「連邦法は州法を破る」という命題を、EC法とドイツ法の関係に転用することを試みる見解がある。この見解に立つ代表的な学説[117]は、基本法第三一条のような連邦法の絶対的優位の規範化を念頭において、EC法とドイツ法の関係についての問題は連邦国家内部において連邦法と州法の関係について適用されるような抵触規則に従って解答されなければならないと主張した。

ECの連邦国家類似の構造から、ECと構成国の間では連邦国家と同様の抵触規則が必要であるという帰結を導く見解もある[118]。結論的には、上述の見解と同様である。

二　国家権力の撤退／超国家権力の投入・権限理論

ECを連邦国家類似のものと見る論者の中には、国家の高権のECへの移譲にもまた特別の意義を認め、そこに連邦国家理論の論証を依拠させる見解も存在する。この見解によれば、特定の対象領域からの国家権力の撤退とともに超国家権力が投入されることは、所有者が自己の物権を消滅させる法律行為に相当する[119]。このような理解から、「超国家法」は、それに属している領域において、撤退した国法秩序に対する絶対的優位を有するという帰結が導かれる。

このなかでも、とりわけ、権限画定による抵触問題の解決を主唱する見解[120]によれば、ECとその構成国との間には連邦国家の内部と同様の、完全で遺漏のない権限の分配ないし画定が存在するとされる[121]。この権限理論によれば、高権的権力の移譲によって、構成国は、移譲された領域から完全に排除されている。ある事項がＥＣの権限の下にある限りにおいて、構成国は、その事項に関する立法権限を失う。構成国は、その事項について国内法を制定することを許されないだけではなく、権限を欠いているので制定することができないのである。[122] それにもかかわらず制定された法は権限を欠いているために無効であるから、抵触問題はまったく生じないとされる。この見解によれば、ＥＣ法の適用可能性についての問題は、当該領域についての権限が誰に配分されているかに結びつけられるのである。換言すれば、このことは、ＥＣ法の優位性は、ＥＣがその問題について権限を有している場合に実現されるということを意味している。[123]

三　国家の公権力の無視

ＥＣにおける連邦国家類似の統合という観点から出発しつつ、高権の移譲によってあらゆる国家の公権力のいわば物権的な放棄ないしはその完全な撤回がなされるとするのではなく、排他的効力を伴わずに、移譲された管轄権の領域においてＥＣに有利になるようにドイツ国家権力が無視されるとする見解も存在する。[124] この見解は、上述の見解よりも、徹底性という点で劣ることとなる。[125]

四　連邦国家理論に対する批判

以上のような、ＥＣを連邦国家と見ることによって「州法」たる国内法に対する「連邦法」たるＥＣ法の優位性を導くことを試みる見解に対しては、ＥＣはこれまで実際に連邦国家であると性格づけられたことはないという批判がある。[126] ドイツ連邦憲法裁判所がそのマーストリヒト条約判決において「国家結合」としての欧州連合の性格を強調したというだけではなく、[127]ＥＣ条約ないし欧州連合条約自体もまた、構成国に対して、連邦国家において支分国に要求されるような、そこまで高い程度の従属を要求してはいないのである。[128]また、ＥＣの権限は、条約上の個別の目的に限定されたものであり、ここに連邦国家的な権限配分を見ることはできないとされる。[129]

確かに、構成国による条約違反行為は欧州裁判所に提訴されうるし、構成国は、ＥＣ条約の定めによって、欧州裁判所の判決に従うためにあらゆる措置をとらなければならないが、しかし、ＥＣ法に抵触する国内法が直ちに効力を失うわけではない。[130]したがって、ＥＣ法の構成国法に対する関係への連邦国家的な抵触規則の転用は、ＥＣに連邦国家性が欠けているということで、暗礁に乗り上げるとされる。[131]

そして、連邦国家的な抵触規則は、構成国の自己理解、および、構成国が依然として自らをそう認定しているところの「条約の主人」[132]としての構成国の地位にもまた、適合しないとされるのである。[133]この批判に対する反論としては、ＥＣは完全な連邦国家ではないが、連邦国家類似のものであるということが主張される。[134]しかし、その際には、連邦国家的性格づけからの法的帰結の導出もまた許容されないであろうという批判がなされることとなる。

また、とりわけ権限理論に関しては、主として次のような批判がある。すなわち、設立条約にはＥＣの権限と構成国の権限との間の明らかな境界画定がなんら存在しないことが多く、したがって、ＥＣへの権限配分に、国内法の無効という法的帰結がほとんど無責任に結びつけられていると解されるということである。[135]権限画定は常に法治国家としての厳格性をもってなされうるとは限らないので、それぞれの法秩序の適用可能性についての判断のような、重大かつ多くの帰結をはらむ判断は、権限画定には結びつけられるべきではないとされる。(136) 権限に違反して制定された国内法の無効という帰結は、論理的に必然でもなく、設立条約によっても予定されていない、という批判を免れない。(137) このことを、実務もまた示している。(138) しかも、EC法の絶対的優位論者によってさえ、権限理論が主張するECと構成国との間の完全かつ遺漏のない権限配分は存在していないとされるのである。(139)

かりにECが連邦国家として性格づけられうるとしても、そのことから直ちに「連邦法は州法を破る」という抵触規則の適用可能性を導くことができるか、という問題が提起される。この命題が必然的にすべての連邦国家において実現されているか否かは完全に疑いの無いものではなく、この特殊ドイツ的解決(140)を連邦国家における一般的原則と見ることはできないとされる。(141) 矛盾する支分国家法の無効がそのような抵触解決の通常の事例であり、したがって、他のすべての方法は明文上の命令を必要とするというような規律は、証明されえない。(142) 「連邦国家」は、分類には役立つが、しかし強制的に一定の規則の適用を帰結することのない概念なのである。(143)

第二款　受諾理論

「受諾理論」によれば、基本法第二四条第一項によって予定された法律の機能は、外部の法の適用を可能にすることにあるのではなく、EC権力の展開についての前提条件を創設することにあるとされる。その法律は、外部の法を「変型する」または「適用する」のではなく、「新たな高権的権力の展開のための空間を創設する」、そしてそれによってECの固有の高権的権力の発揮についての事実上の関係を作り出すものとして、「受諾法律」と呼ばれる[144]。国際法上の法形式である基本条約は、構成国の高権的権力の排他性放棄およびEC権力の承認についての構成国の義務を含んでいる。この条約の締結によって可能とされた、EC固有の高権的権力の行使は、EC法が実効的に妥当することをもたらしている[145]。この国内法空間におけるEC権力の行使を許容することをもって、受諾法律の機能は終了するのである[146]。それ以降は、国家の協力や受諾法律の機能は問題とならず、したがって、基本条約についての同意法律の存在を理由としてEC法が法律と同位であるとされることもないのである。

この受諾理論は、EC法の独自性に依拠してEC法の国際法上の基盤からの分離を主張しているが、結局、EC法の効力はもっぱら実効的に行使されている高権的権力の存在という事実にのみ帰されうるという以上の論証を行っていないと批判される[147]。

第三款　抵当権理論

上述の諸理論とはまた一線を画し、EC法の優位性は認めるものの、その優位に一定の制限を課すという方向で、EC法と国内法、とりわけ憲法との間の抵触問題の解決を試みる見解が存在する。この抵当権理論は、ドイツの立法者によるECへの高権移譲に際しては、移譲される高権に課されていた基本法上の制限が、抵当権のように、ECへそのまま受け継がれると主張するものである[148]。

抵当権理論に対しては、ECにおいては、問題は設立条約によって創設された自立的な権力に関わるものであり、民事法的意味における高権の移転ないし譲渡に関わる問題ではないという批判がなされる。[149]「何人も自己の有する権利以上のものを他人に譲り渡すことはできない」という原則を転用して、ＥＣが基本法上の基本権に拘束されていると論じることは不可能であるとされる。[150]したがって、抵当権理論は、ＥＣ法秩序の独自性について、構成国の側の理解と調和しない。他方で、各国ごとの制限つきの権限の寄せ集めという認識は、ＥＣの側の理解とも調和しない。そしてそれゆえ、強く批判されているのである。[151]なお、抵当権理論に対する一般的な否定的態度にもかかわらず、抵当権理論の観念は、ＥＣ法に対する構成国の国内裁判所による基本権保護が許容される場合には、そこにその姿を見出すことができるという指摘もある。[152]確かに、抵当権理論の否定は、基本法第二四条第一項による高権移譲、さらにはそこから導かれるＥＣ法の優位性には制約がないということを意味しない。[153]しかし、そうした基本法第二四条第一項の限界を画定する思考と抵当権理論の思考との間には、根本的な相違が存在すると考えられるのである。[154]

第四款　国際私法の手法による抵触解決

ＥＣ法と基本法との衝突に際して、ＥＣ法の絶対的優位論でも基本法に基づく解決でもない方法として、国際私法の抵触規則を利用することが主張される。国際私法は、まさに、二つの法秩序が同時に効力を要求する事例についての抵触規則を扱ってきたからである。[155]

一　適応問題としての処理

第一に、ＥＣ法と基本法との衝突を、国際私法にいう適応問題として扱うことが主張される。国際私法において、適応問題とは、「一の法律関係の準拠法と他の法律関係の準拠法とが互に異なった国の法律である場合、両者の適用の結果、ある種の矛盾および不調和が生ずることがあ」り、これをいかにして解決すべきか、というものであるとされる。[156]このような適応問題の解決については一般的な基準があるわけではなく、具体的な事情に即して、国際私法的および実質私法的諸利益を衡量して、不当な結果を避けるために適切な操作が採られるにすぎないとされる。[157]この方法がＥＣ法と基本法との衝突の解決に際して注目されているのは、法文そのものではなく、具体的事例における規範の適用のみが変更されるという点である。[158]

しかし、このような適応問題としての処理を主張する見解に対しては、適応問題における抵触解決は、事前に、かつ一般的に、二つの法秩序のうちどちらが具体的事例において適用されるかを確定するものではなく、個々の事例における利益衡量は、そのような衡量の結果に関して、そして、いずれの立場から衡量が行われるかという問題に関して、法的に極めて不安定な状態をもたらすという批判がなされる。[159]

二　公序による適用排除

法的安定性に対する批判を回避するために、抵触規則によって指定された準拠法が外国法であった場合において、その外国法を適用した結果として国内の公序が破壊されるおそれが生ずるときは、当該外国法の適用が排除される、という国際私法の原則に着目する解決が主張される。ＥＣ条約第二四九条（旧第一八九条）は二次的ＥＣ法である規則の構成国における「直接適用」を規定しているが、ドイツ連邦共和国はＥＣ条約の締結に際して同意法律を制定しており、この同意法律が国際私法における準拠法としての外国法の指定と同列に置かれるのである。そして、準拠法として指定された外国法ないしＥＣ法は、その際には憲法によっては審査されえないこととなる。外部の法規範の適用が抵触規則によって指定されたならば、その法規範の適用は、もはや公序によってしか排除されえないのである。公序の援用による適用排除は、外部の法規範の適用によって自国の価値秩序が崩壊することを防ぐためのものである。そこで、基本法の基本権は、ドイツの公序においてとりわけ重要な要素と評価されなければならず、外部の法の適用に際しての基本権に対するいかなる違反も、ドイツの国法秩序の本質的原則の侵害を導くとされるのである。[160]

このようにして、ＥＣ法によるドイツ基本権の侵害に際して、個別の事例におけるＥＣ法の適用を排除することができるとされる。[161]しかし、このような考え方に対しては、とりわけ条約についての同意法律による指定に基づくＥＣ法の適用に関して、厳しい批判がなされる。ＥＣ法とドイツ法との関係は、ＥＣ条約および基本法において終局的な方法で規律されているはずであり、通常法律である同意法律の立法者には、ＥＣ法の適用およびその国内法に対する優位の問題に関して決定する権限が与えられてはいないのである。しかし、同意法律によってＥＣ法が準拠法として指定されるという考え方は、通常の立法者がＥＣ法の優位性の問題について決定する権限を有するということを前提とすることとなり、ＥＣ法優位の承認を結局は通常の立法者の手に委ねることになると批判される。[162]さらに、条約の締結に際してドイツ連邦共和国のように同意法律を制定せず、一般的受容方式を採用する構成国においては、同意法律によってＥＣ法の適用が指定されるという説明は、論証することができないとされるのである。[163]

このように、国際私法の抵触規則をＥＣ法とドイツ法との抵触問題に転用しようとする見解もまた、必ずしも成功を収めることができないとされるのである。

(116) *Pfrang*（Anm. 54）S. 190.

(117) *Ernst Steindorff,* Rechtsschutz und Verhalten im Recht der europäischen Gemeinschaften（Baden-Baden, Nomos, 1964）S. 47.

(118) J*osepf Kaiser,* Bewahrung und Veränderung demokratischer und rechtsstaatlicher Verfassungsstruktur in den internationalen Gemeinschaften, VVDStRL 23（1966）, 1（18）.

(119) *Günter Gorny,* Verbindlichkeit der Bundesgrundrechte bei der Anwendung von Gemeinschaftsrecht durch die deutschen Staatsorgane（Berlin, Duncker & Humblot, 1969）S. 42 f.; *Carl F. Ophüls,* Staatshoheit und Gemeinschaftshoheit. Wandlungen des Souveränitätsbegriffs, in: C. H. Ule/K. H. Schwab/H. C. Nipperdey/E. Ulmer/I. Seidl-Hohenveldern（Hg.）, Recht im Wandel, Festschrift 150 Jahre Carl Heymanns Verlag（Köln/Berlin/Bonn/München, Carl Heymanns, 1965）S. 519（564, 570）.

(120) *Carl F. Ophüls,* Quellen und Aufbau des Europäischen Gemeinschaftsrechts, NJW 1963, 1699 ff.

(121) *Carl F. Ophüls,* Zwischen Völkerrecht und staatlichem Recht. Grundfragen des europäischen Rechts, Juristen Jahrbuch 4（1963/64）, 137（155 f.）; *ders.*（Anm. 119）S. 566; *ders.*（Anm. 120）, 1698.

(122) *Ophüls*（Anm. 120）, 1700. なお、*Streinz*（Anm. 65）S. 116, Anm. 176 参照。

(123) Vgl. *Ophüls*（Anm. 119）S. 566.

(124) *Roman Herzog,* Bundes- und Landesstaatsgewalt im demokratischen Bundesstaat, DÖV 1962, 81（84 f.）.

(125) *Pfrang*（Anm. 65）S. 191.

(126)　*Pfrang*（Anm. 54）S. 191 f.「欧州連合条約および共同体設立諸条約中には、『連邦（federal)』という文言はない。欧州連合条約最終草案では、欧州連合は、連邦制を目標とする連合と位置付けられていたが、この部分は討議の最終段階で削除された」（須網・前掲論文［注14］一五九頁註五）。

(127)　BVerfGE 89, 155 (190).

(128)　*Pfrang*（Anm. 54）S. 192.

(129)　*Henrichs*（Anm. 81), 242.

(130)　構成国が欧州裁判所の判決に従わない場合に、欧州裁判所が当該構成国に罰金を課す制度が、マーストリヒト条約によるＥＣ条約の改正によって新設された。これについて、構成国のＥＣ法違反に対する「実効性を有する制裁措置が確立した」（須網・前掲論文［注14］一五七頁）との評価も存する。ただし、それでも、構成国が自ら法改正をする義務を負うだけであって、問題とされた国内法が直接的に効力を失うわけではないことに変わりはない。

(131)　この点に関する学説の整理について、*Streinz*（Anm. 65）S. 120, Anm. 197 参照。

(132)　連邦憲法裁判所マーストリヒト条約判決（BVerfGE 89, 155［190］）参照。

(133)　*Pfrang*（Anm. 54）S. 193.

(134)　Vgl. *Ophüls*（Anm. 119）S. 588, Fn. 192.

(135)　Vgl. *Zuleeg*（Anm. 71）S. 89 f.

(136)　*Pfrang*（Anm. 54）S. 200 f.

(137)　*Streinz*（Anm. 65）S. 121, Anm. 203 の整理を参照。

(138)　*Streinz*（Anm. 65）S. 121, Anm. 204 の整理を参照。

(139)　Vgl. *Zuleeg*（Anm. 71）S. 89 ff.; *Grabitz*（Anm. 72）S. 64 ff.

(140)　Vgl. *Streinz*（Anm. 65）S. 122, Anm. 206.

(141)　Vgl. *Streinz*（Anm. 65）S. 122, Anm. 207.

(142) Vgl. *Streinz* (Anm. 65) S. 122, Anm. 210.

(143) Vgl. *Zuleeg* (Anm. 71) S. 74.

(144) *Hartmut H. Schwan,* Die deutschen Bundesländer im Entscheidungssystem der Europäischen Gemeinschaften. Beschlussfassung und Durchführung (Berlin, Duncker & Humblot, 1982) S. 64.

(145) Vgl. *Schwan* (Anm. 144) S. 36 ff.; *Gerhard Eibach,* Das Recht der Europäischen Gemeinschaften als Prüfungsgegenstand des Bundesverfassungsgerichts. Verfassungsrechtliche und verfahrensrechtliche Möglichkeiten unter den Gesichtspunkten des deutschen sowie des europäischen Rechts und des Völkerrechts (Berlin, Duncker & Humblot, 1986) S. 61 ff.

(146) *Schwan* (Anm. 144) S. 64.

(147) *Streinz* (Anm. 65) S. 125.

(148) いわゆる抵当権理論に関する学説の整理について、*Albrecht Randelzhofer,* Art. 24 Abs. I (Dezember 1992), in: T. Maunz/G. Dürig/R. Herzog/R. Scholz, Grundgesetz. Kommentar (München, C. H. Beck) Rn. 56, Fn. 208.

(149) Vgl. *Adolf Schule,* Grenzen der Klagebefugnis vor dem Gerichtshof der Montanunion, ZaöRV 16 (1955/56), 227 (243 f.). 基本法第二四条第一項にいう高権の「移譲」は、構成国のもつ高権のＥＣへの「移転」を意味しないという理解は、今日、ほぼ一致した見方であるとされる。Vgl. *Randelzhofer* (Anm. 148) Art. 24 Abs. I, Rn. 55, Fn. 207.

(150) *Randelzhofer* (Anm. 148) Art. 24 Abs. I, Rn. 56.

(151) *Pfrang* (Anm. 54) S. 207.

(152) *Alexander S. Glaeser,* Grundgesetz und Europarecht als Elemente Europäischen Verfassungsrechts (Berlin, Duncker & Humblot, 1996) S. 97. なお、*Pfrang* (Anm. 54) S. 207 は、このような考え方においても、「条約の主人」という構成国側の思考と、ＥＣ法秩序の自立性・優位性についての要請は衝突するとする。

(153) *Randelzhofer* (Anm. 148) Art. 24 Abs. I, Rn. 56.

(154) この点については、ドイツ連邦共和国における学説の展開を検討する際に言及する。

(155) *Pfrang* (Anm. 54) S. 217.

(156) 山田鐐一『国際私法』(有斐閣・一九九二年)一四九頁。

(157) 同書一五〇頁。

(158) Vgl. *Pfrang* (Anm. 54) S. 219; *Detlev Schumacher,* Normenkonflikte zwischen deutschem und Gemeinschaftsrecht, DB 1970, 1010 (1014).

(159) *Pfrang* (Anm. 54) S. 220. Vgl. *Schweitzer / Hummer* (Anm. 88) S. 214.

(160) *Pfrang* (Anm. 54) S. 221.

(161) *Pfrang* (Anm. 54) S. 222.

(162) Ebd.

(163) *Pfrang* (Anm. 54) S. 223.

第二章　ドイツ基本法とＥＣ法の優位

欧州裁判所や一部の学説によって主張されるＥＣ法の絶対的優位論、および「超国家法」と国内法の関係についての一般的理論によっては、国内法に対するＥＣ法の優位についての十分な解決が与えられないことが明らかになった。他方、共同体機能確保の要請に基づいて国内法に対する優位を要求するＥＣ法との関係において、すべての憲法規定が必然的にＥＣ法優位の限界を形成するものではないということについては、ドイツ連邦共和国において、連邦憲法裁判所の判例および通説ともに一致が見られる。むしろ、基本法第二四条第一項は、国法体系の外部において定立されるＥＣ法に対していかなる程度で国法秩序の開放を許容しているのか、いかなる制限を設定したのか、ということが問題となるのである。

第一節　連邦憲法裁判所判例の展開

連邦憲法裁判所によれば、基本法第二四条第一項は、本来は国家の高権が排他的に行使されるはずの領域を国際機構による高権の行使に対して開放する、ということを承認している（ここにいう「高権」とは、個別的な国家権力としての主権的権利であり、「高権の行使」は公権力の行使と同義であるとされる）。しかし、連邦憲法裁判所は、ＥＣ法の無制限の優位を認めてはいない。基本法第二四条第一項は基本法全体の文脈の中で考えられなければならず、憲法上、一定の内在的制約が存在するのである。連邦憲法裁判所は、マーストリヒト条約判決においても、基本的にこの立場を堅持している。

第一款　Solange I 以前

一　一九六七年決定(1)

ＥＣの設立以降のはじめの約二〇年間においては、連邦憲法裁判所は、ＥＣ法にはドイツ法に対する優位が容認されなければならず、ドイツの国内裁判所はそれを遵守しなければならないという判断を示していた(2)。

一九六七年一〇月一八日の決定は、ＥＣの規則が基本法の保障する職業の自由を侵害するとして提起された憲法異議についてのものである。連邦憲法裁判所は、ＥＣの法的行為は、固有の裁判権の下に置かれた、特別の、構成国の国家権力からは独立した公権力の行為であるとし(3)、連邦憲法裁判所法第九〇条に定めるドイツの公権力による行為に該当しないから憲法異議は許容されない、として訴えを退けた。本決定においては、「連邦憲法裁判所は、連邦憲法裁判所の下に許容されて係属している枠内で、基本法の基本権規範を基準としてＥＣ法を審査しうるか否か、およびいかなる範囲で審査しうるか」という問題の判断は、「ＥＣ機関の、ドイツ連邦共和国の基本権秩序への拘束について論及することができるか否か、およびいかなる意味において論及することができるか、または——換言すれば——ドイツ連邦共和国は基本法第二四条第一項による高権移譲に際してＥＣ機関をそのような拘束から解放することができるか否か、およびどの程度まで解

法とEC法の関係についての解決は先送りされた形になっている。

放することが可能であるか、という先決問題の判断に依存している」[4]ということが確認されたのみで、基本

二　一九七一年決定

EC法の優位性の実質的な理由づけは、その四年後に与えられた。連邦憲法裁判所の一九七一年六月九日決定[5]によれば、基本法第二四条第一項は、高権を国際機構に移譲する権限を付与するとともに、国内法に対して優位する国際機構の法が国法体系において直接的に効力を有することを承認し、それに従うことの要請をも含んでいるのである。

連邦憲法裁判所は、以下のように判示している。

「EC条約の批准によって、基本法第二四条第一項との合致において、国内法秩序の内部で作用し、かつドイツの裁判所によって適用されうる、ECの独自の法秩序が成立している（参照、BVerfGE 22, 293 [296]）」[6]

「基本法第二四条第一項は、適切な解釈の下で、国際機構への高権移譲が一般に許容されているということだけではなく、ここでの欧州裁判所の判決のような国際機構の機関の高権的行為が、本来は排他的である高権保持者によって承認されなければならないということをもまた意味している」[7]

「確かに自立的で国家の外部にある高権的権力に分類されうるが、しかしそれにもかかわらず欧州裁判所によるその解釈に基づいて国内空間において直接的な効力を発揮し、かつ対立する国内法を覆して無効とし、そして排除するような法規定をも、ドイツの裁判所は適用しなければならない」[8]

この判示はEC法の絶対的優位論を受け容れているかにも見えるが、連邦憲法裁判所は、後の判断[9]において、基本法第二四条第一項はEC法の絶対的優位を受け容れているのではなくEC法に対して国法体系における（一定の制定を伴う）「適用上の優位」を可能にしているのであるとしている。

第二款　Solange I の衝撃

EC法と基本法の関係についての連邦憲法裁判所のもっとも重要な判断の一つは、一九七四年五月二九日の Solange I 決定[10]である。ここにEC法と基本法の関係についての激しい論争の幕が切って落とされたのである。

一　事案の概要

本件は、ドイツの貿易会社が、EC法に基づいてなされた輸入担保金没収の決定によって基本権を侵害されたとして出訴したことに端を発する。EC条約第二三四条（旧第一七七条）に定める手続によってフランクフルト行政裁判所から欧州裁判所に移送された本件は、欧州裁判所においては、「国際商事会社事件」と呼ばれる[11]。欧州裁判所の判断は、EC法の性質のゆえに国内法はEC法に優位することはできない、というものであった。フランクフルト行政裁判所は、この欧州裁判所の判断に納得しなかった。同行政裁判所は、当該EC法は個人の経済的自由を侵害しており、そしてそれによって、基本法第一四条によって保障された権利を侵害していると考えたのである。そこで、同行政裁判所は、基本法第一〇〇条第一項による具体的規範統制の手続において、連邦憲法裁判所の判断を求めたのである。

二　連邦憲法裁判所の判断

連邦憲法裁判所は、まず、フランクフルト行政裁判所からの移送の適法性、つまり、連邦憲法裁判所がEC法について審査権を有するか否かを判断した。

連邦憲法裁判所は、本件における問題を、基本法の基本権保障とドイツ連邦共和国の行政機関によって執行される二次的EC法の規定の関係に限定し、ECの設立条約すなわち一次的EC法と基本法の関係や、基本権以外の基本法規定とEC法の関係については未解決のままであるとしたうえで、以下のように判示した。

「当法廷は――この点では欧州裁判所の判例と一致して――、EC法は、国法秩序の構成部分でも国際法でもなく、自立的な法源から流れ出ている独自の法秩序を形成している、という従来の判例を維持する[12]」

「欧州裁判所は、EC法の規定が基本法と両立しうるか否かを拘束力をもって判断することはできないし、連邦憲法裁判所も、二次的EC法の規定が一次的EC法と両立しうるか否か、またいかなる内容をもって両立しうるかを拘束力をもって判断することはできない。このことは、二つの法秩序が内容的に相互に衝突するに至らない限りにおいては、いかなる困難へも導かない。それゆえ、ECの設立によってECとその構成国との間に、権限を有する機関について、とりわけ、法の統制の責に任じられた二つの裁判所――欧州裁判所および連邦憲法裁判所――について発生した特別な関係から、まず第一に、その裁判における二つの法秩序の整合のために努力する義務が生じている。このことが成功しない限りにおいてのみ、一般に、上述した二つの法秩序の間の基本的な関係から結論を引き出すことを要求するような衝突が発生しうる。

この事案については、さもなければＥＣが疑問を抱かれることになるのでＥＣ法は常に国内憲法に対して貫徹されなければならないという結論を正当化するためには、単に国内憲法に対するＥＣ法の『優位』を語ることでは十分ではない(13)」

このように、連邦憲法裁判所は、ＥＣ法の優位性を原則として承認しつつも、ＥＣ法自体から導かれる共同体機能確保の要請に基づいて直ちに基本法に対するＥＣ法の優位の貫徹を認めるということはしていない。そのような、ＥＣ法に内在する優位要求が国法体系においてどのように実現されるかについて、連邦憲法裁判所は、基本法第二四条第一項の解釈として判断を示している。

「基本法第二四条は、国際機構への高権移譲を扱っている。このことは、字義通りには捉えられえない。基本法第二四条は、基本的性質を有するあらゆる憲法規定と同様に、憲法全体の文脈において理解され、解釈されなければならない。つまり、基本法第二四条は、憲法のアイデンティティが依拠する憲法の基本構造を、憲法改正なしに、すなわち国際機構の立法によって、変更するという道を開いてはいないのである。確かに、権限を有するＥＣ機関は、権限を有するドイツ憲法機関が基本法の法によって定立しえない法を定立することができ、しかも、その法は、ドイツ連邦共和国において直ちに効力を有し、かつ直接に適用されうる。しかし、基本法第二四条は、この可能性を、連邦共和国の現行憲法のアイデンティティを構成している構造への侵入によって現行憲法のアイデンティティを廃棄するような条約改正は基本法第二四条によって阻止されるという形で、制限している。そして、同様のことは、現行の条約に対応する解釈に基づいて定立され、かつ、条約と同様の方法において、基本法にとって本質的な構造に関わりを有することとなる二次的EC法の規定にもあてはまるであろう。基本法第二四条は、本来は高権を移譲する権限を付与しているのではなく、基本法の効力領域におけるドイツ連邦共和国の排他的な支配要求が撤回され、かつ、国家の支配領域内部において他の源泉からの法の直接的な効力および適用可能性に余地を残す程度に、国法秩序を（定められた制限の範囲内において）開放しているのである(14)」

ここで、連邦憲法裁判所は、EC法に内在する優位要求を受け容れて国内法に対するEC法の優位を許容ないしは承認する基本法の構造として、基本法第二四条第一項の解釈を展開する。基本法第二四条第一項が、国際機構に対する高権の譲渡ではなく、国際機構の高権に対する国法秩序の開放を定めているとすることによって、EC法に内在する優位要求が国法体系において実現されるのである。ただし、この基本法第二四条第一項によるEC法優位の許容ないし承認にも、憲法全体から理解される限界が存在する。連邦憲法裁判所は、この限界を、「現行憲法のアイデンティティ」の保護という形で示している。この「現行憲法のアイデンティティ」の保護という考え方は、以後の連邦憲法裁判所判断にも受け継がれてゆくのであるが、その内容について、連邦憲法裁判所は次のように判示している。

「基本法の憲法的構造に属する、放棄することのできないドイツ連邦共和国の現行憲法の本質的要素は、基本法の基本権部分である。基本法第二四条第一項は、基本法の基本権部分を相対化することを留保なしには許容していない。その際、ECの統合の現況は、重要な意義を有する。ECは、直接に民主的に正当化され、普通選挙に由来する立法権限を有しており、かつ立法について権限を与えられたEC機関が政治的に完全に責任を負う対象としての、議会をなお欠いている。また、ECは、とりわけ、法典化された基本権章典をなお欠いている。この基本権章典とは、その内容が基本法の内容と同様に確実にかつ将来にわたって曖昧ではなく確定されているもので、そしてそれゆえ、問題が生じたときに、ECにおいて一般的に拘束力を有するEC法の基本権水準が、基本法第二四条が設定する一定の制限が越えられていない程度において、可能な修正は別として、長期的に見て基本法の基本権水準に相当するか否かの比較および判断を許容するものである。一般に認められている従来の基本権に調和的な欧州裁判所の判例のみによっては保障されない、この法的確実性が、ECのさらなる統合の過程において達成されない限りにおいて、基本法第二四条から導き出される留保が適用される。〔中略〕

それゆえ、当分の間、EC法の国内憲法の一部との、またはより正確には基本法の基本権保障との抵触の想定される事例においては、いずれの法が優位するかという問題、したがって、その法が他方を排除するかという問題が生ずる。この規範衝突においては、権限を有するECの機関が条約機構に適合的に規範衝突を除去しない限りにおいて、基本法の基本権の保障が貫徹される[15]」

連邦憲法裁判所は、本決定において、基本法第二四条第一項は基本法の基本権部分を相対化することを留保なしには許容していない、とした。そこに、「現行憲法のアイデンティティ」保護の内容が見出される。そして、EC法には議会によって法典化された基本権章典が存在せず、欧州裁判所が基本権を尊重する判例を示しているとしても、それは基本権章典に代わりうる法的確実性を有していないとして、基本法の基本権保障を貫徹する必要性を述べている。

このような基本法とEC法との間の関係から、欧州裁判所の権限と連邦憲法裁判所の権限に関して、以下のことが帰結される。

「欧州裁判所は、条約の権限規則に従って、EC法の規範（欧州裁判所の見解によって存在している不文のEC法規範を含む）の法的効力およびその解釈に関して判断する権限を有する。しかしながら、ドイツ連邦共和国（または他の構成国）の国内法に付随して生じる問題を、欧州裁判所は、いかなる場合でも、当該国家についての拘束力をもって判断することはできない[16]」

「連邦憲法裁判所は、EC法の規定の有効または無効に関しては、決して判断しない。連邦憲法裁判所は、基本法の基本権規定と抵触する限りにおいて、そのような規定はドイツ連邦共和国の官庁または裁判所によって適用されてはならないという結論に到達することまでしかできない[17]」

「基本法において保障された基本権を保護することについては、基本法において連邦憲法裁判所に認められた権限の枠内において、もっぱら連邦憲法裁判所のみがその責に任じられている。この憲法上の責務を、他のいかなる裁判所も、連邦憲法裁判所から奪うことはできない[18]」

つまり、連邦憲法裁判所は、EC法の規定が有効か無効かを判断するのではなく、EC法の規定が基本法第二四条第一項についての憲法上の制限を逸脱している限りにおいて、国法体系における当該EC法の適用可能性について判断するのであり、そのために、連邦憲法裁判所は、基本法の基本権を基準としてEC法を審査する権限を要求するのである。

そして、連邦憲法裁判所は、著名な一語を発するのである。

「ECの統合プロセスが、議会によって議決され、かつ効力をもって定式化された、基本法の基本権章典に相当する基本権章典をもEC法が含むまでに進展しない限りは（Solange）、条約第一七七条において要求された欧州裁判所の判断の請求の後に、ドイツ連邦共和国の裁判所が具体的規範統制手続において連邦憲法裁判所に対して移送することは、当該裁判所にとって判断に重要な関わりを有するEC法の規定が欧州裁判所によって与えられた解釈においては基本法の基本権の一つと抵触していることを理由として、そしてその限りにおいて、適用不可能であると考える場合には、許容され、かつ必要である」[19]

この連邦憲法裁判所の判示の文言に因んで、本決定は、一般に、Solange 決定（現在では、後の Solange II 決定と区別するために Solange I 決定）と呼ばれる。

このように判示したうえで連邦憲法裁判所は、問題となっているEC法について、基本法第二条第一項および第一二条との適合性を審査し、両者の間にはなんらの衝突も存在しないという結論に達した。本件において、EC法と基本法の抵触は存在しないとの判断については裁判官全員一致であるが、連邦憲法裁判所によるEC法の審査可能性に関しては、三人の裁判官による少数意見が示された。

少数意見は、基本法の基本権によるEC法の優位性に対する限界設定について、EC法の優位性は基本権の核心的存在の保護もまた含まれる「基本法の基本的かつ不可欠の原理」という局限された限界にのみ従わされるとして、以下のように判示した。

「確かに、国内法の規定に対するEC法の優位は基本法がEC機関への高権移譲を許容している限りにおいてのみ有効でありうる、ということは正しい。さらに、基本法第二四条第一項は国際機構への高権移譲を制限なしには許容していない、ということも正しい。すべての憲法規定と同様に、この規定も、基本法の基本的な原則および基本法の価値秩序と調和するように解釈されなければならない（参照、BVerfGE 30, 1 [19]）。その際、一方では、基本法前文における統合された欧州への言及が、他方では、多くの憲法規定の中にその表現が見出されるような、自由で民主的な秩序の確保のための特別の配慮が、考慮に入れられなければならない。憲法の全体的関連からの基本法第二四条第一項の解釈は、特定の領域における高権的権力の行使の断念、および超国家共同体の機関による高権的権力の行使の容認は、超国家ＥＣの公権力が、その法秩序によって、国内法の領域について基本法の基本的かつ不可欠の原理から判明するのと同様の拘束の下にある場合に——そしてその場合にのみ——許容されている、ということを明らかにする。この基本法の基本的かつ不可欠の原理には、とりわけ、基本権の核心的存在の保護が属する[20]」

そのうえで、ＥＣは基本権の核心的存在の保護を充足しており、連邦憲法裁判所への移送は許されないとした。

三　学説における評価

このようなSolange I決定は、賛同とともに、とりわけＥＣ法の絶対的優位論の立場からの激しい批判を浴びた[21]。なかでも、次の二点に批判が集まった。

第一に、連邦憲法裁判所が基本法の基本権規定を基準とするＥＣ法の違憲審査を認めたことである。連邦憲法裁判所が二次的ＥＣ法に対する基本法の基本権規定の優位を容認するならば、ＥＣ法の統一的適用は危険にさらされることになり、ＥＣ条約第一〇条（旧第五条）の定める構成国の義務に違反することとなるとされるのである。しかし、この批判に対しては、連邦憲法裁判所が一般的にＥＣ法についての審査権を肯定しただけで構成国の条約上の義務に違反したことになるのか、という疑問が示されている。連邦憲法裁判所が度重なる違憲判断によって共同体機能の確保を困難に陥れているというのであれば格別、わずかな例外的事例においてＥＣ法を適用不可能であるとする限りでは、ＥＣ条約の目的達成を危険にさらすことはほとんどない、とされるのである(22)。

第二に、連邦憲法裁判所がＥＣによる十分な基本権保護の存在の要件として、民主的に正当化された議会およびその議会によって制定された基本権章典を挙げたことである。実効的な権利保護は、権利章典の存在という形式的な要件には依存しないと考えられ、また、民主的正当性を有する議会の存在を要求することは、欧州統合およびそれへのドイツ連邦共和国の参加を不可能にしてしまう、とされたのである。さらに、ＥＣが連邦憲法裁判所の要求を満たすような議会を有することは、かえって基本法第二四条第一項が許容していないような国家類似の性格をＥＣに付与することになる、という批判もなされる。確かに、連邦憲法裁判所は「基本権章典」に言及しているが、その真意は、欧州裁判所による人権保護の程度が低下することへの危惧に起因する、現段階の欧州裁判所の判例の蓄積では満足されない確実性の要求であると解する余地もある。また、連邦憲法裁判所がＥＣ法に対しても貫徹されるとしたのは、基本法の基本権すべてではないとする理解(23)も存在する。

本決定が下されたのは、欧州裁判所が前述のガイドライン方式によってＥＣ法上の人権保護を明確に示した Nold 事件判決（一九七四年五月一四日）のわずか二週間後であり、他方で、憲法の基本権規定に対するEC法の優位について留保条件を付していたイタリア憲法裁判所が極度の基本権侵害の場合を除いてその留保を原則として解除する旨の Frontini 事件判決（一九七三年一二月二七日）を下していたこともあって、ECは大きな衝撃を受けたとされる。このことは、EC機関による人権共同宣言がなされる一因ともなった[24]。そしてこの人権共同宣言は、後に連邦憲法裁判所の Solange II 決定において重要な考慮要素となるのである。

第三款　Solange II への道

ECにおける人権保護の道を模索していた欧州裁判所に衝撃を与え、EC法の絶対的優位論を採用する見解からの厳しい批判にさらされた Solange I 決定は、連邦憲法裁判所自身が認めていたように、その枠組の適用のあり方については過渡的な性格を有するものであった。Solange I 決定の数年後から、連邦憲法裁判所は、Solange I 定式の適用のあり方を緩和する姿勢を見せはじめるのである。

一　Vielleicht 決定

連邦憲法裁判所が Solange I 定式の適用の緩和をほのめかしたのは、一九七九年七月二五日のいわゆる Vielleicht 決定[25]においてである。この Vielleicht 決定の傍論において、連邦憲法裁判所は、一次法たる基本条約の規定を解釈すること、およびその適用不可能を宣言することを放棄するとした[26]。二次的EC法については、「――例えば、欧州領域においてこの間に生じた政治的および法的発展に鑑みて――二次的EC法の規範の将来における連邦憲法裁判所への移送について、一九七四年五月二九日決定の原則が、今後も無制限の効力を要求しうるか否か、および場合によってはどの程度に要求しうるか」ということは未解決のままである、とした[27]。

一般に、このVielleicht決定において厳格なSolange I決定の定式の緩和の兆しが現れたと評される。連邦憲法裁判所は、「欧州領域においてこの間に生じた政治的および法的発展に鑑みて」とする一方で、Solange I決定において要求された基本権章典には言及しなかったのである。Vielleicht決定によって、連邦憲法裁判所は、留保なしに欧州裁判所の判例への信頼を表明し、構成国裁判所による継続的な監視を否定したものと解する評価も示された[28]。これまで、連邦憲法裁判所は近い機会にSolange I定式を修正するであろうという、ＥＣ法の絶対的優位論者の期待ないしは希望は、まだ満たされてはいなかった。この決定の判示は、「Solange I決定の批判者達に対する鎮静剤と考えられた[29]」のである。

二　Hauer事件

その後、一九八〇年一月三一日の決定によって、連邦憲法裁判所にノイシュタット行政裁判所から具体的規範統制の手続で事案が移送された。このHauer事件は、葡萄の木の新たな栽培を一定期間禁止するＥＣ規則が、基本法第一二条の職業の自由および第一四条の所有権の保障を侵害するとして争われたものである。すでに欧州裁判所は、ＥＣ条約第二三四条（旧第一七七条）による手続において、当該規則は問題とされた基本権を侵害しないという判断[30]を示していた。しかしながら、連邦憲法裁判所は、「事案が時の経過によって片がつくまで傍観することによって、判断を回避した」。[31]

三　Eurocontrol I 決定

連邦憲法裁判所は、一九八一年六月二三日の Eurocontrol I 決定[32]において、Vielleicht 決定によって選択された道をさらに前進したとされる。[33] Eurocontrol は、欧州諸国間の航空交通管制の統一化のために創設された国際機構である。[34] Eurocontrol は、ＥＣとの間に直接の組織上の関係はない。したがって、本決定では、ＥＣ法が問題となったのではない。しかし、本決定は、後に検討する Solange II 決定への布石として看過することができないのである。

本決定の判示によれば、ドイツが高権を移譲することができる国際機構は、ドイツと同等の基本権保護体系を具備している必要はない。さもなければ、ドイツ連邦共和国は国際統合の能力を奪われることとなる。他方、ドイツ連邦共和国の公権力による行為のみが連邦憲法裁判所の統制の下にあるのであって、国際機構の行為は、連邦憲法裁判所の統制の対象とはならないとされた。[35]

基本法第二四条第一項の理解については、連邦憲法裁判所は、Solange I 決定を引用しながら、次のように確認している。

「この憲法規定は、基本法の効力領域におけるドイツ連邦共和国の排他的支配要求を撤回し、かつ、国家の支配領域内部での他の源泉からの法の直接的な効力および適用可能性に余地を残すという方法で、ドイツ法秩序を開放している（BVerfGE 37, 271［280］）[36]」

さらに連邦憲法裁判所は、以下のように判示した。

「国際機構の創設に際して、ならびにその法的および機構的発展に際して、――すでに法治国原理の中に確立されている――実効的権利保護の基本原理が侵害されるような場合には、この高権移譲の権限付与について憲法の基本原理から導き出されている限界は越えられうるであろう(37)」

「むろん、この憲法規定は、国際機構への高権移譲を制限なしには許容していない。基本法第二四条第一項は、あらゆる類似の基本的種類の憲法規定と同様に、憲法全体の関係において理解され解釈されなければならない。基本法第二四条第一項は、憲法の基本構造を侵害する可能性を開いてはいない(38)」

そしてこの後に、連邦憲法裁判所は、Solange I 決定が示した「憲法秩序のアイデンティティ」保護の定式の内容に関して、表現に若干の変更を加えた。つまり、Solange I 決定の、「基本法の憲法的構造に属する、放棄することのできないドイツ連邦共和国の現行憲法の本質的要素は、基本法の基本権部分である。基本法第二四条第一項は、基本法の基本権部分を相対化することを留保なしには許容していない」という部分を、次のように書き改めたのである。

「放棄することのできない憲法構造の構成要素は、基本法の基本権において承認されかつ保障されている基本的法原則である。それゆえ、基本法第二四条第一項は、基本法の基本権部分を留保なしに相対化することを許容してはいない（BVerfGE 37, 271 [279 f., 291, 296]）(39)」

しかも、ここで連邦憲法裁判所は、ＥＣ法に対して保護される基本法の要素を狭く解したとされる Solange I 決定の少数意見をも併記して参照指示しているのである。

四　一九八三年決定

憲法異議の予備審査手続における一九八三年二月一四日決定[40]においてもまた、連邦憲法裁判所は、基本法第二四条第一項において設定された限界およびドイツ憲法秩序の基本的核心領域の二次的EC法による侵害を審査しうる、という立場を放棄しなかったものの、Vielleicht 決定においてほのめかされた Solange I 定式の適用の緩和の兆候が見出される。連邦憲法裁判所は、以下のように判示している。

「ここで問題となっているEC規則の具体的な規定の事案においてもまた、異議提起者の申立……はドイツ憲法秩序の基本的核心領域（参照、BVerfGE 37, 271 [279 ff.]）に関わりがあるということは、確認されえない[41]」

「ここでは、EC規則の適用が基本法の基本権と両立しないとして攻撃されている場合に、EC法のレベルで基本法と比較して十分な権利保護がとりわけ欧州裁判所によって一般的に保障されていると考えられる限りにおいて、連邦憲法裁判所が高権領域における、かつドイツ連邦共和国の公権力によるEC規則の適用に関する裁判権をもはや要求していないか否かは、未決定でありうる[42]」

連邦憲法裁判所は、本決定においても、Vielleicht 決定と同様に Solange I 決定において要求された基本権章典には言及せず、他方で、「基本法と比較して十分な権利保護」という表現を用いているのである。

第四款　Solange II による継承と修正

一　事案の概要

EC規則に準拠して運用されていた制度の下で連邦食糧林野庁が Wünsche 商事会社による輸入認可申請

を認めなかったことを不服として同社によって提起された訴訟において、規則の効力の問題が、ＥＣ条約第二三四条（旧第一七七条）に基づいて連邦行政裁判所から欧州裁判所に移送された。規則を有効とする欧州裁判所の判断をうけて、連邦行政裁判所は、同社の主張を退け、欧州裁判所への再度の移送も、基本法第一〇〇条第一項による連邦憲法裁判所への移送も認めなかった。

そこで、同社は、連邦憲法裁判所への憲法異議を提起した。同社は、欧州裁判所の審理は不十分であって、基本法第一九条第四項（基本権侵害の法的救済）および第一〇三条第一項（法律上の審問を請求する権利）に反するとし、欧州裁判所はこれらの基本法の基本的諸原理に直接に拘束されているわけではないが、ドイツ連邦共和国の憲法的原理が訴訟手続において遵守されることを欧州裁判所は確保しなければならないと主張した。そのうえ、欧州裁判所は基本法第一〇一条第一項の「法律の定める裁判官」に当たり、同社には欧州裁判所の裁判を受ける権利があり、審理を尽くすために連邦行政裁判所が欧州裁判所に対して本件を移送し直さなかったことは、ＥＣ条約第二三四条（旧第一七七条）第三項の下での連邦行政裁判所の義務に違反するとした。さらに、同社は、ＥＣ規則によって創設された本件の輸入に関する制度は、基本法第二条第一項、第一二条、および第二〇条第三項に違反するから、当該規則は適用不可能であると主張した。

二　連邦憲法裁判所の判断

本件憲法異議における、基本法第一九条第四項、第一〇一条第一項、および第一〇三条第一項違反を主張する部分は、棄却された[43]。二次的ＥＣ法たる規則が基本法第二条第一項、第一二条、および第二〇条第三項に違反するという主張に関する部分は、不適法として却下された。連邦憲法裁判所の一九八六年一〇月二二日決定における、基本法第二四条第一項についての判示の要点は、以下の通りである。

「基本法第二四条第一項は、ドイツ連邦共和国のその高権領域についての排他的な支配要求を撤回し、その高権領域内部での他の源泉からの法の直接的な効力および適用可能性に余地を残すという方法で、ドイツ連邦共和国の法秩序を開放することを可能にしている（BVerfGE 37, 271［280］; 58, 1［28］; 59, 63［90］)。基本法第二四条第一項は、確かに、国際機構によって定立された法の直接的な効力および適用可能性だけを指示したのではなく、さらに、直接的に、この国際機構の法と国内法との関係、例えば適用上の優位の問題を規律している。国際条約の国内的な効力および適用可能性、ならびに国内的な効力上の優位または適用上の優位の可能性——ここで問題になっている種類のものもまた——は、一般国際法からは帰結されていない。条約を国内法に受容し、かつその条約に国内法に対する効力上の優位または適用上の優位を付与することを国家が義務づけられているということについての、一致した国家実行および法的確信に基づく一般的規則を、現在の国際法はなんら含んでいない。国内的な効力上の優位または適用上の優位は、もっぱら、その内容に基づいて国内的な効力上の優位または適用上の優位をもたらすことについて締約国を義務づけている条約に際しての国内的な法適用命令からのみ判明するのである。そのようにして、基本法第二四条第一項は、憲法上、高権を国際機構に移譲する条約およびそのような国際機構によって定立された法に、対応する国内的な法適用命令によって、ドイツ連邦共和国の国内法に対する効力上の優位または適用上の優位を付与することを可能にしている。このことは、ＥＣ条約およびそれに基づいてＥＣ機関によって定立された法については、基本法第二四条第一項および第五九条第二項第一文によるＥＣ条約についての同意法律によって生じている。ＥＣ条約第一八九条第二項に及ぶ、ＥＣ条約についての同意法律の法適用命令からは、ドイツ連邦共和国についてのＥＣ規則の直接的な効力、および国内法に対する適用上の優位が判明する」[44]

このように、連邦憲法裁判所は、ＥＣ法に内在する優位要求を基本法第二四条第一項が国内的な法適用命令を介して承認することによって、国内法に対するＥＣ法の優位が成立していると理解する。この国内的な法適用命令は、ＥＣ条約についての同意法律によるものである。そのうえで、この基本法第二四条第一項についても憲法上の限界が存在するとして、そこからＥＣ法優位の制限に関して以下のように判示している。

「しかしながら、基本法第二四条第一項に基づく権限付与は、憲法上の限界を有しないものではない。この規定は、国際機構についての高権の承認の方法においては、ドイツ連邦共和国の現行憲法秩序のアイデンティティを、憲法秩序の基本構造への、すなわち憲法秩序のアイデンティティを構成している構造への侵入によって放棄する権限を付与してはいない。このことは、なかんずく、場合によっては基礎にある条約法の対応する解釈および法の発展の結果として、基本法の本質的な構造を空洞化する国際機構の法定立行為について当てはまる」[45]

ここで、連邦憲法裁判所は、前述の Solange I 決定を受け継いで、「憲法秩序のアイデンティティ」保護に言及している。そして、その内容について、前述の Eurocontrol I 決定の流れを汲んで、以下のように判示している。

「放棄できない、現行憲法の基本構造に属する本質的要素は、少なくとも、基本法の基本権部分の基礎にある法原理である（BVerfGE 37, 271［279 f.］; 58, 1［30 f.］参照）。基本法第二四条第一項は、この法原理を相対化することを、留保なしに許容してはいない。したがって、基本法第二四条第一項の意味における国際機構に、ドイツ連邦共和国の高権領域において基本法によって承認された基本権の本質的内容を侵害するような状態にある高権が容認される限りにおいて、それによって基本法に基づいて存在している権利保護が行われないこととなる場合には、その代わりに、基本法によって不可欠であるとされている基本権保護に内容および実効性の点で本質的に匹敵する基本権の効力が保障されなければならない[46]」

そして、連邦憲法裁判所は、Solange I 決定が示した基本権保護についての要求を、Solange I 決定以降のECにおける基本権保護の発展を勘案して、再解釈した。

「連邦憲法裁判所は、一九七四年五月二九日決定において、当時の状況に鑑みて、ECにおいて一般的に拘束力を有するEC法の基本権水準は、なおこの水準が長期にわたって、可能な修正は別として、基本法第二四条第一項がドイツ連邦共和国の高権領域における二次的EC法の適用を導いている方法において基本法の基本権水準に適合しており、これを侵していない、ということの法的確実性を示していないと判示した[47]」

「上述の決定以降の間に、ECの高権領域において、概念、内容、および作用方式について基本法の基本権水準と本質的に同視しうる基本権保護についての基準が確立されてきている。すべての主要なEC機関は、現在、以下のことを正式に承認している。すなわち、それらの機関は、その権力の行使およびECの目的の追求において、とりわけ構成国の憲法および欧州人権条約から導かれるような基本権の裁判所における尊重に支配されているということである[48]」

「上述のＥＣ機関および欧州理事会の宣言（＝一九七七年四月五日のＥＣ理事会、委員会、および議会の共同宣言、ならびにその後の一九七八年四月七日に採択された理事会の宣言）は、公式に、構成国の憲法から明らかになり、かつ一般的法原則として一次的ＥＣ法としての効力を有する基本権保障へのＥＣの拘束に関する、条約締約国とＥＣ機関の一致した法的見解を表明している[49]」

「構成国の憲法および欧州人権条約に含まれている基本権保障と、ＥＣ法の一般的法原則との上述のような規範的な結合によって、連邦憲法裁判所が一九七四年五月二九日の判断において提示し必要であるとしてきた、議会によって議決された基本権章典の要求についての問題もまた、充足されている[50]」

そして、再び solange の文言を用いて、しかし Solange I 決定とは大きく様相を異にして、次のように判示したのである。

「ＥＣ、とりわけＥＣの裁判所の判例が、ＥＣの高権的権力に対する、基本法によって不可欠として要求された基本権保護と本質的に同視されうる、基本権の実効的保護を一般的に保障しており、とりわけ基本権の本質的内容を一般的に保障している限りにおいて（Solange）、連邦憲法裁判所は、その裁判権を、ドイツ連邦共和国の高権領域におけるドイツの裁判所および官庁の行為についての法的基盤として要求される二次的ＥＣ法の適用可能性に関して、もはや行使することはないであろうし、したがって二次的ＥＣ法を、もはや基本法の基本権を基準として審査することもないであろう[51]」

Solange II 決定においても、連邦憲法裁判所は、Solange I 決定の定式を援用している。連邦憲法裁判所は、「ドイツ連邦共和国の現行憲法秩序のアイデンティティ」およびそれを「構成している構造[52]」について、基本法第二四条第一項による権限付与の憲法上の限界として論及している。そのようにして、連邦憲法裁判所は、基本法は原則としてEC法についての審査基準たりうるということを維持している。[53]

一方、Solange I 決定との差異として、連邦憲法裁判所は、Eurocontrol I 決定を受け継いで、「憲法秩序のアイデンティティ」の内容としての基本構造を、「基本法の基本権部分[54]」ではなく、「基本法の基本権部分の基礎にある法原理[55]」と限定的に表現している。

さらに、連邦憲法裁判所は、この決定において、EC内部において基本法の基本権保護と本質的に同視しうる基本権保護が存在する限りにおいて、その審査権を行使しないということを明らかにしている。この二次的EC法に関する審査権の暫定的な不行使を、連邦憲法裁判所は、Solange I 決定以降にEC法の領域において生じた、基本法の基本権水準と同視されうる基本権保護の程度によって理由づけている。この考慮の根拠を補強するために、連邦憲法裁判所は、欧州裁判所の判例に依拠している。[56]欧州裁判所の判例は、明文をもって、欧州人権条約および構成国に共通の憲法的伝統を援用してきた。EC機関は、人権共同宣言を採択した。連邦憲法裁判所は、これらのことによって、議会によって制定された基本権章典という要件が、内容的に十分に満たされているとした。[57]

しかし、この Solange II 決定の判示からは、同時に、連邦憲法裁判所が、完全には二次的EC法の審査についての権限を放棄していないということも明らかになる。[58]むしろ、連邦憲法裁判所は、ECが基本権の本質的内容を保護しなくなった場合に備えての留保を付している。したがって、ECによる保護がこの基準の水準以下に低下するならば、二次的EC法についての連邦憲法裁判所の審査権は復活するのである。[59]

Solange II 決定において、連邦憲法裁判所は、二次的ＥＣ法の審査可能性の原則に関しては、それがすでに Solange I 決定において立てられていたのと同様に維持しているが、しかし、連邦憲法裁判所は、むろん基本法に本質的に匹敵しうるＥＣの基本権保護が存在していることの留保の下で、その審査権を行使しないとして、Solange I 定式の適用のあり方に関する限りにおいて、Solange I 決定の判断から離反していると解されるのである。

三　学説における評価

Solange I 決定に対する批判とは逆に、Solange II 決定は、学説によって概して肯定的に受け容れられた。ＥＣ法の絶対的優位を主張する立場からはもちろんのこと、ＥＣ法の優位性について基本法による一定の制限を認める見解においても、ＥＣによる人権保護の進展は、基本法の基本権による制限の修正を正当化しうるとされたのである。

欧州裁判所による人権保護が行われている限りにおいて審査権を行使しないという連邦憲法裁判所の言明に関しては、連邦憲法裁判所は個別の事案における自らの審査権を否定したものと解する説も多いが、強力な反論も存在する。ＥＣ法による基本権侵害の存否は個々の事案の審査においてはじめて明らかになること、基本法によって連邦憲法裁判所に与えられた審査権を連邦憲法裁判所が一般的に放棄することは許されないこと等が指摘されるのである。この問題に関しては、本決定以降の連邦憲法裁判所判例の理解について議論があり、さらに、連邦憲法裁判所のマーストリヒト条約判決の理解および同判決以降の裁判所の対応をめぐって議論を呼んでいる。とりわけ連邦憲法裁判所による個別事案の審査は否定されていないとする見解からは、連邦憲法裁判所の判例は個別事案審査を肯定する傾向にあると主張されている。

連邦憲法裁判所にとって決定的な問題、すなわち、いかなるときにＥＣ法上の人権保護が基本法の基本権保護に相当すると見られうるのかについては、連邦憲法裁判所は、Solange I 決定において、形式的な観点からは基本権章典の存在という明らかな基準を提示していたが、しかし、実質的な観点においては必ずしも明確ではなかった。基本権章典という形式的要求は、長期にわたる基本権制限については、欧州裁判所の基本権に調和的な判例のみによっては保障されえない法的確実性が要求されるということを意味していると解される。[60] 連邦憲法裁判所は、Solange II 決定において、Solange I 決定が要求した基本権章典についての基準に言及しているが、しかし、ＥＣ法における人権保護の実際の発展状況によって、Solange I 決定の基本権章典についての要求が充足されていることの証明を意図した。それをもって、Solange I 決定の基本権章典を要求する部分は、実践的には、重要性を失っていたとされる。[61]

第五款　Solange II 以降

Solange II 決定が示した、ＥＣが人権の実効的保護を一般的に保障している限りにおいて連邦憲法裁判所は審査権を行使しない、という留保に関して、その後の連邦憲法裁判所の決定における潜在的な定式化は、立場次第で新たな希望または憂慮を呼び起こしたと評される。[62] つまり、連邦憲法裁判所は、ＥＣ法に関する個別の具体的な事案に際して審査権を行使することがありうるのか否かが、Solange II 決定以降の一つの大きな関心事となったのである。ここでは、連邦憲法裁判所判例のいう「憲法秩序のアイデンティティ」保護の訴訟による実現のあり方が問題とされているのである。[63]

一　一九八七年決定

Solange II 決定の約半年後の一九八七年四月八日に下された決定は、Solange I 決定および Solange II 決定を引用したうえで、

「EC法には、国内法律との抵触の事例について、ドイツ裁判所においてもまた、適用上の優位が帰属する。前法たる国内法律および後法たる国内法律に対するこの適用上の優位は、基本法第二四条第一項との結びつきにおけるEC条約についての同意法律によって国内的法適用命令が与えられた、一次的EC法の不文の規範に依拠する（参照、BVerfGE 31, 145〔173 ff.〕)。基本法第二四条第一項は、立法者によるこの優位規則の承認および個々の事案における裁判権によるその適用についての憲法上の権限付与を含んでいる(BVerfGE 73, 339〔375〕)[64]」

として、従来の判例の枠組を確認している。しかし、連邦憲法裁判所による個別事案審査の可否の問題についての手がかりは見出されない。[65]

二　テレビ指令事件

EC域内におけるテレビ番組の国境を越える自由な移動を可能にする条件を整備するために理事会によっ

て採択されたいわゆるテレビ指令[66]に関する、一九八九年四月一一日判決[67]において、連邦憲法裁判所は、理事会における連邦政府の代表者によるテレビ指令提案への同意を差し止める仮命令を認めなかったが、しかし、その理由づけにおいて、「EC法とドイツ連邦共和国の憲法との間の衝突」[68]についての審査権は否定しなかったとされる。[69]

三　一九八九年決定

一九八九年五月一二日決定[70]は、喫煙の有害性についての警告文を煙草のパッケージに表示することを義務づけるEC指令が基本法第一二条の職業の自由に違反するとして提起された、憲法異議の予備審査手続においてのものである。この決定は、その判示の文言に因んで、Soweit 決定[71]あるいは Wenn nicht 決定[72]の呼称でも紹介されている。

この決定において連邦憲法裁判所は、二次的EC法と基本法の基本権の本質的内容との両立可能性に関する審査権の問題について、

「指令がEC法の基本権水準を侵害することとなる限りにおいて（Soweit）、欧州裁判所は権利保護を与える。基本法によって不可欠として要求された基本権水準がこの方法では実現されないこととなる場合には（Wenn nicht）、連邦憲法裁判所は、申立を認めることができる[73]」

という立場をとったのである。[74]

四　学説における評価

多くの学説は、ＥＣ法に関する個別の事案において連邦憲法裁判所の審査権が再び行使される可能性を否定していた(75)。つまり、ＥＣ法が具体的な基本法の基本権保護に適合していないというだけでは、「憲法秩序のアイデンティティ」保護のために連邦憲法裁判所の審査権が行使されることとはならない。ＥＣにおいて基本権の意義が根本的に見誤られている場合、あるいはＥＣとりわけ欧州裁判所における権利保護が行われない場合にのみ、連邦憲法裁判所は再びその審査権を行使することとなるとされる(76)。その理由としては、欧州統合に親和的であることへの配慮とともに、ＥＣ法に関する事案での連邦憲法裁判所の審査権は、ＥＣ条約についての同意法律による権限付与からの逸脱の有無を問題とするものであって、個別の事案においてＥＣ法が基本権を侵害することがあっても、それは連邦憲法裁判所の審査対象とはならないとの理解の存在が指摘される(77)。

これに対して、個別の事案についても連邦憲法裁判所の審査権はなお行使されうるという見解も、強力に主張された(78)。本来、個別の事案についてのみ判断することのできる裁判所が、憲法によって与えられた裁判権を抽象的・一般的な形式で撤回することは不可能であり、基本法第一条第三項および第一九条第二項による基本権の保障にも矛盾するとされる。そして、ＥＣ法の適用可能性についての憲法上の制限が侵害されているか否かは、裁判所においては、個別の事案に関してのみ審査されうるのである(79)。そこでは、一九八九年決定における連邦憲法裁判所の判示も、個々人が固有の基本権の本質的内容に対する具体的侵害を連邦憲法裁判所において主張する可能性に関して、個別事案審査が認められる方向に理解される。連邦憲法裁判所が基本権の本質的内容の保護を根拠に固有の審査権の存在を導き出しながら、ECによる一般的な人権保障の存在を理由として基本権の本質的内容を侵害されたと主張する個人の保護を拒否しなければならないとするのは矛盾であるとされるのである。[80]

第六款　マーストリヒト条約判決

一　本判決の背景

連邦憲法裁判所は、Solange II 決定において、欧州統合の進展に合わせた新たな判断を示したわけであるが、しかし、まだ問題は残存していた。Solange II という名称が示しているように、審査権行使のあり方についての原則と例外が逆転した形とはいえ、連邦憲法裁判所はEC法に関する審査権を留保しているのであり、EC法の絶対的優位論者からは、この留保を解消する連邦憲法裁判所の判断が待たれていた。他方で、連邦憲法裁判所が個別事案におけるEC法と基本権との抵触についても審査しうるのかに関して、Solange II 決定以降の連邦憲法裁判所判例の理解をめぐって議論があった。[81]

そうした状況の中で、欧州統合は、さらに格段の進歩を見せることとなった。欧州連合条約、いわゆるマーストリヒト条約である。この条約の締結に際しては、他の構成国においてもさまざまな形で法的問題が提出されたが、連邦憲法裁判所もまた、基本法との適合性の審査を求められることとなったのである。

二　連邦憲法裁判所の判断

(1)　憲法異議の適法性

一九九三年一〇月一二日に下された連邦憲法裁判所のマーストリヒト条約判決[82]の対象となったのは、欧州連合条約批准に備えて行われた基本法改正についての、一九九二年一二月二一日の基本法改正法律に対する憲法異議、および欧州連合条約の締結について議会が同意した、一九九二年一二月二八日の同意法律に対する憲法異議である。

連邦憲法裁判所は、同意法律に対する憲法異議のうちの基本法第三八条違反を理由とするもののみを適法とし、基本法第一条第一項、第二条第一項、第五条第一項、第一二条第一項、および第一四条第一項の基本権の侵害を理由とするもの、ならびに、基本法改正法律に対する憲法異議を、不適法として却下した。ここで、とりわけ基本権の水準の著しい低下となるという主張に対して、連邦憲法裁判所は次のように判示した。

「ＥＣの高権的権力に対してもまた、ドイツの住民についての基本権の実効的な保護が一般的に確保され、かつこの基本権保護は基本法によって不可欠として要求される基本権保護と本質的に同視されうること、とりわけ基本権の本質的内容が一般的に保障されることを、連邦憲法裁判所は、その管轄権によって保障している（参照、BVerfGE 37, 271［280 ff.］; 73, 339［376 f.］）。連邦憲法裁判所は、そのようにして、この基本権の本質的内容をＥＣの高権的権力に対してもまた確保する（参照、BVerfGE 73, 339［386］）[83]」

「構成国の国家権力から切り離された、超国家的機構の特別の公権力の行為もまた、ドイツの基本権主体に関わりを有する。したがって、そうした行為は、基本法の保障に関わりを有し、かつ、ドイツにおける、そしてその限りにおいてドイツの国家権力に対するものだけではない基本権保護を対象とする連邦憲法裁判所の任務に関わりを有する（BVerfGE 58, 1［27］との相違）。むろん、連邦憲法裁判所は、ドイツにおける二次的EC法の適用可能性に関しては、欧州裁判所に対する『協力関係』において裁判権を行使するが、その協力関係の中では、欧州裁判所があらゆる個別事案においてECの全領域について基本権保護を保障し、それゆえ、連邦憲法裁判所は不可欠な基本権水準の一般的な保障（参照、BVerfGE 73, 339［387］）に限定されうる[84]」

(2)　本　案

しかし、連邦憲法裁判所は、適法とした憲法異議の基本法第三八条違反の主張も、理由がないとして退けた。

連邦憲法裁判所は、大別して次の二つの観点から審査しているということができる。

(a)　第一の観点

連邦憲法裁判所は、EC法と基本法第三八条の関係について、基本法第七九条第三項にも言及しながら、次のように判示している。

「基本法第三八条によって保障される、選挙によって国家権力の正当化に参加し、および国家権力の行使について影響力を保持する権利は、基本法第二三条の適用領域において、連邦議会の任務と権限の移転によって、基本法第七九条第三項が基本法第二〇条第一項および第二項との結びつきにおいて不可侵と宣言する民主制原理が侵害されるような形でこの権利を空洞化することを排除している[85]」

「民主制原理は、ドイツ連邦共和国が――超国家的に組織された――国際共同体の構成員となることを妨げない。しかし、構成員となることの前提条件は、国民に由来する正当化および影響力行使が国家結合の内部でも確保されているということである[86]」

ここで、連邦憲法裁判所が欧州連合についていう「国家結合」とは、従来一般に用いられてきた「連邦国家」とも「国家連合」とも異なるものであるとされる。

「国民が――現在のように――国内議会を通じて民主的正当化を媒介している場合には、ＥＣの任務および権限の拡大には、民主制原理によって限界が設定されている[87]」

「ドイツ連邦議会には、実質的な重要性を伴う任務および権限が残されていなければならない[88]」

「したがって、ＥＣの――超国家的な――法の直接的な効力および適用可能性についてドイツ法秩序を開放する法律が、目的の実現のために移譲される権利および意図されている統合プログラムを十分に特定可能な形で確定していない場合には、基本法第三八条は侵害される[89]」

連邦憲法裁判所は、審査の結果、連邦議会の影響力は保障されており[90]、「連合条約は、将来の執行の過程を、したがって認められた高権的権限の行使の可能性を、十分予見可能に規範化しているので、明確性の要請を満たしている[91]」として、マーストリヒト条約は第一の観点からの要請を満足しているとする。

(b)　第二の観点

次に、連邦憲法裁判所は、ＥＣが移譲された権限を逸脱してＥＣ法を定立した場合、その効力がどうなる

かという問題に論及している。(92)

「欧州連合条約において規定された統合プログラムおよび行為権限付与の、事後の本質的な変更は、この条約についての同意法律によっては、もはや包含されていない（参照、すでにBVerfGE 58, 1 [37]; 68, 1 [98 f.]）。例えば、欧州の機構および機関が、ドイツの同意法律の基礎にあるような欧州連合条約によってはもはや包含されていないような方法において欧州連合条約を運用し、あるいは発展させたときには、そこから生ずる法は、ドイツの高権領域においては拘束力を有しない。ドイツ国家機関は、憲法上の理由から、このような法をドイツにおいて適用することを阻止される。それに対応して、連邦憲法裁判所は、欧州の機構および機関の法がそれらに認められた高権の限界内にとどまっているか、それともその限界から逸脱しているかを審査する（参照、BVerfGE 58, 1 [30 f.]; 75, 233 [235, 242]）」(93)

移譲された権限を逸脱するEC法の有効性の問題は、EC法による基本権侵害についての議論が一応の鎮静化を示し、逆に統合の進展とともにECの権限が拡がりを見せる中で、注目されてきたものである。その点で、本判決の言及は注目された(94)。二次的EC法は、一次法たる基本条約（この場合は欧州連合条約）についての同意法律による国内的な法適用命令を介して、ドイツ連邦共和国の国法体系における拘束力と優位性を認められている。したがって、欧州連合条約において移譲された権限の範囲を逸脱して制定された二次的EC法は、欧州連合条約についての同意法律によっては把握されておらず、国内的な法適用命令が付与されていないこととなる。そのような二次的EC法は、ドイツ連邦共和国においては適用されえないのである。

ECによる権限逸脱行為の問題について、連邦憲法裁判所は、限定された個別的授権の原理が遵守されていること、[95] 条約の枠内での裁判官による法の発展と現行の条約によっては把握されない法定立との間の境界線が明確にされていること、[96] 限定された個別的授権の原理の運用は補完性原理によって明確化され限定されていること、[97] を指摘して、マーストリヒト条約は第二の観点からの要請も満足しているとする。

三　検討

本判決においては、連邦憲法裁判所は、基本法第三八条違反を理由とする憲法異議についてのみ適法として審査したため、判示の内容が欧州連合に対する構成国の議会の関係に重点を置いたものになっていることが指摘される。[98]

本判決は、基本権侵害の主張を不適法として認めなかったので、この点についての判示は多くはないが、しかし、重要な言及も少なくはない。

連邦憲法裁判所は、「基本権の本質的内容が一般的に保障されることを、連邦憲法裁判所は保障している」として、Solange II 決定の枠組を基本的に受け継いだ。これは、欧州裁判所に対する連邦憲法裁判所の「協力関係」と表現され、「連邦憲法裁判所は、ドイツにおける二次的ＥＣ法の適用可能性に関しては、欧州裁判所に対する『協力関係』において裁判権を行使するが、その協力関係の中では、欧州裁判所があらゆる個別事案においてＥＣの全領域について基本権保護を保障し、それゆえ、連邦憲法裁判所は不可欠な基本権水準の一般的な保障に限定されうる」とされる。この「協力関係」の理解については議論があり、連邦憲法裁判所による個別事案審査の可否の問題にも、明確な結論は与えられなかった。[99]

ただし、この協力関係のあり方について述べる部分では、連邦憲法裁判所はSolange II決定のみを参照指示しているが、その前段の、連邦憲法裁判所がＥＣ法についての審査権を留保する旨を述べる部分では、Solange II決定とともにSolange I決定も引用されている。(100) つまり、連邦憲法裁判所はSolange I定式の枠組を完全に否定し去る意図はなく、あくまでその適用のあり方をSolange II決定の水準に維持する、ということであると解される。

第七款　憲法秩序のアイデンティティとしての基本権保護

本節では、ＥＣ法と基本法の関係についての連邦憲法裁判所の主要な判例を概観してきた。連邦憲法裁判所は、ＥＣ法秩序の自律性、ならびに、ＥＣ法の効力および解釈について欧州裁判所が最終判断権を有することを承認している。他方、連邦憲法裁判所は、ＥＣ法秩序とドイツ法秩序が統一的な階層秩序を構成し、その枠組においてＥＣ法が構成国の国内法に絶対的に優位するという理解を拒否する。連邦憲法裁判所は、ＥＣ法の国内的効力および優位性の根拠は、ＥＣ条約についての同意法律による国内的な法適用命令であるとしているのである。

こうした判例の流れの中で一貫して重要であるのは、連邦憲法裁判所が、国内法に対するＥＣ法の優位を原則として認めつつも、その優位性の限界、換言すればＥＣ法優位を許容ないし承認する基本法第二四条第一項の限界として、「憲法秩序のアイデンティティ」保護の定式を維持してきたことであろう。

一　Solange I決定

この「憲法秩序のアイデンティティ」保護の定式を初めて打ち出したのは、一九七四年のSolange I決定であった。この決定において連邦憲法裁判所は、「基本法第二四条は、基本的性質を有するあらゆる憲法規定と同様に、憲法全体の文脈において理解され、解釈されなければならない。つまり、基本法第二四条は、憲法のアイデンティティが依拠する憲法の基本構造を、憲法改正なしに、すなわち国際機構の立法によって、変更するという道を開いてはいないのである(101)」と判示した。そして、EC機関による法定立についての、基本法第二四条第一項による制限として、「連邦共和国の現行憲法のアイデンティティを構成している構造への侵入によって現行憲法のアイデンティティを廃棄するような条約改正は基本法第二四条によって阻止される(102)」ということを明らかにした。

そして、この「憲法のアイデンティティ」が依拠する、ないしは「憲法のアイデンティティ」を構成する、「放棄することのできないドイツ連邦共和国の現行憲法の本質的要素(103)」を、連邦憲法裁判所は、「基本法の基本権部分(104)」であるとした。そして、「基本法第二四条第一項は、基本法の基本権部分を相対化することを留保なしには許容していない(105)」としたのである。つまり、Solange I決定において、連邦憲法裁判所は、「基本法の基本権部分」が、「憲法のアイデンティティ」を構成するものとしてEC法に対して保護される、換言すればEC法優位の限界をなすとしていたとされるのである。

二　Eurocontrol I 決定

一九八一年の Eurocontrol I 決定において、連邦憲法裁判所は、「憲法秩序のアイデンティティ」の語を直接には用いていないものの、Solange I 決定を引用して、基本法第二四条第一項は「国際機構への高権移譲を制限なしには許容していない。基本法第二四条第一項は、あらゆる類似の基本的種類の憲法規定と同様に、憲法全体の関係において理解され解釈されなければならない。基本法第二四条第一項は、憲法の基本構造を侵害する可能性を開いてはいない[106]」とし、「それゆえ、基本法第二四条第一項は、基本法の基本権部分を留保なしに相対化することを許容してはいない[107]」とする限りにおいて、Solange I 決定の基本命題を堅持している。

他方、この Eurocontrol I 決定は、「憲法秩序のアイデンティティ」を構成するものとしての「放棄することのできない憲法構造の構成要素」を、Solange I 決定からの離脱ないしは Solange I 決定における少数意見への接近という形をとって、「基本法の基本権において承認されかつ保障されている基本的法原則[108]」であるとしたと評される[109]。

三　Solange II 決定

Solange I 定式を大幅に緩和したとされる Solange II 決定も、「憲法秩序のアイデンティティ」保護という限界設定に関しては、Solange I 決定の枠組を維持して、基本法第二四条第一項は「ドイツ連邦共和国の現行憲法秩序のアイデンティティを、憲法秩序の基本構造への、すなわち憲法秩序のアイデンティティを構成している構造への侵入によって放棄する権限を付与してはいない」[110]と判示している。
しかし、「憲法秩序のアイデンティティ」を構成する「現行憲法の基本構造」に属する、「放棄できない、……本質的要素」については、先の Eurocontrol I 決定の流れを汲んで、「基本法の基本権部分の基礎にある法原理である（BVerfGE 37, 271［279 f.］; 58, 1［30 f.］参照）」としている。[111]
なお、ここで注目すべきは、「憲法秩序のアイデンティティ」保護との関係で問題となるものが、「少なくとも」基本法の基本権部分の基礎にある法原理であるとしている点である。つまり、この Solange II 決定に関する限りでは基本権を問題とする、という形をとることによって、連邦憲法裁判所は、「憲法秩序のアイデンティティ」が基本権以外のものをも含む可能性を暗示しているものと解されるのである。

四　基本法第二三条第一項

基本法第二三条は、もともとは基本法の適用範囲に関する規定であったが、ドイツ統一によって不要となり、削除された。マーストリヒト条約を目前に控えて行われた基本法改正で新たに挿入された基本法第二三条第一項が、「統合された欧州を実現するために、ドイツ連邦共和国は、民主的、法治国的、社会的及び連邦制的な諸原則並びに補完性の原則に義務づけられており、かつ、この基本法に本質的に匹敵する基本権保護を保障する、欧州連合の発展に協力する」と規定する点において、それは、連邦憲法裁判所の一連の判例を受け継いで定式化したものと理解されている。[112] つまり、その意味では、「憲法秩序のアイデンティティ」保護の明文化といえるであろう。さらに、この基本法第二三条第一項においては、基本条約（一次的ＥＣ

法）が問題となる領域で、基本法第七九条第二項および第三項について明文による言及がなされているのである。(113)

五　マーストリヒト条約と連邦憲法裁判所判決

連邦憲法裁判所は、従来、基本法第二四条第一項の限界を「憲法秩序のアイデンティティ」保護に求めてきたが、欧州連合を創設したマーストリヒト条約は、この基本法における「憲法秩序のアイデンティティ」を尊重していると評価される。(114)マーストリヒト条約は、第F条第一項において、「連合は、その政府組織が民主主義の原則に基づく構成国の国家のアイデンティティを尊重する」としており、(115)連邦憲法裁判所判決も、この規定に着目している。連邦憲法裁判所のマーストリヒト条約判決では、基本権侵害が本案の問題とならなかったこともあって、従来の「憲法秩序のアイデンティティ」保護の定式には明示的な言及はないが、連邦憲法裁判所は Solange 判例を引用して、その基本的な枠組を確認している。(116)

六　考　察

EC法優位の限界として連邦憲法裁判所によって示されたのは、「憲法秩序のアイデンティティ」保護という定式のみである。Solange I 決定の基本権章典という形式的要件が Solange II 決定によって事実上取り下げられた後、Solange II 決定にいう実質的要件を、連邦憲法裁判所は、マーストリヒト条約判決において維持している。(117)しかし、連邦憲法裁判所は、その内容の具体的な特定を行っていない。

連邦憲法裁判所の判例において、この「憲法秩序のアイデンティティ」の内容として、基本法第二四条第一項が留保なしに相対化することを許容していない憲法の基本構造の構成要素が、Solange I 決定における「基本法の基本権部分」から、Eurocontrol I 決定における「基本法の基本権において承認されかつ保障されている基本的法原則」へ、そして Solange II 決定における「基本法の基本権部分の基礎にある法原理」へと変化していることについては、「不文の制限定式の緩やかに進行する掘り崩し」であるとの評価もなされている[118]。

確かに、連邦憲法裁判所は、一方では、判例の一定の変化を認めているが[119]、しかし基本法第二四条第一項によって設定された限界に関しては、一貫性を主張することを望んでいるとされる[120]。Solange I 決定および Solange II 決定は、その後の連邦憲法裁判所の判断において、そしてマーストリヒト条約判決においても、相並んで引用されているのである[121]。

この点に関して、すでに Solange I 決定の評釈において、連邦憲法裁判所が「憲法秩序のアイデンティティ」の内容としてEC法に対しても貫徹されるとしているのは基本法の基本権規定の全範囲ではなく核心的部分だけである、という理解[122]が示されていたことも注目される。Solange II 決定の内容に近いと評されるSolange I 決定の少数意見についても、基本法第二四条第一項の解釈については多数意見と本質的に異なるところはないという評釈[123]も存在するのである。連邦憲法裁判所も、Eurocontrol I 決定において、Solange I 決定の多数意見と少数意見とを併記して参照指示していた。

このことは次のように理解しうるのではないであろうか。「憲法秩序のアイデンティティ」保護の定式の基本的枠組はあくまで維持されているのであって、変化しているのはその適用のあり方であり、その変化も、純粋に「憲法秩序のアイデンティティ」の確定の問題としてではなく、連邦憲法裁判所の審査権行使のあり方の問題が強く影響を与えていると解されるのである。連邦憲法裁判所がSolange I決定の形式的要件を事実上取り下げ、緩和された実質的要件の重視へ移行したとされることについては、とりわけ、そうした説明が当てはまるであろう。そう解した場合には、連邦憲法裁判所による「憲法秩序のアイデンティティ」保護の定式の緩和は、ＥＣにおける人権保護の進展という事実に影響された、ドイツ連邦憲法裁判所と欧州裁判所との関係に固有の問題である面が少なくないともいえるであろう。

一般的な見地からここで求められることは、ＥＣ法優位の限界としての「憲法秩序のアイデンティティ」保護という定式にそもそも盛り込まれるべき内容、およびそれと具体的な憲法規定との関係の精緻化という問題であろう。そこで、次に、ＥＣ法の優位性と基本法の関係についての学説を検討することとする。

（１）　BVerfGE 22, 293.
（２）　*Elvira Pfrang,* Das Verhältnis zwischen Europäischem Gemeinschaftsrecht und deutschem Recht nach der Maastricht-Entscheidung des Bundesverfassungsgerichts（Frankfurt am Main, Peter Lang, 1997）S. 33.
（３）　BVerfGE 22, 293（296 f.）.
（４）　BVerfGE 22, 293（298 f.）.
（５）　BVerfGE 31, 145.
（６）　BVerfGE 31, 145（173 f.）.
（７）　BVerfGE 31, 145（174）.

（8） BVerfGE 31, 145 (174).

（9） BVerfGE 73, 339 (374 f.); BVerfGE 75, 223 (244).

（10） BVerfGE 37, 271. 事案の詳細等を含め、すでに邦語での紹介がなされている。例えば、大谷良雄「ヨーロッパ共同体法と西ドイツ連邦基本法との関係――西ドイツ連邦憲法裁判所一九七四年五月二九日の判決を中心に」商討二六巻一号（一九七五年）六九頁以下、田村悦一『ＥＣ行政法の展開』（有斐閣・一九八七年）五四―五五頁、奥山亜喜子「ヨーロッパ連合への主権委譲とその法的限界」中大院二五号（一九九六年）五頁、土屋和恵「憲法と欧州共同体法――その国内法上の位置づけについて」山形二七巻二号（一九九七年）一三五頁以下等。

（11） 第一章第一節第三款二(2)参照。

（12） BVerfGE 37, 271 (277).

（13） BVerfGE 37, 271 (278).

（14） BVerfGE 37, 271 (279 f.). なお、国法秩序における「外来的法源」としてＥＣ法をとらえる本書の観点からは、欧州裁判所の判例に従って「ＥＣ法は、国内法秩序の構成部分でも国際法でもなく、自立的な法源から流れ出ている独自の法秩序を形成している」とした連邦憲法裁判所がＥＣ法を「国家の支配領域内部における他の源泉からの法」と見ている、ということが注目される。

（15） BVerfGE 37, 271 (280 f.).

（16） BVerfGE 37, 271 (281).

（17） BVerfGE 37, 271 (281 f.).

（18） BVerfGE 37, 271 (282).

（19） BVerfGE 37, 271 (285).

（20） BVerfGE 37, 271 (296).

（21） *Klaus Stern*, Das Staatsrecht der Bundesrepublik Deutschland, Bd. I, 2. Aufl. (München, C. H. Beck, 1984)

S. 538.

(22) *Bodo Börner,* Deutsche Grundrechte und Gemeinschaftsrecht, NJW 1976, 2041 (2047).

(23) *Börner* (Anm. 22), 2045. なお、*Eckart Klein,* Sekundäres Gemeinschaftsrecht und deutsche Grundrechte. Zum Beschluß des BVerfG vom 29. Mai 1974, Stellungnahme aus der Sicht des deutschen Verfassungsrechts, ZaöRV 35 (1975), 67 (69) は、基本法第二四条第一項の解釈について、本決定の多数意見と少数意見とは本質的に異ならないとする。

(24) この間の経緯については、庄司克宏「EC人権共同宣言の成立過程とその意義」法研六二巻九号（一九八九年）八七頁以下参照。

(25) BVerfGE 52, 187. 事案の詳細等を含め、田村・前掲書（注10）五五—五八頁参照。

(26) BVerfGE 52, 187 (201 f.).

(27) BVerfGE 52, 187 (202 f.).

(28) *Christian Tomuschat,* BVerfG contra EuGH—Friedensschluß in Sicht, NJW 1980, 2611 (2611, 2613 f.). Vgl. *Stern* (Anm. 21) S. 539.

(29) *Rudolf Streinz,* Bundesverfassungsgerichtlicher Grundrechtsschutz und Europäisches Gemeinschaftsrecht: Die Überprüfung grundrechtsbeschränkender deutscher Begründungs- und Vollzugsakte von Europäischem Gemeinschaftsrecht durch das Bundesverfassungsgericht (Baden-Baden, Nomos, 1989) S. 37.

(30) Case 44/79, Hauer v. Land Rheinland-Pfalz, [1979] ECR 3727. 事案の詳細等を含め、田村・前掲書（注10）五八—五九頁参照。

(31) *Streinz* (Anm. 29) S. 38.

(32) BVerfGE 58, 1.

(33) *Pfrang* (Anm. 2) S. 38.

(34)　Eurocontrolの概要については、*Stephanie Uhrig,* Die Schranken des Grundgesetzes für die europäische Integration: Grenzen der Übertragung von Hoheitsrechten nach dem Grundgesetz am Beispiel des Vertrages von Maastricht (Berlin, Duncker & Humblot, 2000) S. 31 f.; Ludwig Weber, *European Organisation for the Safety of Air Navigation* (*Eurocontrol*), 6 Encyclopedia of Public International Law at 191-194 (North-Holland, 1983) を参照。

(35)　この点は、後にマーストリヒト条約判決において、変更されることとなる。

(36)　BVerfGE 58, 1 (28).

(37)　BVerfGE 58, 1 (30).

(38)　BVerfGE 58, 1 (40).

(39)　BVerfGE 58, 1 (40). なお、この判示は、続く一九八一年一一月一〇日のEurocontrol II決定（BVerfGE 59, 63 [90]）において確認されている。

(40)　BVerfG NJW 1983, 1258.

(41)　BVerfG NJW 1983, 1258 (1259).

(42)　BVerfG NJW 1983, 1258 (1259).

(43)　BVerfGE 73, 339 (353 ff.). なお、本決定の邦語での紹介として、ドイツ憲法判例研究会「ドイツ憲法判例研究（八九）欧州共同体の派生法に対する連邦憲法裁判所の裁判権――Solange II決定」自研七六巻八号（二〇〇〇年）一二九頁以下〔奥山亜喜子執筆〕。

(44)　BVerfGE 73, 339 (374 f.).

(45)　BVerfGE 73, 339 (375 f.).

(46)　BVerfGE 73, 339 (376).

(47)　BVerfGE 73, 339 (376 f.).

(48) BVerfGE 73, 339 (378).
(49) BVerfGE 73, 339 (383 f.).
(50) BVerfGE 73, 339 (384).
(51) BVerfGE 73, 339 (387).
(52) BVerfGE 73, 339 (375 f.).
(53) BVerfGE 73, 339 (375 f.). Vgl. *Helmut Steinberger,* Aspekte der Rechtsprechung des Bundesverfassungsgeichts zum Verhältnis zwischen Europäischem Gemeinschaftsrecht und deutschem Recht, in: K. Hailbronner/G. Ress/T. Stein (Hg.), Staat und Völkerrechtsordnung, Festschrift für Karl Doehring (Berlin/Heidelberg/New York/London/Paris/Tokyo/Hong Kong, Springer, 1989) S. 951 (960 f.).
(54) BVerfGE 37, 271 (280).
(55) BVerfGE 73, 339 (376).
(56) BVerfGE 73, 339 (378 ff., 380 ff.).
(57) BVerfGE 73, 339 (384).
(58) *Albrecht Randelzhofer,* Art. 24 Abs. I (Dezember 1992), in: T. Maunz/G. Dürig/R. Herzog/R. Scholz, Grundgesetz. Kommentar (München, C. H. Beck) Rn. 156 ff.
(59) *Pfrang* (Anm. 2) S. 42.
(60) *Streinz* (Anm. 29) S. 234.
(61) *Streinz* (Anm. 29) S. 235.
(62) *Eckart Klein,* Der Verfassungsstaat als Glied einer europäischen Gemeinschaft, VVDStRL 50 (1991), 56 (80).
(63) Vgl. *Klein* (Anm. 62), 82. 国法秩序の段階構造における外来的法源の地位の問題と、外来的法源についての違憲審査の問題は、完全に同一の問題ではない。例えば、日本の憲法優位説においても、条約の違憲審査には消極的な見解が存在することが想起される。

(64)　BVerfGE 75, 223 (244). Kloppenburg 決定とも呼ばれる。

(65)　なお、この判示は、後に一九九二年一月二八日の決定において確認されている。すなわち、「ＥＣ法には、国内法律に対する矛盾の事例について、ドイツ裁判所においてもまた、適用上の優位が帰属する。前法たる国内法律および後法たる国内法律に対するこの適用上の優位は、基本法第二四条第一項との結びつきにおけるＥＣ条約についての同意法律によって国内的な法適用命令が与えられた、一次的ＥＣ法の不文の規範に依拠する（参照、BVerfGE 75, 233 [244 f.])」(BVerfGE 85, 191 [204])、「ドイツの裁判所および官庁の行為についての根拠として要求される二次的ＥＣ法の適用可能性に関しては、連邦憲法裁判所は、現在の諸状況の下でその裁判権を行使しない (BVerfGE 73, 339 [387])」(BVerfGE 85, 191 [204])。

(66)　テレビ指令およびその問題については、鈴木秀美「統合ＥＣと連邦国家ドイツの憲法的危機——放送権限の所在をめぐる」日本ＥＣ学会年報一四号（一九九四年）九九頁以下、同「欧州共同体立法へのドイツ諸州の参加権——放送法を例にして」石川明＝櫻井雅夫編『ＥＵの法的課題』（慶應義塾大学出版会・一九九九年）二二七頁以下等参照。

(67)　BVerfGE 80, 74.

(68)　BVerfGE 80, 74 (80).

(69)　*Pfrang* (Anm. 186) S. 45; *Rupert Scholz*, Europäisches Gemeinschaftsrecht und innerstaatlicher Verfassungsrechtsschutz, in: K. H. Friauf/R. Scholz, Europarecht und Grundgesetz: Betrachtungen von materiell- und formalrechtlichen Problemen bei Schaffung und Umsetzung sekundären Gemeinschaftsrechts (Berlin, Duncker & Humblot, 1990) S. 53 (58); *Gerhard Memminger*, Bedeutung Verfassungsrechtsstreits zur EG-Rundfunkrichtlinie, DÖV 1989, 846 (848).

(70)　BVerfG EuGRZ 1989, 339.

(71)　山根裕子『ケースブックＥＣ法――欧州連合の法知識』（東京大学出版会・一九九六年）一四〇頁。

(72)　奥山・前掲論文（注10）八頁。

(73)　BVerfG EuGRZ 1989, 339 (340).

(74)　この判示は、一九九二年七月九日の決定において、補足され確認されている。すなわち、「指令がＥＣ法の基本権水準を侵害することとなる限りにおいて、欧州裁判所は、直接的にＥＣ条約第一七三条第二項によって、またはＥＣ条約第一七七条による手続の方法において、権利保護を与える。場合によっては、仮の権利保護もまた与えられうる（ＥＣ条約第一八五条、第一八六条）。基本法によって不可欠として要求された基本権水準がこの方法では実現されないこととなる場合には、連邦憲法裁判所は、申立を認めることができる」(BVerfG DÖV 1992, 1010 [1010])。

(75)　Vgl. *Torsten Stein,* Umgekehrt! Bemerkungen zum “Solange II”-Beschluß des Bundesverfassungsgerichts, in: W. Fürst/R. Herzog/D. C. Umbach (Hg.), Festschrift für Wolfgang Zeidler, Bd. II (Berlin/New York, Walter de Gruyter, 1987) S. 1711 (1721 ff.); *Meinhard Hilf,* Solange II: Wie lange noch Solange? Der Beschluß des Bundesverfassungsgerichts vom 22. Oktober 1986, EuGRZ 1987, 1 (5); *Werner von Simson / Jürgen Schwarze,* Europäische Integration und Grundgesetz: Maastricht und die Folgen für das deutsche Verfassungsrecht (Berlin, Walter de Gruyter, 1992) S. 31.

(76)　*Klein* (Anm. 62), 81.

(77)　Vgl. *Randelzhofer* (Anm. 58) Art. 24 Abs. I, Rn. 159.

(78)　*Streinz* (Anm. 29) S. 299 ff.; *Scholz* (Anm. 69) S. 83 ff., 104 f.; *Peter M. Huber,* Bundesverfassungsgericht und Europäischer Gerichtshof als Hüter der Gemeinschaftsrechtlichen Kompetenzordnung, AöR 116 (1991), 210 (242 ff.); *Paul Kirchhof,* Nach vierzig Jahren: Gegenwartsfragen an das Grundgesetz, JZ 1989, 453 (454);

Randelzhofer（Anm. 58）Art. 24 Abs. I, Rn. 161; *Pfrang*（Anm. 2）S. 45.

（79）*Huber*（Anm. 78）, 242 f.; *Randelzhofer*（Anm. 58）Art. 24 Abs. I, Rn. 158, 161.

（80）*Pfrang*（Anm. 2）S. 43 ff.

（81）なお、Solange III 判断による連邦憲法裁判所の立場の明確化を期待する見解（例えば、*Rupert Scholz,* Wie lange bis Solange III ?, NJW 1990, 941 ff.）と、そのような見解を批判し、Solange II 決定による連邦憲法裁判所の譲歩をもって足りるとする見解（例えば、*Christian Tomuschat,* Aller guten Dinge sind III ? Zur Diskussion um die Solange-Rechtsprechung des BVerfG, EuR 1990, 340 ff; *Ulrich Everling,* Brauchen wir "Solange III"? —Zu den Forderungen nach Revision der Rechtsprechung des Bundesverfassungsgerichts, EuR 1990, 195 ff.）との対立もあった。

（82）本判決の邦語による紹介として、川添利幸「欧州連合の創設に関する条約の合憲性——マーストリヒト判決」ドイツ憲法判例研究会編『ドイツの憲法判例』（信山社・一九九六年）三二五頁以下、西原博史「ヨーロッパ連合の創設に関する条約の合憲性——マーストリヒト判決」ドイツ憲法判例研究会編『ドイツの最新憲法判例』（信山社・一九九九年）三三一頁以下、岡田俊幸「ドイツ連邦憲法裁判所のマーストリヒト判決」石川＝櫻井編・前掲書（注66）一九三頁以下、トルステン・シュタイン（岡田俊幸訳）「ドイツ連邦憲法裁判所のマーストリヒト条約判決について」法研六九巻八号（一九九六年）一四一頁以下、ゲオルク・レス（入稲福智訳）「マーストリヒト条約に関するドイツ連邦憲法裁判所判例評釈」法研七〇巻五号（一九九七年）一〇七頁以下、ペーター・レルヒェ（鈴木秀美訳）「連邦憲法裁判所の最近の基本判決における主要傾向——とりわけ議会の地位に関して」自研七一巻三号（一九九五年）一二頁以下、山口和人「マーストリヒト条約に合憲判決」ジュリ一〇三九号（一九九三年）九四頁以下等。

（83）BVerfGE 89, 155（174 f.）.

（84）BVerfGE 89, 155（175）.

(85) BVerfGE 89, 155 (182).
(86) BVerfGE 89, 155 (184).
(87) BVerfGE 89, 155 (186).
(88) BVerfGE 89, 155 (186).
(89) BVerfGE 89, 155 (187).
(90) BVerfGE 89, 155 (190 f.).
(91) BVerfGE 89, 155 (191).
(92) 「ＥＣと構成国との間の権限配分、およびその厳格な尊重は、従来むしろ疎かにされていたテーマであった」(*Klein* (Anm. 62), 94) との指摘がある。
(93) BVerfGE 89, 155 (188).
(94) しかし、この問題について連邦憲法裁判所が審査を行うことは、ＥＣ法の効力についての欧州裁判所の判断権を侵害する可能性がある。
(95) BVerfGE 89, 155 (209).
(96) BVerfGE 89, 155 (209).
(97) BVerfGE 89, 155 (210).
(98) 欧州連合条約締結に備えて新設された基本法第二三条の規定内容とも相俟って、構成国の議会による欧州連合の統制の問題は重要な論点であるが、国法体系における憲法と外来的法源の関係という本書の当座の検討対象からは離れるので、ここでは検討を割愛する。本判決については、多くの議論があるが、これらについても本書では論及しない。
(99) マーストリヒト条約判決において、連邦憲法裁判所が、ＥＣの行為に対する基本権保護も連邦憲法裁判所の権限内にあるものとし、かつ、移譲された権限の範囲を逸脱するＥＣ法はドイツ連邦共和国内部において拘束力を有しないとしたことを捉えて、ドイツ連邦共和国において、ＥＣ法の権限踰越を問題とする裁判所が現れた。基本権保護に関しては、第三国産バナナの輸入規制についての二次的ＥＣ法（規則）が経済的自由を侵害しているとして、問題とされた。しかし、連邦憲法裁判所は、二〇〇〇年六月七日決定（BVerfGE 102, 147）において、Solange II 決定に言及しながら、連邦憲法裁判所が二次的ＥＣ法について裁判権を行使するのは、基本法によって不可欠として要求された基本権保護が一般的に保障されていない場合に限られるとして、基本権侵害の主張を退けた。このバナナ市場規則をめぐる問題については、ゲオルク・レス（入稲福智訳）「ＥＵにおける基本権保護——今日の問題」石川=櫻井編・前掲書（注66）八三頁以下参照。

(100) BVerfGE 89, 155 (174).

(101) BVerfGE 37, 271 (279).

(102) BVerfGE 37, 271 (279).

(103) BVerfGE 37, 271 (280).

(104) BVerfGE 37, 271 (280).

(105) BVerfGE 37, 271 (280).

(106) BVerfGE 58, 1 (40).

(107) BVerfGE 58, 1 (40).

(108) BVerfGE 58, 1 (40).

(109) Pfrang (Anm. 2) S. 38.

(110) BVerfGE 73, 339 (375 f.).

(111) この直後の判示部分において、「基本法の基本権部分の基礎にある法原理」を、「基本法によって承認された基本権の本質的内容」と換言しているようにも読める。

(112) Vgl. *Ondolf Rojahn,* Art. 23, in: Ingo von Münch, Grundgesetz-Kommentar, Bd. II, 3. Aufl. (München, C. H.

Beck, 1995) Rn. 36; *Doris König*, Das Urteil des Bundesverfassungsgerichts zum Vertrag von Maastricht—ein Stolperstein auf dem Weg in der Europäische Integration?, *ZaöRV* 54 (1994), 17 (21); *Randelzhofer* (Anm. 58) Art. 24 Abs. I, Rn. 202; *Paul Wilhelm*, Europa im Grundgesetz: Der neue Artikel 23, BayVBl. 1992, 705 (707).

(113)　「憲法秩序のアイデンティティ」保護と基本法第七九条第三項の関係については、連邦憲法裁判所もすでに言及していた点であった。「ここで問題となっている高権移譲は、実質的にもまた、基本法第二四条第一項と両立している。つまり、問題となっている高権移譲は、基本法の文言の先行する変更も必要ではなく、基本法第七九条第三項の限界にも違反していない」(BVerfGE 68, 1 [96])。

(114)　*Jürgen Schwarze*, Das Staatsrecht in Europa, *JZ* 1993, 585 (588).

(115)　この国家のアイデンティティの尊重は、現在の発展段階における欧州連合の特徴的な基本原理と理解されている。つまり、現段階の欧州連合には、構成国の国家のアイデンティティに頼らざるをえない部分が存在しているとされるのである。*Meinhard Hilf*, Europäische Union und nationale Identität der Mitgliedstaaten, in: A. Randelzhofer/R. Scholz/D. Wilke (Hg.), Gedächtnisschrift für Eberhard Grabitz (München, C.H.Beck, 1995) S. 157 (169 f.). また、奥山亜喜子「欧州統合と国民同一性尊重原則——欧州連合条約F条一項の意義と限界」新報一〇五巻四＝五号(一九九九年)一三九頁以下も参照。なお、国家のアイデンティティの尊重についての規定は、アムステルダム条約によって第六条第三項となった。

(116)　BVerfGE 89, 155 (174 f.).

(117)　なお、基本法第二四条第一項によって設定された限界を判断する基本的枠組については、BVerfGE 37, 271 (279 f.) の定式に、BVerfG NJW 1983, 1258 (1259) および BVerfGE 73 339 (375 f.) も追随している。

(118)　*Streinz* (Anm. 29) S. 235.

(119)　Vgl. BVerfG NJW 1987, 3077.

(120) *Streinz* (Anm. 29) S. 235.
(121) BVerfGE 75, 233 (242); BVerfGE 89, 155 (174).
(122) *Börner* (Anm. 22), 2041 ff.
(123) *Klein* (Anm. 23), 67 ff.

第二節　ドイツ連邦共和国における学説の展開

これまでに見てきたように、欧州裁判所がＥＣ法の優位性すなわち共同体機能確保のための適用上の優位はＥＣ法自体から導き出されるとしているのに対して、連邦憲法裁判所は、ＥＣ法の優位性は基本法第二四条第一項に依拠するとしている。両者の立脚点の相違は、国内法に対するＥＣ法の優位には限界が設定されうるか否かという問題に際して明らかになる。(1) そして、ＥＣ法の優位性に関する学説も、この二つの立脚点の相違に対応して展開されている。

ＥＣ法の絶対的優位論や、連邦国家理論の主張するようなＥＣ法の絶対的優位は受け容れられないとしても、しかし、ＥＣ法における共同体機能確保の要請は容易に危険にさらされるべきではない。ここで、基本法はいかなる程度においてＥＣ法の優位性を許容ないしは承認する用意があるのかという点が注目される。換言すれば、国内法に対するＥＣ法の優位についての憲法上の限界の問題であり、連邦憲法裁判所が「憲法秩序のアイデンティティ」保護という定式で論じてきた問題である。この問題は、学説においても、主として、基本権保護の観点の下で扱われてきた。

第一款　基本法第二四条第一項の理解

一　基本法第二四条第一項と基本法第二三条

基本法第二四条第一項は、「連邦は、法律により、高権を国際機構に移譲することができる」と規定する。ドイツ連邦共和国のECへの参加は、長らく基本法第二四条第一項に基づいて行われてきた。論争を巻き起こした連邦憲法裁判所の諸判例も、それをめぐる学説の議論も、基本法第二四条第一項を前提とするものであった。しかし、欧州統合の進展に伴い、それに対応する憲法規定の必要性が指摘されるようになった。そこで、欧州連合を創設するマーストリヒト条約に際して、基本法第二三条として詳細な規定が挿入された。したがって、マーストリヒト条約以降の欧州統合に関する憲法上の問題は、基本法第二三条を前提としている。

しかし、基本法第二三条の新設によって基本法第二四条第一項についての議論が意味を失ったわけではない。ドイツ連邦共和国の国法秩序におけるEC法の優位性についての判例および学説の議論は、まさに基本法第二四条第一項に基づいて展開されてきたのであり、その蓄積が基本法第二三条において成文化されたというのが一般的な理解である(2)。

問題は、EC法と基本法の関係において、欧州連合の基礎づけについての特別規定である新しい基本法第二三条の挿入によって、なんらかの変更が生じたか否かである。このことについては、基本法第二三条は、国際機構への一般的権限付与規定である基本法第二四条第一項と並んで欧州連合の特別の位置づけを確認しているのみであり、憲法上の権限付与に基づいてドイツ連邦共和国の国法秩序におけるＥＣ法の優位性が認められることについては、なんらの変更ももたらさないとされる。したがって、基本法第二四条第一項に基づく議論の成果は、意義を失わないのである(3)。

また、眼前の欧州連合のために従来の議論を集大成して起草された基本法第二三条よりも、国際機構一般を対象とする基本法第二四条第一項、そしてその簡潔な規定から国内法に対するＥＣ法の優位についての憲法上の根拠および限界を考察してきた議論の方が、本書の関心には適合的であると考えられる。

したがって、以下においては、基本法第二四条第一項を巡って展開されてきた議論が検討の中心となる(4)。

二　基本法第二四条第一項と国法秩序の国際法調和性

一般に、基本法第二四条第一項は、「統合された欧州における同権をもった一員として世界の平和に奉仕しようとする決意」を表明する基本法前文、基本法第一条第二項、第九条第二項、第二五条、第二六条、第五九条第二項、第一〇〇条第二項等、さらに現在では第二三条とともに、基本法における国法秩序の国際法調和性の現れとされる。基本法の基本的態度としての国法秩序の国際法調和性は、「国際的開放性(5)」とも表現され、閉じられた国民国家の観念に対して、「開放国家性」の理念を唱えた見解(6)を淵源とする。学説からほぼ例外なく賛同を得たこの見解は、「国際的協力についての基本法の憲法的決定」として、他の国家との協力についての基本的な準備および組織的に構成された国際的共同体への参加についての基本法の決定を、第二四条第一項が明確に表現しているとした(7)。

つまり、基本法第二四条第一項は、ドイツ連邦共和国には協調的な成員として国際機構に対応する準備があることを確認しており、そのようにして基本法第二四条第一項は、基本法から看取される国法秩序の国際法調和性を基調として、国際的協力についての憲法的決定を明文をもって行っていると考えられる[8]。基本法第二四条第一項における「国際的協力についての基本法の憲法的決定」は、前掲の基本法の諸規定から導かれる一般的憲法原則としての国際法調和性の原則[9]とともに、国法秩序の国際法調和性を具体化したものであるとされる[10]。

基本法第二四条第二項および第三項における協力形式が国際条約の従来通りの手段をもって実現されるのに対して、第一項は、国際的協力の構築における「質的飛躍」についての権限を付与しているとされる。つまり、基本法第二四条第一項は、固有の高権を伴う国際機構に参加することを可能にしているのである。その国際機構の法は、国家の支配領域にも直接的かつ優越的な法的効力を発揮しうるものである。このような国際機構に参加する権限を付与することは、基本法の国際的開放性の最大の表明であるとされるのである[11]。

三　基本法第二四条第一項の解釈

基本法第二四条第一項の憲法上の問題を検討するために、まず、基本法第二四条第一項の規定を瞥見しておくこととする。

(1)　基本法第二四条第一項の法的性格

初期には、基本法第二四条第一項を、単なる政策の宣言とのみ解する説も唱えられた[12]。この見解は、国際機構の創設について、国家にはなんら特別の憲法上の権限付与も必要ではないという思考から導かれる[13]。しかし、基本法第二四条第一項の国際的協力についての憲法的決定は、国際関係の形成に関する非拘束的なプログラム規定にとどまるものではない[14]。今日、基本法第二四条第一項には法的な効力が帰属するという点において、広範な一致が見られる[15]。また、基本法第二四条第一項には国家目的規定も含まれているということについて、学説はほぼ一致しているとされる[16]。国家目的規定としての基本法第二四条第一項は、基本権制限の具体化に際しても重大な意義を有し[17]、また、他の憲法規定との体系的な解釈の枠内において効力を発揮するとされる[18]。そして、基本法第二四条第一項は、高権移譲についての権限付与の根拠であるとする見解が一般的である[19]。

(2)　基本法第二四条第一項と実質的な憲法改正

基本法第二四条第一項による高権の移譲は、一種の憲法制定[20]あるいは実質的な憲法改正であるとし、しかも、基本法第七九条第一項および第二項の定める手続に依らないものであって基本法第七九条第三項の制約を受けない、とする見解も唱えられた。

目的論的解釈によって、基本法からの逸脱についての正当化理由を、さもなければ基本法第二四条第一項によって追求された統合が不可能となることに求める見解[21]も存在した。

さらに、基本法第二四条第一項の機能は、憲法破毀についての権限付与であるとする見解が主張された。(22)しかし、そのような主張の内実は、「実質的な憲法改正」が、基本法第七九条第一項および第二項によらずに、通常の連邦法律によって生じることが許されるというにとどまる。(23)学説の大部分は、基本法第二四条第一項が実質的な憲法破毀についての根拠となりうることを認めてはおらず、高権を移譲する立法者もまた基本法に拘束されると解しているのである。(24)この点は、第七九条第一項および第二項の手続によらずに実質的な憲法改正が生じるということに、「憲法破毀」という概念を用いることについての見解の相違によるものといえるかしれない。(25)

学説の多くは、憲法は国家領域内部でのドイツ国家権力の排他性の要求を含んでおり、それゆえ、外部の主体による高権の行使は常に実質的な憲法改正であるとする。(26)ただし、この見解に関しては、前提とされた排他性要求について、基本法においてなんらの言及も見出されないことが指摘される。(27)高権移譲が実質的な憲法改正的性質を有することについて、基本法上の権限秩序ないし権限配分の変更に注目する見解も主張される。(28)また、異なる憲法を有する諸国家の共同体に対する高権移譲は、個々の構成国が自らの憲法のすべての規定を国際機構においても有効とすることはできないという帰結を伴うことから、その限りで、憲法の修正が予想されているとする見解もある。(29)

高権移譲が必然的に実質的な憲法改正をもたらすという問題は、基本法第二四条第一項が高権を具備する国際機構への参加を許容することの明確化を含んでいる、ということによって緩和される。(30)つまり、移譲によって実質的な憲法改正が生じることは禁じられてはおらず、その内容的限界が問題となるのである。つまり、基本法は、一方で高権の移譲について、他方で国際機構の定立する法について、いかなる限界を設定しているかという問題である。しかし、これは、基本法第二四条第一項の目的ないし機能に関わる問題ではなく、その法的効果の内容的制限に関わる問題であるとされる[31]。

(3)「法律により」

基本法第二四条第一項は、「法律により」高権を移譲することができると規定する。ここでいう「法律」は、形式的意味における連邦法律である。この法律によって行われる高権移譲は実質的な憲法改正の性質を有することが認められているが、そのことは、憲法改正のための法律について基本法第七九条第二項が定める特別の多数決要件の適用を導くものではない。基本法第二四条第一項に基づく法律は、通常の立法手続において制定される[32]。

高権移譲に際しては、一つの法律が制定されるだけである。しかしながら、この法律は、三つの機能を満足しているとされる。第一に、基本法第五九条第二項が適用される通常の条約と同様に、この法律によって、国際機構に関する条約の締結についての議会の同意が与えられる。第二に、この法律は、当該条約を国内的に適用可能にするという効果をもたらす。第三に、この法律によって、国際機構によって定立された法についての国内機関に対する法適用命令が与えられる[33]。通常は基本法第五九条第二項の下にある立法者に、国際機構の法の国内法に対する優位を認める可能性を与えるためには、通常法律たる同意法律よりも高位の規範による、したがって憲法による権限付与が必要なのである[34]。

二次的ＥＣ法については、基本法第五九条第二項第一文による条約締結とは異なり、通常の条約のような同意法律は逐一制定されない。国際機構が高権を移譲されている限りにおいて、国際機構の個々の法定立行為についての具体的な立法者の同意の意思確認は存在しない。基本法第二四条第一項に定められた法律によって付与される法適用命令は、設立条約等の一次法および国際機構によって定立された二次法の双方を対象とする。(35)

(4)「高権を移譲する」

基本法第二四条第一項にいう「高権」とは、個別的な国家権力としての主権的権利を意味する。

基本法第二四条第一項の「移譲」という文言が誤解を招きやすいことが指摘される。「移譲」という文言は、国内機関の権限の一部分が国際機構に「移転」されるという意味に受けとられやすい。その場合、国際機構の有することとなる高権は、各構成国から「移転」されたものの総和と考えられることとなる。しかし、それでは、国内機関から「移譲」された結果として国際機構が有する高権は、各構成国ごとにさまざまな制限を付された高権の寄せ集めとなり、有効な高権行使が困難となる。このような事態は、国際機構を創設する基本法第二四条第一項自体の目的にも反することとなる。(36)高権移譲とは国際機構の設立をもって、固有の、「移転」されたのではない権限を有する新たな高権保持者が創設され、その新たな高権保持者たる国際機構による高権行使に対して国法秩序を開放することを意味する、というのが一般的な理解である。(37)この理解は、国際機構が構成国の協力によって創設されたという事情によっても、変わるところはないとされる。(38)

高権移譲の本質的な指標は、国際機構がドイツ連邦共和国の内部で、その国民に対して、直接的な法的関係を有し、その法的行為を貫徹するところにある[39]。基本法第二四条第一項の基礎にある国法秩序の国際法調和性ないし国際的開放性は、「主権の鎧」をまとった閉鎖的な統一体としての国家ではなく、外部からの高権行使に対して国法秩序を開放することを求めるものであり、基本法第二四条第一項は、そのような国際的協力についての憲法的決定によって、高度の国際的協力を可能にしているのである。それゆえ、基本法第二四条第一項にいう高権の移譲が問題となる国際機構とは、その設立文書において、加盟国の国内における国際機構の法的行為の貫徹が要請されていることを必要とする。それは、ＥＣ法の場合には、優位要求が内在していることを指す。すなわち、すべての構成国における統一的適用を求める、共同体機能確保の要請である。構成国がその国内における国際機構の法的行為を一方的に排除することが可能であるならば、そこでは国法体系における国家権力の排他性は原理的に侵害されておらず、基本法第二四条第一項にいう高権の移譲は生じていないこととなる[40]。

国法体系におけるＥＣ法の優位という事象も、優位要求の内在するＥＣ法が憲法による国法秩序の開放を受けて国内において貫徹されるということであり、ＥＣないしＥＣ法秩序の自律性から説明されることではない。国際機構は、ＥＣに限らず一般に、なんらかの程度で自律的な意思形成が可能なのである[41]。従来の他の国際機構との相違は、ＥＣ法に優位要求が内在し、それが構成国の国内において貫徹されているという点にあるのである。

前述のように、基本法第二四条第一項にいう「移譲」は、移転という意味ではないと解されるので、「何人も自己の有する権利以上のものを譲り渡すことはできない」という原則を転用することによって基本法第二四条第一項にいう国際機構は基本法の基本権に拘束されていると論ずることは不可能である。それゆえ、いわゆる抵当権理論の構成は否定されるのである(42)。抵当権理論とは、国際機構への高権の移譲に際して、当該高権に課されていた憲法上の制約が、抵当権が目的物の譲渡に対して追及力を有するように、そのまま国際機構の高権についての制約となるとするものである。しかし、抵当権理論の否定は、基本法第二四条第一項による高権移譲またはドイツ連邦共和国内における国際機構による高権の行使は制限のないものである、ということを意味しない(43)。国際機構の高権が移転されたものではなく新たに創設されたものであるとしても、国内における国際機構の高権行使を許容しているのは憲法であり、その高権行使には憲法上の制約が及ぶと解されるのである。

(5)　「国際機構に」

基本法第二四条第一項は「国際機構」への高権移譲を許容するが、高権移譲の対象となる国際機構については、地理的にも機能的にも明文の制限を設けていない。ただし、後述のように、高権移譲の対象となる国際機構が具備すべき性質について、基本法の体系的解釈によって制約が導かれている。また、「国際機構」という文言から、他の国家への高権移譲は許容されないと解される(44)。

基本法第二四条第一項のもっとも重要な適用事例は、いうまでもなくECである。EC以外では、連邦憲法裁判所判例を検討した際に触れたEurocontrolもまた、基本法第二四条第一項の適用事例である。NAT

O（北大西洋条約機構）が基本法第二四条第一項の適用を受けるかが問題となったこともある。NATOは連邦憲法裁判所の判断[45]においては基本法第二四条第一項の意味における国際機構であるとされたが、学説においては、これに否定的な見解が有力である。[46]

四　基本法第二四条第一項の二つの問題領域

このような基本法第二四条第一項が有する機能については、それを二つの側面に分けて考えることが可能であり、とりわけ基本法第二四条第一項の限界の問題を考える場合には、二つの問題群を区別することが必要であると解される。

(1)　基本法第二四条第一項の機能

基本法第二四条第一項は、国際機構への高権移譲についての権限を付与しているが、同時に国法秩序における国際機構の法の優位性を承認する機能も果たしている。基本法第二四条第一項が明文で規定しているのは国際機構への高権の移譲のみであるが、そこから国法秩序における国際機構の法の優位性が導出される。国際機構の実効的な機能遂行のために国際機構の法に内在する優位要求は、憲法による国法秩序の開放によって、国内的に実現されるのである。このことから、国内法に対するEC法の優位性は、EC法自体から判明するのではなく、構成国たる連邦共和国によってはじめて、その基盤が創設されたということができるのである。[47]基本法第二四条第一項の憲法上の重要な機能は、国法体系の外部で定立される法およびその効力の根拠となる規範についての、特別の国内的な法適用命令を発することについての権限付与であるとされる[48]。憲法に対するＥＣ法の優位がどこまで認められるかという問題は、いかなる範囲で基本法第二四条第一項がＥＣ法を憲法上の拘束から解放しているかという問題であると考えることもできるのである[49]。

基本法第二四条第一項は、国際機構の法の国内法に対する優位を容認することまでをも強制しているわけではない[50]。初期の文献においては、基本法第二四条第一項には国際機構の法と国内法との関係における地位規定ないしは抵触規則が含まれているとされていた[51]。しかしながら、基本法第二四条第一項の規定の文言は、そのような解釈について、なんらの手がかりも提供していない[52]。むしろ、今日、国際機構の法の優位性については、基本法第二四条第一項から直接生じるのではなく、国際機構の法とそれについての法適用命令との関係において生じるとされる。基本法第二四条第一項は、法律によって高権を移譲する立法者に、国際機構の設立条約に内在する優位要求に同意する権限、および優位要求を伴う国際機構の法についての法適用命令を発する権限を付与しているのである。つまり、ＥＣ法の国内適用の基礎は国内法にあり、優位性を含むＥＣ法の拘束力は、基本法第二四条第一項によって直接的に規定されているのではなく、ＥＣ条約についての同意法律によって与えられる法適用命令に基づくものなのである[53][54]。

このように、国際的協力についての憲法的決定を示す基本法第二四条第一項には国際機構の法の優位性についての明文の規定は存在しないが、国法秩序の国際法調和性という基本法の基本的態度を基調とする解釈によって、高権移譲の本旨（国際機構が定立する法の国内的貫徹）ないしは実効性確保（共同体機能確保）という観点から、国際機構の法の国内法に対する優位が帰結されるのである。そして、これは、明文に規定された高権移譲についての権限付与と並んで、国法秩序の開放という基本法第二四条第一項の重要な機能と解される[55]。

ＥＣ法の絶対的優位論に立脚する見解は、ＥＣ法は移譲された領域において構成国の意思から独立して妥当するのであり、憲法上の権限付与に基づく優位の受容は跡づけることはできないとも主張する。しかし、この主張もまた、ＥＣ法は移譲された管轄領域においてドイツ法秩序に対して優位するということから出発している。したがって、ここでいわれる優位性も、一定の領域についての管轄権を超国家機構に移譲することを許容している基本法第二四条第一項の権限付与を前提としており、それによってはじめて基礎づけられる[56]。そのことから、この主張もまた、ドイツ連邦共和国の国法秩序におけるＥＣ法の優位は基本法に依拠している、という基本的な認識から離脱してはいないとされる[57]。

基本法第二四条第一項の権限付与はＥＣの創設にのみ関連し、その存続およびその法秩序の内容についてはいかなる種類の効力も有しない、という主張が提出される。この見解は、憲法上の権限付与によるＥＣ法の優位、あるいは少なくとも構成国憲法の協力によるＥＣ法の優位を否定することを試みる[58]。しかし、憲法の規定によって国法秩序が国際機構に対して開かれるならば、原則として、開放という事実それ自体だけではなく、その開放の規模もまた、憲法によって特定されなければならないはずであると批判される[59]。

なお、ＥＣ法の優位は、矛盾する国内法規定を単に適用不可能にするだけである。したがって、矛盾する当該国内法は、一般的に無効になるわけではない。それゆえ、矛盾する当該国内法は、当該ＥＣ法がなんらかの理由で効力を失った場合には、再び適用可能となる[60]。とりわけ基本法との関係では、もっぱらこの適用上の優位が妥当するとされる。なぜなら、基本法との関係における問題は、ＥＣ法が基本法を基準として判断されうるか、あるいは逆に、憲法からの逸脱が基本法第二四条第一項によってどの程度許容されているか、というものであるからである。ここでは、基本法の全部または一部の一般的な無効ということは、そもそも考察の対象とはならないのである。(61)

(2)　基本法第二四条第一項の限界

国法秩序におけるＥＣ法の優位についての憲法上の限界は、基本法第二四条第一項に関する主要な問題であり、今日まで激しく議論されてきた。ここで、二つの問題群が区別されなければならない。第一に、基本法第二四条第一項による国際機構への高権移譲についての立法者の裁量がいかなる制約の下にあるかという問題であり、第二に、国際機構によって定立された法の、ドイツの国法体系における適用可能性、とりわけ基本法に対する優位についていかなる制限が憲法上設定されているかという問題である。(62)そして、実際の論争は、基本法第二四条第一項の定めに基づき法律によって高権移譲を行う立法者の憲法上の拘束の問題から、ＥＣ法の、とりわけ二次的ＥＣ法の憲法への拘束という問題に、その重心を移動してきたとされる。(63)

基本法第二四条第一項によって国際機構への高権の移譲が基礎づけられ、そのような国際機構の法的行為の国内的貫徹に対して国法秩序が開放されることによって、国内法に対するＥＣ法の優位が実現されるわけであるが、そのような基本法第二四条第一項に基づくＥＣ法の優位には限界が存在する。基本法第二四条第一項自体は、なんらかの限界を明文をもって規定しているわけではない。しかし、憲法規定としての基本法

第二四条第一項には、憲法の体系的解釈から導かれる限界が存在するとされる。基本法は、国法秩序の国際法調和性を背景として基本法第二四条第一項の規定を用意しているが、他方で、憲法改正について限界を設定している。この両者の間の緊張関係は、憲法の条文自体に基礎を置いており、EC条約の規定や欧州裁判所または連邦憲法裁判所の判例だけでは解消することはできないという指摘もある(64)。

国際機構への高権移譲が基本法第二四条第一項の限界を超えてなされた場合には、そのようにして移譲された高権に基づく国際機構の行為は、国法体系において拘束力を有しないこととなる。また、国際機構によって定立された法が基本法に抵触する場合に、それが基本法第二四条第一項の認める限界を超えているとされるときには、そのような国際機構の法については基本法第二四条第一項違反として国内的な法適用命令の効力が及ばないこととなり、国法体系における拘束力が否定される。換言すれば、EC法を適用・執行する義務を負う国内機関は、基本法第二四条第一項違反を理由として、適用義務を否定されるのである(65)。

基本法第二四条第一項の限界がそれぞれの問題群においてどのように設定されるかについて、以下に検討する。

第二款　高権移譲の限界

一　高権移譲の対象たる国際機構についての制限

基本法第二四条第一項の規定に基づいて法律によって国際機構に高権を移譲する際に、国際機構への高権の移譲について立法者にどの程度の裁量が認められるか、換言すれば、高権移譲の対象たる国際機構について制限はあるか、ということが問題となる。

(1) 基本法第二四条第一項

基本法第二四条第一項による高権移譲の対象たる国際機構に、なんらかの制限が存在するか否かが問題となる。一般に認められているのは、高権が移譲されることとなる国際機構は、基本法第二四条第二項および基本法第二六条の平和目的に矛盾するものであってはならないということである(66)。

一部には、それ以上の実質的な拘束の存在を否定する見解もある。このことは、基本法制定者はそうした広い権限付与を認めているという制定過程(67)、基本法第二四条第二項および基本法第二六条からの反対解釈(68)等によっても理由づけられるが、基本法第二四条第一項における高権移譲についての明文による制限が存在しないことから、国際機構の性格および構造についていかなる要求も提示されていないと解する見解(69)も主張される。こうした見解からは、基本法第二四条第一項に基づく法律によって高権を移譲する立法者は、他の憲法規定による制約から解放されているという帰結も導かれることとなる。

しかし、基本法の統一的解釈の要請によって、このような見解は否定される。つまり、基本法第二四条第一項も、他の基本法規定、とりわけ基本法第七九条第三項と調和するように解釈されなければならないのである。

(2)　構造上の一致の要請

高権移譲の対象たる国際機構には基本法が定めるドイツ連邦共和国の制度との間に構造上の一致がなければならない、という主張がある。(70) そこから引き出される具体的な帰結については、さまざまな見解が存在する。主題的には、二つの問題領域が識別されうる。第一に、機構・制度についてのいかなる要求を国際機構は満たさなければならないのか、という問題領域である。第二に、基本法の基本権の顧慮はいかなる程度において確保されなければならないのか、という問題領域である。

第一の問題領域については、この「構造上の一致」の主張は早くから少なからぬ論者によって展開されており、(71) ここでは基本法第七九条第三項が、構造上の要求を導き出す際の中心的規定である。基本法第七九条第三項は、「この基本法の改正によって、連邦制による州の編成、立法に際しての州の原則的協力、又は第一条及び第二〇条に定められている原則に触れることは、許容されない」とする。そこで、基本法第二〇条に規定された権力分立の原理は基本法第七九条第三項が定めるドイツ連邦共和国の不可欠の基礎に属するとしたうえで、基本法のすべての規定は基本法第七九条第三項と整合的に理解されなければならず、基本法第二四条第一項による高権移譲も基本法第七九条第三項に優越することはできないとされ、欧州統合の推進という政治的考慮の下でも、この構造上の一致の要請は追求されなければならないとされるのである。

さらに、基本法第二〇条との結びつきにおける第七九条第三項とともに、「州における憲法的秩序は、この基本法の意味に即した共和制的、民主的及び社会的な法治国の諸原理に合致していなければならない」とする基本法第二八条第一項第一文の規定から類推して、高権移譲が許容される国際機構の機関は、基本法に基づく国内機関に構造的に一致するものでなければならないとする見解がある。この見解は、連邦は高権を国際機構に移譲することができるという基本法第二四条第一項の規定は、憲法に規定された国内機関から、それにそのままの形で対応する国際機構の機関への高権移譲を定めているとする。[72] この見解によれば、「構造上の一致」の中心的な意味は、国際機構に対して高権を移譲する国内機関が本来有する権限の範囲を超越する権限を国際機構の機関が有することは許されていないということ、および、国際機構において基本法の制度におけるのと同じ範囲および同じ形式における権力分立が実現されるということ、である。とりわけ、執行権の民主的・議会的統制が存在しなければならないとされ、かつ、立法権が行政機関または司法機関に移譲されることは許されないとされる。[73]

しかし、「構造上の一致」の主張には、すでに多くの批判が示されている。[74] それらの反論は、国際機構は、その構造において、とりわけ権力分立に関して、国家の構造に完全には合致しないし合致することもできない、とする。[75] 民主的および法治国的な憲法構造は、容易には、かつ修正なしには、国際機構に転用することはできないというのである。[76] 実際に、すべての構成国のさまざまな憲法上の特異性に完全に配慮することは、欧州統合の実現を放棄することにつながりかねない。欧州連合に至るまでの実際の展開は、基本法の憲法構造からの一定の逸脱なしには達成されえなかったのである。[77]

「構造上の一致」の要請の中には、確かに適切な思考も含まれているが、しかしこの要請は、基本法第二四条第一項の目的の実現が大きく妨げられることとなる場合には、制限または修正を必要とするであろうとする見解が有力である。[78] 国際機構と構成国との間に「構造的平行性[79]」が存在する場合には、国際機構において一般に権力の抑制・均衡のしくみが存在するということ、およびこの国際機構を形成している国家間に価値観の同質性が現存しているということが必要であるが、しかしそれで十分でもあるとされる[80]。その際、基本法第七九条第三項は、高度の要請を導き出す根拠であるよりも、決して下回ることを許されない最低基準としての性格を有する[81]。

(3)　基本法と同等の基本権保護の要請

第二の問題領域である基本権保護に関しては、国際機構との関係において基本権保護が二つの異なる段階で問題となることが念頭に置かれなければならないであろう。第一に、国際機構に対して高権が移譲される段階、換言すれば、高権を行使する国際機構を設立する条約を締結する段階であり、それがここで扱う問題である。第二に、国法秩序の開放を受けて国際機構による締約国内における高権行使が行われる段階であり、換言すれば、国際機構によって定立された法が国内において適用される段階であり、この問題は次款において扱う。もちろん、この二つの段階の区別は、前述した二つの問題領域の区別に対応するものである[82]。

高権移譲の対象たりうる国際機構が有すべき基本権保護としては、「国際機構による基本権保護は、全体として基本法の基本権保護と同等である場合には、それで十分である」とする見解がある。しかし、全体として基本法の基本権保護の体系と等価値の基本権保護の体系を、統合政策上の考慮による相対化なしに、国際機構に要求する見解も存在する[83]。

確かに、国際機構に対しては、国家と同等の民主的制度の下での立法を要求することはできない。連邦憲法裁判所が Solange I 決定において示したような、議会によって制定された基本権章典の要求を基本法第二四条第一項から導くことも、不適切であると批判される。[84] 基本法第二四条第一項は、基本権保護についても、必要な妥協を可能にしているのである。[85] しかし、国際機構の法定立に対するなんらかの内容的な制限は存在していなければならないとされる。裁判機関の判断に依存する一般的法原則は、法典化された基本権保護の体系に代替することはできないとされるのである。[86]

「国際組織は、少なくとも、不可譲の基本権を、それが連邦共和国において妥当しているのと同等の範囲において保障する用意がなければならない。さらに、超国家組織の憲法的構造は、連邦共和国の憲法的構造に、とりわけ権力分立の原則の顧慮において、十分に一致していなければならない[87]」とする見解は、前述の、制度についての構造上の要請と、この同等の基本権保護についての要請とを結びつけるものとも解される。

なお、基本法第二三条は、その第一項において、「統合された欧州を実現するために、ドイツ連邦共和国は、民主的、法治国的、社会的及び連邦制的な諸原則並びに補完性の原則に義務づけられており、かつ、この基本法に本質的に匹敵する基本権保護を保障する、欧州連合の発展に協力する」と規定して、基本法第二四条第一項を巡って展開されてきた議論の成果を明文化している。

二　高権移譲についての権限付与の内容的限界

今日、学説の大部分は、高権移譲についての制限として、基本法の一定の核心領域を挙げている。その際、多数の見解が、基本法第七九条第三項は、あらゆる状況において顧慮されなければならない制限であるとしている。[88] この規定が憲法改正によっても改変できない限界を課しているならば、この限界は、いっそう、基本法第二四条第一項の通常の立法者に当てはまらなければならないとされる。[89] 本来の憲法改正について適用される制限には、実質的に憲法を修正することとなる高権移譲も、当然に拘束されるとするのである。さもなければ、憲法の統一性およびその本質的内容は、基本構造において麻痺させられるのである。[90]

しかし、基本法第七九条第三項をめぐる高権移譲の内容的限界に関する議論は、次款で扱う、国際機構によって定立された法の国法秩序における優位の限界の問題と密接に関連している。それ以上に、従来の議論においては、高権移譲についての立法者への権限付与の内容的限界の問題と国法秩序におけるＥＣ法優位の限界の問題とが、「基本法第二四条第一項の限界」の表題のもとに必ずしも明確に区別されずに論じられる傾向にあったことが指摘される。[91]

本書においては、基本法第七九条第三項をめぐる限界の問題については、該当する問題が国法体系におけるＥＣ法の適用に際して生じるものと解されるので、次款で考察することとする。

三　高権移譲の対象および内容の限界とＥＣ法優位の限界との接続

基本法第二四条第一項について、高権移譲の限界の問題と、高権を移譲された国際機構が定立する法の国法体系における適用の限界の問題とを区別するという観点から、ここまでは、前者の高権移譲の限界の問題についての議論を検討してきた。ただ、論理的には、この高権移譲について設定された限界が、国際機構が定立する法の国内適用についての限界の問題に関しても、一定の関わりを有する。

一次法、すなわち基本条約については、基本法第二四条第一項によって実質的な憲法改正が認められているとしても、そのことからは、権限移譲の対象たる国際機構の構造についていかなる要請がなされるか、とりわけ国際機構の構造は基本法の保障する基本権を保護するものでなければならないのか、という問題についての解答は導かれず、権限付与の内容的限界の問題として議論されてきたのであった。ところで、高権を移譲するということは、高権を有する国際機構の設立条約を締結するということである。そして、当該基本条約が優位要求を含む場合には、当該国際機構によって定立された二次法だけではなく、基本条約もまた国内において基本法に優位することとなる。国際機構が基本法第七九条第三項が保護する内容を侵害するようなものであるならば、そのような国際機構の設立条約もまた基本法第七九条第三項に反する内容を含むこととなる。そのような条約が基本法に優位することは認めがたいであろう。内容的限界として高権の移譲が許されないとされていた事例は、観点を変えれば、一次的EC法の基本法に対する優位の限界であったと見ることもできるのではないであろうか。

二次法、すなわち国際機構が定立した法は、通常は、国内機関による適用（例えばECの規則の場合）または国内立法（例えばECの指令の場合）を必要とする。こうした適用または国内立法を行う国内機関は、原則として基本法第二〇条第三項および第一条第三項によって憲法に拘束されている。[92] しかしながら、これらの国内機関は、こうした憲法上の拘束から、その拘束を設定している規範と同位の規範によって（部分的に）解放されうる。この解放の機能は、ここでは、国際機構の法についての法適用命令を根拠づける基本法第二四条第一項に帰属する。[93]

基本法第二四条第一項は、国際機構によって定立された法についての法適用命令を発する権限を付与している。[94] 国際機構の法は、それ自体として確かに原則として有効でありドイツ連邦共和国についても拘束力を有するが、しかし、この法適用命令がなければ、国内の法適用機関によって適用されることはできない。[95] 基本法第二四条第一項は、基本権を制限するような、またはその他の憲法規定に抵触するような国際機構の法の適用についてもまた、法適用命令を発する権限を付与する。したがって、その限りにおいて、基本法第二〇条第三項および第一条第三項による拘束は相対化される。[96]

このような法適用命令の射程は、国際機構に対して条約において配分された権限に対応している。それゆえ、原則として、ドイツ連邦共和国の法適用機関は、適用すべき国際機構の法が、自らに対する法適用命令の枠内にあるか否かを審査することができる。国際機構の法が基本法第二四条第一項に基づく法適用命令の範囲を逸脱する場合には、そのような国際機構の法についての国家機関の適用義務は存在しないこととなる。[97] 国際機構の法を国内において優先的に適用する義務は、基本法第二四条第一項によって高権を移譲する立法者自身が基本法第二四条第一項によるその権限を踰越している場合には、もはや存在しないこととなる。[98] その際には、基本法第二四条第一項による立法者もまた侵害することができないであろうような憲法の核心領域の侵害が問題とされることとなる。その限りにおいて、結果的には、高権を移譲する立法者についての制限は、国際機構が定立する法についての適用制限の内容をも構成することとなるのである。[99]

もちろん、国際機構が定立する法、ここでは二次的ＥＣ法の、国内法に対する優位の限界は、高権を移譲する立法者の権限踰越の事例に限定されるわけではない。立法者についての制限は、個々の事案におけるＥ

C法の適用に際して生じる問題を完全に把握することはできないからである[100]。

第三款　EC法優位の限界

国法体系におけるEC法の適用に際しての国内法に対する優位とその限界の問題は、国法秩序の外部から国法秩序内に入ってそこに地位を占めるものについての憲法の対応を考察する本書の、主たる関心事である。国法体系におけるEC法の適用可能性の限界については、連邦憲法裁判所において問題となった事案が示すように、基本権の保護が主要な論点を形成している。

一　基本法第七九条第三項

(1)　基本権保護と基本法第七九条第三項

基本法第七九条第三項は、「この基本法の改正によって、……第一条及び第二〇条に定められている原則に触れることは、許容されない」と規定する。そこで、基本権が、基本法第一条および第二〇条によってとくに保護されている限りにおいて、基本法第七九条第三項は基本権をもまた保護しているとされる[101]。基本法第七九条第三項が基本法第一条と結びついて示す基本権保護、および変更できない憲法の核心として基本法第七九条第三項が列挙するその他の基本原則は、EC法優位に対する制限をなすのである[102]。

しかし、基本法第一条および第二〇条において規定された「原則」の不可侵性を通じての基本権保護の範囲には議論の余地があり、曖昧な定式を越えて見出されるような具体化に到達するのは困難であるとする見解もある。[103] 多くの場合、基本法第二四条第一項に対する制限としては、基本権の核心領域の保護が挙げられている。[104]

(2) 「基本法第七九条第三項＋X」の定式

基本法第七九条第三項がEC法の適用に際してもまた尊重されなければならない基本法の核心領域を示しているということは適切であるが、基本法第七九条第三項の顧慮のみによって、十分な憲法的保護が提供されうるかは疑わしいとされる。

そこで、核心領域について、基本法第七九条第三項を基本的な内容としつつ、限界をさらにそれより広く設定する見解[105]がある。ここで、「基本法第七九条第三項＋X」の定式が示される。この「X」の部分に含まれる内容は、論者によってやや異なってくることとなる。基本権の領域について基本法第一九条第二項の本質的内容保障への拘束を主張する見解も、この「基本法第七九条第三項＋X」の定式に含まれるとされ、同様に、基本権の本質的内容に論及する連邦憲法裁判所判例も、この定式によって説明可能であるとされる。[106] 基本法第七九条第三項を援用するのではなく、基本法第二四条第一項の内在的限界として、連邦憲法裁判所が提示した憲法秩序アイデンティティ保護の定式を援用する見解もまた、この「基本法第七九条第三項＋X」の定式に含まれるとされる。[107]

この「基本法第七九条第三項＋X」の定式を超えて、基本法全体がEC法に対する限界となると主張するかに見える見解もある。例えば、次の二つの見解が、これに当てはまる。

第一の見解は、Solange I 決定の定式に依拠して、ＥＣ法の適用は、「憲法の基本構造」したがって「憲法アイデンティティ」に拘束されるとする。(108) そして、この「憲法アイデンティティ」による限界は、必ずしも基本法第七九条第三項の制限とは一致しないとする。基本法第七九条第三項は、「憲法アイデンティティ」をも変更しうる憲法改正によっても変更できない限界として定式化されたものであると考えるのである。つまり、この見解は、「憲法アイデンティティ」を基本法第七九条第三項が保護する範囲よりも相当広範なものと解するのである。そして、ＥＣ法の適用についての限界は、基本法第七九条全体であり、第三項だけではないとする。(109) つまり、「憲法アイデンティティ」に触れる場合には、基本法第七九条による基本法改正の手続を要求するのである。しかし、この見解が基本法第七九条全体を問題にするのは、一次的ＥＣ法、すなわち同意法律を必要とする基本条約に関してである。確かに、この見解は、基本法第二四条第一項の制限が基本法第七九条第三項にとどまるものではないとしているが、二次的ＥＣ法の国内適用に関しては、通説的見解と同様に基本権の核心領域の保護を求めているのである。したがって、このような高権移譲に際して基本法改正の手続を踏むことを要求する見解も、その要求の射程が基本条約締結の際の手続の問題にとどまることを考慮するならば、ＥＣ法の国内適用の限界の問題については、「基本法第七九条第三項＋Ｘ」の定式をもって記述しうるものと解される。

第二の見解は、ＥＣ法の適用を、無制限に、基本法全体に、とりわけ基本法第一条第三項によって、「基本法の基本権」に結びつけることを意図している。(110) 国内法とＥＣ法との起こりうる抵触を、この見解は、憲法上許容される基本権制限の枠内における「欧州統合上の公益」の顧慮によって解決することを意図し、(111) それによって、最終的に、「相対化された基本権拘束[112]」が提唱される。この見解は、基本権以外の制度的領域について、基本法第七九条第三項を越える拘束を否定するので[113]、この議論全体の射程は、著しく相対化されている。その際に、この見解もまた、「X」が基本権を象徴していると前提するならば、「基本法第七九条第三項＋X」をもって適切に記述されうるのではないかとされる[114]。

(3)　「基本法第七九条第三項－X」の否定

逆に、基本法第七九条第三項において規定された最小限度をさらに相対化し、権限付与の絶対的制限を緩和しようとする見解も存在する[115]。この見解については、「基本法第七九条第三項－X」の定式が当てはまるとされる。例えば、基本法第七九条第三項は、基本法第二四条第一項の不可欠の適用を最小限にしか妨げないように解釈することが要求される[116]。

しかし、それ自体は憲法改正から保護されていない基本法第二四条第一項の国際的協力についての憲法的決定が、憲法改正の限界をも超えることができるのかは疑問である。

二　基本法第一九条第二項

基本権領域におけるＥＣ法の適用可能性の限界に関しては、一般的に、「いかなる場合においても、基本権は、その本質的内容を侵害されてはならない」とする基本法第一九条第二項もまた、基本法第七九条第三項と並んで重要であるとされている。必ずしも詳細な理由づけがなされているわけではない場合も多いが、基本法第一九条第二項における基本権の本質的内容の保障を、基本法第二四条第一項についての制限として承認する見解が少なくないのである。[117]

基本法第一九条第二項がEC法の国内適用を制限しうることについては、国内機関は基本権の本質的内容を侵害するEC法の適用を憲法上の理由によって阻止される、という説明がある。[118] また、基本法第一九条第二項による基本権の本質的内容の保障は、基本法の法治国原理によって、基本法第七九条第三項を通じて確保されたとする見解がある。[119] 基本法第一九条第二項の本質的内容の保障は、それが基本法第一条および第二〇条に規定された原理の具体化と解されうる限りにおいて、基本法第七九条第三項と結びつけられて最低限の限界を示しているとする見解も存在する。[120]

前述のように多くの学説は基本法第七九条第三項を究極の限界として示すが、EC法に対する基本法の基本権による制約として、実際に、基本法第七九条第三項を適用するのか、そうではなくてむしろ基本法第一九条第二項の本質的内容保障を適用するのか、あるいは両方を同等に扱うのかは、必ずしも明確ではない場合もある。

三　基本法第一条第三項

学説は、また、「以下の基本権は、直接に妥当する法として、立法、執行権及び裁判を拘束する」と規定する基本法第一条第三項による、すべての国家権力の基本権への拘束を理由として、EC法による基本権制限に限界を設定する。[121] Solange I 決定に関する論争においても、基本法第一条第三項を通じての基本権による拘束が指摘された[122]。このことは、基本法第一条第三項による基本権保護が、ＥＣ法の優位性に対しても強く要請されることを示している。基本法の基礎にある法治国原理の要請として、基本法第二〇条とともに基本法第一条第三項による保護が求められ、そして基本法第一九条第四項によってその裁判上の保護が行われなければならないと主張される[123]。

しかし、基本法第一条第三項が、ＥＣ法の優位性に対する制限として、どの程度の強度を有するかについては、見解の相違もある。

一方の立場は、基本権の「本質」または「核心」に限定された国際機構による基本権保障では十分ではないという理由によって、および、基本法第一条第三項の基本権による厳格な拘束の例外は基本法第二四条第一項において明文をもって指示されていなければならないという理由によって、すべての基本権がＥＣ法の優位性に対する制限をなすとする[124]。基本法第二四条第一項には、基本権保護についての例外の明示はなされていないから、基本権は、通常の立法者によって進められる国際統合よりも強く保護を要請されており、このような国際化に優先しているとされる[125]。基本法の基本権部分すべてが国内法に対するＥＣ法の優位の限界となるという考え方は、連邦憲法裁判所の Solange I 決定に通ずるものがあるともいえる。

他方の立場は、基本法第一条第三項への国家機関の強力な拘束は、同じ基本法の規定である基本法第二四条第一項に基づいて発せられた法適用命令によって、緩和され、あるいは部分的に解放されているとする[126]。したがって、国内機関は基本法の基本権規定と抵触するようなＥＣ法であっても、適用することが可能となる。しかし、この見解も、基本法第一条第三項からの完全な解放を認めるものではない。あくまで、基本法

第七九条第三項との結びつきにおいて保護されている基本法第一条第三項と、基本法第二四条第一項との、統一的解釈が要請されるとするのである。この見解によってEC法に対する制限をなすとされるものは、基本権に関しては、基本法第一九条第二項のいう「本質的内容」と相通ずるものとなるであろう。[127] この考え方は、連邦憲法裁判所の Solange II 決定に通ずるものがあるともいえる。

ただし、前者の立場をとる有力な見解[128]は、「欧州統合上の公益」による基本権制限を認め、基本法の基本権規定のEC法適合的解釈を提唱しており、その場合には、この二つの立場の対立は相対的なものとなるであろう。この国内法のEC法適合的解釈の可能性について、つぎに考察することとする。

第四款　基本法のEC法適合的解釈

基本法の基本権は、国際法共同体の一般的利益ないしはEC統合の目的を顧慮して、必要な制限を受けるとし、EC法と基本法の抵触回避の方法として、基本法のEC法適合的解釈を提唱する見解がある。

一　国際的協力のための基本権制限

ECにとどまらず国際法共同体一般の利益による基本権の制限に関して、もっとも広範な主張を展開している見解は、連邦通常裁判所および連邦行政裁判所の判例[129]に見られる国際法上の公益の顧慮をもとに、一般に国際法共同体の一般的利益はドイツ連邦共和国の固有の公益でもあるということにまで射程を拡大している。[130] 基本権は、国内の公益の保護の事例においてだけではなく、外部の利益の一般的保護の事例においてもまた、制限されうるとするのである[131]。

しかしこの見解が自ら認めるように、この説明はすべての範囲において現在有効な法を記述しているのではないということが認められ[132]、この見解はなお少数説の地位に甘んじている。この見解の本質は、基本権をも含むすべての基本法規定に対するEC法の優位に帰着すると解されるのである。

二　「欧州統合上の公益」による基本権制限

それに対して、前款でも触れたように、基本法の基本権規定全体がEC法の優位性に対する制限となるとしつつ、基本法を含む国内法をEC法適合的に解釈することを提唱する見解が存在する。

少なからぬ論者が、基本法の基本権において欧州統合上の公益を顧慮することを主張しているとされる。基本法第二四条第一項の国際的協力についての憲法的決定による国法秩序の開放は、EC法に関する事案において、国内的な基本権保障を欧州統合に適合的に解釈することについての理論的許容性を生み出すとされる[133]。つまり、ドイツ連邦共和国の法秩序は、ECの共同体機能確保が国内的協力に頼らざるをえない場合には、その共同体機能を妨害しないという態度を表明しているのである。また、憲法の統一的解釈の原則は、高権の移譲が実施された後には、ECの共同体機能確保の要請を、基本権保護との衡量に算入することを命じている[134]。その限りにおいて、基本法自体が、基本法のEC法適合的解釈を命じているのである[135]。この観点の下で、ECの共同体機能確保に不可欠である限りにおいて、一次的EC法および二次的EC法による基本権制限は、たとえそれが国内機関には禁じられているものであっても、許容されうる[136]。また、衡量の差違によってＥＣ法上の人権と基本法上の基本権との間で基本権制限に相違が生じ、そしてそれによって、ＥＣ法上の要求と基本法の基本権との間の衝突という事態が起こりうるということが指摘される(137)。この衝突は、連邦憲法裁判所が基本権を制限する際に欧州統合上の公益を算入することによって調整される(138)。これについて理論的理由づけの可能性としては、基本法前文および基本法第二四条第一項において宣言されている、欧州統合に親和的な基本法の態度に言及する見解がある(139)。

ＥＣ法適合的解釈の対象となる国内法に対して、そもそもＥＣ法の優位に疑問がない場合、例えば法律のＥＣ法適合的解釈の場合には、これは、法律の憲法適合的解釈と同様に、上位規範に適合するように下位規範を解釈するということであるに過ぎない。

しかし、基本法の基本権部分がＥＣ法に優位するとしたうえで、そうした基本権規定についてＥＣ法適合的解釈を考える場合には、これは基本法の国際法調和性から導かれる国際法適合的解釈(140)に類するものであるということができるであろう。その際、基本法第七九条第三項、第一条、第二〇条、第一九条第二項等の原則が、ＥＣ法と基本法との調和を実現するための選択肢に限定をかけている(141)。基本権のＥＣ法適合的解釈は、基本法の基本権の本質的内容の明らかな侵害に際してのみ、ＥＣ法の内容が実現されないという結論へ導くとされる(142)。

このように基本権の本質的内容がＥＣ法適合的解釈に際しても保護されるのであれば、結論的には、通説的見解の理解と懸隔はないこととなろう。通説的見解も、基本法に対するＥＣ法の優位を認める部分において基本法規定のＥＣ法適合的解釈を行うことについては、論理的に排除する理由はないと考えられるのである。

三　EC法適合的解釈に関する連邦憲法裁判所の判断

このような基本権に関する欧州統合上の公益の顧慮について、連邦憲法裁判所の判例の中にすでにその徴候が見出され、とりわけ Solange I 決定および Solange II 決定において、国内法のEC法適合的解釈についての端緒が指摘されている。(143)

Solange I 決定においては、EC法と国内法との抵触の有無の判断および国内法のEC法適合的解釈について、次のような一般論が展開されている。すなわち、

「ECの設立によってECとその構成国との間に、権限を有する機関について、とりわけ、法の統制の責に任じられた二つの裁判所――欧州裁判所および連邦憲法裁判所――について発生した特別な関係から、まず第一に、その裁判における二つの法秩序の整合のために努力する義務が生じている。このことが成功しない限りにおいてのみ、一般に、上述した二つの法秩序の間の基本的な関係から結論を引き出すことを要求するような衝突が発生しうる(144)」

そのうえで、連邦憲法裁判所は、問題とされたEC法の規制を基本法第一二条に基づいて審査したが、しかし、明文をもって強調してはいないけれども、この基本権の制限についての正当化としての欧州統合上の公益をこの事案において許容しているとされる。(145)すなわち、

「問題とされている規定に含まれている制度は、経済的な流通が計画および実効的な統制なしには機能し

えないＥＣの現在の発展段階において、適切であるばかりではなく、（なお）不可欠であり、かつ、同様の実効性を有する、通常の、しかし市場適合的な他のシステムによっては補われえないのである。……この基準〔＝BVerfGE 7, 377 (405 f.) において立てられている営業規制の許容性についての判断基準〕の定立の下で、問題とされている規制は、基本法第一二条とは抵触しない。なぜなら、……ＥＣにとっての甚大な不利益を阻止するために熟慮するならば、当該規制は支持されるであろうからである[146]」

Eurocontrol I 決定においては、国際機構についての共同体機能確保のための妥協の必要性が顧慮され、そしてそこから、ドイツ連邦共和国による権利保護の相対化が許容されている[147]。

その傾向を、Solange II 決定が明らかに確認しているとされる。連邦憲法裁判所は、基本法において保障された基本権の制限に際して一定の欧州統合上の公益の算入の可能性を承認した[148]。Solange II 決定において、連邦憲法裁判所は以下のように判示している。

「とりわけＥＣ条約に規定された、基本法とも両立しうる目的設定を顧慮して、基本法との関係において、ＥＣの条約目的および公益目的との比較衡量問題が生じうる。それは、このような方法について、構成国法のレベルでは少なくとも直接的には判明しないようなものである。基本法によって保障された基本権もまた、規範的な意味統一体としての憲法の構造の中にあり、そしてそれに応じて、憲法によって規範化され、または憲法によって承認された他の法益との調和および調整において解釈・適用されなければならない。統一された欧州についての、および基本法第二四条第一項を通じて可能にされた超国家的協力の特別の形態についての、基本法前文における言明もまた、これに属する。それをもって、ＥＣの目的および特別の構造との調和において基本権を保持するＥＣのレベルでの規制もまた、基本法によって可能とされているのである[149]」

このように、連邦憲法裁判所の Solange I 決定および Solange II 決定において、基本法のＥＣ法適合的解釈の可能性が指摘されるのである。

四　「憲法秩序のアイデンティティ」保護とＥＣ法適合的解釈の間

ＥＣ法優位に対する憲法的制限を構成する部分、換言すればＥＣ法に優位する憲法規定は、基本法の基本権部分全体であると解するとしても、その基本権部分に対してＥＣ法適合的解釈を認めるのであれば、結果的には、ＥＣ法優位に対する憲法的制限を構成する部分は基本権の本質的内容であるとする見解と大差ないこととなろう。基本法の基本権のＥＣ法適合的解釈が許容されるとしても、それは基本権の本質的内容には及ばないのである。そのことは、基本法のＥＣ法適合的解釈を要請しているとされる連邦憲法裁判所の Solange I 決定が、他でもない憲法秩序のアイデンティティ保護の定式を打ち出してＥＣ法の優位性に対して制約を加えたものであることに如実に示されているとも考えられる。

結局のところ、基本法のＥＣ法適合的解釈がＥＣ法の優位性を根拠とするならば、それはＥＣ法と基本法の衝突の事例について別異の解決の可能性をもたらすものではないであろう。国際法調和性の原則に依拠するとしても、国際人権条約と憲法の人権規定のように同種の法益を保護している場合ではなく[150]、対立する法益が問題となる場合には、最終的な調整の判断はＥＣ法と基本法のいずれが優位するかに帰着することとなるのである。

第五款　外来的法源の優位と憲法秩序のアイデンティティの保護

一　連邦憲法裁判所の「憲法秩序のアイデンティティ」論と学説における基本法第七九条第三項基底的理解との架橋

基本法第二四条第一項とEC法の優位性およびその限界についての、連邦憲法裁判所判例および学説を検討してきた。

学説上は、今日、基本法第七九条第三項は基本法第二四条第一項による高権移譲についての基礎に置かれなければならないということに関して、一致が存在するとされる[151]。基本法第二四条第一項に基づいて法律によって行われる高権移譲は、基本法第七九条第一項・第二項による憲法改正よりも緩やかな条件にしか拘束されないと考えることはできない。基本法第七九条第三項の援用による基本法第二四条第一項の規定の制限は、ECへの高権移譲が実質的な憲法改正的作用をもたらすことからも正当化される[152]。

現在は基本法第二三条第一項第三文が、欧州連合の発展について、基本法第七九条第三項への拘束を明文によって規定している。しかし、基本法第二三条第一項に明文の規定があるということは、明文の規定がない基本法第二四条第一項は基本法第七九条第三項による拘束を受けないという反対解釈を許さない。基本法第二三条第一項第三文は、従来は基本法の条文において規範化されることなしに基本法第二四条第一項に適用されてきた制限を、単に明文化したに過ぎないのである[153]。

こうした学説の展開に対して、連邦憲法裁判所は、当初は直接に基本法第七九条第三項に言及することなしに、「ドイツ連邦共和国の現行憲法のアイデンティティ[154]」、ないしは「ドイツ連邦共和国の現行憲法秩序のアイデンティティ[155]」を基本法第二四条第一項の内在的な限界として提示した。しかし、その後、連邦憲法裁判所も、「ここで問題となっている高権移譲は、実質的にもまた、基本法第二四条第一項と両立しうる。つまり、当該高権移譲は、基本法の文言の先行的改正も必要としないし、基本法第七九条第三項の限界に違反してもいない[156]」と判示している。連邦憲法裁判所判例にいう「憲法秩序のアイデンティティ」論と基本法第二四条第一項の限界についての学説の分析は、基本的には、基本法第七九条第三項に収束すると考えられるのである。学説の側でも、連邦憲法裁判所判例にいう「憲法秩序のアイデンティティ」が当然に基本法第七九条第三項をその中心的内容とすると解するものが少なくない[157]。

ただし、基本法第二四条第一項についての連邦憲法裁判所の判例は、「憲法秩序のアイデンティティ」として「放棄できない、現行憲法の基本構造に属する本質的要素[158]」を構成するものが、専ら基本法第七九条第三項のみから獲得されうるのか否か、そして、その際いかなる意義が基本法第一九条第二項の意味における基本権の本質的内容に帰属するのかについて、明らかにしていない[159]。この点についてのSolange II決定の判示は、この本質的要素は「少なくとも」基本法の基本権部分の基礎にある法原理である、という形になっている[160]。

二　ＥＣ法優位の限界と憲法秩序のアイデンティティ

国法秩序におけるＥＣ法の優位は、基本法第二四条第一項に基づく法適用命令に根拠を置くとされる。Ｅ

C法についての法適用命令は、国内機関を基本法第一条第三項および第二〇条第三項への強力な拘束から一定程度解放する。[161] 連邦憲法裁判所の判例も、この点に関して一致している。[162] この基本権保護の限定された相対化は、基本法第二四条第一項における国際的協力についての憲法的決定から正当化されるのである。[163]

ＥＣ法優位の限界は、基本権の本質的内容、および変更できない憲法の核心として基本法第七九条第三項が挙げているその他の基本原則に見出される。すなわち、このことは、とりわけ、基本法の本質的構造を空洞化する、国際機構の法定立行為に当てはまる。連邦憲法裁判所によれば、「憲法秩序のアイデンティティ」として、「放棄できない、現行憲法の基本構造に属する本質的要素は、少なくとも、基本法の基本権部分の基礎にある法原理である[164]」とされる。「基本法第二四条第一項は、この法原理を相対化することを、留保なしに許容してはいない[165]」のである。基本権の本質的内容を侵害するＥＣ法は、ドイツ連邦共和国の法領域において、拘束力を有しない。基本法第二四条第一項に基づいて与えられた法適用命令の効力は、そのようなＥＣ法規定には及ばないと考えられるのである。この限界画定の背後にもまた、憲法の統一的解釈の要請が存在する。この憲法の統一的解釈の要請によって、すべての国家権力の基本法秩序への包括的な拘束（基本法第一条第三項および第二〇条第三項）と、基本法第二四条第一項における国際的協力についての憲法的決定との調和がもたらされるのである。[166]

このように、連邦憲法裁判所はＥＣ法優位の限界を「憲法秩序のアイデンティティ」と表現し、学説はさまざまな形でＥＣ法優位の限界を基本法規定によって根拠づけることを試みてきた。[167] いずれも、従来の議論の中心的課題は基本権保護であった。しかし、「憲法秩序のアイデンティティ」は基本権保護のみに限定さ

れるものではなく、基本法第七九条第三項が保護するものもまた含まれると考えられるのである。(168)

三　ドイツ基本法の基本的態度とEC法優位を許容ないしは承認する規定の構造

国法体系の外部で定立されて国法秩序内に入った法（外来的法源）と憲法との関係について、以下のことが重要である。ドイツ連邦共和国においては、基本法前文、基本法第一条第二項、第九条第二項、第二三条―第二六条、第五九条第二項、第一〇〇条第二項等から、国法秩序の国際法調和性、ないしは国際的開放性という基本法の基本的態度が看取される。この基本的態度を基調とする解釈によって、国際的協力についての憲法的決定として国際機構への高権移譲を許容する基本法第二四条第一項から、基本法を含む国内法に対するEC法の優位が導き出されてきた。基本法第二四条第一項は、国際機構の高権移譲のみを明文で規定している。ECへの高権移譲と国内法に対するEC法の優位とは別個の問題であると理解される以上、明文に規定のない後者を導き出す解釈が必要である。ここで、そのような解釈を支えているものが、基本法から看取される国法秩序の国際法調和性、ないしは国際的開放性と称されるものである。この基本法の基本的態度によって、国際的協力についての憲法的決定を示す基本法第二四条第一項は、国法秩序を対外的に開放する機能を有していると理解される。そして、基本法第二四条第一項が、共同体機能確保の要請に基づく優位要求が内在するEC法について国内的な法適用命令を認めることによって、国法秩序におけるEC法の優位を許容する構造を実現しているということが説明される。同時に、この基本法第二四条第一項に示された憲法的決定は、基本法における他の基本原則と統一的に解釈されなければならない。この統一的解釈の要請から、基本法第二四条第一項に基づくEC法の優位にも一定の憲法上の制限が存在することが明らかになるのである。

つまり、優位要求が内在している外来的法源の国法秩序における優位は、憲法によって認められ、憲法によって限界を画されるのである。

（1）*Frank Emmert*, Europarecht（München, C. H. Beck, 1996）S. 150, Rn. 14.

（2）*Stephan Hobe*, Der offene Verfassungsstaat zwischen Souveränität und Interdependenz（Berlin, Duncker & Humblot, 1998）S. 149. ECは、マーストリヒト条約によって、欧州連合という形において、基本法第二三条に固有の憲法上の基礎を獲得した。そこで、基本法第二四条第一項の実践的意味は、基本法第二三条の新設によって減少したとされる。しかし、高権移譲の理論、ならびに判例および学説におけるその憲法的制限に関する考察の成果は、基本法第二三条の枠組においても有用とされる。また、基本法第二四条第一項は、欧州連合の構成要素ではない、他の国際機構への高権移譲について、重要であり続けるとされる（*Ondolf Rojahn*, Art. 24, in: Ingo von Münch, Grundgesetz-Kommentar, Bd. II, 3. Aufl.（München, C. H. Beck, 1995）Rn. 9)。基本法第二四条第一項がその本質的な意義を最大限に発揮したのがECへの参加の事例であったとはいえ、特別法としての基本法第二三条が挿入された後も、基本法第二四条第一項は、その他の国際機構への高権移譲についての一般的な根拠規定として効力を維持しているのである（*Jürgen Schwarze*, Europäische Einflüsse auf das nationale Verfassungsrecht aus der Sicht ausgewählter Mitgliedstaaten — Deutscher Landesbericht, in: J. Schwarze（Hg.）Die Entstehung einer europäischen Verfassungsordnung. Das Ineinandergreifen von nationalem und europäischem Verfassungsrecht（Baden-Baden, Namos, 2000）S. 109［130 ff.］)。

（3）*Elvira Pfrang*, Das Verhältnis zwischen Europäischem Gemeinschaftsrecht und deutschem Recht nach der Maastricht Entscheidung des Bundesverfassungsgerichts（Frankfurt am Main, Peter Lang, 1997）S. 214;

Rojahn（Anm. 2）Rn. 9.

（4）本書においては、とくに第二三条第一項に言及する必要がある場合を除き、原則として第二四条第一項のみを挙げることとする。もちろん、基本法第二三条は高権移譲の方式に変更を加えており、そのほかにも、同条に固有の問題が存在する。基本法第二三条の成立と解釈について、岡田俊幸「ドイツ憲法の〈ヨーロッパ〉条項——基本法第二三条をめぐって」石川明=櫻井雅夫編『EUの法的課題』（慶應義塾大学出版会・一九九九年）一二九頁以下参照。

（5）*Christian Tomuschat*, § 172 Die staatsrechtliche Entscheidung für die internationale Offenheit, in: J. Isensee/P. Kirchhof (Hg.), Handbuch des Staatsrechts, Bd. VII（Heidelberg. C.F. Müller, 1992）Rn. 1.

（6）*Kraus Vogel*, Die Verfassungsentscheidung des Grundgesetzes für eine internationale Zusammenarbeit. Ein Diskussionsbeitrag zu einer Frage der Staatstheorie sowie des geltenden deutschen Staatsrechts（Tübingen, J.C.B. Mohr, 1964）.

（7）*Vogel*（Anm. 6）S. 35 f, 42.「国際的協力についての基本法の憲法的決定」は、同書の表題である。なお、連邦憲法裁判所も、その判示の中で言及している（BVerfGE 58, 1 [41]）。

（8）Vgl. *Rojahn*（Anm. 2）Rn. 1 f.; *Klaus Stern*, Das Staatsrecht der Bundesrepublik Deutschland, Bd. I, 2. Aufl.（München, C.H. Beck, 1984）S. 516; *Hans P. Ipsen*, Europäisches Gemeinschaftsrecht（Tübingen, J.C.B. Mohr, 1972）S. 59; *ders.*, Über Supranationalität, in: H. Ehmke u.a. (Hg), Festschrift für Ulrich Scheuner zum 70. Geburtstag（Berlin, Duncker & Humblot, 1973）S. 52; *Hans D. Jarass*, Art. 24, in: H.D. Jarass/B. Pieroth, Grundgesetz für die Bundesrepublik Deutschland, 5. Aufl.（München, C.H. Beck, 2000）Rn. 1.

（9）国際法調和性の原則は、国法体系において、国際法を尊重しつつ国際法と国内法との可能な限りの調和を確保することを要請するものである。国際人権条約の国内裁判所における実効性確保の場面でも援用されるが、その点について詳しくは、本書第二部および第三部において論及する。

（10）*Rojahn*（Anm. 2）Rn. 1.

(11) *Rojahn* (Anm. 2) Rn. 6. また、連邦憲法裁判所のマーストリヒト条約判決（BVerfGE 89, 155）も、「基本法第二三条および第二四条において規律された、欧州統合のための開放性」に言及している。国法秩序の国際法調和性ないし開放国家性の理念は、基本法のさまざまな部分で具体化されている（*Schwarze* (Anm. 2) S. 129）が、その顕著な具体化が基本法第二四条第一項であるとされるのである。このことは、視点を変えて見るならば、「基本法は、前文および第二四条第一項において、基本法の一般的な国際法調和性を特別の欧州的開放のために拡張する規定を用意している」（*Ulrich Maidowski*, Identität der Verfassung und Europäische Integration — BverfGE 73, 339, JuS 1988, 114 [115]）ということでもある。

(12) Vgl. *Albrecht Randelzhofer*, Art. 24 Abs. I (Dezember 1992), in: T. Maunz/G. Dürig/R. Herzog/R. Scholz, Grundgesetz. Kommentar (München, C. H. Beck) Rn. 4.

(13) *Herbert Krüger*, Über die Herkunft der Gewalt der Staaten und der sog. supranationalen Organisationen, DÖV 1959, 721 (724).

(14) *Rojahn* (Anm. 2) Rn. 7; *Christian Tomuschat*, Zweitbearbeitung des Art. 24, in: R. Dolzer (Hg.), Bonner Kommentar zum Bonner Grundgesetz (Hamburg, C. F. Müller, Stand: 1981/1985) Rn. 4.

(15) *Randelzhofer* (Anm. 12) Rn. 4.

(16) Vgl. *Randelzhofer* (Anm. 12) Rn. 17; *Tomuschat* (Anm. 14) Rn. 3. ただし、国際的協力の要請は、個々にはその射程距離に関してさまざまな強調度をもって述べられる。例えば、国家目的規定（*Ulrich Scheuner*, Staatszielbestimmungen, in: R. Schnur (Hg.), Festschrift für Ernst Forsthoff zum 70. Geburtstag (München, C. H. Beck, 1972) S. 325 [337]; *Randelzhofer* (Anm. 12) Rn. 21; *Tomuschat* (Anm. 14) Rn 3, 5; *Hans B. Brockmeyer*, Art. 24, in: B. Schmidt-Bleibtreu/F. Klein, Kommentar zum Grundgesetz, 9. Aufl. (Neuwied, Luchterhand, 1999) Rn. 1)、具体化課題（*Vogel* (Anm. 6) S. 44）、憲法目的（*Tomuschat* (Anm. 5) Rn. 37）、憲法政策的プログラムおよび国家目的（*Hermann Mosler*, § 175 Die Übertragung von Hoheitsgewalt, in: J. Isensee/P. Kirchhof

（Hg.）, Handbuch des Staatsrechts, Bd. VII（Heidelberg, C. F. Müller, 1992）Rn. 7, 8）等。

(17) *Rudolf Streinz,* Bundesverfassungsgerichtlicher Grundrechtsschutz und Europäisches Gemeinschaftsrecht: Die Überprufung grundrechtsbeschränkender deutscher Begründungs- und Vollzugsakte von Europäischem Gemeinschaftsrecht durch das Bundesverfassungsgericht（Baden-Baden, Nomos, 1989）S. 253 f., 271 ff.

(18) *Randelzhofer*（Anm. 12）Rn. 20; *Stern*（Anm. 8）S. 520; *Rojahn*（Anm. 2）Rn. 73 f.

(19) *Randelzhofer*（Anm. 12）Rn. 5. Vgl. *Ipsen,* Gemeinschaftsrecht（Anm. 8）S. 48 f.; *Rudolf Geiger,* Grundgesetz und Völkerrecht, 2. Aufl.（München, C. H. Beck, 1994）S. 207 f.

(20) 「実質的には憲法制定行為」（*Ernst Benda/Eckart Klein,* Das Spannungsverhältnis von Grundrechten und übernationalem Recht, DVBl. 1974, 389［393］）であるとする見解を受けて、さらに、「第二の憲法制定者」（*Ernst Forsthoff,* Wehrbeitrag und Grundgesetz. Rechtsgutachten über die Frage, ob die Verabschiedung des Gesetzes betr. den EWG-Vertrag（Art. 59 Abs. 2）eine Änderung des Grundgesetzes erfordert, in: Der Kampf um den Wehrbeitrag, Bd. II, 2. Halbband（München, Isar, 1953）S. 312［332 f.］）、「国際的憲法制定者」（*Josepf Kaiser,* Bewahrung und Veränderung demokratischer und rechtsstaatlicher Verfassungsstruktur in den internationalen Gemeinschaften, VVDStRL 23（1966）, 1［18］）を構想する見解も唱えられた。

(21) *Günter Gorny,* Verbindlichkeit der Bundesgrundrechte bei der Anwendung von Gemeinschaftsrecht durch die deutschen Staatsorgane（Berlin, Duncker & Humblot, 1969）S. 125 ff.

(22) *Werner Thieme,* Das Grundgesetz und die öffentliche Gewalt internationaler Staatengemeinschaften, VVDStRL 18（1959）, 50（55 f.）.Vgl. *Randelzhofer*（Anm. 12）Rn. 8.

(23) *Streinz*（Anm. 17）S. 218. Vgl. *Gorny*（Anm. 21）S. 122 ff.; *Rojahn*（Anm. 2）Rn. 29, 50; *Peter Badura,* Staatsrecht. Systematische Erläuterung des Grundgesetzes für die Bundserepublik Deutschland（München, C. H. Beck, 1986）S. 267, Rn. D 135; *Forsthoff*（Anm. 20）S. 329 f; *Folke Schuppert,* Die verfassungsrechtliche

Kontrolle der Auswärtigen Gewalt (Baden-Baden, Nomos, 1973) S. 25 f.; *Hermann von Mangoldt/Friedrich Klein*, Das Bonner Grundgesetz, Bd. I, 2. Aufl. (Berlin/Franfurt a. M., Franz Vahlen, 1957), Art. 24, Anm. III 4 b.

(24) Vgl. *Peter Badura*, Bewahrung und Veränderng demokratischer und rechtsstaatlicher Verfassungsstruktur in den internationalen Gemeinschaften, VVDStRL 23 (1964), 34 (67); *Forsthoff* (Anm. 20) S. 330 ff.; *Dietrich Küchenhoff*, Grundrechte und europäisches Staatengemeinschaftsrecht, DÖV 1963, 161 (165 f.); *Schuppert* (Anm. 23) S. 28; *Manfred Zuleeg*, Art. 24 Abs. 1, in: R. Bäumlin u. a., Kommentar zum Grundgesetz für die Bundesrepublik Deutschland, Bd. I, 2. Aufl. (Neuwied, Luchterhand, 1989), Rn. 18; *Kurt Ballerstedt*, Übernationale und nationale Marktordnung. Eine montanrechtliche Studie (Tübingen, J. C. B. Mohr, 1975) S. 58 ff.

(25) 基本法第二四条第一項に基づく法律による高権移譲には、基本法第七九条第二項に規定された憲法改正についての特別多数決の要件を課さないことによって、基本法は、国際的協力のための高権移譲を容易にするという特別の意思を強調しているとされる（*Schwarze*（Anm. 2）S. 131 f.）。

(26) Vgl. *Tomuschat* (Anm. 14) Rn. 34; *Randelzhofer* (Anm. 12) Rn. 9; *Rojahn* (Anm. 2) Rn. 27.

(27) *Randelzhofer* (Anm. 12) Rn. 9.

(28) *Karl H. Friauf*, Die Bindung deutscher Verfassungsorgane an das Grundgesetz bei Mitwirkung an europäischen Organakten, in: K. H. Friauf/R. Scholz, Europarecht und Grundgesetz: Betrachtungen von materiell- und formalrechtlichen Problemen bei Schaffung und Umsetzung sekundären Gemeinschaftsrechts (Berlin, Duncker & Humblot, 1990) S. 11 (24).

(29) *Paul Kirchhof*, §183 Der deutsche Staat im Prozess der europäischen Integration, in: J. Isensee/P. Kirchhof (Hg.), Handbuch des Staatsrechts, Bd. VII (Heidelberg, C. F. Müller, 1992) Rn. 58.

(30) *Peter M. Huber*, Bundesverfassungsgericht und Europäischer Gerichtshof als Hüter der Gemeinschaftsrechtlichen Kompetenzordnung, AöR 116 (1991), 210 (226); *Randelzhofer* (Anm. 12) Rn. 10.

(31) *Randelzhofer* (Anm. 12) Rn. 11.

(32) *Friauf* (Anm. 28) S. 24.

(33) *Randelzhofer* (Anm. 12) Rn. 12.

(34) Vgl. *Georg Ress*, Verfassungsrechtliche Auswirkungen der Fortentwicklung völkerrechtlicher Verträge. Überlegungen zum Verhältnis des Grundgesetzes zur Europäischen Wirtschaftsgemeinschaft und zur Europäischen Menschenrechtskonvention, in: W. Fürst/R. Herzog/D. C. Umbach (Hg.), Festschrift für Wolfgang Zeidler, Bd. II (Berlin/New York, Walter de Gruyter, 1987) S. 1775 (1785 f.).

(35) *Randelzhofer* (Anm. 12) Rn. 12.

(36) Vgl. *Tomuschat* (Anm. 14) Rn. 15.

(37) Vgl. Hobe (Anm. 2) S. 143; Tomuschat (Anm. 14) Rn. 16; Mosler (Anm. 16) Rn. 41.

(38) *Randelzhofer* (Anm. 12) Rn. 55.

(39) *Tomuschat* (Anm. 14) Rn. 8; *Mosler* (Anm. 16) Rn. 17.

(40) *Tomuschat* (Anm. 14) Rn. 8 f. Vgl. *Rojahn* (Anm. 2) Rn. 71.

(41) *Tomuschat* (Anm. 14) Rn. 10, 17, 73, 76. Vgl. *Huber* (Anm. 30), 224 f.

(42) *Tomuschat* (Anm. 14) Rn. 62.

(43) *Randelzhofer* (Anm. 12) Rn. 56.

(44) *Rojahn* (Anm. 2) Rn. 18.

(45) BVerfGE 68, 1 (93 ff.).

(46) *Tomuschat* (Anm. 5) Rn. 47; *Randelzhofer* (Anm. 12) Rn. 187; *Rojahn* (Anm. 2) Rn. 44.

(47) *Pfrang* (Anm. 3) S. 210. Vgl. *Gorny* (Anm. 21) S. 72 f.

(48) *Randelzhofer* (Anm. 12) Rn. 12.

(49)　*Tomuschat* (Anm. 14) Rn. 79.

(50)　*Rojahn* (Anm. 2) Rn. 70; *Tomuschat* (Anm. 14) Rn. 76.

(51)　Vgl. *Randelzhofer* (Anm. 12) Rn. 16.

(52)　*Randelzhofer* (Anm. 12) Rn. 16.

(53)　*Kirchhof* (Anm. 29) Rn. 63; *Huber* (Anm. 30), 248.

(54)　このようにして承認されるEC法の優位は、すでに確認されたように、適用上の優位であって効力上の優位ではない（*Udo Di Fabio*, Richtlinienkonformität als ranghöchstes Normauslegungsprinzip? Überlegungen zum Einfluß des indirekten Gemeinschaftsrechts auf die nationale Rechtsordnung, NJW 1990, 947 [951]; *Stern* (Anm. 8) S. 544. さらに、適用上の優位について、Vgl. *Thomas Oppermann*, Europarecht, 2. Aufl. (München, C. H. Beck, 1999) Rn. 632 f.)。

(55)　外部の高権保持者に対する国法秩序の開放こそが、高権移譲の本質的内容であると考えることも可能である (Vgl. *Brockmeyer* (Anm. 16) Rn. 1; *Kirchhof* (Anm. 29) Rn. 58)。高権を行使する国際機構の創設は条約によって行われるのであって、ドイツ連邦共和国が基本法第二四条第一項に基づいて「法律によって」行うのは、そのような国際機構の高権がドイツ連邦共和国の内部で行使されることに対して国法秩序を開放し、国際機構の法的行為が国内において貫徹されることを許容するという、国内的な決定である (*Tomuschat* (Anm. 14) Rn. 16)。連邦憲法裁判所の判例も、そのように解することができるかもしれない。しかし、基本法第二四条第一項の限界の問題との関連では、高権移譲の権限付与と国法秩序の開放という二つの機能を分けておく方が有用であると考えられる。

(56)　Vgl. *Gorny* (Anm. 21) S. 73, 75 f.

(57)　*Pfrang* (Anm. 3) S. 211.

(58)　*Eberhard Grabitz*, Gemeinschaftsrecht bricht nationales Recht (Hamburg, J. F. Zeller, 1966) S. 41 f., 57 f.

(59)　*Pfrang* (Anm. 3) S. 212.

(60)　ただし、国内法の適用不可能という帰結は、実践的な結果においては、一般的無効に遜色のないものであることも指摘される。さらに、適用上の優位は、法規範同士の抵触だけではなく、適用上の衝突においても作用するという意味で、効力上の優位よりも広範な影響を有するが、憲法に対するEC法優位の制限は、実務上の意味よりもむしろ原理的ないし象徴的意味を有するとする見解がある（*Hans D. Jarass*, Grundfragen der innerstaatlichen Bedeutung des EG-Rechts（Köln/Berlin/Bonn/Münchén, Carl Heymanns, 1994）S. 3）。適用上の優位と一般的な無効の帰結を伴う優位（効力上の優位）との間の区別は、実際には、法的な問題というよりも「政治哲学的」な種類の問題であるという指摘もある（*Rojahn*（Anm. 2）Rn. 72）。

(61)　Vgl. *Tomuschat*（Anm. 14）Rn. 81.

(62)　*Randelzhofer*（Anm. 12）Rn. 68; *Friauf*（Anm. 28）S. 22 ff. なお、*Rojahn*（Anm. 2）Rn. 51も、この二つの問題の区別を前提としている。*Huber*（Anm. 30）, 230も、そのように解される。ただし、従来は、この両者が明確に区別されず、両者の問題領域についての論述が重なっていることは少なくなかった（*Randelzhofer*（Anm. 12）Rn. 130）。

(63)　*Stern*（Anm. 8）S. 536.

(64)　*Maidowski*（Anm. 11）, 115.

(65)　なお、学説の多くは、国際機構の法の適用可能性について、二次的EC法を直接的に基本法第二四条第一項を基準として審査するのではなく、国内機関のEC法の適用義務の問題として扱うべきであるとする。つまり、国内機関のEC法適用ないし実施または国内裁判所の判断に対する憲法異議が可能であるとする（Vgl. *Eckart Klein*, Der Verfassungsstaat als Glied einer europäischen Gemeinschaft, VVDStRL 50（1991）, 56 [82]）。これに対して、連邦憲法裁判所の判例は、国内機関の適用行為の憲法裁判的コントロールの枠内において必然的に二次的EC法の憲法適合性の審査に及ぶと考えてきたものと解される。連邦憲法裁判所は、マーストリヒト条約判決において、EC法の憲法適合性を直接的に審査することを確認した。もちろん、そのような連邦憲法裁判所の審査権は、欧州裁判所との「協力関係」において行使されるという制約が付されている。

(66)　*Streinz*（Anm. 17） S. 220 f. これに加えて、基本法前文および第九条第二項が援用されることもある（*Tomuschat*（Anm. 14） Rn. 49）。

(67)　*Richard Thoma,* Gutachten über die Frage, ob vor Verabschiedung des Zustimmungsgesetzes zum Vertrag über die Gründung der Europäischen Verteidigungsgemeinschaft vom 27. Mai 1962 das Grundgesetz geändert oder ergänzt werden muß, in: Der Kampf um den Wehrbeitrag, Bd. II, 2. Halbband（München, Isar, 1953） S. 155（158 ff.）.

(68)　*Thoma*（Anm. 67） S. 163 f.

(69)　*Konrad Zweigert,* Der Einfluß des Europäischen Gemeinschaftsrechts auf die Rechtsordnungen der Mitgliedstaaten, RabelsZ 28（1964）, 601（640 f.）; *Erich Kaufmann,* Rechtsgutachten zum Verträge über die Gründung der Europäischen Verteidigungsgemeinschaft und zum Deutschlandvertrage, in: Der Kampf um den Wehrbeitrag, Bd. II, 2. Halbband（München, Isar, 1953） S. 42（53）.

(70)　Vgl. *Dieter Emrich,* Das Verhältnis des Rechts der Europäischen Gemeinschaften zum Recht der Bundesrepublik Deutschland（Marburg, N. G. Elwert, 1969） S. 136 ff.; *Tomuschat*（Anm. 14） Rn. 54 ff.

(71)　*Hans Kruse,* Struktuelle Kongruenz und Homogenität, in G. Arbeitskreis（Hg.）, Mensch und Staat in Recht und Geschichte, Festschrift für Herbert Kraus zum 70. Geburtstag（Kitzingen, Holzner, 1954） S. 112 ff.; *Ewald Bucher,* Verfassungsrechtliche Probleme des Gemeinsamen Marktes, NJW 1957, 850 ff.

(72)　*Herbert Kraus,* Das Erfordernis struktureller Kongruenz zwischen der Verfassung der Europäischen Verteidigungsgemeinschaft und dem Grundgesetz, in: Der Kampf um den Wehrbeitrag, Bd. II, 2. Halbband（München, Isar, 1953） S. 545（550）.

(73)　*Kraus*（Anm. 72） S. 551.

(74) *Tomuschat*（Anm. 14）Rn. 55.

(75) *Ulrich Scheuner*, Der Grundrechtsschutz in der Europäischen Gemeinschaft und die Verfassungsrechtsprechung. Zum Beschluß des Bundesverfassungsgerichts vom 29. Mai 1974, AöR 100（1975）, 30（45 f.）. 基本法第二三条に導入された「構造保障条項」についても、同じ問題が指摘される。岡田・前掲論文（注4）一三七―一四三頁参照。

(76) *Kaiser*（Anm. 20）, 16 ff.; *Badura*（Anm. 24）, 37 ff.; *Tomuschat*（Anm. 14）Rn. 60.

(77) *Pfrang*（Anm. 3）S. 216.

(78) Vgl. *Stern*（Anm. 8）S. 536; *Emrich*（Anm. 70）S. 137.

(79) Vgl. *Lontin-Jean Constantinesco*, Das Recht der Europäischen Gemeinschaften I. Das institutionelle Recht（Baden-Baden, Nomos, 1977）S. 709 ff.

(80) *Streinz*（Anm. 17）S. 223. Vgl. *Tomuschat*（Anm. 14）Rn. 57.

(81) *Benda/Klein*（Anm. 20）, 393 f.

(82) Vgl. *Friauf*（Anm. 28）S. 19 f. 基本権保護の問題については、さらに、国際機構の機関における構成国の代表者の活動（例えば、閣僚理事会における二次的EC法の制定）の段階の存在が指摘される。

(83) *Wilherm Wengler*, Grundrechtsminimum und Äquivalenz der Grundrechtsschutzsysteme, JZ 1968, 327（328 f.）, vgl. *ders.*, Anmerkung zu BVerfG, Beschluß vom 18. 10. 1967 JZ 1968, 100（101 f.）.

(84) *Tomuschat*（Anm. 14）Rn. 67.

(85) *Tomuschat*（Anm. 5）Rn. 53; *ders.*,（Anm. 14）Rn. 61; *Mosler*（Anm. 16）Rn. 66.

(86) *Streinz*（Anm. 17）S. 225.

(87) *Dietrich Ehle*, Verfassungskontrolle und Gemeinschaftsrecht, NJW 1964, 321（322）.

(88) Vgl. *Randelzhofer*（Anm. 12）Rn. 89; *Tomuschat*（Anm. 14）Rn. 50.

(89) *Tomuschat*（Anm. 14）Rn. 51.

(90) *Streinz*（Anm. 17）S. 221. Vgl. *Stern*（Anm. 8）S. 535 f.

(91) *Randelzhofer*（Anm. 12）Rn. 68.

(92) *Huber*（Anm. 30），233, 241; *Streinz*（Anm. 17）S. 83 ff.; *Matthias Herdegen*, Europäisches Gemeinschaftsrecht und die Bindung deutscher Verfassungsorgane an das Grundgesetz, Bemerkungen zu neueren Entwicklungen nach dem "Solange II"-Beschluß, EuGRZ 1989, 309（311）; *Friauf*（Anm. 28）S. 33 ff.; *Helmut Henrichs*, Gemeinschaftsrecht und nationale Verfassungen, Organisations- und verfahrensrechtliche Aspekte einer Konfliktlage, EuGRZ 1990, 413（417 ff.）.

(93) *Randelzhofer*（Anm. 12）Rn. 135; Huber（Anm. 30），234.

(94) *Randelzhofer*（Anm. 12）Rn. 135.

(95) *Randelzhofer*（Anm. 12）Rn. 135, Fn. 384.

(96) *Randelzhofer*（Anm. 12）Rn. 135. Vgl. *Mosler*（Anm. 16）Rn. 66.

(97) *Randelzhofer*（Anm. 12）Rn. 136. ただし、ECの場合には、法適用命令の基礎となった基本条約からの二次的EC法の逸脱は、欧州裁判所によって審査されることとなる。したがって、構成国の国内機関は、適用可能性に疑いのあるEC法については、EC条約第二三四条（旧第一七七条）の手続によって、欧州裁判所に移送して、その判断を仰ぐこととなる（Vgl. *Randelzhofer*（Anm. 12）Rn. 136）。しかしながら、連邦憲法裁判所が、法適用命令の範囲内にあるか否かを審査するに際して、二次的EC法が基本条約による授権の範囲を逸脱していることを独自に審査・判断することとなれば、欧州裁判所が独占するはずの基本条約の解釈権との衝突が生じるおそれがある。Vgl. *Hans D. Jarass*, Art. 23, in: H. D. Jarass/B. Pieroth, Grundgesetz für Bundesrepublik Deutschland, 5. Aufl.（München, C. H. Beck, 2000）Rn. 36.

(98) *Randelzhofer*（Anm. 12）Rn. 137. Vgl. *Karl Th. Rauser*, Die Übertragung von Hoheitsrechten auf auslän-

dische Staaten: zugleich ein Beitrag zur Dogmatik des Art. 24 I GG（München, C. H. Beck, 1991）S. 27.

(99) *Randelzhofer*（Anm. 12）Rn. 137.

(100) *Rojahn*（Anm. 2）Rn. 75. この問題は、前述の連邦憲法裁判所のSolange II決定以降に論争となった、連邦憲法裁判所はEC法に関する個別事案においても審査権を行使しうるか、という問題と類似の性質を有すると考えられる。つまり、高権を移譲する立法者についての制限から得られるのは、一般的な保護にとどまると解されるであろう。

(101) *Mosler*（Anm. 16）Rn. 66; *Rudolf Bernhardt,* § 174 Verfassungsrecht und völkerrechtliche Verträge, in: J. Isensee/P. Kirchhof（Hg.）, Handbuch des Staatsrechts, Bd. VII（Heidelberg, C. F. Müller, 1992）Rn. 26; *Stern*（Anm. 8）S. 538.

(102) *Rojahn*（Anm. 2）Rn. 74; Schwarze（Anm. 2）S. 137.

(103) Vgl. *Günter Dürig,* Art. 1（1958）, in: T. Maunz/G. Dürig/R. Herzog/R. Scholz, Grundgesetz. Kommentar（München, C. H. Beck）Rn. 73 ff.

(104) Vgl. *Georg Erler,* Das Grundgesetz und die öffentliche Gewalt internationaler Staatengemeinschaften, VVDStRL 18（1959）, 7（44 f.）; *Albert Bleckmann,* Sekundäres Gemeinschaftsrecht und deutsche Grundrechte. Zum Beschluß des BVerfG vom 29. Mai 1974, Zur Funktion des Art. 24 Abs. 1 Grundgesetz, ZaöRV 35（1975）, 79（84）.

(105) *Herdegen*（Anm. 92）, 312; *ders.,* Die Belastbarkeit des Verfassungsgefüges auf dem Weg zur Europäischen Union, EuGRZ 1992, 589（592 f.）; *Klein*（Anm. 65）, 69; *Gerhard Robbers,* Die Änderungen des Grundgesetzes, NJW 1989, 1325（1326）; *Theodor Schlling,* Die deutsche Verfassung und die europäische Einigung, AöR 116（1991）, 32（52 f.）.

(106) *Randelzhofer*（Anm. 12）Rn. 90.

(107) Ebd.

(108) *Huber* (Anm. 30), 226 f.

(109) *Huber* (Anm. 30), 227 ff.

(110) *Streinz* (Anm. 17) S. 252.

(111) *Streinz* (Anm. 17) S. 260 ff.

(112) *Streinz* (Anm. 17) S. 32.

(113) Streinz (Anm. 17) S. 257.

(114) *Randelzhofer* (Anm. 12) Rn. 86. しかも、次款において考察するように、この見解は「欧州統合上の公益」によって基本権保護を相対化するので、「基本法第七九条第三項＋X」の定式で説明しうる他の多くの見解と結論的な相違は大きくないこととなる。

(115) Vgl. *Randelzhofer* (Anm. 12) Rn. 91; *Stephanie Uhrig,* Die Schranken des Grundgesetzes für die europäische Integration: Grenzen der Übertragung von Hoheitsrechten nach dem Grundgesetz am Beispiel des Vertrages von Maastricht (Berlin, Duncker & Humblot, 2000) S. 77 ff.

(116) *Ipsen,* Gemeinschaftsrecht (Anm. 8) S. 66.

(117) *Randelzhofer* (Anm. 12) Rn. 144; *Rojahn* (Anm. 2) Rn. 74; *Huber* (Anm. 30), 235; Mosler (Anm. 16) Rn. 66; *Tomuschat* (Anm. 14) Rn. 79; *Constantinesco* (Anm. 79) S. 713; *Jochen Abr. Frowein,* Europäisches Gemeinschaftsrecht und Bundesverfassungsgericht, in: C. Starck (Hg.), Bundesverfassungsgericht und Grundgesetz. Festgabe aus Anlass des 25 jährigen Bestehens des Bundesverfassungsgerichts Bd. II (Tübingen, J. C. B. Mohr, 1976) S. 187 (210); *Gerhard Hoffmann,* Internationales Verwaltungsrecht, in: Ingo von Münch (Hg.), Besonderes Verwaltungsrecht, 7. Aufl. (Berlin/New Zork, Walter de Gruyter, 1985) S. 851 (867); Manfred Zuleeg, Das Bundesverfassungsgericht als Hüter der Grundrechte gegenüber der Gemeinschaftsgewalt.

Anmerkung zum Beschluß des BVerfG vom 29. 5. 1974, DÖV 1975, 44（45）; *ders.*, Zum Standort der verfassungsstaats im Geflecht der internationalen Beziehungen, DÖV 1977, 462（466）; *ders.*, Das Recht der Europäischen Gemeinschaften im innerstaatlichen Bereich（Köln, Carl Heymanns, 1969）S. 163.

(118) *Rojahn*（Anm. 2）Rn. 74.

(119) *Gorny*（Anm. 21）S. 138 ff., 141 ff., vgl. *Theodor Maunz/Günter Dürig*, Art. 79（1960）, in: T. Maunz/G. Durig/R. Herzog/R. Scholz, Grundgesetz. Kommentar（München, C. H. Beck）Rn. 42.

(120) *Streinz*（Anm. 17）S. 224 f.

(121) 基本法第一条第三項が基本法第二四条第一項の限界を構成するという考え方は、早くから存在する。Vgl. *Theodor Maunz*, Verfassungsrechtliche Grundlagen der deutsch-alliierten Verträge, in: Der Kampf um den Wehrbeitrag, Bd. II, 2. Halbband（München, Isar, 1953）S. 591（599 f.）.

(122) *Hans H. Rupp*, Zur bundesverfassungsgerichtlichen Kontrolle des Gemeinschaftsrechts am Maßstab der Grundrechte, NJW 1974, 2153（2154）; *Detlev Schumacher*, Die Konkordanz des nationalen mit dem Gemeinschaftsrecht in der Rechtsprechung. Bemerkungen zum Beschluß des Bundesverfassungsgerichts vom 29. 5. 1974, DB 1975, 677（680）. Vgl. *Hans-Joachim Schniewind*, Vollstreckung und Vollstreckungsrechtsbehelfe im Recht der Europäischen Gemeinschaften（Stuttgart, W. Kohlhammer, 1972）S. 63 f.; *Henning Schwaiger*, Zum Grundrechtsschutz gegenüber den Europäischen Gemeinschaften. Unter besonderer Berücksichtigung vollstreckbarer Titel, NJW 1970, 975（979）.

(123) *Schniewind*（Anm. 122）S. 63 f.

(124) *Streinz*（Anm. 17）S. 226.

(125) Ebd.

(126) *Randelzhofer*（Anm. 12）Rn. 135; *Rojahn*（Anm. 2）Rn. 73.

(127) *Rojahn* (Anm. 2) Rn. 74.

(128) *Streinz* (Anm. 17) S. 226.

(129) BGHZ 34, 169 (177 f.); 59, 82 (85 f.); BVerwGE 42, 143 (145 ff.).

(130) *Albert Bleckmann,* Staatsrecht II, Die Grundrechte, 3. Aufl. (Köln/Berlin/Bonn/München, Carl Heymanns, 1989) S. 371; ders., Die Völkerrechtsfreundlichkeit der deutschen Rechtsordnung, DÖV 1979, 309 (315 ff.).

(131) *Bleckmann,* Staatsrecht II (Anm. 130), S. 371; *ders.,* Völkerrechtsfreundlichkeit (Anm. 130) 316 f.

(132) *Bleckmann,* Völkerrechtsfreundlichkeit (Anm. 130), 309.

(133) *Streinz* (Anm. 17) S. 228.

(134) Ebd.

(135) *Gorny* (Anm. 21) S. 155; *Streinz* (Anm. 17) S. 228; *Rojahn* (Anm. 2) Rn. 69; *Jarass* (Anm. 97) Rn. 36; *Bernt Bühnemann,* Die Niederlassungsfreiheit von Versicherungsunternehmen in Gemeinsamen Markt. Zugleich eine Studie über die Rechtsangleichung von Tatbeständen des öffentlichen und privaten Rechts (Karlsruhe, Verlag Versicherungswirtschaft, 1967) S. 66 f. なお、EC法の憲法適合的解釈について、*Karl H. Friauf,* Die Notwendigkeit einer verfassungskonformen Auslegung im Recht der westeuropäischen Gemeinschaften, AöR 85 (1960) 224 ff.

(136) *Streinz* (Anm. 17) S. 228.

(137) *Scheuner* (Anm. 75), 46.

(138) *Streinz* (Anm. 17) S. 229 f. しかしながら、欧州統合上の公益が基本法の基本権を制限しうるか否かという問題の前提にも、EC法と基本法のいずれから基本権制限の具体化についての基準が読み取られうるのかという問題の存在を指摘する見解もある（*Michael Schweitzer,* Das System der Erzeugungsquoten in der Europäischen

Gemeinschaft für Kohle und Stahl, NJW 1982, 2705 [2706])。

(139) *Michael Schweitzer,* Zur neueren Entwicklung des Verhältnisses von EG-Recht und bundesdeutschen Grundrechten, JA 1982, 174 (179).

(140) 本書第二部第二章第二節第一款参照。

(141) *Bühnemann* (Anm. 135) S. 66 f.

(142) *Streinz* (Anm. 17) S. 228 f.

(143) *Streinz* (Anm. 17) S. 226 ff. 連邦憲法裁判所の一九五八年七月一〇日決定 (BVerfGE 8, 71 [79]) において、葡萄栽培の法的規制は「そのうえさらに――例えば欧州共同市場を顧慮して――必要であることが明らかになりうるとされた例、等が指摘されている。

(144) BVerfGE 37, 271 (277 f.).

(145) *Streinz* (Anm. 17) S. 237.

(146) BVerfGE 37, 271 (288 f.).

(147) BVerfGE 58,1 (28, 41).

(148) *Streinz* (Anm. 17) S. 238 f.

(149) BVerfGE 73, 339 (386).

(150) 国際人権条約と憲法の人権規定との間でも衝突が発生する可能性はある。その場合には、条約に対して憲法が優位するという理解を前提とする限り、国際人権条約適合的解釈は実現されない。

(151) Vgl. *Randelzhofer* (Anm. 12) Rn. 95 ff.; *Mosler* (Anm. 16) Rn. 66; *Kirchhof* (Anm. 29) Rn. 59; *Josef Isensee,* §115 Grundrechtsvoraussetzungen und Verfassungserwartungen an die Grundrechtsausübung, in: J. Isensee/P. Kirchhof (Hg.), Handbuch des Staatsrechts, Bd. V (Heidelberg, C. F. Müller, 1992) Rn. 69.

(152) *Rojahn* (Anm. 2) Rn. 50.

(153) Ebd.; *Schwarze*（Anm. 2）S. 137.

(154) BVerfGE 37, 271（279）.

(155) BVerfGE 73, 339（375）.

(156) BVerfGE 68,1（96）.

(157) *Kirchhof*（Anm. 29）Rn. 59. Vgl. *Hobe*,（Anm. 2）S. 443; *Schwarze*（Anm. 2）S. 137.

(158) BVerfGE 73, 339（376）.

(159) *Rojahn*（Anm. 2）Rn. 51. この点について分析するものとして、*Randelzhofer*（Anm. 12）Rn. 69-79.

(160) この点に関しては、学説の立場も多様である Vgl. *Rojahn*（Anm. 2）Rn. 51. 連邦憲法裁判所が基本法第一九条第二項をEC法の優位性についての制限としていると解することに疑問を示す見解もある（Vgl. *Herdegen*（Anm. 92）, 312）。

(161) *Rojahn*（Anm. 2）Rn. 73; *Randelzhofer*（Anm. 12）Rn. 135, 138; *Klein*（Anm. 65）, 81; *Huber*（Anm. 30）, 224, 234; *Friauf*（Anm. 28）S. 28.

(162) BVerfGE 73, 339（376）; 58, 1（40）.

(163) *Rojahn*（Anm. 2）Rn. 73.

(164) BVerfGE 73, 339（376）.

(165) BVerfGE 73, 339（376）.

(166) *Rojahn*（Anm. 2）Rn. 74. 整合の要請について、*Huber*（Anm. 30）, 234, 236が適切に述べている。*Klein*（Anm. 65）, 81も結果おいて同旨である。*Randelzhofer*（Anm. 12）Rn. 135 ff. も、この点について、基本的に同様の理解であると解される。

(167) Vgl. *Mosler*（Anm. 16）Rn. 65 ff.

(168) Vgl. *Mosler*（Anm. 16）Rn. 67; *Hobe*（Anm. 2）S. 144.

終　章　国法体系における条約の分類と日本国憲法

第一節　外来的法源と憲法の対応

第一款　外来的法源の優位要求と憲法の対応

一　国法体系における外来的法源

本書は、憲法（ここではドイツ基本法）に対するEC法の優位の問題を手がかりとして、国法秩序の外部から国法秩序内に入ってそこに地位を占めるものとしての外来的法源に対して憲法が国法体系においてどのように対応しうるかを考察してきた。

この意味では、EC法は従来の条約と同様の枠組において扱うことが可能であるはずである。一次的EC法たる基本条約は、その名の通り「条約」として締結されながら、EC法として国内法に対する優位が認められていることにも、注意が喚起されなければならない。憲法学が国法体系における外来的法源の問題を考察するに際しては、EC法は、実際の相違点を超えて過度に特別視されるべきではないと考えられる。

二　ＥＣ法の特質

ＥＣ法の特質とされるものは、国際的共同体において構成国が同一の基準の下に行動する、すなわちＥＣ法の統一的適用を実現するための、共同体機能確保の要請に基づくものである。

「直接的効力／直接効果」についても、条約について国際法学において論じられてきた「直接適用可能性」と懸隔のあるものではないと解される。条約の国内適用について保守的な理論ないし慣行を有する構成国が多かった状況において、構成国におけるＥＣ法の統一的適用を確保するために、通常の条約とは異なるという点が欧州裁判所において強調されたものと考えられるのである。

構成国におけるＥＣ法の統一的適用を確保するためには、構成国の国内法と矛盾・抵触する場合であっても、ＥＣ法の適用が維持されなければならないこととなる。ここに、ＥＣ法の優位要求が存在している。ＥＣ法が構成国の憲法にも優位するということの実質的意味は、自国の憲法に抵触するという理由をもってしても構成国におけるＥＣ法の適用を妨げることができない、ということである。

三　ドイツ基本法の対応

このような優位要求が内在するＥＣ法に対して、ドイツ連邦憲法裁判所は、「連邦は、法律により、高権を国際機構に移譲することができる」と規定する基本法第二四条第一項の解釈として、「基本法第二四条第一項は、ドイツ連邦共和国のその高権領域についての排他的な支配要求を撤回し、その高権領域内部での他の源泉からの法の直接的な効力および適用可能性に余地を残すという方法で、ドイツ連邦共和国の法秩序を開放することを可能にしている」とし、さらに、「基本法第二四条第一項は、確かに、国際機構によって定立された法の直接的な効力および適用可能性だけを指示したのではなく、さらに、直接的に、この国際機構の法と国内法との関係、例えば適用上の優位の問題を規律している」としている。そして、EC法には、EC条約の内容に基づいて適用上の優位が承認ないし許容されていると理解している。ただし、基本法第二四条第一項にも憲法上の限界が内在するとして、基本法第二四条第一項は「国際機構についての高権の承認の方法においては、ドイツ連邦共和国の現行憲法秩序のアイデンティティを、憲法秩序の基本構造への、すなわち憲法秩序のアイデンティティを構成している構造への侵入によって放棄する権限を付与してはいない」とし、EC法優位の限界として、「憲法秩序のアイデンティティ」保護という定式を示したのである。

学説も、連邦憲法裁判所の「憲法秩序のアイデンティティ」保護という定式と基本的に通底すると解される思考をもって、実質的な憲法改正をもたらしうる基本法に対するEC法の優位について基本法改正の限界を定める基本法第七九条第三項を援用することによって、EC法優位の限界を根拠づけてきた。

四　外来的法源の優位要求と「憲法と条約」という論点

確かにEC法には従来の国際法と大きく異なる点が存在するが、EC法は従来の国際法ないし条約とは異なる、という指摘は、「憲法と条約」という論点を考えるに際して、それほど大きな意味を有しない。いかなる特質を有するものであれ、「国法秩序の外部から国法秩序内に入ってそこに地位を占めるもの」についての憲法の対応を明らかにすることは、憲法学にとって重要な課題である。

憲法が外来的法源の優位について明示の規定を有している場合は格別、特段の取扱いが明定されていない場合には、問題は、優位要求を伴う外来的法源に対して憲法がどのような対応をなしうるか、ということにあると考えられる。そして、この場合、あらゆる外来的法源に対して一律の取扱いをする必要はない。それぞれの性質に応じて必要な取扱いを選択することが、各国の憲法体系には許されているはずである。したがって、憲法に対する条約の優位の問題は、優位要求を伴うものの取扱いについて考えるべきこととなる。外来的法源の中で現在もっとも高度の要求を伴うEC法へのドイツ基本法の対応を手がかりとして検討しておくことは、条約優位説の現実性と憲法優位説の射程を検証するという意味において、日本国憲法についても有用であると考えられるのである(1)。

第二款　基本的態度としての「国際主義」

ドイツ連邦共和国においては、基本法から看取される「国法秩序の国際法調和性」あるいは「国際的開放性」を基調として、「基本法第二四条第一項において明らかになっている、国際的協力についての憲法的決定(2)」、および基本法上に特定の明文規定は存しないものの(3)一般的憲法原則として承認されている「国際法調和性の原則」の存在が指摘される(4)。国法体系におけるEC法の優位は、基本法の基本的態度としての「国法秩序の国際法調和性」を基調とする解釈によって、基本法第二四条第一項の国際的協力についての憲法的決定から導かれているのである。

ドイツ基本法における「国法秩序の国際法調和性」に対応するものとして、日本国憲法においては、序章に見た宮沢説にいう「国際主義」をはじめとして、かつての条約優位説がその論拠としていた、前文を含む憲法全体から読みとられる日本国憲法の基本的態度が指摘できるのではないかと考えられる。ここでいう「国際主義」とは、日本国憲法前文をはじめとして、条約を国内法と同様に公布することを定める第七条第一号、平和主義の具現としての第九条、条約締結の簡易・迅速な手続による国会承認を規定する第六一条、「時宜によっては事後に」条約締結の国会承認を得ることをも許容する第七三条第三号、違憲審査の対象に条約を明示的に列挙しない第八一条、最高法規たる憲法の下位におかれる国法形式に条約を明示的に列挙しない第九八条第一項、そして「日本国が締結した条約及び確立された国際法規は、これを誠実に遵守することを必要とする」と規定する第九八条第二項等から看取されるものであるということができるであろう。

そうした憲法の基本的態度としての「国際主義」を基調として、第九八条第二項の「日本国が締結した条約……は、これを誠実に遵守することを必要とする」という憲法的決定からいかなる帰結が導かれうるか、その射程がつぎの問題となる。

第三款　憲法的決定としての「誠実に遵守すること」

一　「誠実に遵守すること」の理解

憲法に対する条約の優位の問題は、憲法第九八条第二項における「日本国が締結した条約……は、これを誠実に遵守することを必要とする」という憲法的決定の理解の問題と解される。条約に内在する優位要求の尊重という要請を「誠実に遵守すること」という文言から導くことが可能かという問題の解明は必ずしも容易ではないが、少なくとも、次のような二つの手がかりが見出される。

第一に、「遵守する」という文言である。締結した条約を遵守すべき義務を負うことは国際法上は当然であるとして、これを条約の国内的効力の根拠として説明するのが一般的である。さらに、少なからぬ学説が第九八条第二項を法律に対する条約の優位の根拠として挙げているが、これも条約を「遵守する」という要請の帰結としてであろう。このように、従来、条約の国内的効力および法律に対する優位という、憲法の明文には記されていない帰結が、「遵守する」という「当然のこと」を述べた規定から抽出されている。つまり、「遵守する」という規定は、文言から直ちに看取される以上の意味を盛り込むことを許すものと考えられているのである。

第二に、「誠実に」という文言である。これは、憲法第七三条第一号にも登場する。ここでいう「法律を誠実に執行する」の意味について、憲法学は、「単に法律の文字を形式的に執行するにとどまらず、さらにその精神に、あるいはその目的に即して、忠実にこれを執行すべきであることを意味する(5)」、あるいは、「法律によって義務づけられた行動をとるだけでなく、その法律の目的が具体的に達せられるため必要な措置をとることまでも含む(6)」と説明している。つまり、「誠実に」という文言が憲法規定において有する意味として、精神あるいは目的に忠実に行動すること、目的の具体的な達成に必要な行動をとること、といった内容を読みとることが可能であると考えられるのである。

憲法制定過程において、「条約と云うものには、種々なる種類があろう」から「其の条約の性質に照らして如何に扱うかを慎重に考えなければならぬ」のであり、「憲法に対して制約を加ふる条約も亦あり得る」

とされていたことをも想起すると、日本国憲法の基本的態度である国際主義を背景としての「誠実に遵守すること」とは、「日本国が締結した条約」の性質に応じて、当該条約に内在する要求を可能な限り顧慮することを求めるものと考えられる。(7)

二　条約の国内的効力

問題は、現在の通説的見解が日本国憲法第九八条第二項に与えた意味が適切なものか、あるいはそれが第九八条第二項の射程の限界なのか、ということである。

大日本帝国憲法第一三条の改正が検討されたとき、第一三条改正案、とりわけ大改正案に新たに盛り込まれようとしていた内容は、

① 条約の公布
② 一定の内容の条約の締結に際しての議会の協賛
③ 条約の国内的効力の承認

であった。

まったく異なる姿で誕生した日本国憲法において、規定の形態は異なるものの、①は第七条第一号において、②は第七三条第三号および第六一条において、明文の規定をもって実現され、③も明治憲法下での慣行を背景として容易に導かれうるものであった。しかし、第九八条第二項における「誠実に遵守すること」という規定の分掌すべき意義について、通説的見解は、まず、③に第九八条第二項の意義を見出そうとしたの

である。(8)

つまり、第九八条第二項に関しては、日本が締結した条約について国際法上の遵守義務を負うことは憲法の規定を待つまでもなく明らかであって、本項は、そうした当然のことを定めたものではなく、日本が締結した条約について国内法上の遵守義務を負うこと、つまり条約の国内的効力を認めることを規定したものと解する立場(9)が一般的であるということができる。

しかし、「憲法の明文の如何にかかわらず国家としては当然に遵守の義務がある条約上の義務（国際的効力）の遵守を敢て宣言的な意味で規定したと解することは、正規の憲法規定の有意味な解釈としてはあまりに弱い(10)」というのであれば、「国内的効力を認める従来の慣行をそのように否定するものはなにも見出しえない(11)」日本国憲法において、第九八条第二項にいう「誠実に遵守すること」の意味が条約の国内的効力の承認であるとすることは、これもまた「あまりに弱い」解釈ではないであろうか。条約の国内的効力を認めていたとされる明治憲法下での慣行を前提とするならば(12)、「この九八条二項を含めて憲法の前文（第二節、第三節）その他に表明される新憲法の一基調、国際主義の立場に照らしてみても、条約の国内的効力の承認ということはエンカレージされこそすれ、ディスカレージされることはない(13)」と考える方が適切であろう。つまり、条約に国内的効力を付与することは、第九八条第二項にいう「誠実に遵守すること」の枢要の意義とは考えがたいのである。

三　法律に対する条約の優位

現在の通説的見解は、第九八条第二項を根拠として、法律に対する条約の優位をほぼ疑うことなく承認している。ここで注目されるのは、条約優位説たる宮沢俊義説も、憲法優位説たる佐藤功説も、第九八条第二項を、そのような法律に対する条約の優位を認める根拠規定とは見ていないということである[14]。日本国憲法制定に至る過程に深く関わった両者が、憲法と条約の関係では第九八条第二項の意義についての理解を異にしつつも、法律と条約の関係では一致して、第九八条第二項を直ちに法律に対する条約の優位の根拠とはしていないのである。

これに対して、従来の憲法優位説の理解によれば、「憲法九八条二項の趣旨は、条約の国内法的効力を認めるとともに法律に優位することをも認めたものであると解することが、国際協調主義の立場から見て当然である[15]」とされるが、通常、他方で、「憲法が国際協調主義をとるといっても、一般的に条約が憲法に優位するという趣旨を認めることはできない[16]」とされる。この点について憲法優位説の代表的見解は、日本国憲法が「伝統的な国家主権の観念を排斥し、国家主権の制限や国際社会ないし国際組織への国家主権の委譲、国家を超えた国際社会の組織化やそれに伴う超国家的な国際法秩序の体系の形成を目指す方向を示していることは認められる[17]」としながらも、結論的に示される「国際協調主義」の射程は、憲法改正手続よりも容易な手続で締結される条約には憲法に対する優位を認めることはできないという、すでに外在的に決定されている結論から導いているのである[18]。換言すれば、「憲法に対する優位は認められない」ということの裏返しとして「法律に対する優位までは認められる」のであって、必ずしも条約と法律との関係についての固有の考察の結果としてではないのではないかとも考えられるのである。

四　第九八条第二項の意義

このように条約の国内的効力の承認も、法律に対する条約の優位の承認も、日本国憲法第九八条第二項の憲法規定としての固有の帰結として導かれたものではないと解される。もちろん、条約の国内的効力および法律に対する条約の優位が、第九八条第二項とまったく無関係に確保されるわけではない。しかし、条約の国内的効力は、日本国憲法の国際主義に基づいて、明治憲法下の慣行を背景に、条約の公布を規定する第七条第一号とも相俟って明らかになることであると考えられる。その場合の第九八条第二項は、国際主義のとりわけ象徴的な徴憑としての意味を有する。国内的効力の承認は、条約を遵守する唯一の方法であるわけではないのである。そのような見地からは、「国際主義」が日本国憲法の基本的態度であるとするならば、国法秩序の段階構造おける条約の地位については、憲法第九八条第二項と他の憲法原則との調整によって限界が画定される、と解するのが一貫しているものと考えられる。「憲法の基本原則である国際協調主義と国民主権主義のいずれかをアプリオリに優位におくことは出来ないとすれば、解釈の態度としては、これを出来るだけ調和的に並存させるような努力をしなければならない[19]」。法律に対する条約の優位という帰結も、明文の規定が存在しない日本国憲法においては、このような「調和的に並存させるような」解釈の結果であると解される[20]。

従来、第九八条第二項の趣旨ないし精神という形で、あるいは前文と相俟って第九八条第二項から導かれる国際協調主義として言及されてきたことは、上述のように象徴的な徴憑としての第九八条第二項を介して語られた、日本国憲法の基本的態度と理解されるべきであろう。そして、「日本国が締結した条約……は、これを誠実に遵守することを必要とする」という第九八条第二項に示された憲法的決定は、他の憲法規定ないしは憲法上の諸原則との関係において、その意義を発揮すると解される。この第九八条第二項の憲法的決定は、日本国憲法の他の諸規定や諸原則に対して、容易に劣後するものと解されるべきではない。

つまり、「条約の性質に照らして如何に扱うか」については、日本国憲法の基本的態度としての「国際主義」を基調として、「日本国が締結した条約……は、これを誠実に遵守することを必要とする」という憲法的決定の射程を画定してゆくことが肝要である。このことが、日本国憲法における条約の優位を承認ないしは許容する構造の解明につながるものと考えられるのである。

五　国際主義を基調とする憲法解釈の理解

本書の観点は、「現行憲法は、国民主権、基本的人権を疎外するような国際協調主義は認めていない」[21]ことを否定するものではなく、そうした制約の範囲内で、日本国憲法の基本的態度としての国際主義に基づいて、「日本国が締結した条約……は、これを誠実に遵守することを必要とする」という憲法的決定の意義を考察しようとするものである。

「条約の法的規定の執行をよりよく確保する方法が、より国際法友好的（völkerrechtsfreundlicher）とみなされうる」ということを前提として、「国際法と国内法の関係については、国際主義は、このような国際法友好的な姿勢の表明として解釈されることができる」としながら、「しかし、どの程度まで国際法友好的であるかという点は、この国際主義からは明らかではない」として、「国際主義を引合に出して」解釈することを「解釈結果の妥当性を重視する態度」と評する見解[22]もある。それによれば、「憲法第九八条第二項の文言が曖昧であるならば、本条項の解釈は、憲法の諸条項の解釈に整合させて行なわれるべきであり、本条項に一定の意味を読み込んで、憲法の諸規定をそれと整合的に解釈するのは、解釈方法として逆ではなかろうか[23]」とされ、そして、「読み込みの論拠が国際主義というそれ自体漠然とした観念である場合には、より問題が生じる。国際主義が国際法と国内法との関係では、国際法友好性を意味するとしても、国際法が、国際法規範の執行方法を各々の国内法の決定に委ねている限り、国際主義から直ちに第九八条第二項の意味・法的効果を特定することはできない[24]」と主張される。

しかし、「憲法第九八条第二項の文言が曖昧であるならば、……憲法の諸条項の解釈に整合させて」、「どの程度まで国際法友好的であるか」が判断されるはずである。そして、「国際主義が国際法と国内法との関係では、国際法友好性を意味する」ならば、「国際法が、国際法規範の執行方法を各々の国内法の決定に委ねている」がゆえに、優位要求への対応に際して、日本国憲法の基本的態度としての国際主義から、「日本国が締結した条約……は、これを誠実に遵守することを必要とする」という第九八条第二項に示された日本国憲法の憲法的決定の射程を検討する試みが可能となるのである。

（1）　法学協会編『註解日本国憲法下巻』（有斐閣・一九五四年）一四八四頁が、条約優位説を妥当と考える理由として、「特にポツダム宣言や講和条約の場合は勿論、例えば国際連合に日本が加入し、その多数決で憲法と矛盾する条約が採決されたときには、これに拘束されると解すべきである」ことを挙げている点が注目される。これに対して、通常の条約については、条約優位説を採るべきであると「解しても、内閣及び国会は違憲の条約を締結する権限はない」から、「権限の欠缺を理由として、……これを無効とすることは一応の理由はあるが、条約が成立した以上、……条約の効力を憲法に優先せしむべきであろう」とされている。

(2) BVerfGE 58, 1 (41).

(3) 基本法前文、基本法第一条第二項、第九条第二項、第二三条—第二六条、第五九条第二項、第一〇〇条第二項等から導かれるとされる。

(4) なお、第二章第二節第一款二参照。

(5) 宮沢俊義（芦部信喜補訂）『全訂日本国憲法』（日本評論社・一九七八年）五五八頁。

(6) 樋口陽一『憲法I』（青林書院・一九九八年）三三二頁。

(7) 清水伸編著『逐条日本国憲法審議録第三巻』〔増訂版〕（日本世論調査研究所PRセンター・一九七六年）七七九頁、七八三頁。

(8) 「この点で学説は従来の慣行に基づく取扱いを想定している政府答弁と異なっている」（加藤英俊「憲法第九八条第二項の成立と解釈」法学五〇巻七号（一九八七年）一二二頁）とされる。

(9) 例えば、法学協会・前掲書（注1）一四八一頁、佐藤功『憲法㊦』〔新版〕（有斐閣・一九八四年）一二八八頁。なお、前者においては、「条約や国際法規がそのままで国内法上の効力を有するとすると、それらも亦国内法の一つの法形式となり」、第九八条第一項では「条約は意識的に除かれていて、第一項と並べて別に第二項で条約の国内法的効力を定めていることからみれば、憲法は条約との関係で必ずしも最高法規ではないことを示しているとみられる」というつながりを有していた。

(10) 高野雄一『憲法と条約』（東京大学出版会・一九六〇年）一五五頁。

(11) 同書一五五頁。

(12)　村上謙「わが国における条約および慣習国際法の国内的効力」時法六八八号（一九六九年）一九―二〇頁参照。
(13)　高野・前掲書（注10）一五五頁。
(14)　法律に対する条約の優位は、条約の締結には国会の承認を要することによって（宮沢説においては明治憲法下でも認められていたこととも相俟って）根拠づけられる。なお、この点に関する政府答弁の理解について、加藤・前掲論文（注8）一一八―一一九頁参照。
(15)　橋本公亘「条約の国内法的効力」ジュリ三〇〇号（一九六四年）六七頁。なお、清宮四郎『憲法I』（第三版）（有斐閣・一九七九年）四四九頁、伊藤正己『憲法の研究』（有信堂・一九六五年）二二七―二二八頁参照。
(16)　橋本・前掲論文六七頁。なお、清宮・前掲書（注15）四五〇頁、伊藤・前掲書（注15）二三一―二三二頁参照。
(17)　佐藤・前掲書（注9）一二九二頁。
(18)　そうした「国際協調主義」理解が、「条約の承認手続と法律の制定手続とを比べると、前者の方が簡易ではあるが、そのことから条約の優位を否定することは、かえって条約を尊重しようする精神に反する」（橋本・前掲論文［注15］六七頁）とする場合に、法律に対する条約の優位がもっぱら「国際協調主義」によって理由づけられるのであるとすれば、そのような「国際協調主義」の射程がどのように画定されているのかは不分明である。
(19)　大西芳雄『憲法の基礎理論』（有斐閣・一九七五年）九九頁。
(20)　「国際協調主義を原理とし、議会の承認を要件とする日本国憲法下で法律以上の形式的効力が認められるのは当然のことである」という「意味で国際協調主義・第九八条二項の意義を強調することは、ただちに憲法の他の基本原理の否定を意味するものではないから、憲法に対する条約の優位の根拠としてこれらの意義を強調する場合とは、区別して考えることが可能である」（杉原泰雄「憲法と条約」法時四一巻五号（一九六九年）一六四頁）とされるが、法律に対する条約の優位は、「基本原理」を完全には否定しないとしても、一定の制約を招来しうるものであるはずである。
(21)　清水睦「条約の国内法上の効力」綜合法学五巻五号（一九六二年）五三頁。

（22）　加藤英俊「憲法第九八条第二項——解釈と理論」小嶋和司博士東北大学退職記念『憲法と行政法』（良書普及会・一九八七年）一七一—一七二頁、一八三—一八四頁。なお、ここで「国際法友好的」と訳されている語を、本書では「国際法調和的」としている。
（23）　同論文一九五頁。
（24）　同論文一九五—一九六頁。

第二節　条約の性質と憲法の対応

第一款　従来の学説と条約の分類

条約の性質による分類という観点は、従来の憲法優位説と条約優位説の対立図式において、長らく重要な意義を与えられない状態にあった。しかし、従来の学説において分類的観点ないしはそのように把握しうるものが皆無であったわけではない。

一　「確立された国際法規」と条約

まず、「確立された国際法規」は憲法に優位するとしたうえで、そうした「『確立された国際法規』を成文化した条約」もまた憲法に優位するとする見解がある。(25) しかし、「『確立された国際法規』とは、慣習国際法という形式をとることもあれば、それを成文化した条約の形式を備えていることもあるから、区別は、『確立された国際法規』と条約とのあいだではないことに注意[26]しなければならない。「確立された国際法規」が条約という法形式をもって存在していると考えるべきであり、その内実は「確立された国際法規」なのである。また、「確立された国際法規」を成文化する条約のすべての規定が、「確立された国際法規」を含むものであるとは限らない。したがって、「確立された国際法規」は憲法に優位すると考える場合にも、「『確立された国際法規』を成文化した条約が憲法に優位する」のではなく、「確立された国際法規」が憲法に優位する結果として、形の上では当該条約の規定が憲法に優位することとなっていると解するべきであろう。

二　国家存立の基礎に関わる条約

いわゆる条件つき憲法優位説の一部は、「領土や降伏などに関する条約は憲法に優位するとみるべきであろう[27]」としており、一定の種類の条約を憲法に優位するものとして分類するものであると考えることができる。政府見解も、「たとえば降伏文書あるいは平和条約というような一国の安危にかかわるような問題に関する件」おいては、憲法に対して「条約が優先するという場合はあろう」とする。

しかし、「この種の条約はたしかに憲法以前的なもので、その限りで『憲法に優位する』ものではあるけれども、その優位性は、すでに成立している国法秩序の中で一般的に条約（ないし国際慣習法）と憲法との効力の優劣関係を論ずるような文脈で問題にする性質のものではない[28]」、つまり、「一般の条約（ないし慣習国際法）と憲法との優劣関係の議論とは、次元の異なる理由に基づくものである[29]」という理解もまた可能である。これらの「国際的にのみ定められ、一国の意思のみでは定めえない事項についての条約」は、第九八条第二項の「誠実に遵守すること」の内容如何にかかわらず、あるいはそうした憲法規定が存在しなくても、その意味において憲法に優越するであろう。したがって、この種の条約に関する問題は、憲法第九八条第二項における「日本国が締結した条約……は、これを誠実に遵守することを必要とする」という憲法的決定の射程を画する問題ではない。[30][31]

三　国際人権条約の尊重

国際人権条約が注目を浴びるようになるとともに、それら国際人権条約をはじめとする多国間条約について優先的な取扱いを示唆する見解が現れている。例えば、「条約を一律に扱うのではなく、たとえば国際人権規約のような普遍性をもつ多国間の条約は、国内法としても憲法にほぼひとしい効力をもつと考えてよいであろう」[32]、あるいは「一律に条約や憲法の優位を導くことには慎重でなければならない。ここでは、二国間条約や少数の国家間で結ばれる条約と国際連合憲章や国際人権規約等に代表される多国間条約との相違という点を強調しておきたい」[33]とする見解である。その理由として、多国間条約は、「多くの国家がその立法過程に参与することにより一国政府の影響力は薄められ、したがって政府の恣意による実質的憲法改正は困難であり、また、多くの国家が参加しうる条約内容から、その規範内容が憲法に違反する蓋然性は低いこと」、国際人権条約は、「人権尊重という精神において憲法と条約の抵触は生じえず、したがって、人権を手厚く保障する規定の方が実効性を認められるとしても、問題は生じにくい」ことを指摘する。これらの見解が国際人権条約に認めようとしている具体的な取扱いは必ずしも明らかではないが、一方で、日本国憲法の保障する人権との内容・範囲の異同の明確化が必要とされているところである(34)。

さらに、「国際化の進む現代にあって、人権の保護を普遍的な基準で実現しようとするならば、憲法優位説の下での解釈技術的処理では不十分なのではなかろうか。とくに、国際人権法が急速に発展しつつある現在では、……国際法優位主義が再評価されてよい(35)」として、かつての条約優位説の一部がポツダム宣言・占領管理法令の優位（超憲法的効力）を論ずる中から生まれたという理解から(36)、「国家形成的な基本条約」の「憲法にも優越する効力(37)」を認めて条約優位説の再構築をはかり、さらに憲法に対する優位が認められる条約の中に「国際人権規約のような、国際社会で広く受容されている人権条約(38)」をも含めることによって、「それらに限って、憲法なみ、ないしそれ以上の効力を認めることはありえないことではない(39)」とする見解もある。

しかし、国際人権規約を「政治的強制性が強く国家の選択の余地のない」条約と同等に把握して人権条約優位の根拠にしている点には批判がある(40)。

四　条約概念の多義性の指摘

「条約という概念が、非常に多義的なものであることが、いずれが優位するかを論ずるに当たって、完全に無視ないし軽視されている(41)」として、「問は、どのような条約は憲法に優位し、またどのような条約は劣後するのか、という形で発せられなければならない(42)」ことを指摘する見解がある。

この指摘自体には本書の見地から特段の異論はないが、しかし、この見解が「条約を法段階的に分類」したうえで「憲法よりも上位の条約（超憲法的条約）」に分類するものは、「国家の三要素、すなわち、主権、人民及び領土に関し、その全部又は一部の変更を目的とする条約」すなわち「憲法の適用範囲を決定する機能を有する条約」である。(43) そこでは、超憲法的条約がさらに細分化され、それぞれいくつかの該当する条約の例が挙げられているが、(44)「国際慣習法の成文化条約」以外の例も、「超憲法的」というよりは「憲法以前的」(45)なものということができ、しかも、このような条約についても、条件つき憲法優位説の先駆的見解によってすでに指摘されている。(46) またマーストリヒト条約が超憲法的条約に分類されているが、(47) その分類の観点は、本書で検討したような彼地の理解から見ると疑問である。さらに、「超憲法的な条約が、憲法に違反して制定されることがないようにするには、原則的には、条約の締結に先行して、憲法そのものの改正を行うほかはない(48)」とし、「その手続を行うことなく締結された超憲法的な条約は、原則として、憲法の文言に抵触する限りで無効のものというべきである(49)」とする点は決定的に不可解である。(50)

五　国会承認の要否に係る分類

日本の法令用語でいうところの国際約束、すなわち実質的意味の条約については、すでに内容による分類が行われている。いわゆる国会承認条約と行政協定（または行政取極）との区別である。法律事項を含む条約、財政事項を含む条約、および政治的に重要であって、それゆえ批准を発効の要件としている条約は、国会の承認を必要とするとされるのである。

しかし、この分類は、もっぱら国会承認の要否の問題について行われ、国法秩序の段階構造における条約の地位の問題に際しては、言及されることは必ずしも多くはない。一般には、行政協定は行政権のみによって締結されるものであるから法律に対しては優位しないと解されるもののようであるが、行政協定とされるものであっても条約と一体不可分のものは条約とともに国会の承認を経ることがあるとされ、「とくに条約の委任に基づいて締結されるものは承認を経た条約に準ずる効力を認めてもよいのではなかろうか(51)」とする見解も存する。

第二款　条約の分類と「誠実に遵守すること」の射程

一　条約優位の許容ないし承認

日本国憲法において、条約の優位を許容ないしは承認する構造としては、第九八条第二項が「日本国が締結した条約……は、これを誠実に遵守することを必要とする」という憲法的決定を明示していることが注目される。この第九八条第二項の憲法的決定は、憲法に対する条約の優位を明文で定めるものではない。しかし、「誠実に遵守すること」という文言が、条約には種々のものがあり（憲法に対して制約を加える条約もありうる）、憲法との関係においてはその条約の性質に照らして取扱いを考えなければならない、という考慮において採用されたと考えるときに、日本国憲法の基本的態度として看取される国際主義を基調とする解釈によって、第九八条第二項から条約の優位を許容ないしは承認することが導かれうる。

従来の通説的見解は、条約による実質的な憲法改正は許されないという点を強力な論拠としてきた。そして、「第九六条という特別な憲法改正規定……が存在するということは、憲法が原則としてその手続によらないかぎり改正されえないことを意味する」として、「原則に対する例外が認められるためには、例外を認める明示的規定が不可欠である」のであって、「日本国憲法の場合には、条約によって憲法を変更しうることを明示的に認めた規定はどこにも存在しない。したがって、条約によって憲法を変更することは許されていないと解されなければならない(52)」とする。しかし、本書で検討してきたように、ドイツ基本法にも「特別な憲法改正規定」としての第七九条が存在し、そして基本法第二四条第一項は国際機構の法によって憲法を変更しうることを明示的に認めた「例外を認める明示的規定」とはいえないものであったのであり、しかもそこに規定されている高権移譲は、通常の法律によって行われるものであることが想起されなければならないであろう。

条約優位説の代表的見解たる宮沢説は、第九八条第二項にいう「条約の誠実な遵守を実効的ならしめるには、条約の実行を妨げる国内法の成立を否定することが必要であり、その意味で、条約に対して、一般の国内法の諸形式より強い形式的効力をみとめなくてはならない(53)」とし、「その趣旨を徹底させるためには、憲法よりも強い形式的効力を条約にみとめることが必要となる(54)」と解した。そして、「日本国憲法の承認している徹底した国際主義の立場(55)」から、「日本国憲法は、まさにそこまで徹底させる態度をとっているとみられる(56)」としたのである。ただ、宮沢説は、条約に対する過去の日本の態度についての反省を出発点としたこともあって、憲法に対する優位が認められる対象をすべての条約と考えた。換言すれば、国際主義を最大限に強調して、第九八条第二項の憲法的決定の帰結を、その可能性の最大限まで実現されるとしたのである。

しかし、憲法優位説が批判するように、国際主義だけをそこまで強力に展開することには疑問が生ずるであろう。第九八条第二項の「日本国が締結した条約……は、これを誠実に遵守することを必要とする」という憲法的決定は、必然的にあらゆる条約について憲法に対する優位を承認することに至るものではない。ここで第九八条第二項が宣言するのは、単なる遵守ではなく「誠実な遵守」である。「条約と云うものには、種々なる種類があろう」から「其の条約の性質に照らして如何に扱うかを慎重に考えなければならぬ」のであり、それぞれの条約を単に形式的に遵守するのではなく、その性質に応じて条約目的の具体的な達成に必要な行動をとることが求められているのである。それは、必ずしも、従来の憲法優位説と条約優位説の対立図式のように、どちらか一方が常に全面的に優位するという問題ではないと解されるのである。

憲法が、優位要求を有する条約その他の外来的法源に対して、国法体系における適用上の優位を許容ないしは承認する場合に、その条約の規定が日本国憲法の基本原則を侵害するときには、当該規定の優位は貫徹されない。優位要求を有する条約の規定が憲法に違反するとして国内裁判所において争われた場合、違憲の主張にもかかわらず当該条約規定を優先的に適用することと、憲法を条約適合的に解釈して当該条約規定の内容の実現を確保することとの径庭には、留意が必要かもしれない。

二　国法体系において優位する条約

「自国のことのみに専念して他国を無視してはならない」という法則に従うことが「自国の主権を維持し、他国と対等関係に立たうとする各国の責務であると信ずる」ときに、「誠実に遵守すること」とは、国際的な協力関係を定める条約が優位要求を有する際に、これを締結する以上は、国内法上の理由によって容易にその遵守義務の不履行をきたさないということであると解することができる[57]。つまり、日本国憲法は、優位要求を有する条約を締結した場合[58]には、日本国憲法の基本原則が侵害されない限りにおいて、その条約を国法体系において遵守すること（したがって、その限りにおいて当該条約が憲法に優先して適用されること）を認めているといえるであろう。

優位要求が内在する条約は、その締結により、当該条約ないしは必要な場合には当該条約から派生する法源について、憲法を含む国内法に対する適用上の優位が認められることになる。このような優位要求は、たとえ憲法との抵触を理由としてであっても当該条約の実施が妨げられてはならないという要請に立脚するのであって、当該条約の規定事項の重要性や高度の政治性への配慮に基づいて認められるものではない。二国間条約には、優位要求を認めることは難しいであろう。二国間条約については、国際法上の条約遵守義務の問題として考えれば足りると解されるのである。優位要求は、多国間での統一的な解釈・適用が必要となる場面で生ずるものである。国際人権法の分野において、将来、このような優位要求を有する条約が出現するか否かは未解決である。

三　国法体系における条約の優位

国法体系における条約の優位の意味を考えるとき、ドイツ連邦憲法裁判所が、「効力上の優位」という語と「適用上の優位」という語とを分け、そして、憲法を含む構成国の国内法に対するＥＣ法の優位は後者の「適用上の優位」であるという理解が、ＥＣ裁判所および連邦憲法裁判所の判例ならびに学説においても共有されていることが想起される。現在の日本国憲法において考えうる条約の優位とは、優位要求が内在する条約を締結した場合に、その条約に憲法を含む国内法に対する適用上の優位を認めるということであろう。このような適用上の優位は、日本国憲法が当該条約に対して認めるものであって、日本国憲法の基本原則に触れることは許されないのである。

憲法と条約が衝突する場合、憲法が自らの規定を憲法上の機関によって廃止させるということが想定しがたいとすれば、国際機構ないし世界政府によって条約に抵触する憲法規定が廃止されるというしくみがない限り、憲法に対する条約の優位として考えられるのは、適用上の優位ということになる。従来、条約優位説に対する批判として、「今日の国際社会は、いまだ条約優位説が妥当するまでの国際法秩序が、現実に実現されているとはいいえない段階にあるというべきであろう」とし、「いわば世界国家・世界連邦的な国際社会が形成された段階においては、まさに条約優位説が妥当することとなる」[59]とする理解が示されていたが、これは、条約優位のあり方として効力上の優位のみを念頭に置いていたゆえではないであろうか[60]。憲法が一定の場合に憲法に抵触する条約規定の優先的適用を承認することは、一国の国法体系の内部で十分実現可能なことなのである[61][62]。

「日本国憲法を解釈して条約優位論を展開する以上、条約優位を決定しているのは、あくまでも日本国憲法であるはずだから」、「条約優位論は、日本国憲法の中に条約の優位の根拠を求めながら、その条約に日本国憲法の生殺与奪権を認めるものであって、そこには、論理矛盾が存在する」という批判[63]も存在する。これも、効力上の優位を前提とすれば「生殺与奪」と評しうるかもしれないが、憲法が一定の制限の下で条約の優先的適用を認め、しかも優先的適用の限界からの逸脱の有無を違憲審査制によって監視するのであれば、そのような批判は必ずしも正鵠を射たものとはいえなくなるであろう。

四　国際人権条約と国際法調和性の原則

「当事国の個別意思の表示とその調整」を目的とする「双務性をもつ『契約的条約』」としての二国間条約とは異なり、「それを超えた高次の共通目的を達成するため、普遍的に妥当する一般法原則を設定しようとするもの」として、その「多くは、とくにその機能に注目して『立法条約』とよばれる」ところの多国間条約(64)については、「誠実に遵守すること」のあり方も、二国間条約とは異なるものとならざるをえないであろう。たとえ正規の手続を尽くしたとしても、自国の国内法を理由として多国間条約から離れることは、「普遍的に妥当する一般法原則を設定しようとする」多国間条約の趣旨・目的から外れることとなると考えられる。

したがって、こうした条約については、国際法調和性の原則によって間接的な憲法的地位を認める方向での考慮が適切であろう。ここで、第九八条第二項に示された、「日本国が締結した条約……は、これを誠実に遵守することを必要とする」という憲法的決定は、第九九条の憲法尊重擁護義務とも相俟って、憲法の規定に矛盾するのではない限りにおいて、憲法解釈においてもそれらの条約を顧慮することを要請しているものと解することができる(65)。

このことは、とりわけ国際人権条約については、とくに最高法規の章に置かれた第九七条の規定とも相俟って、より強く要請されるであろう。[66] その際、国際人権条約を憲法の解釈基準とするという手法では条約上の権利の実質的な主張に十分成功しえない場合、換言すれば、当該条約規定がその解釈基準となりうるような憲法規定が存在しない場合には、「日本国が締結した条約……は、これを誠実に遵守することを必要とする」と規定する第九八条第二項を通じて条約違反の存在を違憲と構成する手法が考えられるのである。[67]

国際人権条約に憲法に対する優位が認められないのか、という疑問がありうる。まず、現在の国際人権条約は、一般的には優位要求を有するものではない。現在の国際人権条約は、優位要求はおろか、国内的効力の付与すら明確には要求していないのである。また、国際人権規約第五条第二項（自由権規約・社会権規約共通）の規定に典型的に現れているように、[68] 国際人権条約においては、当該条約と国内法とを比較して、より権利保護に資する方を適用することがその目的に適っていると解される。国際人権条約は、それ自身が認めるように、常に国内法よりも厚いまたは広い権利保護を与えているとは限らないから、国際人権条約を一般的に憲法に優位させることは、国際人権条約自体の趣旨にもそぐわないのである。

国際人権条約を憲法に優位させるのではなく、憲法と同位に置くことは認められないか、という疑問があるかもしれない。それが実質的な取扱いの問題ではなく形式的意味における同位を意味する限りにおいて、国際人権条約と憲法との間に後法優越の原則が適用されることとなる点を指摘しなければならない。そして、憲法の人権規定の改正に比して新たな国際人権条約の締結の頻度が高いと予測される場合には、憲法に対する国際人権条約の優位と同様の結果がもたらされることとなる。

したがって、国際人権条約については、「憲法に対するのと同等の尊重ないし配慮」が国内裁判所によってなされうるようにすることで、国内裁判所における実効性確保を行うことが適切であると考えられる。

五　日本国憲法と条約

日本国憲法は、基本的態度としての「国際主義」を基調として、第九八条第二項の「日本国が締結した条約……は、これを誠実に遵守することを必要とする」という憲法的決定をもって、優位要求が内在するような条約に適用上の優位を許容ないしは承認する構造を備えるとともに、憲法を含む国内法の国際法適合的解釈等を内容とする国際法調和性の原則を展開する可能性を認めていると解される。それが、国法体系における一定の分類の条約についての日本国憲法の対応であると解される。従来の憲法優位説は、条件つき憲法優位説にしても、実は特定の分類の条約を念頭に置いたものであり、その射程には一定の限界があると考えられるのである。

「国際法上位の一元論をかりに採ったとしても、必ずしも国内法としての国際法の形式的効力が憲法に優位するという帰結につながるわけではな[69]」い。なぜなら、「そこで『上位』というのは、法の形式的効力の優劣の問題ではなく、法の妥当根拠としてどちらを本源的なものとして説明するかの問題であ[70]る」からである。そして、「本来は国際法の法形式に属する法規範が国内法上どのようにして、またどのような効力を持つかは、それぞれの憲法の定めるところによ[71]る」のである。このような憲法学・国際法学に共有されているはず知見を前提とするときに、「条約優位説を採れば、条約の違憲審査の問題は生じない」、あるいは、「条約の違憲審査は、憲法優位説を前提とする」という理解は疑問である。各国の憲法が国法体系における条約の取扱いを決定できるのであれば、一定の条件の下で条約を憲法に優先させることも可能なはずであり、いかなる条件でどの程度優先させるかということも、憲法が決定しうるはずである。ドイツ連邦憲法裁判所は、ドイツ基本法がそのような見地からＥＣ法の優位を認めていると解し、そして当然のこととして、ＥＣ法が認められた優位の限界を逸脱していないかを審査しうるとした。条約優位説の代表的見解が「憲法よりも強い形式的効力を条約にみとめる」というとき、「みとめる」主体は日本国憲法であると考えられる。憲法に対する条約の優位という帰結が日本国憲法の解釈として提出される以上、条約の優位は条約についての日本国憲法の対応として考えられなければならない。それは、一元論の是非であるとか国際社会の発展の程度に依存して決定されるものではないはずである。そして、憲法学がまさに考察すべきは、条約が憲法に優位するか否かではなく、いかなる条約がどの程度の取扱いを受けるかであると考えるべきではないであろうか。

諸外国の憲法には、憲法と抵触する内容を有する条約への対応として、そのような条約の締結に際して憲法改正またはそれと同等の手続を要求する例が見られる。フランス第五共和制憲法は、第五五条において「適法に批准されまたは承認された条約もしくは協定は、……法律の権威に優越する権威をもつ」とするが、第五四条は「憲法院が、国際協約に憲法に違反する条項が含まれることを宣言した場合には、憲法改正の後でなければ、当該国際協約の批准または承認をなしえない」とする(72)。スペイン憲法も法律に対する条約の優位を認めるものとされるが、スペイン憲法第九五条第一項は「憲法に違反する条項を含む国際条約を締結する際は、事前に、憲法の改正を必要とする」とし、第九五条第二項で「内閣またはいずれかの議院は、条約が憲法に違反しないかどうかの宣言を、憲法裁判所に求めることができる」としている(73)。オーストリアにおいては、通常の条約は法律と同位であるものの、オーストリア連邦憲法第五〇条第一項は、「政治的条約並びに法律改正もしくは法律の補充の内容を有［する］……条約は、国民議会の承認によってのみ締結が認められる」とし、第五〇条第三項は、「条約によって憲法が改正ないし補充される場合には」、憲法律または単純法律中に含まれる憲法規定の議決についての第四四条第一項が準用されるべきものとし、かつ、「承認の議決において、その種の条約もしくはその種の条約に含まれる規定は、『憲法を改正するものである』ことを明示すべきものとする」と定める[74]。このように加重された要件の下で承認された条約は憲法と同位とされる。さらに、オランダ憲法第九四条は、「王国内で効力のある法令規則は、その法令規則の適用が、すべての人を拘束する条約の規定または国際機関の決議に抵触するときには、適用されない」とし、これによって条約は憲法にも優位するものと解されている。憲法に抵触する条約は、憲法改正と同じ三分の二の多数による議会の承認が必要とされる[75]。

このような憲法による条約への対応のあり方は、従来の条約優位説と憲法優位説の対立図式を前提としては必ずしも適切に把握できないのではないかと考えられるのである。もちろん、日本国憲法の解釈に直結する問題ではないが、しかし、条約優位説と憲法優位説の対立図式という枠組の射程に一定の限界があることも確かであり、憲法優位説の思考も一定の制約の下においてのみ妥当するものと解される。これまで、条約優位説と憲法優位説の対立図式に安住したために考察が必ずしも十分になされていない論点は少なくないと考えられる。本書もまたその多くを積み残したままであるが、それらについては今後の課題として認識しつつ、第一部の考察をここで終えることとしたい。

(25)　佐藤幸治『憲法』〔第三版〕（青林書院・一九九五年）三三二頁。
(26)　樋口・前掲書（注6）四一一頁。
(27)　佐藤・前掲書（注25）三三二頁。
(28)　芹澤齊「憲法と条約」法教一七三号（一九九五年）七八頁。
(29)　芦部信喜『憲法学Ⅰ憲法総論』（有斐閣・一九九二年）九六―九七頁。「国家存立の基礎を形成し、もしくはその前提をなすような条約……の類は、憲法以前的なものとして、効力の優劣を論ずる性質のものではないという見解がある」が、「ポツダム宣言をそのようなものとして憲法が当然に受け入れるべきであると認める論者でも、日米安全保障条約を」ポツダム宣言と「同等に扱うことには躊躇せざるをえない限りで、憲法に優位する条約か否かの識別基準が明確でないという批判があてはまる。ポツダム宣言についてだけ言えば、憲法と条約の効力関係の議論とは別次元の解決法が可能であろう」〔阿部照哉＝池田政章＝初宿正典＝戸松秀典編『憲法(1)総論』〔第三版〕（有斐閣・一九九五年）二三七頁〔芹澤斉執筆〕〕とされる。
(30)　このような条約は、「ここでの議論から除外しておくべき条約」とされ、「国家の能力の問題として」考えられるべきものであるとされる（小嶋和司『憲法概説』（良書普及会・一九八七年）一四四頁）。
(31)　さらにいえば、条約という法形式と必ずしも不可分の問題でもないと解される。この点では、「確立された国際法規」を成文化した条約の問題と類似していると考えられる。
(32)　伊藤正己『憲法入門』〔第四版〕（有斐閣・一九九三年）二六三頁。
(33)　芹澤・前掲論文（注28）七八頁。
(34)　横田耕一「人権の国際的保障と国際人権の国内的保障」ジュリ一〇二二号（一九九三年）二六―二七頁、同「人権の国際的保障をめぐる理論問題」憲法理論研究会編『人権理論の新展開』（敬文堂・一九九四年）一六五―一六六頁、米沢広一「国際社会と人権」樋口陽一編『講座憲法学2主権と国際社会』（日本評論社・一九九四年）一八六―一八七頁。

(35) 江橋崇「国際人権規約と日本国憲法」江橋崇＝戸松秀典『基礎演習憲法』(有斐閣・一九九二年) 三二頁。
(36) 江橋崇「占領の憲法学――条約優位説の生成と展開」志林八三巻四号 (一九八六年) 四四頁以下。
(37) 江橋崇「主権理論の変容」公法五五号 (一九九三年) 四頁。
(38) 江橋崇「日本の裁判所と人権条約」国際人権二号 (一九九一年) 二二頁。
(39) 同論文二二頁。
(40) 横田・前掲「人権の国際的保障と国際人権の国内的保障」(注34) 三三頁註四。
(41) 甲斐素直「憲法における条約の多義性とその法的性格」司法研究所紀要八巻 (一九九六年) 二一―三頁。
(42) 同論文三頁。
(43) 同論文一四頁。
(44) 同論文一四―一七頁。
(45) 芹澤・前掲論文 (注28) 七八頁。
(46) 小嶋和司『憲法概観』〔初版〕(有斐閣・一九六八年) 五六頁。なお、小嶋・前掲書 (注30) 一四四頁も参照。
(47) 甲斐・前掲論文 (注41) 一五、一八頁。なお、GATTおよびWTOについても、「超憲法的性格が指摘できる」とされている。この点についての詳細な検討は、他日を期したい。
(48) 同論文一八頁。
(49) 同論文一九頁。
(50) この見解が「原則として」と注記しているように、確かに憲法改正手続を必要としない場合の存在が認められている。しかし、それは、なんらかの理由で憲法との抵触が存在しない場合である。しかも、「憲法の基本原理に合致している場合」として、「現行憲法の採用する国際協調主義の必然の結論」あるいは「国際協調主義の当然に許容するところ」といったことがいわれる (甲斐・前掲論文〔注41〕二一頁) が、そのような不明確な根拠で憲法に対する無制限の優位を認めることが許されるのか、疑問である。

(51)　芹澤・前掲論文（注28）七九頁、阿部ほか・前掲書（注29）二三四頁〔芹澤執筆〕。
(52)　杉原・前掲論文（注20）一六七—一六八頁。
(53)　宮沢・前掲書（注5）八一六頁。
(54)　同書八一六頁。
(55)　同書八一八頁。
(56)　同書八一六頁。
(57)　この点に関して、「憲法の国際協調主義は、『自国の主権を維持し、他国と対等関係に立』つ（前文三項）ことを前提としたうえでのものであるはずであり、『自国』にかかわる最重要事項として国民投票を含む硬い改正手続（九六条）によらなければならないはずの憲法変更を、憲法の条項と矛盾する条約を締結すること（その国内での手続は、法律の制定よりも簡略である）によって可能にする結果となる条約優位説は、承認しがたいといわなければならない」（樋口・前掲書［注6］四〇九—四一〇頁）とする見解もあるが、「法律の制定よりも簡略」な国内手続で締結される条約が法律に優位することについては、「そこまでの限度での条約の優位を憲法九八条解釈としてひき出すことは、日本国憲法の国際協調主義に適合的であろう」（同書四一一頁）とされるだけで、憲法の明文に規定のない「法律に対する関係での条約優位」がなぜ許容されるのかの説明はない。
(58)　それが直ちに、現在のECのような高度の国際機構を創設する条約あるいはそうした国際機構が定立する法を意味するかどうかは、ここでは未解決のままである。中原精一「憲法の国際主義条項とその効用」明治大学法制研究所紀要一二号（一九七〇年）一三—一七頁参照。なお、日本国憲法の解釈として、「超国家的」な国際機構についての主権の制限ないし移譲を肯定する見解として、中原精一『国際条約と憲法の課題』（評論社・一九六九年）五九頁、阿部照哉「日本国憲法と国際社会」公法四三号（一九八一年）一四頁。
(59)　佐藤・前掲書（注9）一二九二—一二九三頁。
(60)　「ある法律が違憲であると判決された場合にも、その法律は当然に効力を失うものではなく、依然として法律としては効力を有し、ただその訴訟事件に関する限り裁判所によって適用されないだけである」と解するのが正当とされる（佐藤・前掲書［注9］一〇五八頁）のに対し、「条約は……わが国の裁判所のみによりその国際法的効力を失わしめることはできないが、……裁判所が条約を違憲と判断した場合には、その条約は国内法的効力を有しないと解すべきである」（同書一〇四八―一〇四九頁）とされる点にも、条約の優位（ないし劣位）を効力上のものと捉える思考が存在しているように解される。

（61）　すでに小嶋・前掲書（注30）一四三頁は、「条約優位説」「憲法優位説」という「呼称は適当でない」と指摘していた。その理由として、「第一に、問題は条約と憲法典との一般的な優劣関係ではなく、国内法としての条約の適用可否にすぎないし、第二に、条約と憲法典とは成立の根拠を異にして、一方が他方を排除しうるといった一元的関係にないからである」とし、「条約適用承認説」「条約適用否認説」の呼称を用いている。そのうえで、最高裁判所の「一見極めて明白に違憲無効であると認められない限りは」との判示について、傍点を付して、「効力否認説の立場をとるごとくである」と評していることが注目される。なお、「国際的にのみ定められ、一国の意思のみでは定められえない事項についての条約」については効力上の優位、通常の条約については適用上の優位の可能性を考えているようにも読める（小嶋・前掲書［注30］一四二―一四四頁）。

（62）　なお、法律と条約の関係においては、一般的には、効力上の優位と適用上の優位の双方の可能性が考えられるであろう。例えば、憲法裁判所が条約違反の法律を無効として直ちに廃止する権限を有していれば、条約の効力上の優位が実現されることとなる。しかし、日本の現行制度を前提とする場合には、法律に対する条約の優位もまた、適用上の優位と理解されることとなる。

（63）　青山武憲「条約と日本国憲法」法令ニュース三四巻七号（一九九九年）四八頁。なお、同「条約と日本国憲法」比較憲法学研究一一号（一九九九年）五五頁以下。

（64）　山本草二『国際法』（新版）（有斐閣・一九九四年）三四頁参照。

（65）　憲法の条約適合的解釈については、本書第二部および第三部第一章を参照。

(66)　この点に関して、佐藤幸治『国家と人間――憲法の基本問題』（放送大学教育振興会・一九九七年）一八二頁も、「わが国が批准した人権条約のなかにも、憲法との関係で問題をはらむ規定がないわけではない。したがって、人権条約が日本国憲法に優位するとは簡単には結論づけえないが、他面、人権条約のなかには日本国憲法の関連条項の解釈運用にあたって参考にされて然るべきものも少なくない。条約は憲法の下位にあるとしても、……憲法一一条および憲法九八条二項は、人権条約と調和するように日本国憲法上の『基本的人権』の保障の充実を図ることを要請していると解すべきではないか」とする。

(67)　日本の現行法上は、国際人権条約違反を理由とする最高裁判所への上訴が制限されている。この点についても、国際法調和性の原則は、一定の役割を果たす。詳しくは、本書第三部参照。

(68)　欧州人権条約第五三条（旧第六〇条）、欧州社会憲章第三二条、米州人権条約第二九条第二項等にも、同趣旨の規定が見られる。なお、欧州人権条約については、第一一議定書による改正の結果、第一九条以下の条文番号に変更がある。

(69)　樋口・前掲書（注６）四〇七―四〇八頁。

(70)　樋口・前掲書（注６）四〇七頁。なお、「国際法優位の一元論に対しては、現在、条約が憲法を含む国内法より効力が優るという議論は世界的にも少数であり、実際にも条約と抵触する憲法や法令は多く存在するという批判がなされることがある。しかし、国際法優位の一元論は、法相互の授権関係における国際法の上位性を主張するものであって、両者が内容において衝突する場合、効力においてつねに国際法が優ると主張するものではない。国際法が国内法秩序の妥当性を支えている場合、つまり国際法が国内法への授権を行っている場合も、かならずしも国際法の効力が国内法の効力に優るわけではない」。また、「論者によっては、条約がそのまま国内法としての資格を有するという考え方を一元論、法律など国内法としての変型を必要とするという考え方を二元論という呼び方をすることもあるが、これは、前述の、国際法と国内法との授権関係に関する分類とは別である」（長谷部恭男『憲法』〔第二版〕（新世社・二〇〇一年）四三七―四三八頁）。

(71)　樋口・前掲書（注6）四〇九頁。「国家は、自国が拘束される国際法上の規則を国内的に実施しなければならない。国際法はその実現の仕方を一律に定めることはなく、各国の国内的措置（憲法規定ないし憲法的慣行等）に委ねている」（杉原高嶺ほか『現代国際法講義』〔第二版〕（有斐閣・一九九五年）二八頁〔杉原執筆〕）。このことについて、国際法には明確な定めがあるわけではなく、他方で、これに関する憲法規定はしばしば見られる。したがって、これを「憲法の定めるところによる」ということもできるし、「国際法が各国憲法に委ねている」と考えることも可能であろう。「国際法はとくに定めておらず、それは各国の国内法に委ねられている」と考えることが、「法の妥当根拠」と「形式的効力」との間のしばしば発生する混淆を招来することを避けようとするならば、「国内法秩序にまかされてあるといっても、国内法に対する意味の国際法によって国内法秩序にまかされてあるというのではない。国内法と国際法とのいずれでもなく、そのいずれをも超えた法秩序――世界法秩序または人類法秩序――によってまかされてある、というのである」（宮沢・前掲書〔注5〕八一一頁）と説明することになるかもしれない。
(72)　条文の邦訳は、樋口陽一＝吉田善明編『解説世界憲法集』〔第四版〕（三省堂・二〇〇一年）二六七頁以下〔辻村みよ子訳〕による。
(73)　条文の邦訳は、阿部照哉＝畑博行編『世界の憲法集』〔第二版〕（有信堂・一九九八年）一七五頁以下〔百地章訳〕による。
(74)　条文の邦訳は、武永淳「オーストリア共和国連邦憲法（二）」彦論三一三号（一九九八年）九三頁以下による。なお、西岡祝「オーストリア連邦憲法と条約」福法二一巻三＝四号（一九七七年）三七一頁以下参照。
(75)　「もっとも、憲法改正の場合には、二つの読会が必要であり、第二読会の前に議会の解散と選挙が必要であるという点で」、憲法と抵触する条約の承認の場合とは異なるとされる。条文の邦訳とともに、水上千之「条約の国内的編入と国内的効力」広法一六巻四号（一九九三年）二八八頁参照。なお、ドイツ基本法第二三条も、この思考の流れを汲むものと位置づけることができるかもしれない。

第二部　国際人権条約の実効性確保と憲法の対応

序　章　国内裁判所における国際人権条約

第一款　学説の展開

一　解釈基準としての条約

憲法学においても、「国際的な憲法的規範を国内の憲法秩序にどのように生かしていくかは、現代憲法の重要な課題である(1)」ことが指摘されている。とりわけ国際人権条約に関しては、「日本国憲法下の人権保障は、条約も視野に入れつつ、具体的に捉えて行く必要があろう(2)」とされ、さらに、国際人権規約について、「わが国も、国際人権規約を批准承認しており、その意味で、それはわが国の人権保障にとって看過できない条約である(3)」とされる。

国際人権条約と憲法との関係に関する議論が、基本的には、従来からの憲法と条約との形式的効力の優劣の問題、すなわち国法秩序の段階構造における条約の地位の問題を基礎としているとしても、次のような指摘も見出される。すなわち、「法律に対する意味での条約優位説は、法律等の人権規約違反の主張を憲法違反に準ずるものとして扱い、上告理由に該当するものとすることによって、国内法整備のためのインセンティヴ効果を期待することができるはずである」[4]、国際人権「規約を憲法をこえた保護を与える法令としてとらえ、規約に反する公権力の行使を違憲でないとしても違法であると構成することができよう。そしてさらにすすんでは、規約に反する公権力の行使が違法の段階から憲法の領域にさかのぼり、適用違憲であると考えることもできるように思われる」[5]、また、「国際人権規約違反の具体的措置を適用違憲に準ずるものとして扱うべき場合もありうるかと思われる」[6]といったものである。これらの見解は、国際人権規約を憲法に準ずるものとして扱う可能性を示唆するものである。

さらに、条約を国内法の解釈基準として用いることについても指摘がなされている。例えば、国際人権規約は「それ自体――わが国の場合のように――一定の裁判規範的意味をもち違憲の主張を裏づける根拠となりうる」[7]とし、「憲法のほうを条約に適合するように解釈していくことが必要だと思うのです。つまり、人権条約の趣旨を具体的に実現していくような方向で憲法を解釈する、それが憲法解釈として必要になってくるわけです」[8]とする見解が存する。また、「人権条約を直接に生かすためには、条約優位説のほうが優れているとみることもできる。しかし、……、憲法優位説にたっても人権規約の線に沿った憲法解釈をとることにより規約を生かすことができよう」[9]とする見解、あるいは、「憲法よりも同一趣旨の条約の人権保障の内容が広かったり具体的に詳細である場合で、この際は条約によって憲法の内容を豊富化することが可能であり、ある場合にはそれを憲法の内容として主張することもできよう」[10]とする見解も存する。[11]

二　国際人権法と国際文書の間接適用

(1)　特　色

しかし、いわゆる「国際人権法」[12]の領域では、従来、国際法学からの議論が中心となっており[13]、国際人権法の国内的実施、すなわち国際人権文書[14]の国内適用の問題についても、国際法学からの検討が中心であったことが指摘されていた。

国際法学においては、以前から、「合致の推定」[15]という観念の下に、国内裁判所が国内法を条約適合的に解釈するという原則の存在が指摘されていたが[16]、とりわけ国際人権法学においては、国際人権文書の国内的実施に関して、アメリカ合衆国の判例等を範として、国際人権文書の間接適用という手法が指摘されている。国際人権文書の間接適用とは、「憲法その他の法規範、法原則を解釈、適用する際の指針として、あるいはその解釈・判断を補強するものとして国際人権基準を援用することをいう」[17]とされている[18]。

国際人権文書の間接適用は、「当該行為と国際人権基準との両立性を直接判断するのではなく、あくまで国内法の解釈、適用に国際人権法の内容を反映させていこうとする、やや迂回した方法」[19]である。しかし、一般に、以下のような利点が指摘される[20]。すなわち、第一に、条約の直接適用に比べれば、国内裁判所にとって比較的受け容れやすいものであること、第二に、条約の国内的効力が認められていない国でも、国内裁判所において国際人権基準に依拠しうるようになること、第三に、国際人権文書の法的性格、換言すれば法的拘束力の有無が、それほど問題とならないこと[21]、したがって、自国が締結していない条約、あるいはそもそも締約国となりえないような条約でも援用しうること、第四に、条約規定の直接適用可能性ないしは

self-executing 性といった問題を回避できること、等である。

国際人権文書の間接適用は、二つの効果を有するとされる。第一に、「国内法の規定があいまいで二通りの解釈が可能なときに、その解釈基準となり、国際人権法に合致する方の解釈を選択させるという効果をもつ」[22]。そして、第二に、「国際人権法は、国内法の一般概念の内容を示すという効果をもつ」[23]のである。

(2)　諸外国の例

(a)　アメリカ合衆国

アメリカでは、一九八〇年代に、いわゆる国際人権訴訟が隆盛を見た。当時、アメリカは、国際人権規約すら批准しておらず、国内裁判所における国際人権基準の直接適用を期待しがたい状況にあった。そこで、国際人権文書を国内法の解釈基準として用いる方法が提唱され、国際人権法学も大いに発展したのである。しかし、国際人権訴訟には、なお課題の存在も指摘された[24]。

(b)　イギリス

「イギリスでは、条約は国内的効力はもたないが、それが国内法の解釈基準となることは認められている」[25]とされる。「実際に、貴族院を含めかなりの裁判所が、国内法の解釈にあたってヨーロッパ人権条約に言及している」[26]とされる[27]。

(c)　カナダ

カナダも、イギリスと同様に、条約の国内的効力を認めていないが、裁判所は、「一九八二年に制定された『カナダ人権憲章』の解釈のために、国際人権法を実に積極的に参照している[28]」とされる。ここで、カナダは、欧州審議会[29]の加盟国ではなく、したがって欧州人権条約の締約国にはなりえないにもかかわらず、欧州人権条約、ならびに、欧州人権委員会および欧州人権裁判所の判断が、積極的に参照されているということが注目されている。そもそも欧州人権条約の締約国とはなりえないカナダにおいて欧州人権条約が間接適用されている一因として、一九八二年のカナダ人権憲章の成立に際して、欧州人権条約の影響を受けたことが指摘されている[30]。

(3)　日本の裁判例

従来の裁判例の中で、国際人権文書を間接適用して原告に有利な結果を導いたものとして指摘[31]されていたのは、いわゆる在日韓国人国民年金誤用訴訟における東京高裁昭和五八年一〇月二〇日判決[32]である。本判決は、「国籍要件をあらゆる場合につき維持・貫徹すること」が「やむを得ない公益上の必要には当らない」ことの理由の一つとして、「昭和五四年以来我が国は国際人権規約（A規約）九条により外国人に対しても社会保障政策を推進すべき責任を負って」いることを挙げている。

また、最高裁昭和三九年一一月一八日大法廷判決[33]も、結論としては上告を棄却しているが、国際文書の間接適用の例とされる[34]。本判決は、「法の下における平等の原則は、近代民主主義諸国の憲法における基礎的な政治原理の一としてひろく承認されており、また既にわが国も加入した国際連合が一九四八年の第三回総会において採択した世界人権宣言の七条においても、『すべて人は法の前において平等であり、また、いかなる差別もなしに法の平等な保護を受ける権利を有する。……』と定めているところに鑑みれば、わが憲法一四条の趣旨は、特段の事情の認められない限り、外国人に対しても類推さるべきものと解するのが相当である」と判示している。

さらに、いわゆる森川キャサリーン事件における東京地裁昭和六一年三月二六日判決(35)は、原告の主張を退けたが、「原告の主張は、憲法を自由権規約に合致するよう解釈することを具体的に求めた典型的事例として注目され(36)」ている。

三　間接適用の問題点

しかし、国際文書の間接適用の例として示された、アメリカ合衆国、イギリス、カナダ等の国々は、そもそも国内裁判所における直接適用が不可能である国際文書の活用方法として間接適用を行うものである。つまり、アメリカ合衆国は、そもそも国際人権条約の締結に消極的であり、また締結しても self-executing treaty の理論によって国内裁判所における直接適用を認めない傾向にあるので、国内でそれを援用するには間接適用という方法になる。さらにアメリカ合衆国においては、未批准の条約とともに、そもそも法的拘束力を有しない国際文書も同様の手法で間接適用されているのである。また、イギリスおよびカナダでは、条約の国内的効力が認められておらず、国内裁判所で国際人権文書に依拠するには、間接適用しかないと考えられる。

これに対して、日本国憲法の下では、国際人権規約を含む「日本国が締結した条約」、すなわち国法の一形式として国内的効力を有している条約の適用が第一の問題であり、上で例示された国々とは、状況が本質的に異なると考えられる。確かに、ここで提唱されている国際人権文書の間接適用の手法によれば、法的拘束力を有しない宣言や決議、さらには未批准の条約を参照することも可能となるであろうし、self-executing 性等、困難な技術的論点とされる問題を回避することも可能であろう。しかしながら、その際に、すでに締結され、国内的効力が認められている条約と、未批准の条約、およびその他の法的拘束力を有しない国際文書とが、国法体系におけるその実際上の効果において相対化される恐れがないかという疑問が生ずる。

しかも、国際人権文書の間接適用の根拠については、上述の諸国の事例が示されるのみで、なぜ、国法秩序の段階構造における地位において優位する憲法に対して、条約を解釈基準とすることが要請されうるのかが、必ずしも明らかにされていないのではないであろうか。条約優位説を採らない限り、国法秩序の統一性確保の要請からは、逆に条約の憲法適合的解釈が導き出されることとなりうる。憲法適合的解釈と同様に説明されうるのは、法律および命令の条約適合的解釈であると解される。また、間接適用という考え方は、憲法の私人間効力の問題における間接効力説を彷彿させるものがあるが、間接効力説とて、国法秩序の段階構造における憲法の優位性を前提としたものと考えられる。過去の事例の存在を指摘し、あるいは条約による国際的義務が尊重されることが望ましいとするだけでは、国内裁判所が常に憲法の条約適合的解釈を行う法的義務を有することを理由づけるに十分ではないのではないであろうか。

第二款　裁判例の状況

一　従来の裁判例

国際人権条約に関する裁判例を見ると、典型的なものでは、例えば、東京地裁昭和五九年八月二九日判決[37]が、「憲法一四条に反するものでない以上、国際人権規約B規約二六条に抵触するものでないこともいうまでもない」と判示しており、また、いわゆる法廷メモ訴訟の二審判決である東京高裁昭和六二年一二月二五日判決[38]は、「この規定〔＝B規約第一九条〕は、表現の自由に関する規定であるから、憲法二一条で保障されている、表現の自由以上の意味を持つものと解することはできない」としている[39]。

二　最高裁判所への上訴に関する問題

また、現行法上、国際人権条約違反を理由とする訴訟が直面する難点の一つとして、最高裁判所への上訴の制限の問題がある。つまり、条約違反を理由とする場合、刑事訴訟法上も民事訴訟法上も上告および特別上訴（刑事訴訟法上の特別抗告、ならびに民事訴訟法上の特別上告および特別抗告）は認められないこととなる。刑事訴訟法第四〇五条および第四三三条によれば、上告および特別抗告の理由は、憲法の違反があること、もしくは憲法の解釈に誤りがあること、または判例に反することに限られており、また、民事訴訟法第三一二条第一項、第三二七条第一項および第三三六条第一項によれば、上告、特別上告および特別抗告の理由は、「憲法の解釈の誤りがあることその他憲法の違反があること」に限られるのである。最高裁第一小法廷は、最高裁判所が初めて国際人権規約について判断を示したものとされる昭和五六年一〇月二二日判決[40]、いわゆる高松簡易保険局事件判決において、国家公務員法および人事院規則の規定がＢ規約に違反し無効であるという主張を、「同法〔＝刑訴法〕四〇五条各号の上告理由にあたらず」として退けている[41]。

三　解釈基準としての援用および憲法第九八条第二項を通じての援用

以上のような国際人権条約に「きわめて冷淡[42]」な裁判例と国際文書の間接適用の例とされる裁判例の存在が指摘される一方、本書は、以下のような裁判例の存在に注目する。それらは、三つの類型に整理される。まず第一に、判断に際して、国際法上の拘束力を有しない国際人権文書を参照するものである。その典型例は、先に国際人権文書の間接適用の事例としても引用された、最高裁昭和三九年一一月一八日大法廷判決[43]である。ここで注意すべき点は、「近代民主主義諸国の憲法における基礎的な政治原理」と並んで「世界人権宣言」が参照されているという点である。これに倣うものとしては、東京地裁の昭和五七年九月二二日の二件の判決[44]が挙げられる。それらは、「憲法一四条の規定する法の下における平等の原則は、近代民主主義諸国の憲法における基礎的な政治原理の一として広く承認されており、また、世界人権宣言七条の規定に鑑みると、憲法一四条の趣旨は、特段の事情の認められない限り、外国人に対しても類推されるべきものと解される」とし、結論的には、世界人権宣言との抵触について直接判示することなく、「憲法一四条に違反するものではない」としているのである。また、東京高裁平成四年五月二七日判決[45]は、「憲法三七条三項の定める弁護人依頼権を実質的に保障するためには、Ｂ規約一四条三項(b)、(d)の規定するような権利を保障し」

なければならないことはもとよりである、として憲法とともにＢ規約を適用する一方、「所論が指摘し援用する被告人ないし被拘禁者の人権に関する各種国際規約類等[46]に照らして考察しても、別段異なるところはない」とした。

これに対して、例えば、横浜地裁昭和五九年六月一四日判決[47]は、「憲法一四条の規定する法の下における平等の原則は、近代民主主義諸国の憲法における基本原理の一つとしてひろく承認されており、また、わが国が批准した国際人権規約Ｂ規約二六条及び世界人権宣言七条にも同趣旨の規定があることに鑑みると、憲法一四条の規定の趣旨は、特段の事情の認められない限り、外国人に対しても類推されるべきものと解するのが相当であるが」、「国際人権規約Ｂ規約二六条、二条一項の法の下の平等原則も、ほぼ右憲法一四条と同旨のことを規定したものと解され、右憲法に関して説示した判断が妥当するものと解される」とし、また、福岡地裁小倉支部昭和六〇年八月二三日判決[48]は、「法の下における平等の原則は、近代民主主義諸国の憲法における基本的な原理の一つとしてひろく承認されており、国際人権規約Ｂ規約二六条及び世界人権宣言七条にも同趣旨の規定があることに鑑みると、憲法一四条の規定の趣旨は、特段の事情の認められない限り、外国人に対しても類推されるべきものと解するのが相当であって、もし、在留外国人が、合理的理由なく差別的な取扱いを受けたときは憲法一四条及び国際人権規約Ｂ規約二六条に違反する」としている。これらは、上述の昭和三九年の最高裁判決に対し、国際人権規約批准後の判断として、Ｂ規約にも言及したものである。両判決とも、最終的にはＢ規約違反の有無を明示的に判断しているが、一般論の部分で、「近代民主主義諸国の憲法」および国際法上の拘束力を有しない「世界人権宣言」と、「日本国が締結した条約」（憲法第九八条第二項）として法的拘束力を有するB規約とを並列に扱っている点について問題なしとしない。

第二の類型として、「日本国が締結した」国際人権条約を、憲法の解釈基準として用いる裁判例が挙げられる。例えば、先に国際人権文書の間接適用に関しても引用された、東京地裁昭和六一年三月二六日判決[49]は、「我が国が批准した国際人権規約B規約一二条四項の規定をもって、我が国の憲法解釈上外国人の再入国の自由を認めたものとすることはできない」とした。また、大阪高裁昭和六三年四月一九日判決[50]は、「法の下の平等を規定する憲法一四条に関しても全く同様であって、我が国も批准している所論国際人権規約における内外人平等の原則の趣旨にかんがみ、特に慎重な配慮を要する」とした上で、「市民的及び政治的権利に関する国際規約二六条等の趣旨を十分考慮に容れても、所論のいう憲法一四条違反の問題を生じない」とした。

これに対して、東京高裁平成五年六月二三日決定[51]は、「『市民的及び政治的権利に関する国際規約』二四条一項の規定の精神及び我が国において未だ批准していないものの、近々批准することが予定されている『児童の権利に関する条約』二条二項の精神等に鑑みれば」、「憲法一四条一項の規定に違反する」と判示している。ここでは、拘束力を有する既批准の条約と、未批准の条約とが、しかもその「精神」に鑑みるという形で並列に扱われている点に疑問が残る。

最後に、第三の類型として、憲法第九八条第二項を通じて条約を援用する裁判例が挙げられる。この類型に属する裁判例は数多い[52]が、例えば、最高裁平成五年三月二日第三小法廷判決[53]は、「国公法九八条二項が右各条約[54]に抵触するものとはいえない。右抵触を前提とする所論憲法九八条二項違反の主張は、失当である」

としている。東京地裁昭和三八年四月一九日判決[55]は、「我が国はＩＬＯに加盟しており、かつＩＬＯ第九八号条約を批准しているのであるから、若し国内法令が同条約に抵触する場合には、その法令は憲法第九八条第二項に違反するといわなければならない」とした。大阪地裁昭和六一年七月一八日決定[56]は、「これら各国際法規違反による憲法九八条二項違反の主張は理由がない」とした。また、札幌地裁平成二年一二月二六日判決[57]は、「地方公務員法三七条一項が右条約に違反し[58]、その結果、条約遵守義務を規定した憲法九八条二項に違反するということはできない」としている[59]。

ところが、この類型においては、未批准の条約や、そもそも国際法上の拘束力を有しない国際文書が、「確立された国際法規」であるとの主張の下に援用される例が、しばしば存在する[60]。

以上のような三類型を、裁判所が意識的に用いているとすることには、疑問があろう。また、それらの判断の枠組は、当事者の主張のあり方に左右されることもあると考えられる。しかしながら、ここでは、とりあえず、従来の裁判例において、拘束力を有しない国際人権文書が参照される場合があり、国際人権条約が憲法規定の解釈基準として援用される場合があり、また、憲法第九八条第二項を通じて国際人権条約が援用される場合があるということが重要である[61]。

以下本書第二部では、このような裁判例の存在を背景として、憲法の条約適合的解釈の法的根拠に関する問題、および現在は制限されている最高裁判所への条約違反を理由とする上訴の可能性に関する問題を念頭に置きつつ、検討を進めることとする。

（1）　伊藤正己『憲法入門』〔第四版〕（有斐閣・一九九八年）一一三頁。

(2) 佐藤幸治『憲法』(第三版)(青林書院・一九九五年)三九五頁。
(3) 伊藤正己『憲法』(第三版)(弘文堂・一九九五年)一八六頁。
(4) 樋口陽一『憲法』(改訂版)(創文社・一九九八年)一〇〇頁。
(5) 伊藤正己「国際人権法と裁判所」国際人権一号(一九九〇年)一一頁。
(6) 佐藤・前掲書(注2)三六一頁。
(7) 芦部信喜『憲法学Ⅱ人権総論』(有斐閣・一九九四年)四〇頁。
(8) 芦部信喜「人権の普遍性と憲法――国際人権法との関連において」法セ四三七号(一九九一年)二九頁(同『憲法叢説2人権と統治』(信山社・一九九五年)三頁以下所収)。
(9) 野中俊彦=浦部法穂『憲法の解釈Ⅰ』(三省堂・一九八九年)三〇四頁(野中執筆)。
(10) 横田耕一「人権の国際的保障をめぐる理論問題」憲法理論研究会編『人権理論の新展開』(敬文堂・一九九四年)一六六頁。
(11) これに対して、「日本国憲法は、その内容や解釈が、国際人権条約の動向によって左右されるようなものではない、とみるべきであろう。だから、ある法令や行政措置が、国際人権条約に違反するが、憲法には違反しない、ということがあっても、少しもおかしくないのである」、あるいは「条約は条約であり、憲法は憲法である。だから、条約に、すばらしいことが書いてあるからといって、憲法の条文を、それと同じものとして解釈していい、ということにはならないのである」(内野正幸『人権のオモテとウラ――不利な立場の人々の視点』(明石書店・一九九二年)三八、一二二頁)とする見解も存在する。確かに、「条約に、すばらしいことが書いてあるから」というだけでは、憲法の条約適合的解釈を正当化できないであろう。
(12) その定義は、例えば、「人権に関する条約や宣言、そしてその実施を確保するための人権保障システム」(阿部浩己=今井直『テキストブック国際人権法』(日本評論社・一九九六年)三頁)とされる。
(13) 横田・前掲「人権の国際的保障をめぐる理論問題」(注10)一五九頁、同「『国際人権』と日本国憲法――国際

人権法学と憲法学の架橋」国際人権五号（一九九四年）七頁。

(14)　本書では、締約国を拘束する条約と、国際法上法的拘束力を有しない宣言・決議等とを総称する場合、これを「国際文書」といい、それが人権に関するものである場合には、「国際人権文書」と称することとする。なお、それらの文書の内容にとくに注目する場合には、「国際人権基準」という語を用いることがある。

(15)　深津栄一「国際法と国内法との『合致の推定』の問題」日法二四巻一号（一九五八年）四八頁以下。

(16)　例えば、深津栄一『国際法総論』（北樹出版・一九八四年）二三六頁、高野雄一『国際法概論（上）』〔全訂新版〕（弘文堂・一九八五年）一〇二頁、杉原高嶺ほか『現代国際法講義』〔第二版〕（有斐閣・一九九五年）三二頁〔杉原執筆〕、広部和也「国際法の国内的適用」寺澤一＝山本草二＝広部和也編『標準国際法』〔新版〕（青林書院・一九九三年）七二頁、松井芳郎ほか『国際法』〔第三版〕（有斐閣・一九九七年）二四頁〔松井執筆〕、岩沢雄司「アメリカ裁判所における国際人権訴訟の展開（二・完）」国際八七巻五号（一九八八年）一八頁等。しかも、単に国際法と国内法の矛盾・抵触を回避するにとどまらず、「この結果、実際上は、かなりの程度まで、国際法を憲法に優位させたに等しい取扱をしています」（広部和也「国際法の実現――国際法規範は国内・国際法制の上でどのように履行確保されるか」内田久司＝広部和也編『国際法を学ぶ』（有斐閣・一九七七年）七一頁）とされる。

(17)　阿部＝今井・前掲書（注12）三四頁。

(18)　間接適用という用語について、「アメリカでは、国際人権法が国内法の解釈基準となることを国際人権法の『間接受容』と呼ぶ人が多い。しかし、条約も慣習国際法もすでに国内に『受容』され国内的効力をもつものであるから、むしろ『間接適用』というべきであろう」、「そう考えて筆者は、学会報告の際にはこれを『間接適用』と呼んだ。しかし、立法者が国際法の内容を国内立法に書き換えてその国内的実現をはかること（「国内的実施」）と混同されるおそれを感じたので、本書では、多少長いが『国内法の解釈基準としての効果』と正確に表現することとした」（岩沢・前掲論文〔注16〕二二頁註一）とする見解もある。なお、岩沢雄司「日本における国際人権訴訟」小田滋先生古稀祝賀『紛争解決の国際法』（三省堂・一九九七年）二五二頁も参照。

(19) 阿部=今井・前掲書（注12）三四頁。
(20) 同書三四頁。
(21) ただし、「国内法の解釈基準としての権威はおのずと異ならざるをえない」（岩沢・前掲論文［注16］二〇頁）とされる。
(22) 岩沢・前掲論文（注16）一八―一九頁。
(23) 同論文一九頁。
(24) 阿部=今井・前掲書（注12）四七頁。
(25) 岩沢・前掲論文（注16）一六頁。
(26) 同論文一七頁。
(27) 判例について、平良「イギリス法におけるヨーロッパ人権条約の影響」法研五九巻二号（一九八六年）二三―二七頁、江島晶子「国内裁判所における国際人権条約の国内的実施――イギリスの裁判所における新たな局面（一）―（三）」明治大学短期大学紀要六三号（一九九八年）三五頁以下／六四号（一九九九年）一頁以下／六五号（一九九九年）五五頁以下等参照。なお、イギリスは、いわゆる一九九八年人権法によって欧州人権条約を国内法化した。これについては、江島晶子「イギリスにおけるヨーロッパ人権条約の国内法化――一九九八年人権法と国際人権法の共生関係の可能性」明治大学短期大学紀要六六号（二〇〇〇年）一六三頁以下参照。
(28) 岩沢・前掲論文（注16）一七頁。また、阿部=今井・前掲書（注12）三六頁。
(29) 欧州審議会については、高野雄一『国際組織法』〔新版〕（有斐閣・一九七五年）四七七頁以下、最上敏樹『国際機構論』（東京大学出版会・一九九六年）二三五頁以下、小畑郁「欧州審議会の人権保障活動と中・東欧」神戸市外国語大学外国学研究三二号（一九九四年）一〇七頁以下、庄司克宏「欧州審議会の東方拡大と『民主主義の安全保障』の構築」横国八巻二号（一九九九年）二一頁以下等参照。
(30) *Karl-Peter Sommermann*, Völkerrechtlich garantierte Menschenrechte als Maßstab der Verfassungskon-

kretisierung — Die Menschenrechtsfreundlichkeit des Grundgesetzes, AöR 114 (1989), 391 (405). 佐々木雅寿「ヨーロッパ人権保護条約、カナダ人権憲章および日本国憲法における人権制約原理」石部雅亮＝松本博之＝児玉寛編『法の国際化への道――日独シンポジウム』(信山社・一九九四年) 二〇九頁、中井伊都子「カナダの裁判所における人権条約の役割――憲法解釈の指針としてのヨーロッパ人権条約機関の見解の影響力」国際人権一一号（二〇〇〇年）三〇頁。

(31)　例えば、阿部＝今井・前掲書（注12）三四―三五頁、岩沢・前掲論文（注16）一二五頁註三五。

(32)　行集三四巻一〇号一七七七頁。

(33)　刑集一八巻九号五七九頁。

(34)　岩沢・前掲論文（注16）一二五頁註三五。

(35)　行集三七巻三号四五九頁。

(36)　阿部＝今井・前掲書（注12）三五頁。

(37)　判時一一二五号九六頁。

(38)　判時一二六二号三〇頁。

(39)　これについては、「硬い憲法優位説の遵守」（江橋崇「日本の裁判所と人権条約」国際人権二号（一九九一年）一二頁）という批判がなされている。また、伊藤・前掲論文（注５）一〇頁、横田・前掲「人権の国際的保障をめぐる理論問題」（注10）一六六―一六八頁。近年の最高裁判所の判断においても、第三次家永訴訟についての最高裁平成九年八月二九日第三小法廷判決（民集五一巻七号二九二一頁）は、「本件検定が表現の自由を保障した憲法二一条の規定に違反するものでないことは前記のとおりであるから、本件検定が前記規約〔＝Ｂ規約〕一九条の規定に違反するとの論旨は採用することができない」とし、また、裁判官の政治活動に関する最高裁平成一〇年一二月一日大法廷決定（判時一六六三号六六頁）は、「憲法二一条一項に違反しないものである以上、市民的及び政治的権利に関する国際規約一九条に違反するといえないことも明らかである」としている。なお、園部逸夫「日本の最高裁判所における国際人権法の最近の適用状況」国際人権一一号（二〇〇〇年）四頁は、「国際人権規約の重要性を認識することができても、わが国の法体系の下では、憲法と並ぶかあるいは憲法より優先する効力を明確に与えない限り、同規約の真の重さは裁判所に伝わらない」とする。

(40) 刑集三五巻七号六九六頁。

(41) ただし、括弧書きで、「なお、国家公務員法、人事院規則の前記罰則は、右国際規約一八条、一九条、二五条に違反するものではない」としている。

(42) 伊藤・前掲論文（注5）一〇頁。

(43) 刑集一八巻九号五七九頁。

(44) 行集三三巻九号一八一四頁、および行集三三巻九号一八四六頁。

(45) 判時一四三三号一三九頁。

(46) 文脈からB規約以外のものであると解されるが、具体的に何を指すのかは、判示を見る限り必ずしも明らかではない。ただ、判示にいう「一九八八年一二月九日の国連第四三回総会において決議された『あらゆる形態の拘禁・収監下にあるすべての人の保護のための原則』」が含まれるものと解される。

(47) 判時一一二五号九六頁。

(48) 判時一一七九号一五六頁。

(49) 行集三七巻三号四五九頁。

(50) 判時一三〇一号八五頁。

(51) 高民集四六巻二号四三頁。

(52) 本文中に挙げたものの他に、最高裁判所では、昭和四四年四月二日大法廷判決（刑集二三巻五号三〇五頁）、昭和五八年一一月二五日第二小法廷判決（訟月三〇巻五号八二六頁）、平成元年三月二日第一小法廷判決（判時一三六三号六八頁）、平成元年九月二八日第一小法廷判決（判時一三四九号一五一頁）、高等裁判所では、東京高裁昭和四〇年一一月一六日判決（判時四三七号六頁）、東京高裁昭和六一年八月一四日決定（労判四八一号二七頁）、大阪高裁昭和六二年三月一三日決定（訟月三三巻九号二三五八頁）、東京高裁昭和六三年五月二六日判決（労判五一九号七三頁）、仙台高裁平成二年三月二〇日判決（労判五七九号五二頁）、福岡高裁平成四年一一月二四日判決（労判六二〇号四五頁）、地方裁判所では、東京地裁昭和四一年九月一〇日判決（労民集一七巻五号一〇四二頁）、福岡地裁昭和六三年一〇月五日判決（訟月三五巻四号七〇〇頁）、東京地裁平成二年四月一九日判決（判時一三四九号三頁）等がある。

(53) 判時一四五七号一四八頁。

(54) A規約、ＩＬＯ八七号条約、およびＩＬＯ九八号条約を指す。

(55) 判時三三八号八頁。

(56) 判タ六二三号八一頁。

(57) 世界人権宣言、B規約、および難民条約を指す。

(58) 労判五七八号四〇頁。

(59) ＩＬＯ八七号条約を指す。

(60) 例えば、大阪高裁昭和五四年一一月七日判決（行集三〇巻一一号一八二七頁）、東京地裁昭和三七年四月一八日判決（判時三〇四号四頁）、福岡地裁昭和三七年一二月二一日判決（下刑集四巻一一＝一二号一〇九四頁）、名古屋地裁昭和四四年五月一五日決定（訟月一五巻八号九三七頁）、東京地裁昭和五二年一〇月一八日判決（行集二八巻一〇号一一〇二頁）、神戸地裁昭和五四年六月二八日判決（訟月二五巻一一号二八一九頁）、東京地裁昭和五四年一二月三日判決（ジュリ七四三号昭和五五年度重判二九四頁）、大阪地裁昭和五六年二月二七日判決（判タ四五三号一四一頁）等がある。

(61) その後の注目すべき裁判例として、いわゆる二風谷ダム事件に係る、札幌地裁平成九年三月二七日判決（判時一五九八号三三頁）がある。本判決は、「アイヌ民族は、文化の独自性を保持した少数民族としてその文化を享有する権利をB規約二七条で保障されているのであって、我が国は憲法九八条二項の規定に照らしてこれを誠実に遵守する義務があるというべきである」とする一方、「原告らは、憲法一三条により、その属する少数民族たるアイヌ民族固有の文化を享有する権利を保障されていると解することができる」とし、それに関して、「このように解することは、前記B規約成立の経緯及び同規約を受けて更にその後一層少数民族の主体的平等性を確保し同一国家内における少数民族との共存を可能にしようとして、これを試みる国際連合はじめその他の国際社会の潮流に合致するものといえる」としている。この判決については、「憲法九八条二項によってわが国の遵守義務を導いたことの意義は大きい」（常本照樹「先住民族と裁判——二風谷ダム判決の一考察」国際人権九号（一九九八年）五一頁。なお、同「民族的マイノリティの権利とアイデンティティ」岩波講座『現代の法14自己決定権と法』（岩波書店・一九九八年）一八二頁）とされ、また、「憲法規定を国際人権条約に適合的に解釈する手法をとっていると見うる点も重要である」（同「先住民族と裁判」五五頁註八。なお、同「民族的マイノリティと権利のアイデンティティ」一九九頁註二四）と指摘される。いわば、本書でいう第二類型と第三類型を融合させる方向が看取されるのである。

第一章　欧州人権条約の地位問題

ドイツ連邦共和国においては、条約は国法秩序の段階構造において通常の連邦法律と同位であり、したがって、欧州人権条約に対しても後法たる連邦法律が優越し、また、欧州人権条約違反を理由とする憲法異議は許容されない、とするのが通説および判例の理解であるが、これに異を唱える見解が当初からさまざまな形で展開された。主に一九五〇年代から一九七〇年代にかけて主張されたこれらの見解は、国法秩序の段階構造における欧州人権条約の地位の上昇を目指すものであったが、それらは、いずれも、成功を収めることはできなかった。

第一節　通説の理解

一　国法秩序の段階構造における条約の地位

ドイツ連邦共和国においては、欧州人権条約も他の条約と同じく、国法秩序の段階構造における地位については、連邦法律と同位と解するのが通説である。条約は同意法律によって国内法に変型されるとする変型理論によれば、条約が同意法律と同一の地位にあるということは逃れられない帰結であり、また、受容理論によれば、条約の地位の決定は憲法に委ねられているとされるが、基本法には条約の地位について明文の規定はなく、逆に、基本法第二五条の反対解釈から条約は法律に優位しないと解しうるので、結局、連邦法律と同位という結論に変わりはない[4]。したがって、いずれにせよ、欧州人権条約と連邦法律との間にも、同一の形式的効力を有する法形式相互間の矛盾・抵触に際しては時間的に後に成立した法規範が時間的に前に成立した法規範を破るという、後法優越の原則が適用されることとなる。

ただし、特別法の規定によって、後法を含む連邦法律に対する条約の優位が規定される場合のあることが指摘される[5]。例えば、租税基本法第二条[6]は、「基本法第五九条第二項第一段の規定にいう他の諸国との課税に関する条約は、これが直接適用される国内法となっている限り、租税法律に優位する」と規定している。

二　特別法優先の原則

条約は連邦法律と同位であるとする通説の理解においても、同一の形式的効力を有する法形式相互間においては特別法は一般法に優先するという、特別法優先の原則によって、条約が後法たる連邦法律に優先すると解されることがある[7]。欧州人権条約も、その性質に鑑みて、このような特別法であるとされることがある。

三　欧州人権条約違反を理由とする憲法異議

欧州人権条約違反を理由として直ちに憲法異議を提起しうるかについては、通説はこれを否定してきた[8]。

(1)「基本法の文言を明文で変更しまたは補充する法律」と区別して、「通常法律（einfaches Gesetz）」という呼称が用いられることがある。本書で、連邦法律という場合も、通常法律としての連邦の法律を意味する。

（2）　ただし、憲法異議の可否に関しては、連邦憲法裁判所法第九〇条第一項の解釈による説（*Heinz Guradze*, Kann die Verfassungsbeschwerde auf eine Verletzung der Konvention zum Schutze der Menschenrechte gestützt werden ?, DÖV 1960, 286 [287 f.]）も存在するが、地位問題の議論とは若干性質を異にすると解されるので、ここでは扱わない。

（3）　*Hubert Schorn*, Die Europäische Konvention zum Schutze der Menschenrechte und Grundfreiheiten (Frankfurt am Main, Vittorio Klostermann, 1965) S. 42. 学説の紹介として、*Robert Uerpmann*, Die Europäische Menschenrechtskonvention und die deutsche Rechtsprechung: ein Beitrag zum Thema Völkerrecht und Landesrecht (Berlin, Duncker & Humblot, 1993) S. 72; *Meinhard Hilf*, Der Rang der Europäischen Menschenrechtskonvention im deutschen Recht, in: E. G. Mahrenholz/M. Hilf/E. Klein, Entwicklung der Menschenrechte innerhalb der Staaten des Europarates（Heidelberg, C. F. Müller, 1987）S. 39.

（4）　*Uerpmann*（Anm. 3）S. 72 f.

（5）　Jochen Abr. Frowein, *Chapter 4: Federal Republic of Germany*, in F. G. Jacobs and S. Roberts, eds., *The Effect of Treaties in Domestic Law* 63, 68（Sweet & Maxwell, 1987）; *Eckart Klein*, Der Individualrechtsschutz in der Bundesrepublik Deutschland bei Verstößen gegen Menschenrechte und Grundfreiheiten der Europäischen Menschenrechtskonvention, in: E. G. Mahrenholz/M. Hilf/E. Klein, Entwicklung der Menschenrechte innerhalb der Staaten des Europarates（Heidelberg, C. F. Müller, 1987）S. 65 f.

（6）　邦訳は、日本税法学会運営委員会訳／中川一郎編『77年AO法文集（邦訳）――租税基本法』（税法研究所・一九七九年）三二頁〔熊本敬一郎訳〕による。

（7）　*Hilf*（Anm. 3）S. 39 f.; *Klein*（Anm. 5）S. 66; Frowein, *Ch. 4* at 69（cited in note 5）; *Klaus Stern*, Das Staatsrecht der Bundesrepublik Deutschland, Bd. I, 2. Aufl.（München, C. H. Beck, 1984）S. 482.

（８） *Schorn* (Anm. 3) S. 48; *Heinz Guradze*, Die Europäische Menschenrechtskonvention, Kommentar (Berlin/Frankfurt am Main, Verlag Franz Vahlen, 1968) S. 29.

第二節　裁判所の対応

一　国内適用可能性

ドイツ連邦共和国の裁判所は、欧州人権条約の実体規定の大部分について、当初から国内における直接適用可能性を認めており、欧州人権条約が国内裁判所で援用される頻度も高いとされる[9]。

欧州人権条約の国内適用可能性についての裁判所による初めての判断は、ミュンスター上級行政裁判所の一九五五年一一月二五日判決[10]であるとされる[11]。同判決自体、「欧州人権条約の実体規定が、直接にドイツ裁判所を拘束する法となっているのか、それともドイツ国内法を欧州人権条約の規定と合致させるというドイツ連邦共和国の義務を根拠づけたに過ぎないのか」について、「これまで裁判はこの問題を判断してこなかった[12]」としている。この判決においては、「欧州人権条約は、国内法になっており、したがって直接に拘束する法となっている」とされた。つづいて、連邦行政裁判所一九五五年一二月一五日判決[13]も、欧州人権条約について、連邦法の地位と国内適用可能性を確認した。初期には、若干の裁判所が、欧州人権条約の国内適用可能性を入念に根拠づけることが必要と考えていたが、今日では、欧州人権条約が国内適用可能であることは、すでに自明のこととされる[14]。

二　後法優越の原則

しかし、ドイツ連邦共和国の裁判所は、基本的に、通説と同様、欧州人権条約も他の条約と同じく連邦法律と同位であるとしている。[15] したがって、後法優越の原則の適用により、欧州人権条約は、これに矛盾・抵触する後法たる連邦法律によって破られることとなる。実際に、そのような事例も生じた。

三　欧州人権条約違反を理由とする憲法異議

(1)　初期の判断

初期には、連邦憲法裁判所は、欧州人権条約に基づく憲法異議に否定的な態度を示してはいるものの、後の事例に比べれば、明らかに否定したというわけでもないと解される。例えば、一九五四年一一月一八日判決[16]においては、欧州人権条約第二条、第八条、第一三条、および第一四条違反の主張に対して、「基本法第二五条との関係における一九五〇年一一月四日の条約〔＝欧州人権条約〕の違反に依拠する異議の検討は、第二五条が連邦憲法裁判所法第九〇条に挙げられておらず、それゆえ、条約違反に関して憲法異議は認められていないので、不必要である」と判断された。[17][18]

また、一九五七年三月二一日決定[19]は、欧州人権条約第一議定書違反の主張に対して、「異議提起者は、申立てられた欧州審議会の人権条約の違反に根拠を求めることはできない。人権条約についての一九五二年三月二〇日の議定書第一条は、一九五六年一二月二〇日に連邦共和国によって批准されており（BGBl. II S. 1879）、それは確かに財産権保障を含んでいる。しかし、その規定はなんら遡及的な効力を当然に与えられるものではないので、欧州人権条約は、その発効前に終結した事件には適用可能ではない」とした。

(2)　審査権を肯定した例

ところが、一九五七年五月一〇日判決[20]においては、異議提起者が、基本法第二五条を通じて欧州人権条約違反を主張することを、従来の連邦憲法裁判所の判断を顧慮して途中で取りやめたにもかかわらず、連邦憲法裁判所は、「刑法第一七五条が欧州人権条約の規定と両立しうるか否かという問題は、異議提起者の主張とは関わりなく、職権によって審査されなければならない」として、欧州人権条約第八条第一項、第二条第一項、第一三条、および第一四条について、詳細に審査を行った。本件は、連邦憲法裁判所が実際に欧州人権条約を直接に審査の基準として適用した、特異な事例とされる[21]。

また、一九五八年一二月一六日決定[22]では、連邦憲法裁判所は、欧州人権条約違反の主張に対して、「一九五〇年一一月四日の人権及び基本的自由の保護のための条約第六条第三項(C)による権利に関しては、ここで刑事被告人に与えられた保護はドイツ法を越えるものではないから、理由がない」として、憲法異議が欧州人権条約違反に依拠しうるか否かについては明確な判断を避けた。

(3)　憲法異議を許容しない判断の定着

しかし、連邦憲法裁判所は、一九六〇年一月一四日決定[23]において、自己の基本権、または基本法第二〇条第四項、第三三条、第三八条、第一〇一条、第一〇三条、および第一〇四条に含まれている権利の侵害を理由とする憲法異議の提起を認めている連邦憲法裁判所法第九〇条を根拠として、「憲法異議は、欧州人権条約には依拠しえない」とのみ述べて、憲法異議を退けた。そしてこれ以降、欧州人権条約に基づく憲法異議を許容しないということが、恒常的に確認されている。

さらに、一九七一年三月二三日決定[24]において、連邦憲法裁判所は、欧州人権条約違反の主張に対して、なんら反応を示さなかったとされる[25]。

一九七三年三月一四日決定[26]は、「憲法異議は、欧州人権条約第六条違反が主張される限りにおいては許容されない。つまり、憲法異議は、欧州人権条約には依拠しえない」とした。

一九七五年一二月一七日決定[27]は、前述の一九六〇年決定および一九七三年決定を引用して、「憲法異議は、異議提起者が欧州人権条約についての議定書第二条違反を主張する限りにおいて許容されない。なぜなら、憲法異議は、欧州人権条約違反には依拠しえないからである」とした。

一九七六年一月一三日決定[28]も、一九六〇年決定および一九七三年決定を引用して、「憲法異議によっては、欧州人権条約違反は主張できない」とした。

一九八三年五月一七日決定[29]は、一九六〇年決定、一九七三年決定、および一九七六年決定を引用して、「憲法異議は、欧州人権条約違反の申立には依拠しえない。連邦憲法裁判所は、欧州人権条約に含まれている公正な手続（欧州人権条約第六条）の保障の基準については判断しない」とした。

一九八七年一月一三日決定[30]は、一九六〇年決定、一九七三年決定、一九七六年決定、および一九八三年決定を引用して、「憲法異議は、主張された欧州人権条約違反自体には依拠しえない」とした[31]。

このように、連邦憲法裁判所は、欧州人権条約は憲法異議における直接の審査基準とはならないという判断を維持してきたのである。(32)

(9)　やや古いが、ある統計（Uerpmann（Anm. 3）S. 267 ff.）によれば、ドイツ連邦共和国の国内裁判所における欧州人権条約関連の裁判例は、一九九一年末までで、総数六八二件に上る。そのうち、連邦憲法裁判所は六四件（総数六八二件の九・三八パーセント）である。民事・刑事の通常裁判権に関係するものは四二七件（同六二・六一パーセント）で、連邦通常裁判所が八八件（同一二・九〇パーセント）、上級地方裁判所が二四五件（同三五・九二パーセント）を占める。行政裁判権に関係するものは一四九件（同二一・八五パーセント）で、そのうち連邦行政裁判所が八三件（同一二・一七パーセント）、上級行政裁判所が五三件（同七・七七パーセント）を占める。年間の件数の推移を見ると、当初は順調に増加していたが、一九六〇年代および一九七〇年代には停滞、その後、一九八〇年代に入って再び急激に増加している。

(10)　NJW 1956, 1374.

(11)　*Werner Morvay,* Rechtsprechung nationaler Gerichte zur Europäischen Konvention zum Schutze der Menschenrechte und Grundfreiheiten vom 4. November 1950（MRK）nebst Zusatzprotokoll vom 20. März 1952（ZP）(I), ZaöRV 21（1961）, 89（91）; *Günter Dürig,* Art. 1（1958）, in: T. Maünz/G. Dürig/R. Herzog/R. Scholz, Grundgesetz. Kommentar（Munchen, C. H. Beck）Rn. 59; Philippe Comte, *The Application of the European Convention on Human Rights in Municipal Law,* 4 Journal of the International Commission of Jurists 94, 112（1962）.

(12)　NJW 1956, 1374.

(13)　BVerwGE 3, 58（61）.

(14)　*Uerpmann*（Anm. 3）S. 42.

(15)　*Uerpmann*（Anm. 3）S. 72; *Hilf*（Anm. 3）S. 23.

(16) BVerfGE 4, 110 (111 f.).

(17) 後に連邦憲法裁判所は、基本法第二五条違反に関しての憲法異議を認めるに至ったが、それによって欧州人権条約に関する憲法異議が可能になるとはしなかった。ただし、基本法第二五条にいう「国際法の一般原則」の内容を確認するために、その徴憑として欧州人権条約が用いられることがある。例えば、一九八二年一月二六日決定（BVerfGE 59, 280）、一九八六年一一月一七日決定（NJW 1987, 830）、一九八七年三月三一日決定（BVerfGE 75, 1）、一九八七年五月二一日決定（NJW 1988, 1462）等。

(18) なお、前述（本節一）のミュンスター上級行政裁判所判決は、この連邦憲法裁判所判決も、欧州人権条約の国内適用可能性について明らかにしていないとする。

(19) BVerfGE 6, 290 (296).

(20) BVerfGE 6, 389 (440 f.).

(21) *Jochen Abr. Frowein*, Das Bundesverfassungsgericht und die Europäische Menschenrechtskonvention, in: W. Fürst/R. Herzog/D. C. Umbach (Hg.), Festschrift für Wolfgang Zeidler, Bd. 2 (Berlin/New York, Walter de Gruyter, 1987) S. 1763 (1764). しかしながら、この判決は、欧州人権条約を国際法の一般原則の徴憑として用いた例と解されるべきではないであろうか。

(22) BVerfGE 9, 36 (39).

(23) BVerfGE 10, 271 (274).

(24) BVerfGE 30, 409.

(25) *Frowein*（Anm. 21）S. 1765.

(26) BVerfGE 34, 384 (395).

(27) BVerfGE 41, 88 (105 f.).

(28) BVerfGE 41, 126 (149).

(29) BVerfGE 64, 135 (157).
(30) BVerfGE 74, 102 (128).
(31) なお、この決定は、基本法第三条第一項と欧州人権条約違反との関係について注目すべき判断を含むが、この点については後述（第二章第二節第二款一）する。
(32) それでも、連邦憲法裁判所は、とりわけ一九八〇年代以降には、欧州人権条約を「間接的に」憲法的考慮の中に含めてきたことが指摘されている。この点は、本書の考察において非常に重要である。次章において詳しく検討する。

第三節　学説の展開

こうした通説および判例の理解に対し、国法秩序の段階構造における欧州人権条約の地位の上昇を指向する学説が展開された。

一　基本法第一条第二項説

この説は[33]、すべての欧州人権条約上の権利は基本法第一条第二項の「不可侵にして譲り渡すことのできない人権」の具体化であるがゆえに、憲法的地位を享受すると主張した。

基本法第一条第二項は、第一条第一項の「人間の尊厳は不可侵である。これを尊重し、かつ、保護することが、すべての国家権力の責務である」という規定を受けて、「それゆえに、ドイツ国民は、世界のすべての人間共同体、平和および正義の基礎として、不可侵にして譲り渡すことのできない人権を信奉する」と定めている。

この説によれば、基本法に取り入れられておらず、それゆえ形式上は憲法の地位を有していない人権も、たとえそれが連邦法律によって実定化されていたとしても、基本法第一条第二項によって、憲法規範としての保護を享受するとされた。したがって、基本法第一条第二項は、ドイツ憲法体系において、人権について、国際法の一般原則についての基本法第二五条と同様の機能を果たすこととなるのである。これによって、欧州人権条約は、実質的な憲法的地位を獲得して基本法を補充し、連邦法律に優位する。また、基本法第一条第二項は改正の対象とならないから、欧州人権条約は、基本法改正からも保護されるとした。(34)(35)

二　基本法第二四条第一項説

欧州人権条約機構について、基本法第二四条第一項の、「連邦は、法律により、高権を国際機構に移譲することができる」という規定が適用されうるかも問題とされた。これが是認されるならば、欧州人権条約は、EC法と同様に、基本法にも優位すると考えられるのである。(36)ここでは、第一に、欧州人権条約は、ドイツ連邦共和国が主権を移譲しうるような国際機構を創設しているか否か、第二に、欧州人権条約が、EC法のように、優位要求を含んでいるか否かが問題となる。NATOの法的地位についての連邦憲法裁判所決定(37)とも関連して、「欧州人権条約共同体」に基本法第二四条第一項の適用を認めるべきことが主張された。(38)

三　基本法第二五条説

(1)　国際法の一般原則説

基本法第二五条は、「国際法の一般原則は連邦法の構成部分である。それらは、法律に優先し、連邦領域の住民に対して直接に権利・義務を生ぜしめる」と規定するが、この「国際法の一般原則」に欧州人権条約の実体規定が含まれるという主張がなされた。

欧州人権条約の批准に際しては、連邦議会において、「欧州人権条約第一節に含まれている人権宣言が国際法の一般原則に属するということは疑いがない(39)」という報告がなされていた。このときは、その理由づけは不明確であったが、後に、学説上、次のように理由づけられた。すなわち、基本法第二五条は当該規定が成文たると不文たるとを問わず適用され、したがって、国際法の一般原則を含む場合には条約にも基本法第二五条が適用される。なぜなら、慣習国際法の中の国際法の一般原則の内容が条約によって成文化されると、その国際法の一般原則としての性質を失う、ということは理解しがたいからである。そして、欧州人権条約は、国際法の一般原則に含まれる慣習国際法、あるいは少なくとも地域的慣習国際法なのである(40)(41)。

なお、基本法第二五条を欧州人権条約の優越的地位の論拠とする説の中でも、「国際法の一般原則」がそれに優先するとされるところの「法律」に基本法が含まれるか否かによって、欧州人権条約を対憲法優位と解するものと、そうではないものとに分かれる(42)。また、欧州人権条約が基本法に優位しないとする見解の中でも、基本法によって国法秩序に受容されるがゆえに、受容規範の地位、すなわち憲法的地位を獲得すると解するものと、基本法第二五条は「法律に優先し」と規定しているから、対法律優位にとどまるとするものとがある。[43]

(2) pacta sunt servanda 説

欧州人権条約の優越的地位を理由づけるために、pacta sunt servanda（合意は守られなければならない）の原則が援用された。[44] この説は、基本法第二五条が直接には条約に適用されないことは認めたうえで、pacta sunt servanda が基本法第二五条にいう国際法の一般原則であるとすることによって、それを介して、すべての条約を基本法第二五条が保障する地位に引き上げようとしたのである。[45]

(3) 国際司法裁判所規程第三八条説

国際司法裁判所規程第三八条第一項(C)は、国際司法裁判所が適用する裁判の基準の一つとして、「文明国が認めた法の一般原則」を挙げている。そこで、欧州人権条約はここにいう「文明国が認めた法の一般原則」に含まれ、そして、「文明国が認めた法の一般原則」は基本法第二五条にいう国際法の一般原則に含まれると解することによって、欧州人権条約が基本法第二五条による優位を獲得すると主張された。[46][47]

四 中間的地位説

これは、欧州人権条約は基本法には劣位するが連邦法律には優位する、換言すれば、国法秩序の段階構造における欧州人権条約の地位は基本法と連邦法律の中間である、とする説である。[48] 欧州人権条約は憲法的地位を獲得するものではないし国際法の一般原則でもないが、立法府が欧州人権条約に矛盾する連邦法律を公布することは許されず、その意味で欧州人権条約は対法律優位であるとされた[49]。

また、連邦法律の憲法適合性と連邦法律に対する欧州人権条約の優位との意味の違いを指摘し、後者の意味は、連邦議会が後の一方的措置によって欧州人権条約から逃れ、あるいはそれに反する規定を立法できないということであって、欧州人権条約が憲法領域においてなんらかの効力を有するということではなく、憲法異議が妥当な方法であることも意味しないという見解も主張された。この見解は、欧州人権条約の連邦法律に対する優位の確保については、基本法第九五条第一項（一九六八年改正前）によって連邦法の統一の保持を委ねられた連邦最高裁判所が適任であるとした[50][51]。

五　国際法上の拘束力説

欧州人権条約は、憲法的地位にはないが、その「国際法的に義務づけている力[52]」によって、矛盾・抵触する後法たる連邦法律を阻止すると主張された。

六　特別の国際法上の性質説

欧州人権条約は憲法的地位にはないが、その「特別の国際法上の性質[53]」のために、後法たる連邦法律は、欧州人権条約を、その矛盾・抵触する部分について廃止するということはできないとも主張された[54]。

七　欧州人権条約の特性による説

欧州人権条約の憲法的地位を、欧州人権条約の超実定的ないし前国家的権利の性質から導くことも試みられた。[55][56]

また、欧州人権条約は実質的に欧州憲法であり、それゆえ、これと矛盾する連邦法律に優位するということも主張された。[57][58]

八　欧州人権条約第一三条説

欧州人権条約違反に際して国内における効果的な救済を要請する欧州人権条約第一三条から、欧州人権条約の優位を導く見解もある。[59][60]

九　ＥＣ法説

これは、ＥＣの発展から導かれる帰結である。[61] ＥＣ法は、憲法を含むすべての国内法に優位するとされるが、[62] 欧州裁判所[63]は、人権に関わる問題を判断するに際して、欧州人権条約をガイドラインとして用いることがある（ガイドライン方式）。[64] そこで、そのようにガイドラインとして用いられることによって、欧州人権条約の実体規定は、国内法との関係においてＥＣ法の性格を獲得し、ＥＣ構成国における欧州人権条約の地位は、ＥＣ法と同様、すべての国内法に優位するものとなっていると主張された。[65][66][67]

(33)　*Rudolf Echterhölter*, Die Europäische Menschenrechtskonvention im Rahmen der verfassungsmäßigen Ordnung, JZ 1955, 689 (691 f.); *ders.*, Die Europäische Menschenrechtskonvention in der juristischen Praxis,

JZ 1956, 142.

(34) *Echterhölter,* JZ 1955 (Anm. 33), 692. また、基本法第一条第二項によって、欧州人権条約が憲法異議の対象たりうる規範になるとする見解も存する（*Ulrich Klug,* Das Verhältnis zwischen der Europäischen Menschenrechts-Konvention und dem Grundgesetz, in: H. Conrad/H. Jahrreiß/P. Mikat/H. Mosler/H. C. Nipperdey/J. Salzwedel (Hg.), Gedächtnisschrift Hans Peters (Berlin/Heidelberg/New York, Springer, 1967) S. 434 [442]）。

(35) これに対しては、例えば、基本法第一条第三項が立法府を拘束するのに対して、第一条第二項は、そこで言及された「人権」の国法秩序の段階構造における地位については触れておらず、また、欧州人権条約上の権利は第一条第三項にいう「基本権」には属さない、あるいは、基本法第一条第二項に実定法上の拘束力を認めるとしても、それは基本法に規定されていない権利を憲法化するものではない、と批判される。

(36) *Georg Ress,* Verfassungsrechtliche Auswirkungen der Fortentwicklung völkerrechtlicher Verträge.—Überlegungen zum Verhältnis des Grundgesetzes zur Europäischen Wirtschaftsgemeinschaft und zur Europäischen Menschenrechtskonvention, in: W. Fürst/R. Herzog/D. C. Umbach (Hg.), Festschrift für Wolfgang Zeidler, Bd. 2 (Berlin/New York, Walter de Gruyter, 1987) S. 1775 (1790 ff.). なお、*Hilf* (Anm. 3) S. 32 f.; *Klein* (Anm. 5) S. 51.

(37) BVerfGE 68, 1.

(38) しかし、欧州人権条約機構がそのような超国家性を有するということは、さまざまな理由から否定される。また、欧州人権条約は、優位要求はおろか、国内的効力を付与することさえ要求していない。

(39) Schriftlicher Bericht des Ausschusses für das Besatzungsstatut und auswärtige Angelegenheiten (7. Ausschuß), BT 1. Wahlperiode 1949 Drucksache Nr. 3338, S. 3 f.

(40) 例えば、*Guradze* (Anm. 8) S. 15 ff.; *Schorn* (Anm. 3) S. 37 ff. また、*Wilhelm Grewe,* Die auswärtige Gewalt

der Bundesrepublik, VVDStRL 12（1954）, 129（147 ff.）参照。

（41）基本法第二五条説が、欧州人権条約の規定自体を、一括して、基本法第二五条の下に置こうとするのに対し、通説は、欧州人権条約に規定された権利がそもそも国際法の一般原則である場合には、それらの権利について基本法第二五条の適用を認めるものと解されている。しかし、その場合、それらの権利は、基本法第二五条が国際法の一般原則を受容する作用によって、連邦法の構成部分となり連邦法律に優位するのであって、欧州人権条約の規定自体が基本法第二五条によって受容されるのではないと解されるのである。その際、国際法の一般原則とみなされる権利は、極めて限られたものである。Vgl. J. E. S. Fawcett, *The Application of the European Convention on Human Rights* 12（Clarendon Press, 2d ed. 1987）; *Helga Seibert*, Europäische Menschenrechtskonvention und Bundesverfassungsgericht, in: H. J. Vogel/H. Simon/A. Podlech（Hg.）, Die Freiheit des Anderen, Festschrift für Martin Hirsch（Baden-Baden, Nomos, 1981）S. 519（521 f.）.

（42）*Kahl Doehring*, Die allgemeinen Regeln des völkerrechtlichen Fremdenrechts und das deutsche Verfassungsrecht（Köln/Berlin, Carl Heymanns, 1963）S. 173 ff.

（43）ただし、欧州人権条約が憲法的地位であるとしても、欧州人権条約の方がより広い保護を与える場合には基本法規定に優先するとされており（*Guradze*（Anm. 8）S. 19 f.）、欧州人権条約が対憲法優位であるとしても、欧州人権条約が狭い保護しか与えない場合には、基本法規定に優先して適用されえないことは、欧州人権条約第五三条（旧第六〇条）の規定からも明らかである。また、基本法第二五条から導かれる地位が対法律優位にとどまるとしても、連邦憲法裁判所が、一九六八年五月一四日決定（BVerfGE 23, 288 [300]）以降、基本法第二条第一項を通じて、基本法第二五条違反を憲法異議において主張することを認めているとされるように、必ずしも、憲法異議の提起が全く不可能となるわけではない。

（44）*Erich Kaufmann*, Normenkontrollverfahren und völkerrechtliche Verträge, in: O. Bachof/M. Drath/O. Gönnenwein/E. Walz（Hg.）, Forschungen und Berichte aus dem öffentlichen Recht, Gedächtnisschrift für W.

Jellinek (München, Isar, 1955) S. 445 (453); *H. Krüger*, Völkerrechts- und Verfassungswidrigkeit der Zölibatsklausel für Polizeivollzugsbeamte, in: Zeitschrift für Beamtenrecht 1955, 289. なお、*Guradze* (Anm. 8) S. 14; Frowein, *Ch. 4* at 67 (cited in note 5); *Uerpmann* (Anm. 3) S. 78.

(45) しかし、pacta sunt servanda は、国際法上は国家を拘束するが、条約の国内的効力には触れていないとされる。また、この説がすべての条約を対象とする点に対しては、基本法が規定した第二五条と第五九条第二項の区別を空洞化するものと批判される。連邦憲法裁判所も、一九七一年六月九日決定（BVerfGE 31, 145 [178]）において、この説を否定した。

(46) *Doehring* (Anm. 42) S. 125 ff.

(47) これについては、欧州人権条約上の権利が必ずしもすべての「文明国」で承認されているとはいえず、また、「文明国が認めた法の一般原則」が基本法第二五条にいう国際法の一般原則に含まれるか否かにも議論があるとされる。

(48) ここで導かれる帰結は、結果的には、日本国憲法の解釈における通説的見解の説くところと同一である。ただし、ドイツ連邦共和国の場合、欧州人権条約の地位を考えるに際しては、後法たる連邦法律に対する関係とともに、憲法異議の可否も重要な問題とされていたことが看過されてはならない。

(49) *Otto Schwarz/Theodor Kleinknecht*, Strafprozeßordnung, 25. Aufl. (München/Berlin, C. H. Beck, 1965) S. 1010.

(50) Comte, *The Application of the European Convention* at 114 (cited in note 11). なお、当時の基本法第九五条第一項は、「連邦法の統一を保持するために、連邦最高裁判所が設置される」（邦訳は、高田敏=初宿正典編訳『ドイツ憲法集』〔第三版〕（信山社・二〇〇一年）二五九頁〔初宿訳〕による）と規定していた。

(51) この説に対しては、立法府は基本法第二四条第一項による移譲の場合を除き、その権限を将来にわたって放棄することはできないと批判される。

(52) *Dürig* (Anm. 11) Rn. 59.

(53) *Klaus Stern*, Das Staatsrecht der Bundesrepublik Deutschland, Bd. III/1 (München, C. H. Beck, 1988) S. 278.

(54) 国際法上の拘束力説および特別の国際法上の性質説に対しては、後法によって欧州人権条約上の権利を侵害した場合には、確かに、ドイツ連邦共和国は国際法違反の責任を負うこととなるが、しかし、国際法の国内的効力は各国の憲法体系が決定する問題であり、国際法はなんら決定することができないとされる。

(55) *Jürgen Baumann*, Die Bedeutung des Art. 2 GG für die Freiheitsbeschränkungen im Strafprozeß, in: P. Bockelmann/W. Gallas (Hg.), Festschrift für Eberhard Schmidt zum 70. Geburtstag (Göttingen, Vandenhoeck & Ruprecht, 1961) S. 525 (529 f.).

(56) これに対しては、例えば、超実定的・前国家的といいうるとしても、それは、欧州人権条約上のすべての権利ではなく、自由権の核心を構成するようなもののみであるとされる。

(57) *Echterhölter*, JZ 1955 (Anm. 33), 692.

(58) これに対しては、例えば、「欧州憲法」という性格づけは、歴史的・政治的視点にのみ関連するものであると批判される。

(59) *Albert Bleckmann*, Staatsrecht II Die Grundrechte, 3. Aufl. (Köln/Berlin/Bonn/München, Carl Heymanns, 1989) S. 44. この見解は、今日もなお主張されている。

(60) しかし、そのような欧州人権条約第一三条の解釈は、欧州人権裁判所の判例および通説によって否定されている。

(61) 呼称の問題について、本書第一部第一章第一節注（１）参照。

(62) この問題について、本書第一部参照。

(63) ＥＣ／ＥＵの固有の機関であり、条約上は、単に「裁判所」とのみ規定されているが、一般に European Court of Justice (ECJ)/Cour de justice des Communautés européennes (CJCE)/Europäischer Gerichtshof

（EuGH）と呼ばれ、ＥＣ裁判所／ＥＵ裁判所と邦訳されることも多い。欧州人権裁判所と欧州裁判所は別個の機関であり、組織的なつながりも存しない。欧州人権裁判所がその所在地に因んでストラスブール裁判所と呼ばれることがあるのに対して、欧州裁判所も同様にルクセンブルク裁判所と呼ばれることがある。

（64）　欧州裁判所による人権保護およびいわゆるガイドライン方式については、本書第一部第一章第一節注（39）および注（41）に掲記の文献を参照。

（65）　Andrew Z. Drzemczewski, *The Domestic Application of the European Human Rights Convention as European Community Law,* 30 Intl & Comp L Q 118（1981）. なお、*Hilf*（Anm. 3）S. 33 ff.

（66）　しかし、欧州人権条約は一般的にEC法の実質的構成要素となるわけではないことが、欧州裁判所の判例によって明らかにされていった。欧州裁判所は、構成国の裁量の範囲内の行為を欧州人権条約に基づいて審査することはないのである（Case 60, 61/84, Cinéthéque SA v. Fédération Nationale des Cinemas Française, ［1986］ ECR 2605; Case 12/86, Demirel v. Stadt Schwabisch Gmund, ［1987］ ECR 3719）。ただし、欧州統合の進展に伴って、欧州裁判所が欧州人権条約に基づいて審査しうる領域が拡大していくことは予測されうる（*Hilf*（Anm. 3）S. 35）。

（67）　ＥＣ法説は否定されざるをえないとしても、広い意味での欧州統合を支える二つの法規範間で、国法秩序の段階構造における地位が異なり、しかも、そのため、欧州人権条約が、ＥＣ法上のガイドラインとなる場合と、通常の条約と考えられる場合とで、その扱いが異なってくるということは、大きな問題であるとされる（Drzemczewski, *The Domestic Application of the European Human Rights Convention* at 126–127（cited in note 65））。また、それに関して、ＥＣ法の規定と欧州人権条約の規定が矛盾する場合、国内裁判所においてどちらが優位を与えられるかという問題も生ずる（Id. at 127）。そして、とりわけＥＣ法との関係に鑑みて、欧州人権条約に憲法的地位を与えるべきことを主張する見解（*Albert Bleckmann,* Verfassungsrang der Europäischen Menschenrechtskonvention ?, EuGRZ 1994, 149 ff.）が存在する。

第二章　欧州人権条約の間接的な憲法的地位

以上に見てきたように、ドイツにおける議論は、はじめは、いかにして国法秩序の段階構造における欧州人権条約の地位を上昇させるかが中心的課題であった。しかし、一九八〇年代以降の議論の中心は、欧州人権条約が基本法と同等の尊重ないし配慮を獲得するための方法の探究に移行してきていると考えられる。それは、主に連邦憲法裁判所の判例を通じて、欧州人権条約の「間接的な憲法的地位」を確保するという試みである。(1) ここでは、三種類の手法の存在が指摘されている。そして、このような議論の基礎としてしばしば指摘されるのが、国際法調和性の原則である。

第一節　「間接的な憲法的地位」論の背景

連邦法律に対する欧州人権条約の優位を確保すること、あるいは欧州人権条約違反を理由とする憲法異議を可能にすることについて、国法秩序の段階構造における欧州人権条約の地位を上昇させるという試みは悉く失敗に終わったが、しかし、そうした要請はなおも存在し続けていた。そこで、この問題について、一九八〇年代以降登場した議論は、国法秩序の段階構造における欧州人権条約の地位の問題を論ずることなく、連邦憲法裁判所等の判例の分析から、実質的にこれらの要請に応える途を探ることとなった。そしてその結果、国法秩序の段階構造における地位の差違は今日の欧州人権条約上の権利の実質的意義をなんら変更するものではないとされ、しかも、それは憲法異議の手続にもあてはまるとされるに至ったのである。[2]

それとともに、ドイツ連邦共和国の欧州人権条約違反の避止についての連邦憲法裁判所の役割の考察に、より重点が置かれるようになってきている。その背景には、一九七〇年代後半以降、連邦憲法裁判所において違憲とはされなかったにもかかわらず欧州人権裁判所において欧州人権条約違反と判断されるという事態が生ずるようになったことの衝撃があるものと考えられる。停滞状況にあった欧州人権条約の国内適用に関する議論が一九八〇年代に入る頃から再び活性化してきた原因の一端も、ここに求めることができる。また、そうした事情がその後の議論の展開に与えた影響も、決して小さなものではなかったであろう。それまでは、欧州人権条約に規定されている内容は、すでにドイツ連邦共和国の法秩序において実現されていると考えられ[3]、欧州人権条約上の権利が、ドイツ法、とりわけ基本法によって保障されているときに、欧州人権条約による保障がさらに及ぶという考え方は、初期には影響力を有しなかった。[4] さしあたり、基本法による保障が欧州人権条約による保障と一致していることを考えれば、なんら不安は生じなかった。また、ドイツ連邦共和国は、それまで、欧州人権条約機構の判断との特別の関わりを有することなく済んでいた。[5] その意味で、国内裁判所における欧州人権条約の実質的意義は小さなものであるにとどまり[6]、後に、「長い眠りに甘んじていた[7]」、あるいは「長い間『眠れる美女』だった[8]」ともいわれるような状況だったのである。

こうしたことから、欧州人権条約の形式的効力の問題よりも、連邦憲法裁判所が国際法違反の避止について果たすべき役割の検討を通じて、欧州人権条約の間接的な憲法的地位を実現することが意識されるようになり、そうした考慮の根幹をなすものとして、国際法調和性の原則が指摘されることとなった。国際法調和性の原則の基本法上の根拠、ならびに、その内容および限界等について、詳しくは後述（本章第三節）するが、一言でいえば、それは、国際法と国内法との可能な限りの調和を確保するという基本法上の要請であり[9]、ドイツ連邦共和国の国際法上の義務の国内的顧慮についての、一般的憲法原則である[10]。

しかしながら、「間接的な憲法的地位」論において展開される具体的な実効性確保の方法は、この国際法調和性の原則から演繹的に導かれてきたのではない。国際法調和性の原則は、欧州人権条約に間接的な憲法的地位を認めるものと解しうる判例を帰納的に説明するに際して、その根拠づけにおける論理的支柱をなすものであると考えられる。したがって、本書でも、そのような議論の展開に忠実であるべく、まず、次の第二節において「間接的な憲法的地位」論の下での欧州人権条約の実効性確保のための具体的手法を分析した後に、第三節において国際法調和性の原則の全体像を総合的に検討することとしたい。

（1）「間接的な憲法的効力」ともいわれる。*Meinhard Hilf*, Der Rang der Europäischen Menschenrechtskonvention im deutschen Recht, in: E. G. Mahrenholz/M. Hilf/E. Klein, Entwicklung der Menschenrechte innerhalb der Staaten des Europarates（Heidelberg, C. F. Müller, 1987）S. 19（36 ff.）. この他の見解においても、「間接的」という点が強調されている。例えば、*Karl-Peter Sommermann*, Völkerrechtlich garantierte Menschenrechte als Maßstab der Verfassungskonkretisierung —Die Menschenrechtsfreundlichkeit des Grundgesetzes, AöR 114（1989）, 391（403, 411）.

（2）*Konrad Hesse*, Grundzüge des Verfassungsrechts der Bundesrepublik Deutschland, 19. Aufl.（Heidelberg, C. F. Müller, 1993) S. 117.

(3) *Gerhard Ulsamer,* Europäische Menschenrechtskonvention als innerstaatlich geltendes Recht der Bundesrepublik Deutschland, in: J. A. Frowein/G. Ulsamer, Europäische Menschenrechtskonvention und nationaler Rechtsschutz (Heidelberg, C. F. Müller, 1985) S. 35 (36).

(4) *Eckart Klein,* Der Individualrechtsschutz in der Bundesrepublik Deutschland bei Verstößen gegen Menschenrechte und Grundfreiheiten der Europäischen Menschenrechtskonvention, in: E. G. Mahrenholz/M. Hilf/E. Klein, Entwicklung der Menschenrechte innerhalb der Staaten des Europarates (Heidelberg, C. F. Müller, 1987) S. 43 (46).

(5) *Ulsamer* (Anm. 3) S. 36.

(6) *Ulsamer* (Anm. 3) S. 36; *Jochen Abr.* Frowein, Die Anforderungen der Europäischen Menschenrechtskonvention an den nationalen Rechtsschutz, in: J. A. Frowein/G. Ulsamer, Europäische Menschenrechtskonvention und nationaler Rechtsschutz (Heidelberg, C. F. Müller, 1985) S. 9.

(7) *Ulsamer* (Anm. 3) S. 36.

(8) *Frowein* (Anm. 6) S. 9.

(9) *Rudolf Bernhardt,* Bundesverfassungsgericht und völkerrechtliche Verträge, in: Christian Starck (Hg.), Bundesverfassungsgericht und Grundgesetz, Bd. 2 (Tübingen, J. C. B. Mohr, 1976) S. 154 (160).

(10) *Robert Uerpmann,* Die Europäische Menschenrechtskonvention und die deutsche Rechtsprechung: ein Beitrag zum Thema Völkerrecht und Landesrecht (Berlin, Dunker & Humblot, 1993) S. 116 f.

第二節　「間接的な憲法的地位」論の展開

第一款　国際法適合的解釈

一　連邦法律の欧州人権条約適合的解釈

第一章第三節で見たような学説は、欧州人権条約と後法たる連邦法律とが抵触する場合を想定して、その際に欧州人権条約の優越的地位を確保することを目的としていた。しかし、実際に法適用者が欧州人権条約と連邦法律との抵触の有無を判断するには、両者の内容の確定が必要である。そこで、後法たる国内法を欧州人権条約に適合的に解釈することに成功するならば、欧州人権条約の効力は、後法に対しても失われないこととなる(11)。欧州人権条約適合的解釈とは、解釈の枠内で、裁判官が、欧州人権条約に規定された内容を顧慮しなければならないということであり(12)、国際法調和性の原則に基礎づけられるところの国際法適合的解釈の一形態である(13)。

一般に、条約に適合的な法律解釈が行われる場合として、次の三つが指摘されている(14)。

第一に、解釈されるべき法律が、条約の文言のみを、なんらの変更もなく繰り返して規定している場合である。

第二に、当該法律が、条約の国内的な実施措置を定めるものである場合、すなわち、立法府によって条約内容の実現のために制定されたものである場合である。この、当該法律自身によって作り出された、条約と法律との間の密接な結びつきに基づいて、たとえ当該条約の規定自体は抽象的で、その直接適用が困難である場合でも、その条約規定は実施措置を定める法律の解釈基準となりうるのである。

第三に、第一および第二の場合とは異なり、特定の条約との結びつきにおいて制定されたのではない法律を解釈する場合である。この場合、当該条約と法律との時間的先後関係が問題となる。後法たる法律の場合には、立法府に国家の国際法上の義務に違反する意思はなかった、つまり条約違反の法律を制定する意思はなかったということを推定することによって、条約適合的解釈が基礎づけられることとなる。(15)(16) さらに、国際法調和性の原則からも、連邦法律の条約適合的解釈が要請される。

このように、後法たる連邦法律も、可能な限り欧州人権条約に適合的に解釈されなければならないこととなり、その限りにおいて、欧州人権条約の内容は、形式上は欧州人権条約に優越するところの後法たる連邦法律に対しても実現されることとなる。後述（本節第二款および第三款）する欧州人権条約の実効性確保についての他の方法が、主に連邦憲法裁判所における欧州人権条約の実効性確保を狙うものであるのに対し、国際法適合的解釈は、まず第一に、すべての国内裁判所における欧州人権条約の保障の、とりわけ後法たる連邦法律に対する実現を目指すものである。

二　基本法の解釈基準としての欧州人権条約

しかし、欧州人権条約適合的解釈は、連邦法律の解釈に際してのみ問題となるのではない。むしろそれを越えて、欧州人権条約は、基本法についても、その解釈基準となりうることが認められている。[17][18]

基本法の解釈基準としての欧州人権条約は、第一に、一般条項あるいは不確定概念の具体化・明確化のために援用され、第二に、狭義の国際法適合的解釈のために援用される。[19][20]前者は、早くから指摘されていた方法であって、[21]この場合でも、基本法の解釈に際して欧州人権条約が任意ないしは適宜に参照されることについては、さほど疑問は生じない。これに対して、後者の、狭義の国際法適合的解釈の場合、つまり、法律の憲法適合的解釈のように、基本法を欧州人権条約に適合的に解釈するという要請については、その根拠について問題が生じるであろう。国法秩序の段階構造において条約に優位する基本法が、条約に適合的に解釈されなければならないということについては、どのように理由づけられることとなるのであろうか。通常、憲法適合的解釈を含む適合的解釈一般の基礎にあるのは、法秩序の統一性確保の要請である。すなわち、一般に適合的解釈は、下位の規範および同位の前法を、それに優越する規範に適合的に解釈するものである。また、国際法起源の規範については、一般に、立法府の国際法遵守の意思の推定が、国際法適合的解釈の根拠を提供する。しかし、基本法解釈に際して単に任意ないしは適宜に条約を参照するのではなく、国法秩序の段階構造において劣位する条約に適合するように基本法を解釈することについての要請は、この二つの根拠からは導かれえないのである。

そこで、まず理論的には、一般に適合的解釈は解釈基準となる規範が解釈されるべき規範よりも「高い地位」を有していることを要求するが、そのことは、解釈基準となる規範が解釈されるべき規範よりも「高い形式的地位」を有しなければならないということを、無条件に意味するものではないと考えられる。むしろ、より高い実質的地位が必要とされるのである。その際、形式上は高い地位の規範が、実質的に高い地位の規範によって解釈されなければならないことにもなる[22]。しかるに、基本法は、国際法調和性の原則を通じて、ドイツ連邦共和国を拘束する国際法を尊重するという要請を特別に憲法的地位に高めている。ただし、それは、当該国際法規範自体に憲法的地位を割り当てるということではない[23]。このように、基本法が、自ら、国際法を尊重しつつ国際法と国内法との調和を確保することを要請していると解されることから、欧州人権条約にも、適合的解釈の基準となるための実質的な優位が認められていると考えられる[24]。したがって、基本法も含めたすべての国内法は、欧州人権条約に適合的に解釈されなければならないとされることとなる[25]。

くわえて、ドイツ連邦共和国における国法秩序の国際法調和性を示し、国際法調和性の原則の根拠の一端となるところの、基本法第一条第二項が、とりわけ国際法適合的解釈について、その根拠を提供するとされる[26]。前述の[27]、国法秩序の段階構造における欧州人権条約の地位の上昇についての基本法第一条第二項説の主張とは異なり、ここでは、基本法第一条第二項は、国際人権条約を憲法に組み込むのではなく、それを基本法規定について拘束力を有する解釈基準に高めるものと解されるのである[28]。

さらに、現実的な理由として、第一に、欧州人権条約は欧州における基本権保護の最低基準とされているのであり、したがって、基本法解釈において基本法による基本権保護が欧州人権条約による権利保護よりも劣っていることを確認するのは、欧州人権条約の精神に反し、また、法政策的にも望ましくないこと、第二に、基本法を欧州人権条約に適合的に解釈しなかった場合、連邦憲法裁判所が基本法違反を否定した事例において、欧州人権裁判所が欧州人権条約違反を肯定する事態が生じうること、が指摘される[29]。

三　連邦憲法裁判所と法治国原理

(1)　法治国原理に関する判例

欧州人権条約に基づく憲法異議が認められないということは、連邦憲法裁判所が、憲法異議以外の場合[30]においても、あるいは憲法異議の場合[31]においてさえ、欧州人権条約を顧慮することを妨げるものではなかった。連邦憲法裁判所は、すでに一九六〇年代中頃から、欧州人権条約を基本法の基本権規定の解釈のために援用してきたのである[32]。

そのような連邦憲法裁判所の判例の中でも、基本法の法治国原理の解釈に際して欧州人権条約を援用する事例が、とりわけ注目されている[33]。基本法は、刑事被告人に対する通訳保障や無罪の推定について、明文の規定を有していない。これらについては、基本法の法治国原理から解釈によって導き出すことも十分可能であるとされるが、法治国原理の内容をより明確化するために、連邦憲法裁判所は、欧州人権条約を援用してきたのである。

例えば、被告人の無罪の推定の原則に関して、一九六五年一二月一五日決定[34]は、「無罪の推定は、確かに、基本法においては明文で規定されてはいないが、しかし、一般的な法治国の確信に合致し、そして欧州人権条約第六条第二項によって連邦共和国の実定法に導入されてもいる」とした。一九六六年八月五日判決[35]も、「欧州人権条約第六条第二項の無罪の推定が適用される」問題であることを明言した。一九七三年五月一六日決定[36]は、「刑事上の罪に問われている者が法律に基づいて有罪とされるまでは、その無罪が推定される（欧州人権条約第六条第二項）ということを意味する」という形で、括弧書きながら欧州人権条約の条項を明示して、欧州人権条約における無罪の推定の定義をほぼそのまま採用した。また、一九八五年一二月三日決定(37)は、「有罪の確定判決前の被告人に有利になるような、被告人の無罪の有効な推定（欧州人権条約第六条第二項参照）、さらに人格権（基本法第一条第一項との関連における基本法第二条第一項）は、報道においてもまた、自粛を要求する」としたのである。

また、裁判所で用いられる言語を理解できない刑事被告人に対する通訳の保障に関して、例えば一九八三年五月一七日決定(38)は、「刑事被告人は裁判所において使用される言語を理解すること、または話すことができない場合には、無料で通訳の援助を受ける権利を有するとする欧州人権条約第六条第三項(e)からもまた、直接には、判決文を翻訳するという義務は、なんら読み取られえない」とした(39)。

(2)　連邦憲法裁判所一九八七年三月二六日決定

法治国原理の解釈に際しての連邦憲法裁判所の一連の態度は、ついに一九八七年に、一般論として明確に提示されるに至った。この一九八七年三月二六日決定(40)によって、連邦憲法裁判所は、この問題における一つの極致に達したともいわれる(41)。

この点に関する連邦憲法裁判所の判示は次の通りである。

「無罪の推定は、法治国原理の特別の鋳造物であり、また、そのことによって、憲法的地位を有する。無罪の推定は、欧州人権条約第六条第二項によってもまた、連邦法律の地位にあるドイツ連邦共和国の実定法の構成部分である（参照、BVerfGE 19, 342 [347], BVerfGE 22, 254 [265], BVerfGE 25, 327 [331], BVerfGE 35, 311

[320]）。連邦憲法裁判所が、無罪の推定の定義について、連邦共和国において憲法の地位を享受しない欧州人権条約第六条第二項の文言を引用する場合（BVerfGE 35, 311 [320]）、それは、欧州人権条約の発効が基本法の基本権とそれに類似の欧州人権条約の人権との間の関係について有する法的効果に依拠している。基本法の解釈に際しては、基本法による基本権保護の制限または低下を招かない限りにおいて――しかしながら、それは欧州人権条約自体が排除することを承知しているであろう（欧州人権条約第六〇条（＝現第五三条））ような効果であろうが――、欧州人権条約の内容および発展状況もまた、考慮に入れられなければならない。それゆえ、その限りにおいて、欧州人権裁判所の判例もまた、基本法の基本権および法治国原理の内容および射程の確定のための解釈支援として役立つ。法律――ここでは刑事訴訟法――もまた、たとえそれが現行の国際条約よりも時間的に後に公布されたとしても、ドイツ連邦共和国の国際法上の義務との調和において、解釈され適用されなければならない。なぜなら、立法者がそのことを明らかに表明したのでない限り、立法者が、ドイツ連邦共和国の国際法上の義務から逸脱すること、またはそのような義務の違反を可能にすることを意図していたとは考えられないからである」

つまり、この決定は、欧州人権条約は連邦法律と同位であるとしたうえで、第一に、そのように憲法的地位にはない欧州人権条約を連邦憲法裁判所が援用するということは、欧州人権条約の発効によって生じた、基本法と欧州人権条約との関係についての法的効果に基づいている、第二に、基本法解釈に際しては、基本権保護の制限または低下にならない限りにおいて、欧州人権条約が考慮に入れられなければならない、第三に、立法府が明らかに表明したのでない限り、立法府に国際法違反の意思があったとは考えられないので、後法たる連邦法律も、ドイツ連邦共和国の国際法上の義務と調和するように、条約適合的に解釈・適用されなければならない、としたのである。

この判示は、その後の多くの文献において、国際法適合的解釈のあり方を示すものとして、繰り返し引用されており、[42] また、欧州人権条約を越えて国際法適合的解釈についての一般論を示したものとの評価もある。[43]

(3)　一九八七年三月二六日決定以降の連邦憲法裁判所判断

一九八七年決定以降、連邦憲法裁判所がこの決定を明示的に引用した例が、いくつか見出される。

第一に、一九九〇年五月二九日決定[44]は、一九八七年決定等を引用して、「無罪の推定は、法治国原理の特別の鋳造物であり、それゆえ憲法的地位を有する。無罪の推定は、欧州人権条約第六条第二項によってもまた、連邦法律の地位にあるドイツ連邦共和国の実定法の構成部分である[45]」とし、また、「基本法（基本法第一〇四条第三項）と同様に、その内容および発展状況が基本法の解釈に際して考慮に入れられなければならない（参照、BVerfGE 74, 358〔370〕）ところの人権及び基本的自由の保護のための欧州条約（欧州人権条約第五条第一項(c)）もまた、刑事訴訟における（仮の）決定のための前提条件としての犯行の容疑の確定を規定している[46]」とした。さらに、一九八七年決定の参照を指示しながら、「この結果は、憲法の法治国原理、およびそこから導き出される無罪の推定の射程の確認に際しての解釈支援として援用されうるところの、欧州人権裁判所による人権及び基本的自由の保護のための欧州条約の解釈ともまた合致する[47]」とした。

第二に、一九九〇年一一月一四日決定[48]は、「説明された限りにおいて、基本法第一二条第二項および第三項の保護範囲は、基本権の解釈についてもまた重要な、国際法上保障された人権の基準（参照、BVerfGE 74, 358〔370〕）と一致する。欧州人権条約第四条第三項(a)は、明文をもって、抑留が条件つきで免除されているときに要求される作業を強制労働の禁止から除外している。同様の方法において、一九六六年一二月一九日の市民的及び政治的権利に関する国際規約（BGBl 1973 II S. 1534）第八条第三項(c)は、強制労働禁止の射程を定義している[49]」とした。

第三に、一九九三年三月二日決定[50]は、「法治国原理との関連における基本法第二条第一項違反の可能性もまた、異議提起書からは読み取られえない。連邦憲法裁判所は、憲法異議手続において、専門裁判所[51]の判決が、なんら憲法的地位を有していないところの欧州社会憲章の諸規範と両立しうるか否かを審査することはできない。欧州社会憲章が基本法第九条第三項の解釈について援用されうるか否かの問題については（欧州人権条約の援用について、参照、BVerfGE 74, 358〔370〕）、欧州社会憲章の保障が基本法第九条第三項の保障を越えうる場合にのみ、問題となるであろう[52]」とした。

このように、国際法適合的解釈の手法は、学説上も判例上も、広く認められている。

第二款　基本法第三条第一項説

一　判　例

基本法第三条第一項は、「すべての人は法律の前に平等である」と規定する。ここから、裁判所による基本的法規範の無視は、恣意的な法適用として基本法第三条第一項違反となりうる[53]。連邦憲法裁判所によれば、

「平等原則は規範名宛人の不当な不平等取扱いの禁止で尽きるものではない。むしろ平等原則には、裁判だけでなく立法にも一定の最も外側の限界を画するところの基本的法原則としての恣意禁止が述べられる。この限界が踏み越えられるのは、裁判所による誤りのある法適用が、基本法を支配する思考を慎重に評価する場合に、もはや理解できず、それゆえその法適用が事実に即さない考慮に基づいているとの結論が抬頭する場合にである」(54)とされる。(55)この他にも、連邦憲法裁判所は、下級審による明白な法規範違反に対し、何度か基本法第三条第一項を適用している。(56)ただし、連邦憲法裁判所によれば、すべての不正確な法適用に際して基本法第三条第一項が問題となるのではない。(57)

欧州人権条約については、一九八三年五月一七日決定(58)が、「連邦通常裁判所が、欧州人権条約の規定の解釈に際して基本法の恣意禁止に違反したということについての根拠は、明白ではない」と判示した。また、一九八七年一月一三日決定は、(59)「欧州人権条約規定の恣意的解釈および適用については、ここでは、なんらの根拠も現れていない（基本法第三条第一項）」としている。(60)

二　学　説

基本法第三条第一項を通じて欧州人権条約違反を主張する方法は、多くの文献において指摘されている。(61)しかも、この基本法第三条第一項による方法は、連邦憲法裁判所の判断が、後の欧州人権裁判所判決によって覆される危険を回避できるという長所が指摘される。つまり、連邦憲法裁判所によって恣意的ではないとされた裁判所の判断が、後に欧州人権裁判所によって欧州人権条約の誤った解釈・適用であるとされたとしても、連邦憲法裁判所の判断は欧州人権裁判所の判断によって否定されることはなく、連邦憲法裁判所も欧州人権裁判所もその権威を維持しうるのである。(62)

三　基本法第三条第一項説の問題点

しかしながら、基本法第三条第一項を通じて保護されうる欧州人権条約上の権利の範囲が限定されたものであるということは、一般に認識されている。なぜなら、上述の通り、不適切な欧州人権条約の解釈のすべてが基本法第三条第一項違反とされるのではなく、「もはや理解できず、それゆえその法適用が事実に即さない考慮に基づいているとの結論が抬頭する」ような欧州人権条約の解釈または無視のみが、基本法第三条第一項違反となりうるからである。(63)

また、基本法第三条第一項による方法と後法優越の原則との関係が問題となりうる。欧州人権条約が後法によって破られる場合には、欧州人権条約を適用しないことは、なんら恣意的ではないと解されうるからである。(64)しかしながら、そのような場合でも、後述（本章第三節第二款三(2)）のように、国際法調和性の原則の下で、基本法第三条第一項の援用は可能であるとする見解も存する。(65)

第三款　基本法第二条第一項説

一　学説

連邦憲法裁判所が、いわゆるElfes判決(66)において、基本法第二条第一項にいう憲法的秩序に属する法律のみが「人格の自由な発展の権利」（基本法第二条第一項）を制限できるとしたことを受けて、基本法第二条第一項を通じて欧州人権条約違反を理由とする憲法異議を提起することを根拠づける説がある。(67)

基本法第二条第一項は、「各人は、他人の権利を侵害せず、かつ、憲法的秩序または道徳律に違反しない限りにおいて、自己の人格を自由に発展させる権利を有する」と規定する。基本法第二条第一項を通じて欧州人権条約違反を理由とする憲法異議を提起することは Elfes 判決の直後にも指摘されていたが、(68) 一九八〇年代に入ってこれを詳細に検討した初めての見解は、最終的には欧州人権条約違反についての憲法異議の提起を可能にすることを目指すが、直接に欧州人権条約に依拠する憲法異議は不可能であるとし、Elfes 判決および基本法の国際法調和性から導き出されるところの、欧州人権条約の間接的顧慮の可能性を追究した。(69) つまり、欧州人権条約の個々の規定を連邦憲法裁判所の審査の基準とするのではなく、各裁判所において、欧州人権条約の直接適用可能性が承認されないか、もしくは不当に否定された場合、または、後法たる連邦法律を欧州人権条約適合的に解釈することについての要請が無視された場合には、そのような判断は、基本法第二条第一項の意味における憲法的秩序に適合しないとみられるのであり、それによって個々人の行為の自由が侵害されるならば、基本法第二条第一項に基づく憲法異議が可能となるとするのである。(70)

この見解を受け継いで、Elfes 判決において「一般的憲法原則」に反する法律も憲法的秩序に属さないとされたことに注目し、国際法調和性の原則がこの一般的憲法原則の一つに数えられると解し、法適用機関が欧州人権条約を尊重しない場合には、それは国際法調和性の原則に反し、基本法第二条第一項による憲法異議が許容されるとする見解が存する。(71)

一方、欧州人権条約は、その前文および第五三条（旧第六〇条）から、欧州における人権の最低限の保障であると解され、ゆえに欧州諸国における個人の自由の核心領域に属すると考えられるとして、次のように解する見解もある。すなわち、第一に、欧州人権条約上の権利は、基本法第二条第一項が保障する一般的な行為の自由の構成要素に数えられる。第二に、欧州人権条約は「憲法的秩序」の構成要素である。したがって、欧州人権条約違反に際しては、直ちに、基本法第二条第一項による憲法異議の提起が可能となるのである。[72]

国際法調和性の原則に反する裁判所の判断は憲法的秩序に属さないとする前者の見解は、欧州人権条約自体を憲法的秩序の構成要素とするのではなく、裁判所による欧州人権条約の解釈・適用を問題とする点で、すでに連邦憲法裁判所も認めている基本法第三条第一項説に通ずるところがあり、一九八〇年代以降の連邦憲法裁判所判例の理解とも適合的であると考えられる。これに対して、後者の見解については、まず、欧州人権条約上の権利が、議定書による追加の可能性があるにもかかわらず、精確な審査なしに包括的に基本法第二条第一項の本質的内容を構成すると解する点が批判される。[73] さらに、欧州人権条約を憲法的秩序の構成要素と解することには賛同する見解も存在するが、[74] そのようにして連邦憲法裁判所が、間接的ながらも独自の欧州人権条約の解釈・適用に乗り出すならば、欧州人権条約機構の判断によって連邦憲法裁判所の判断が否定される危険を冒すことになるという指摘がある。[75]

二　判　例

はじめ、連邦憲法裁判所は、基本法第二条第一項にいう憲法的秩序に基本法第二五条の国際法の一般原則を関連させるという手法をとった。初期の判例[76]は基本法第二五条違反を理由とする憲法異議を認めなかったが、一九五七年一月一六日の上述のいわゆるElfes判決[77]以降、国際法違反を理由として憲法異議を提起できるかが問題となり、一九五七年五月一〇日判決[78]は、欧州人権条約を国際法の一般原則の徴憑として参照しつつ、刑法第一七五条(f)が基本法第二五条に反するか否かを審査したものと解される。しかし、連邦憲法裁判所は、一九六八年五月一四日決定[79]において、「憲法異議は、直接には基本法第二五条違反には依拠しえない」としながらも、「連邦法の具体化および適用に際して、基本法第二条第一項による憲法的秩序に属する」として、基本法第二五条によって連邦法に受容された国際法の一般原則が顧慮されるということは、憲法的秩序に属する」として、基本法第二条第一項による憲法異議を許容した。つづいて、一九七一年六月九日決定[80]も、法律の規定が基本法第二五条によって連邦法に受容された国際法の一般原則と調和しておらず、それによって排除されたということを、憲法異議によって主張できるとしたのである[81]。

その後、連邦憲法裁判所は、一九八一年に、後述（本章第三節第二款一(2)(a)および(b)）する二つのEurocon-trol決定において、「連邦憲法裁判所は、その裁判権の枠内で、ドイツ裁判所による国際法規範の瑕疵ある適用または無視の中にあり、かつ、ドイツ連邦共和国の国際法上の法的責任を根拠づけうる国際法違反は、可能な限り避止されまたは排除されるということを、特別の基準において顧慮しなければならない」とし、一般国際法違反について、連邦憲法裁判所の責務を拡大する方向を示した。

基本法第二条第一項違反の中立については、この後、前述[82]の連邦憲法裁判所一九八七年三月二六日決定が、法治国原理の解釈の範囲内で、間接的に欧州人権条約を顧慮する道を開いた。つづいて、連邦憲法裁判所は、一九八七年五月一二日決定[83]において、二つのEurocontrol決定を引用しつつ、連邦憲法裁判所は「ドイツ連邦共和国を拘束している条約法」についても、「監視する権限を有している」とした。

このように、連邦憲法裁判所の判例も、国内裁判所による、条約を含む国際法規範の瑕疵ある適用または無視について、基本法第二条第一項に基づく憲法異議手続において、特別の基準をもって顧慮すべきことを明らかにしてきたのである。

三　基本法第二条第一項説の問題点

基本法第二条第一項説に対しては、それが憲法異議の認められる要件を大幅に緩和することにつながるということもあって、以下のような反論が提出される。

第一に、連邦憲法裁判所とそれ以外の裁判所との権限配分に関する問題が生ずる。国際法の一般原則については、基本法第二五条によって特別の地位が与えられており、さらに基本法第一〇〇条第二項によって、連邦法の構成部分であるか否かの確認が連邦憲法裁判所の権限とされているのに対して、欧州人権条約は連邦法律と同位なのであるから、その適用は、連邦憲法裁判所以外の各裁判所の任務なのではないか[84]。

第二に、欧州人権条約は連邦法律と同位であるから、後法優越の原則により、後法たる連邦法律によって破られる。その場合、後法たる当該連邦法律が「憲法的秩序」に属さないということはできないのではないか[85]。

これらの点については、次節で詳述する国際法調和性の原則が解答を与えることとなる。

(11) *Albert Bleckmann,* Begriff und Kriterien der innerstaatlichen Anwendbarkeit völkerrechtlicher Verträge (Berlin, Duncker & Humblot, 1970) S. 87; *Uerpmann* (Anm. 10) S. 89 f.

(12) 例えば、*Volker Krey,* Grundzüge des Strafverfahrensrechts (4. Teil), JA 1983, 638 (639).

(13) 国際法適合的解釈あるいは欧州人権条約適合的解釈は、前述（序章第一款二）の「国際文書の間接適用」と類似するものであり、ドイツ連邦共和国の学説においても、「間接適用（mittelbare Anwendung）」という表現が用いられることがある（例えば、*Bleckmann*（Anm. 11）S. 83 ff.; *Uerpmann*（Anm. 10）S. 48 ff., 90）。しかし、本書では、①ドイツ連邦共和国においては、「適合的解釈（konforme Auslegung）」、「調和的解釈（freundliche Auslegung）」、「解釈支援（Auslegungshilfe）」といった語が用いられる場合の方が多いと考えられること、②「間接適用」という場合、条約適合的解釈の他に、立法府が国内法の中で条約規定の参照を指示したり、国内法の条文の中に条約の内容を繰り返して規定したりすること等も含まれる場合があること（例えば、*Bleckmann*（Anm. 11）S. 84 f.）、③日本語の表現としても、間接適用よりは適合的解釈の方が誤解される可能性が少ないと期待されること、④後述（本章第三節第三款）するように、国際法適合的解釈は、「国際文書の間接適用」とは区別する必要が存すると考えられること等から、ここでは「間接適用」の語を用いないこととする。

(14) *Bleckmann*（Anm. 11）S. 85 f.

(15) この手法は、古くから指摘されているものである。例えば、学説について、*Rudolf Echterhölter,* Die Europäische Menschenrechtskonvention im Rahmen der verfassungsmäßigen Ordnung, JZ 1955, 689 (690)、判例について、Jochen Abr. Frowein, *Chapter 4: Federal Republic of Germany,* in F. G. Jacobs and S. Roberts, eds., *The Effect of Treaties in Domestic Law* 63, 68–69 (Sweet & Maxwell, 1987)。なお、連邦憲法裁判所は、

一九八七年三月の決定（BVerfGE 74, 358［370］）において、このことを明示的に確認した。この決定については後述（本款三⑵）する。

（16）これに対して、前法たる連邦法律の場合には、後法優越の原則がはたらく。

（17）*Hilf*（Anm. 1）S. 36 f.; *Helga Seibert,* Europäische Menschenrechtskonvention und Bundesverfassungsgericht, in: H. J. Vogel/H. Simon/A. Podlech（Hg.）, Die Freiheit des Anderen, Festschrift für Martin Hirsch（Baden-Baden, Nomos, 1981）S. 519（522 f.）; *Sommermann*（Anm. 1）S. 414 ff.; *Paul Kirchhof,* Verfassungsrechtlicher Schutz und internationaler Schutz der Menschenrechte: Konkurrenz oder Ergänzung?, EuGRZ 1994, 16（31 ff.）; *Jochen Abr. Frowein,* §180 Übernationale Menschenrechtsgewährleistungen und nationale Staatsgewalt, in: J. Isensee/P. Kirchhof（Hg.）, Handbuch des Staatsrechts der Bundesrepublik Deutschland Bd. VII（Heidelberg, C. F. Müller, 1992）S. 731（745）.

（18）連邦憲法裁判所も、後述（本款三⑵）のBVerfGE 74, 358（370）において承認している。

（19）ここでいう第一の形の援用もすべて含めて、国際法適合的解釈と呼ばれることがある。本書においては、「国際法適合的解釈」あるいは「欧州人権条約適合的解釈」という場合には、具体化・明確化のための援用を含むが、任意ないし適宜の参照は、これを含まないこととする。なお、本章第三節第二款三⑴および同第三款参照。

（20）直接適用以外の裁判所における欧州人権条約の援用のあり方については、詳細に特定の国内法解釈との両立・調和可能性を審査するような事例から、括弧内で欧州人権条約の条項を指摘するだけの事例（例えば、連邦憲法裁判所一九六二年七月三日判決（BVerfGE 14, 174［186］）まで含めて、さらに五つの類型を指摘する見解（Uerpmann（Anm. 10）S. 49 ff.）もある。この見解によれば、欧州人権条約の援用のあり方としては、第一に、国内法から導き出された結論が欧州人権条約に適合するということを付言することによって説得力を与える、裏づけ機能（このような事例については、「国際的な装飾」という評価（Hilf（Anm. 1）S. 22）も存する）。第二に、具体化機能。第三に、純粋に国内法から導き出された結論を欧州人権条約と比較し、その結果に応じて対応する、監視機能。

第四に、欧州人権条約適合的解釈。第五に、欧州人権条約と両立する複数の解釈可能性の中で欧州人権条約の価値判断によりよく適合するものを選択する、欧州人権条約調和的解釈、が存するとされる。

(21) *Werner Morvay,* Rechtsprechung nationaler Gerichte zur Europäischen Konvention zum Schutze der Menschenrechte und Grundfreiheiten vom 4. November 1950 (MRK) nebst Zusatzprotokoll vom 20. März 1952 (ZP) (I), ZaöRV 21 (1961), 89 (95 ff.); *Karl J. Partsch,* Die Rechte und Freiheiten der europäischen Menschenrechtskonvention (Berlin, Duncker & Humblot, 1966) S. 51.

(22) *Bleckmann* (Anm. 11) S. 88 f.

(23) *Klein* (Anm. 4) S. 56.

(24) *Bleckmann* (Anm. 11) S. 88 f. ただし、この実質的な地位は、基本法によって認められたものであるから、その地位をもって基本法を害することはできないと考えられる。後述（本章第三節第二款二および三(1)）する国際法調和性の原則の限界、およびそれに基づく国際法適合的解釈の限界は、ここに基礎づけられると考えられる。

(25) *Sommermann* (Anm. 1) S. 415 f.; *Klein* (Anm. 4) S. 54; *Seibert* (Anm. 17) S. 522 f.; *Ondolf Rojahn,* Art. 24 Rdn. 1 a, in: Ingo von Münch (Hg.), Grundgesetz-Kommentar, Bd. 2, 2. Aufl. (München, C. H. Beck, 1983) S. 99 (100); *Rudolf Geiger,* Grundgesetz und Völkerrecht, 2. Aufl. (München, C. H. Beck, 1994) S. 190 f.; *Albert Bleckmann,* Die Völkerrechtsfreundlichkeit der deutschen Rechtsordnung, DÖV 1979, 309 (312 f.).

(26) *Sommermann* (Anm. 1), 416 f.; *Seibert* (Anm. 17) S. 523; *Albert Bleckmann,* Staatsrecht II — Die Grundrechte, 3. Aufl. (Köln/Berlin/Bonn/München, Carl Heymanns, 1989) S. 44.

(27) 第一章第三節一。

(28) *Sommermann* (Anm. 1), 417.

(29) *Krey* (Anm. 12), 639.

(30) 例えば、BVerfGE 14, 1; 14, 174; 18, 118; 35, 185; 42, 243; 71, 206; 73, 118; 75, 1 等。

(31)　BVerfGE 19, 342; 19, 394; 20, 162; 31, 58; 35, 311; 58, 233; 59, 280; 63, 197; 63, 266 (298) (少数意見); 73, 339; 74, 51; 74, 358; 76, 1; 80, 315; 81, 142; 82, 106; 83, 119 等。

(32)　*Jochen Abr. Frowein,* Der europäische Menschenrechtsschutz als Beginn einer europäischen Verfassungsrechtsprechung, Juristische Schulung 1986, 845 (847).

(33)　*Hilf* (Anm. 1) S. 36 f.; *Seibert* (Anm. 17) S. 523.

(34)　BVerfGE 19, 342 (347).

(35)　BVerfGE 20, 162 (208).

(36)　BVerfGE 35, 311 (320).

(37)　BVerfGE 71, 206 (216 f.).

(38)　BVerfGE 64, 135 (150 f.).

(39)　なお、この決定は、「憲法異議は、欧州人権条約違反の申立には依拠しえない」としている。

(40)　BVerfGE 74, 358 (370).

(41)　*Sommermann* (Anm. 1), 413; *Helmut Steinberger,* Entwicklungslinien in der neueren Rechtsprechung des Bundesverfassungsgerichts zu völkerrechtlichen Fragen, ZaöRV 48 (1988), 1 (9).

(42)　例えば、*Hesse* (Anm. 2) S. 117 f.; *Steinberger* (Anm. 41), 9; *Frowein* (Anm. 17) S. 736; *Sommermann* (Anm. 1), 413; *Kirchhof* (Anm. 17) 31; *Georg Ress,* Verfassungsrechtliche Auswirkungen der Fortentwicklung vöilkerrechtlicher Vertrage Überlegungen zum Verhältnis des Grundgesetzes zur Europäischen Wirtschaftsgemeinschaft und Europäischen Menschenrechtskonvention, in: W. Fürst/R. Herzog/D. C. Umbach (Hg.), Festschrift für Wolfgang Zeidler, Bd. 2 (Berlin/New York, Walter de Gruyter, 1987) S. 1775 (1795 f.).

(43)　*Steinberger* (Anm. 41), 9. なお、Steinberger は、連邦憲法裁判所裁判官として、この決定に関与している。

(44)　BVerfGE 82, 106.

(45) BVerfGE 82, 106 (114).
(46) BVerfGE 82, 106 (115).
(47) BVerfGE 82, 106 (120).
(48) BVerfGE 83, 119.
(49) BVerfGE 83, 119 (128).
(50) BVerfGE 88, 103.
(51) 連邦憲法裁判所以外の裁判所は、基本法第九五条第一項が定める通常裁判権、行政裁判権、財政裁判権、労働裁判権、および社会裁判権に対応した専門分野ごとの系列に分かれていることから、「専門裁判所」と呼ばれる。
(52) BVerfGE 88, 103 (112).
(53) 基本法第三条第一項による「恣意的法適用そのものの禁止」について、手塚和男「平等原則序論——西ドイツ連邦憲法裁判所の判例の展開」小嶋和司博士東北大学退職記念『憲法と行政法』（良書普及会・一九八七年）四二一頁以下。
(54) BVerfGE 55, 72 (89 f.).
(55) 邦訳は、手塚・前掲論文（注53）四二一頁による。
(56) BVerfGE 4, 1 (7); 58, 163 (167 f.); 62, 189 (192); 70, 93 (97).
(57) BVerfGE 62, 189 (192).
(58) BVerfGE 64, 135 (157).
(59) BVerfGE 74, 102 (128).
(60) この他に、一九八七年一月二一日決定（2 BvR 1156/86, *Jochen Abr. Frowein,* Das Bundesverfassungsgericht und die Europäische Menschenrechtskonvention, in: W. Fürst/R. Herzog/D. C. Umbach (Hg.), Festschrift für Wolfgang Zeidler, Bd. 2 (Berlin/New York, Walter de Gruyter, 1987) S. 1763 (1767) による）、お

よび一九九〇年一月四日決定（2 BvR 1720/89, *Uerpmann*（Anm. 10）S. 99 による）もその例とされている。

（61）例えば、*Jochen Abr. Frowein,* Anmerkung zur Pakelli-Entscheidung des Bundesverfassungsgerichts, ZaöRV 46（1986), 286 f.; *ders.,*（Anm. 60）S. 1767 f.; Helmut Steinberger, *Reference to the Case Law of the Organs of the European Convention on Human Rights before National Courts,* 6 HRLJ 402, 405–406（1985); *ders.,*（Anm. 41), 8; *Hilf*（Anm. 1）S. 38; *Klein*（Anm. 4）S. 58; *Uerpmann*（Anm. 10）S. 98 f. 等。

（62）*Uerpmann*（Anm. 10）S. 107.

（63）*Klein*（Anm. 4）S. 58.

（64）Ebd.

（65）*Frowein*（Anm. 60）S. 1768.

（66）BVerfGE 6, 32（37 f.). この判決について詳しくは、田口精一「国外旅行の自由と憲法による保障――エルフェス判決」ドイツ憲法判例研究会編『ドイツの憲法判例』（信山社・一九九六年）三一頁以下、恒川隆生「憲法裁判における基本権保障理論の考察――基本法二条一項の解釈について（二）」名法九七号（一九八三年）二三四頁以下。なお、妹尾雅夫「ドイツ連邦共和国憲法二条一項に於ける人格の自由な発展を目的とする権利について」早公一一号（一九八二年）一七五頁以下、赤坂正浩「人格の自由な発展の権利」法学五〇巻七号（一九八七年）三三頁以下、阿部照哉「個人の尊厳と幸福追求権」法務省人権擁護局内人権実務研究会編『人権保障の生成と展開』（民事法情報センター・一九九〇年）一五五頁以下、戸波江二「自己決定権の意義と射程」芦部信喜先生古稀祝賀『現代立憲主義の展開上』（有斐閣・一九九三年）三二五頁以下等参照。

（67）Vgl. *Hilf*（Anm. 1）S. 37; *Klein*（Anm. 4）S. 54 ff.; *Uerpmann*（Anm. 10）S. 102 ff.; *Sommermann*（Anm. 1), 408 ff.

（68）*Roman Herzog,* Nochmals: Verfassungsbeschwerde gegen Verletzungen der Menschenrechtskonvention ?, DÖV 1960, 775（778). なお、*Heinz Guradze,* Die Europäische Menschenrechtskonvention, Kommentar（Berlin

/Frankfurt am Main, Verlag Franz Vahlen, 1968) S. 30.

(69) *Seibert* (Anm. 17) S. 520 f.

(70) *Seibert* (Anm. 17) S. 526.

(71) *Klein* (Anm. 4) S. 54 ff.

(72) *Frowein* (Anm. 60) S. 1768 ff.; *ders.,* (Anm. 61) S. 286; *ders.,* (Anm. 17) S. 745.

(73) *Sommermann* (Anm. 1), 409 f.; *Uerpmann* (Anm. 10) S. 80 f.

(74) *Sommermann* (Anm. 1), 409.

(75) *Uerpmann* (Anm. 10) S. 107.

(76) BVerfGE 4, 110 (111 f.). なお、第一章第二節三(1)参照。

(77) BVerfGE 6, 32 (37 f.).

(78) BVerfGE 6, 389 (440).

(79) BVerfGE 23, 288 (300).

(80) BVerfGE 31, 145 (177 f.).

(81) 一九七五年にはフランスにおいて憲法院が、憲法前文に基づき、「国際公法の諸規則」に照らして法律を審査することを認めている。ドイツ連邦憲法裁判所もフランス憲法院も、ほぼ同時期に、一般国際法は法律の違憲審査の基準となるとしたのである。

(82) 本節第一款三(2)。

(83) BVerfGE 76, 1 (78).

(84) *Uerpmann* (Anm. 10) S. 103 ff.

(85) *Klein* (Anm. 4) S. 57; *Uerpmann* (Anm. 10) S. 103.

第三節　国際法調和性の原則

第一款　国際法調和性の原則の基盤

本章第二節で見たような欧州人権条約に間接的な憲法的地位を認める見解において、その論拠の中核をなしているのが、国法秩序ないしは基本法の国際法調和性[86]を基調とする国際法調和性の原則[87]と呼ばれるものである[88]。

学説の展開に先んじて初期の連邦憲法裁判所判決[89]がはじめて「基本法の国際法調和性」に言及した際に、その根拠とされたのは、基本法第二五条であった。その数年後、国際法調和性の原則についての議論の出発点とされる見解[90]が根拠としたのは、基本法前文、ならびに基本法第二四条、第二五条、および第二六条であった。しかし、今日では、論者によって差異は存するものの、より多くの基本法規定がその根拠として援用されることがある。国際法調和性の原則の根拠として援用されることのあるものとしては、基本法前文、基本法第一条第二項、第九条第二項、第二三条、第二四条、第二五条、第二六条、第五九条第二項、第一〇条第二項等が挙げられる。なかでも第一条第二項は、とくに基本法解釈における国際人権条約の顧慮を要請していると解され、また、国際法の国内的効力を認める第二五条および第五九条第二項は、国際法と国内法の調和を要請しているものと解されている。

上述のような規定から導かれる国際法調和性の原則が憲法上いかなる位置づけを与えられるかについては、学説上は、必ずしも一致が見られない。国際法調和性の原則を、「憲法原則」[91]とする見解が存在する一方で、それよりも弱めて、「憲法上の指針」[92]とする見解も存する。あるいは、「憲法の指導原理」[93]と呼ばれることもある。ただし、前者の憲法原則と解する見解においても、国際法調和性の原則が憲法改正からも保護されるような原則であるとは考えられてはいない。しかし、基本法が国際法調和的傾向を有していることに異論はなく、国際法調和性の原則の基盤として言及される基本法の各規定は、国法秩序ないしは基本法の国際法調和性を示すものと解される。国際法調和性の原則の内容についても、憲法上の位置づけの相違による差異は見られない[94]。

第二款　国際法調和性の原則の意義

一　内　容

(1)　Eurocontrol 決定以前

国際法調和性の原則の内容については、まず第一に国際法適合的解釈の要請を挙げる見解が少なくないが、しかしそれにとどまらず、国際法調和性の原則からは、一九八〇年代以降の連邦憲法裁判所の判例の展開が示すように、国法体系における条約の実効性確保についての連邦憲法裁判所の責務が導かれるのである。

ドイツ連邦共和国において、ドイツ法秩序の国際法調和性あるいは基本法の国際法調和的傾向といったことは、早くから言及されていたことであり[95]、また、反論はほとんど見出されなかったとされる[96]。連邦憲法裁判所の判例においても、すでに一九五七年三月二六日判決[97]において、「基本法第二五条において表現された基本法の国際法調和性」について言及されている。[98] 一九六四年六月三〇日決定[99]は、「外国の法秩序および法的見解の尊重を要求するような、基本法の国際法調和的な基本的態度」を指摘した。また、一九七一年五月四日決定[100]は、基本法前文、ならびに基本法第一条第二項、第二四条、および第二五条を挙げて、「基本法は、全体として、国際法調和的傾向によって支えられている」としたのである。

しかし、そのような連邦憲法裁判所の判例あるいは学説においても、国際法調和性の原則の詳細な内容は、必ずしも明らかではなかった。一九七〇年代後半に国際法調和性の原則を論ずる文献が現れたが、[101] 一九八〇年代に入って、連邦憲法裁判所は、それを越えてさらに国際法調和性の原則の内容を発展させたのである。その嚆矢となったのが、一九八一年六月二三日の、いわゆるEurocontrol I決定[102]であり、これがその後の学説の展開にも大きな影響を与えることとなったのである。

（2）　Eurocontrol決定とそれ以降の判例の展開

（a）　連邦憲法裁判所一九八一年六月二三日決定

本決定と次に取り上げる同年一一月一〇日決定は、ドイツ連邦共和国が加盟するEurocontrolに関するものであったことから、一般に、Eurocontrol決定と称されている。この決定を通じて、連邦憲法裁判所は、「国際法調和性」という語は用いなかったものの、ドイツ連邦共和国の国際法違反を避止するために連邦憲法裁判所が果たすべき役割を明らかにした。すなわち、

「国際管轄権規定に関する一連の Eurocontrol 条約およびドイツ法の管轄規則の解釈および適用は、まず第一に、専門裁判所の義務である。連邦憲法裁判所は、憲法異議の手続においては、その際に連邦憲法違反があったか否かについてのみを審査するに過ぎない（参照、BVerfGE 18, 85, [92]。確定判例）。確かに、その場合に、連邦憲法裁判所は、その裁判権の枠内で、ドイツ裁判所による国際法規範の瑕疵ある適用または無視の中にあり、かつ、ドイツ連邦共和国の国際法上の法的責任を根拠づけうる国際法違反は、可能な限り避止されまたは排除されるということを、特別の基準において顧慮しなければならない。このことは、個々の事例において、その限りにおいて包括的な審査を命じうる(103)」

ただし、ここでは一般国際法が対象とされているに過ぎず、欧州人権条約を含む通常の条約違反については、この Eurocontrol I 決定の枠組においては、連邦憲法裁判所の監視の対象とはならないものと解された。

(b)　連邦憲法裁判所一九八一年一一月一〇日決定(104)

つづくこの Eurocontrol II 決定も、Eurocontrol I 決定の上記の部分をそのまま引用している。

これらの決定によって、一般国際法違反の避止について連邦憲法裁判所が一定の権限を有することが明らかにされたが、条約違反の避止については、一般国際法について可能であって欧州人権条約には許容されないはずはないという見解(105)も存在したものの、連邦憲法裁判所の判断においては明示されてはいなかった。

(c)　連邦憲法裁判所一九八五年一〇月一一日決定(106)

本決定は、一九八三年に下された欧州人権裁判所決定との関連で提起された憲法異議についてのものである。連邦憲法裁判所は次のように判示した。

「異議を申立てられた判断は、基本法第二条第一項に基づく異議提起者の基本権を侵害していない。異議を申立てられた判断は、――連邦憲法裁判所によって、個々の事例におけるドイツ連邦共和国の国際法上の法的責任の可能性を顧慮して、必要であると判断されたような（BVerfGE 58, 1 [34]、BVerfGE 59, 63 [89]）――憲法異議の手続における、裁判所判断についての、憲法裁判所による通常の監視の範囲を越える審査に対してもまた、維持される」

本決定が、基本法第二条第一項違反の申立について判断する際に、二つのEurocontrol決定を引用し、しかも特定の欧州人権条約規定を挙げて審査したため、この決定の理解について、Eurocontrol決定の枠組の確認にとどまるのか、あるいはさらに進んで、基本法第二条第一項説の枠組の下で条約違反についての連邦憲法裁判所の審査権をも認めたものか、という点において見解の相違が生じた。この決定に依拠して、基本法第二条第一項を通じて欧州人権条約に間接的な憲法的地位を付与する見解[107]が主張される一方、この決定は、国際法の一般原則についての連邦憲法裁判所の従来の枠組において、国際法の一般原則の徴憑として欧州人権条約を参照したに過ぎないとする見解[108]も存在したのである。

(d)　連邦憲法裁判所一九八七年三月二六日決定[109]等

法治国原理の解釈に際して欧州人権条約を援用したこの一九八七年決定が、とりわけ国際法適合的解釈についての重要な原則を明らかにし、そして、以後の複数の連邦憲法裁判所決定がその内容を確認してきたということは、前述[110]の通りである。

(e)　連邦憲法裁判所一九八七年五月一二日決定[111]

二つの Eurocontrol 決定で示された連邦憲法裁判所の審査権に関する枠組が、条約違反にも適用されうるかについては、先の一九八五年決定においては明確な解答は示されないままであったが、この一九八七年五月一二日決定は、それに答えるものであると解されている。外国人の在留許可に関する本決定は、二つの Eurocontrol 決定を引用しつつ、以下のように判示した。

「一般国際法もドイツ連邦共和国を拘束している条約法も、連邦憲法裁判所はそれらの遵守を監視する権限を有しているが（BVerfGE 58, 1 [34 f], 59, 63 [89] 参照）、いずれも異なる判断を要求するような規範を含んでいない」

このように述べたうえで、連邦憲法裁判所は、欧州人権条約第八条第一項、B規約第一七条第一項および第二三条第一項、欧州社会憲章第一九条第六号、ならびに、A規約第二条第一項および第一〇条第一項を援用し、ドイツ連邦共和国は異議提起者に有利な結果を導くような国際条約法上の拘束の下にはない、としたのである。[112]

この決定については、Eurocontrol 決定の枠組を条約にまで拡大し、連邦憲法裁判所が条約違反を避止する権限をも有することを認めたものと解されている。[113] つまり、ドイツ連邦共和国に国際法上の責任をもたらさない通常の国内法の場合とは異なり、国内裁判所による条約の解釈・適用を監視することは連邦憲法裁判所の権限なのである。[114]

(3) 国際法調和性の原則の内容と欧州人権条約

このように連邦憲法裁判所は、一定の場合には国際法違反の避止または排除について顧慮することが自らの責務であることを確認した。一定の場合とは、すなわち、当該国際法違反がドイツ連邦共和国の国際法上の法的責任をもたらすものであり、かつ、当該国際法違反が、ドイツ連邦共和国を拘束する条約を含む国際法規範の、ドイツ連邦共和国の国内裁判所による瑕疵ある適用または無視に起因するものである場合である。

このような判例の流れを受けて、今日の学説上、国際法調和性の原則についての議論が展開され、その中核的内容として国際法適合的解釈が指摘され、そこでは、連邦憲法裁判所一九八七年三月二六日決定(115)が重要な地位を占めている。

つまり、国際法調和性の原則は、基本法の解釈基準として欧州人権条約を援用して、基本法規定を具体化・明確化し、あるいは当該規定の解釈可能性の中で欧州人権条約適合的な解釈を選択することを要請する一方、各裁判所に対し、欧州人権条約の発効以降に制定された連邦法律も含めて、すべての国内法を欧州人権条約に適合的に解釈することを要請する。連邦憲法裁判所は、国際法調和性の原則によって、個々の欧州人権条約規定をその審査の基準となしうるのではない。連邦憲法裁判所は、国内裁判所が、国内法の解釈・適用に際して、このような国際法調和性の原則に従っているか否かを監視する責務を有することとなるのである。したがって、連邦憲法裁判所以外の一般の裁判所が、適用可能な欧州人権条約を適用せず、あるいは後法たる連邦法律を欧州人権条約に適合的に解釈・適用するという要請を無視した場合、裁判所のそのような判断は、一般的憲法原則である国際法調和性の原則に反するものであって、憲法的秩序に適合せず、連邦憲法裁判所は、そのような判断を排除し、ドイツ連邦共和国の国際法違反を避止する責務を有する。そして、このような形での連邦憲法裁判所による欧州人権条約の顧慮によって、国法体系における欧州人権条約の意義は強調され、国内裁判所による欧州人権条約の顧慮がよりよく保障されることとなるであろうとされる。(116)(117)

二　限　界

国際法調和性の原則の限界は、連邦憲法裁判所の二つのEurocontrol決定の判示における、「可能な限り」という文言から判明する。つまり、国際法調和性の原則は、国内法の解釈・適用に際して、「可能な限り」で実現されるべきことしか要請されていない。したがって、国際法調和性の原則は、基本法第二五条における国際法の一般原則と、第五九条第二項によって国内的効力を認められる条約との間に基本法が設定した、国法秩序の段階構造における地位の差異を無視することはできない。換言すれば、国際法調和性の原則は、国法秩序の段階構造における条約その他の国際法規範の地位に、なんら変更を加えるものではない。それゆえ、条約と明らかに矛盾・抵触する連邦法律が後に制定された場合には、国際法調和性の原則によっても、その連邦法律が後法として条約に優越することを阻止できないのである。(118)

また、国際法調和性の原則は、国際法と国内法との調和をはかることによって国家の国際法違反を避止することを目指すものであるから、ドイツ連邦共和国について国際法上の拘束力を有する規範、すなわち、ドイツ連邦共和国が締結した条約および慣習国際法のみを、その対象とするものである。国際法調和性の原則からは、ドイツ連邦共和国が締結していない条約、ならびに、宣言および決議のような、国際法上の拘束力

を有しない国際文書についての国内裁判所の義務は、なんら導かれないのである。(119)

三　欧州人権条約の間接的な憲法的地位との関係

(1)　国際法適合的解釈との関係

このような国際法調和性の原則が、先に第二節で見たような欧州人権条約の実効性確保の方法との間に、いかなる関係を有しているかを、確認する意味で概観しておく。

まず、国際法適合的解釈の一形態である欧州人権条約適合的解釈に関しては、国際法調和性の原則は、基本法を含むすべての国内法についての欧州人権条約適合的解釈の根拠を提供する。とりわけ、法秩序の統一性の要請や立法府の国際法遵守の意思の推定によっては根拠づけられえない、基本法についての欧州人権条約適合的解釈の要請が、国際法調和性の原則によって導かれることとなる。(120) さらに、基本法規定の具体化・明確化に際しての欧州人権条約の援用に関しても、任意ないしは適宜に参照するのではなく、国際法適合的解釈の一環として、可能な限り欧州人権条約に適合するように具体化・明確化することが要請されることになると解される。

このような国際法適合的解釈あるいは欧州人権条約適合的解釈に際しても、明らかに欧州人権条約に矛盾・抵触する後法たる連邦法律において示された立法府の意思に対して、欧州人権条約の内容を貫くことはできない。これは、上述の国際法調和性の原則の限界から導かれることである。また、とりわけ欧州人権条約についてはその第五三条（旧第六〇条）(121) からも明らかになるが、国際法適合的解釈においては、国際法を援用して基本法の保障する基本権を制限することは認められない。これらのことは、連邦憲法裁判所も確認している。[122]

(2)　基本法第三条第一項説との関係

基本法第三条第一項の恣意審査の枠組において欧州人権条約違反が考慮される場合には、必ずしも、国際法調和性の原則との必然的つながりは存在しないかに見える。しかし、連邦憲法裁判所の二つのEurocontrol決定の判示において基本法第三条第一項が援用されていたことから、連邦憲法裁判所は、基本法第三条第一項の恣意審査の枠組においても、条約その他の国際法規範については、国際法調和性の原則の要請の下で、より厳格な基準を用いようとしているという評価も存する。[123] また、後法たる連邦法律との関係においても、国際法適合的解釈を試みることなく後法優越の原則を適用した場合には、恣意的な法適用となる余地があると解される。[124]

(3)　基本法第二条第一項説との関係

国際法調和性の原則に基づく、国法体系における条約の実効性確保の枠組において、重要な構成要素をなすとされるのが、基本法第二条第一項による憲法異議である。両者の密接な関係は、すでにEurocontrol決定以降の連邦憲法裁判所の判断の中に現れている。連邦憲法裁判所は、条約違反の避止についても、自らの責務を確認し、後法優越の原則との関連においても、可能な限り条約と調和するように法律を解釈し適用すべきことを明らかにしているのである。

第三款　国際法調和性の原則に基づく国際法適合的解釈

欧州人権条約が国内法の解釈基準として用いられる場合には、次の二つの端緒があることが指摘される[125]。

第一は、ここまでで扱ってきた、国際法調和性の原則に基づく国際法適合的解釈の一形態としての欧州人権条約適合的解釈である。これは、ドイツ連邦共和国が締結した条約としての、欧州人権条約の国際法上の拘束力に基礎を置いている。ドイツ連邦共和国が締結しており、ドイツ連邦共和国について拘束力を生じている条約であれば、その規定が直接適用可能であることは必要ではない[126]。しかし、国際法適合的解釈がその基礎を置く国際法調和性の原則からは、前述[127]のように、国際法上の拘束力を有しない国際文書を顧慮する義務はなんら導かれないのである。

第二は、欧州人権条約の国際法上の拘束力とは関わりなく任意ないしは適宜に行われる、法解釈における比較の対象としての欧州人権条約の「参照[128]」である。この場合、欧州人権条約は、基本法との歴史的な、あるいは事実上のつながりを理由として、基本法の解釈において「参照」される。つまり、基本法と欧州人権条約とは、ほぼ同時期に、「欧州の基本権文化[129]」の中で、ともに世界人権宣言の影響の下に生まれ、類似の社会状況の中に置かれてきたものであるということから、比較の対象として「参照」されるのである。また、欧州人権条約が「欧州公序」あるいは「欧州憲法」であるというような、特殊欧州的な事実上の理由から、国内法解釈における欧州人権条約の参照が求められるならば、そのような見解も、この「参照」という手法の流れを汲むものといえるであろう。この手法による場合、国際法調和性の原則に基づく国際法適合的解釈とは異なり、「参照」される国際文書は、ドイツ連邦共和国について拘束力を有する必要はない。しかし、「参照」の枠内においては、欧州人権条約は、多くの比較対象の中の一つであるにとどまり、その意義は比較的小さなものでしかない[130]。また、国内法の解釈・適用に際して、このように広く国際文書を「参照」することが政策的に望ましいとしても、裁判官は、常に国際文書を援用するように法的に義務づけられているわけではないといえるであろう[131]。

（86）　Völkerrechtsfreundlichkeit. これについては、すでに、①「国際法上の協調」（ゲオルグ・レス（栗田陸雄訳）「条約の解釈における国際法と憲法との相互作用（二・完）」法研五六巻五号（一九八三年）七三頁）、②「国際法協調性」（コンラート・ヘッセ（阿部照哉ほか訳）『西ドイツ憲法綱要』（日本評論社・一九八三年）五〇頁）、③「国際法友好性」（加藤英俊「憲法第九八条第二項——解釈と理論」小嶋和司博士東北大学退職記念『憲法と行政法』（良書普及会・一九八七年）一七一、一八一頁）、等の邦訳例が見られる。しかし、①については、「国際法上の」という点が問題である。本節において見る通り、Völkerrechtsfreundlichkeit は、国内法解釈および国内制度理解に関わる問題と考えられるからである。また、①および②における「協調」という語が適切か否か疑問が残る。Völkerrechtsfreundlichkeit について問題となるのは、もっぱら国内法の側の、あるいはドイツ連邦共和国の側の対応であり、国際法上は、あるいは国際法の側ではなんらの対応も行われるわけではないからである。③については、「友好」というよりも「調和」という方が、Völkerrechtsfreundlichkeit において問題とされていることをより的確に示すのではないかと考えられる。

（87）　*Bleckmann*（Anm. 25), 309 ff.; *Hilf*（Anm. 1）S. 36 f., 40; *Klein*（Anm. 4）S. 52 ff.; *Seibert*（Anm. 17）S. 521 ff.; *Sommermann*（Anm. 1), 399 ff.; *Rojahn*（Anm. 25）S. 99 f.; *Paul Kirchhof*, Verfassungsrechtlicher Schutz und internationaler Schutz der Menschenrechte: Konkurrenz oder Ergänzung ?, EuGRZ 1994, 16（32）; *Klaus Stern,* Das Staatsrecht der Bundesrepublik Deutschland, Bd. 1, 2. Aufl.（München, C. H. Beck, 1984）S. 475 ff.

なお，*Bleckmann*（Anm. 11）S. 85 ff.; *Frowein*（Anm. 60）S. 1765 f.; *Erik Jayme,* Internationalprivatrechtliche, staatsrechtliche, völkerrechtliche Aspekte/Karl M. Meessen, Völkerrechtliche und verfassungsrechtliche Aspekte, in: Jayme/Meessen, Staatsverträge zum Internationalen Privatrecht（Karlsruhe, C. F. Müller, 1975）S. 7（28 ff.）, 49（68 ff.）; *Paul Kirchhof,* Verwalten durch mittelbares Einwirken（Köln/Berlin/Bonn/München, Carl Heymanns, 1976）S. 177 f.; *Bernhard Grossfeld,* Multinationale Korporationen im Internationalen Steuerrecht, in: Internationalrechtliche Probleme multinationaler Korporationen, Berichte der Deutschen Gesellschaft für Völkerrecht, Heft 18（Heidelberg/Karlsruhe, C. F. Müller, 1978）S. 73（146 ff.）; *Ingo von Münch,* Staatsrecht, Bd. 1, 5. Aufl.（Stuttgart/Berlin/Köln, W. Kohlhammer, 1993）S. 361, 379; *Walther Fürst/Hellmuth Günther,* Grundgesetz（Stuttgart/Berlin/Köln/Mainz, W. Kohlhammer, 1982）S. 149; *Peter Badura,* Staatsrecht（München, C. H. Beck, 1986）S. 250 f.; *Manfred Zuleeg,* Art. 24 Abs. 3/Art. 25, Art. 32, in: Rudolf Wassermann（Gesamthg.）, Kommentar zum Grundgesetz für die Bundesrepublik Deutschland, Bd. 1, 2. Aufl.（Neuwied, Luchterhand, 1989）S. 1640（1655 f.）, 1781（1792）.

(88)「国際法調和的解釈の原則」と呼ばれることもある（*Geiger*（Anm. 25）S. 190 f.）が，その内容は，本書にいう国際法適合的解釈に限られるのではなく，国際法調和性の原則として展開されている議論とほぼ同様である。

(89) BVerfGE 6, 309（362 f.）.

(90) *Klaus Vogel,* Die Verfassungsentscheidung des Grundgesetzes für eine internationale Zusammenarbeit. Ein Diskussionsbeitrag zu einer Frage der Staatstheorie sowie des geltenden deutschen Staatsrechts（Tübingen, J. C. B. Mohr, 1964）. ただし，*Hermann Mosler,* Das Völkerrecht in der Praxis der deutschen Gerichte（Karlsruhe, C. F. Müller, 1957）を挙げる見解（*Rojahn*（Anm. 25）S. 99）も存する。

(91) *Klein* (Anm. 4) S. 54. なお、*Badura* (Anm. 87) S. 251; *Zuleeg* (Anm. 87) S. 1655.

(92) *Stern* (Anm. 87) S. 476; *Geiger* (Anm. 25) S. 190.

(93) *Bleckmann* (Anm. 25), 309.

(94) なお、憲法上の指針と解する見解にあっても、「国際法調和性の原則 (Grundsatz der Völkerrechts-freundlichkeit)」という語は用いられているので、本書でも、その位置づけについての見解に関わりなく、「国際法調和性の原則」の語を用いることとする。

(95) 例えば、*Karl Doehring*, Die allgemeinen Regeln des völkerrechtlichen Fremdenrechts und das deutsche Verfassungsrecht (Köln/Berlin, Carl Heymanns, 1963) S. 124; *Hubert Schorn*, Die Europäische Konvention zum Schutze der Menschenrechte und Grundfreiheiten (Frankfurt am Main, Vittorio Klostermann, 1965) S. 45.

(96) *Bleckmann* (Anm. 25), 309.

(97) BVerfGE 6, 309 (362 f.).

(98) なお本判決において連邦憲法裁判所は、国際法調和性の原則によっても、国法秩序の段階構造における条約の地位が基本法第二五条における国際法の一般原則と同じになることはないとしたが、これは現在の議論において国際法調和性の原則の限界として承認されていることと一致する。

(99) BVerfGE 18, 112 (121).

(100) BVerfGE 31, 58 (75 f.).

(101) *Bleckmann* (Anm. 25), 309 ff.

(102) 本決定は、すでに本書第一部でも扱われたものである。Eurocontrol は、航空交通管制に関する国際機構であるが、その料金に関する訴訟は、ベルギーの裁判所が管轄権を有するものとされていた。本決定に係る憲法異議において、この点が、基本権侵害の法的救済を保障する基本法第一九条第四項に違反すると主張された。しかし、連邦憲法裁判所は、本件の事案は基本法第二四条第一項違反の問題であるとし、それに関して本書第一部第二章第一節第三款三で言及したような判断を示すのであるが、その際、連邦憲法裁判所は、Eurocontrol 条約によるドイツ裁判所の管轄権の排除が基本法に違反しないかを審査するときに、ここで言及するような判示をしているのである。

(103) BVerfGE 58, 1 (34).
(104) BVerfGE 59, 63 (89).
(105) *Frowein*（Anm. 60）S. 1771.
(106) NJW 1986, 1425; EuGRZ 1985, 654.
(107) *Frowein*（Anm. 60）S. 1772 f.; *ders.*,（Anm. 61）, 286–289; *ders.*,（Anm. 17）S. 745 f.
(108) *Ress*（Anm. 42）S. 1794.
(109) BVerfGE 74, 358 (370).
(110) 本章第二節第一款三(2)および(3)。
(111) BVerfGE 76, 1 (78).
(112) 本決定は、欧州人権裁判所判例も引用しているが、その点に関しては、本書第三部第二章参照。
(113) *Uerpmann*（Anm. 10）S. 105. なお、*Sommermann*（Anm. 1）, 412 f.
(114) *Uerpmann*（Anm. 10）S. 104 f.
(115) BVerfGE 74, 358 (370).
(116) *Seibert*（Anm. 17）S. 525 ff.; *Klein*（Anm. 4）S. 56 ff.
(117) 国際法調和性の原則から、本書で主に検討する、そしてドイツ連邦共和国の学説においてもその主たる内容とされる、国際法と国内法との調和による国際法違反避止に関する機能の他に、より広い帰結を導く論者も、少数ながら存在する。すなわち、第一に、基本法の国際法関連規定の解釈に関するものである。ＥＣ法の優位性を認めるような基本法第二四条第一項の解釈、「国際法の一般原則」に地域的慣習国際法をも含めるような基本法第二五条解釈、国際法の直接適用可能性の積極的承認等が導かれることがある（*Bleckmann*（Anm. 25）, 309 ff.; *Geiger*（Anm. 25）S. 190; *Rojahn*（Anm. 25）S. 100; *Eckart Klein,* Die Stellung des Staates in der internationalen Rechtsordnung, ZVglRWiss 77（1978）, 79［96 f.］）。第二に、条約の国際法上の効力および他国の利益の尊重等、対外的な関係に関する要請が導かれることがある（*Bleckmann*（Anm. 25）, 315 ff.）。なお、条件つきながらも国際法の一般原則が基本法と同位、または基本法に優位するという解釈が、国際法調和性の原則から導かれるとされることもある（*Bleckmann*（Anm. 25）, 313）。しかし、多くの学説は、国際法調和性の原則は基本法が規定している国法秩序の段階構造における国際法の地位を変更するものではないと解している。

(118)　*Geiger*（Anm. 25）S. 190; *Seibert*（Anm. 17）S. 525; *Klein*（Anm. 4）S. 57 f. ただし、これは、ドイツ連邦共和国においては条約が連邦法律と同位であり、両者の間に後法優越の原則が適用されることによる帰結である。もともと条約が法律に優位するとされている場合には、条約と法律の間にこのような問題は生じない。

(119)　*Philip Kunig,* Deutsches Verwaltungshandeln und Empfehlungen internationaler Organisationen, in: K. Hailbronner/G. Ress/T. Stein（Hg.）, Staat und Völkerrechtsordnung. Festschrift für Karl Doehring（Berlin/Heidelberg/New York/London/Paris/Tokyo/Hong Kong, Springer, 1989）S. 529（536, 538）; *Uerpmann*（Anm. 10）S. 116; *Sommermann*（Anm. 1）, 415 f.; *Bleckmann*（Anm. 25）, 312 f.

(120)　後法の制定に際して国際法違反を犯す意図はなかったという、立法府の国際法遵守の意思の推定もまた、国際法調和性の原則によって裏づけられているとも考えられる。

(121)　国際人権規約の場合には、B規約第五条第二項およびA規約第五条第二項が、同様の趣旨を規定している。

(122)　BVerfGE 74, 358（370）.

(123)　*Sommermann*（Anm. 1）, 412 f.

(124)　*Frowein*（Anm. 60）S. 1768.

(125)　*Uerpmann*（Anm. 10）S. 132 ff.

(126) *Bleckmann* (Anm. 25), 312 f.
(127) 本節第二款二。
(128) 序章第二款三の第一類型の裁判例も、基本的な考え方においては、これに類するであろう。
(129) *Uerpmann* (Anm. 10) S. 127.
(130) *Uerpmann* (Anm. 10) S. 133.
(131) 序章第一款二(2)で触れた、アメリカ合衆国、イギリス、およびカナダの例、ひいてはそれらに範をとる従来の国際人権法学における国際文書の間接適用の理論もまた、この「参照」に該当するものと解される。

終　章　国際法調和性の原則と日本国憲法

以上に見てきたように、ドイツ連邦共和国では、国内裁判所における欧州人権条約の実効性確保のために、国法秩序の国際法調和性を基調とする国際法調和性の原則によって、欧州人権条約に間接的な憲法的地位を認める方向に進みつつあると解される。

本書第一部で述べたように、日本国憲法においては、第九八条第二項の「日本国が締結した条約……は、これを誠実に遵守することを必要とする」という憲法的決定から国際法調和性の原則の内容が導かれるものと考えられる(1)。従来、第九八条第二項については、前文とともに、ある意味で漠然と「国際協調主義」または「国際協和主義」といった表現がなされてきた。しかし、日本国憲法第九八条第二項の規定は、ドイツ基本法において国際法調和性の原則を示すとされる諸規定に比べれば、より直截に(2)、条約の誠実な遵守を定めている。第九八条第二項の憲法的決定は、第九九条の憲法尊重擁護義務とも相俟って、最高法規である憲法の規定と明らかに矛盾するのではない限りにおいて、憲法解釈においても条約を可能な限り顧慮することをも要請するものと解することができるのである。

ここでは、序章において指摘した、国際人権法関連の従来の裁判例に見られる三類型について、それぞれ国際法調和性の原則の観点から説明を試みることをもって、第二部の検討のまとめとしたい。

第一類型は、国際法上の拘束力を有しない国際人権文書を「参照」するものであった。国際法調和性の原則による尊重の対象となる国際法規範は、第九八条第二項も規定しているように、「日本国が締結した条約」と「確立された国際法規」であるから、未批准の条約、およびそもそも国際法上の拘束力を有しない国際文書は、ここで国際法調和性の原則を理由として可能な限り遵守されるべき対象には入らないと解される。ただし、それは、国際法上の拘束力を有しない国際文書の国内裁判所における参照を否定するものではない。そのような国際文書の参照は、国際法調和性の原則による実効性の保障の対象とはなりえず、比較の対象として参照されるにとどまるであろうという意味である(3)。

第二類型は、「日本国が締結した」国際人権条約を憲法の解釈基準として用いるものであった。憲法規定の内容の具体化・明確化に際しては、国際法調和性の原則によって、条約の内容を顧慮することが要請されうる。これは、表面上は、いわゆる国際文書の間接適用として提示されてきた方法と結果としては同一である。しかし、ここでは、条約規定の援用は、国際法調和性の原則を示す第九八条第二項の要請として行われるのであり、単に憲法解釈において関連する条約規定を任意ないし適宜に参照することとは、法的意味において大きく異なると考えられる。つまり、形式的効力において優位する憲法に対しても、条約適合的解釈を行うべきことが法的に要請されるのである。しかも、条約が憲法よりも保障範囲を拡大しているような場合、あるいは憲法規定に複数の解釈可能性がある場合には、国際法調和性の原則からは、憲法を条約適合的に解釈することが要請されることとなるであろう(4)(5)。

第三類型は、憲法第九八条第二項を通じて条約を援用するものであった。条約の遵守を規定する第九八条第二項を通じて条約規定に間接的な憲法的地位を付与するという手法についても、従来から多くの裁判例が見出されるが、国際法調和性の原則の一つの現れとして説明しうるものと考えられる。

また、現行法上は条約違反が理由とならない、民事訴訟法上および刑事訴訟法上の上告および特別上訴において条約違反を主張する場合の問題についても、国際法調和性の原則によって、最高裁判所は可能な限り国際法違反を避止する責務を有するということを念頭に置いて、現行制度が理解されなければならないこととなるであろう。条約適合的解釈の要請によっては、実質的な条約上の権利の主張に十分成功しえない場合、例えば、B規約第七条の「品位を傷つける取扱い」からの自由のように、それについて「明示的な憲法規定も憲法判例も存在しない[6]」ような場合に、憲法第九八条第二項を通じて条約違反を違憲と構成することが可能であることは、最高裁判所も認めているものと解される。[7] そこで、問題は、おそらく、これらの上訴の理由がもともと憲法違反に限定されていることに鑑みて、第九八条第二項の「誠実に遵守することを必要とする」という規定から、どこまでの要請を引き出すことが適切であるかにあると考えられる。つまり、最高裁判所の責務は、ドイツ連邦憲法裁判所におけるように、下級裁判所による条約の瑕疵ある適用または無視の場合に最高裁判所への上訴を認め、それによって下級裁判所による国際人権条約の顧慮を保障し、国際法調和性の原則の実現を保障することであると考えることができるか、ということである。この問題については、次の第三部において検討することとする。

国際法調和性の原則は、憲法優位説のいう、国法秩序の段階構造における条約の地位は憲法と法律の中間である、すなわち、形式的効力において憲法は条約に優位するという帰結を、なんら否定するものではない。

国際法調和性の原則によって、条約に間接的な憲法的地位を承認することになるとしても、究極的には、条約に対する憲法の形式的効力の優位を否定する根拠にはならないと考えられる。国際法調和性の原則は、国法秩序の段階構造における条約の地位の上昇を意図するものではない。したがって、国際法調和性の原則の下にあっても、明らかに憲法に反する条約規定は違憲であって、憲法は条約に優位するとする従来の通説的見解の主張には、なんら変更を加えるものではないのである。

（1）ドイツ基本法においては、国際法遵守について明文の規定を有しないがゆえに、国法秩序の国際法調和性が看取される数多くの関連規定から国際法調和性の原則を構成しなければならないものと解される。これに対して、日本国憲法の場合には、第九八条第二項のような条約の誠実な遵守についての憲法的決定を明示する規定が存在しており、国際法調和性の原則もここに根拠を求めることが可能であるが、とりわけ国際人権条約については、とくに最高法規の章に置かれた第九七条の規定に着目することができるかもしれない。なお、この点に関して、佐藤幸治「国家と人間――憲法の基本問題」（放送大学教育振興会・一九九七年）一八二頁参照。

（2）ドイツ連邦共和国の場合、国際法調和性の原則がその根拠とされる基本法規定を離れて独り歩きするのではないかとの懸念が指摘されることがある（Vgl. *Philip Kunig*, Deutsches Verwaltungshandeln und Empfehlungen internationaler Organisationen, in: K. Hailbronner/G. Ress/T. Stein (Hg.), Staat und Völkerrechtsordnung, Festschrift für Karl Doehring (Berlin/Heidelberg u. a., Springer-Verlag, 1989) S. 536 ff.; *Karl-Peter Sommermann*, Völkerrechtlich garantierte Menschenrechte als Maßstab der Verfassungskonkretisierung —Die Menschenrechtsfreundlichkeit des Grundgesetzes, AöR 114 (1989), 391 [415]）が、その点、第九八条第二項については、国法体系における条約の誠実な遵守の目的に限定されうると解される。

（3）ただし、世界人権宣言に関しては、それは本来は国際法上の拘束力を有しないものであるが、「確立された国際法規」と解されることとなる場合があると考えられる。また、「確立された国際法規」の徴憑として、なんらかの国際文書が参照される場合も考えられうる。とくに、当該国際文書が、慣習国際法を法典化したものと解されているものである場合には、それが国際法上の拘束力を有しないものであっても、慣習国際法の徴憑として参照されうるであろう。ただし、この場合、国際法調和性の原則によって尊重されるのは「確立された国際法規」の内容であり、そこで参照された国際文書自体は、あくまでその徴憑であるにとどまる。

（4）　この点に関連して、「どこまでが憲法上の要請でどこからが憲法の趣旨に合致するにとどまるかを峻別する必要がある」（横田耕一「『国際人権』と日本国憲法――国際人権法学と憲法学の架橋」国際人権五号（一九九四年）一〇頁）との指摘が存在する。

（5）　日本国憲法の解釈としては、法律に対する条約の優位は一般に認められていることを前提とするならば、法律の解釈に際しては、ドイツ連邦共和国におけるように国際法調和性の原則を持ち出す必要は、必ずしも存在しないであろう。

（6）　横田耕一「人権の国際的保障と国際人権の国内的保障」ジュリ一〇二二号（一九九三年）二六頁。

（7）　最高裁昭和四四年四月二日大法廷判決（刑集二三巻五号三〇五頁）。

第三部　国際人権訴訟と憲法の対応

序　章　国際人権訴訟の展開と問題点

第一款　憲法の解釈基準としての条約

国内裁判所における国際人権条約の実効性確保は、憲法学にとっても重要な問題である。いわゆる指紋押捺拒否訴訟における初の最高裁判断として注目された平成七年一二月一五日第三小法廷判決(1)は、国際人権規約違反の主張に対して一顧だにしないという態度を示した。他方で、これとは対照的に、同じ指紋押捺拒否に関する平成八年二月二二日第一小法廷判決(2)は、国際人権規約違反の主張について、極めて簡潔ながらも、判断を示している。この両判決の差異は、ある意味で、国際人権条約違反の主張に対する最高裁判所の態度を象徴的に示している。最高裁判所のこのような対応は、新民事訴訟法の施行による上告理由の限定と絡んで、重大な問題を引き起こしかねない。

これに関して、国内裁判所における国際人権条約の実効性確保に際しては、国際人権条約に対して憲法に対するのと同等の尊重ないし配慮がなされうることが必要であり、法律の条約適合性審査の問題を考察するだけではなく、裁判所による違憲審査の枠組において国際人権条約が活用されうる道を探ることが重要であると考えられる。そのような方途は条約の遵守を規定する日本国憲法第九八条第二項によって説明され、そして、これについては、とりわけ最高裁判所が枢要な責務を負うものと考えられるのである。この点を論ずることが、第三部の第一の目的である。

一　従来の裁判例の傾向とその批判

国内裁判所において国際人権条約違反を主張する、いわゆる国際人権訴訟[3]が、日本でも増加してきたが、それらの裁判例については、「裁判所は、簡単に国際人権条約に違反しないとの結論のみを述べたり、日本国憲法と同趣旨であって憲法に違反しない以上国際人権条約にも違反しないとしている。……国内裁判所において国際人権条約が固有の役割を果たしている状況には至っていない[4]」、あるいは「国際人権規約違反を主張しても、裁判所は、その内容を吟味することなく、簡単に憲法と同趣旨であると片付けてしまうことが意外と多い[5]」とされ、また、とりわけ最高裁判所については、「少なくとも判旨において、すべての事例を通じて規約違反の主張に対する態度はきわめて冷淡であるというほかはない。極端にいえばその主張を黙殺しているといってもよい[6]」と評されている。

こうした裁判例の状況に対して、学説上主張されたこととしては、本書第二部で述べたように、とりわけ、憲法に対する条約の優位を確保すること、およびB規約の self-executing 性を確認すること、の二点を挙げることができるであろう。

再度略説すると、まず、条約優位説については、例えば、「国際化の進む現代にあって、人権の保護を普遍的な基準で実現しようとするならば、憲法優位説の下での解釈技術的処理では不十分なのではなかろうか。……その意味で、ヨーロッパ諸国のような国際法優位主義が再評価されてよい[(7)]」という見解が存在する[(8)]。

また、条約の直接適用可能性、いわゆるself-executing性（自動執行性）の問題に関しては、国内裁判所におけるB規約の活用を促進するために、B規約がいわゆるself-executingな条約であるという点が強調されることが少なくない。例えば、「国際人権規約を裁判規範として生かす方法」の第一として、「B規約については、それがself-executingな条約であり、国内法上の措置をまつことなく裁判規範となり、そこで保障される人権は裁判所が裁判を通じて強行できる権利であるとの解釈を確立することである。……まずこの点を判例上確立しておく必要があろう[(9)]」とする見解が示されている[(10)]。

二　国内裁判所における国際人権条約の実効性

しかし、前述のような裁判例の状況に対して、国内裁判所における国際人権条約の実効性を確保するためには、条約優位[(11)]やself-executing性の問題を強調することは必ずしも適切ではなかったのではないであろうか。

憲法に対する条約の優位が承認されたとしても、憲法と国際人権条約の内容が安易に同一視されるのであれば、事態はそれほど変わらないこととなるおそれがある。この場合、問題の核心は、「硬い憲法優位説の遵守[12]」にあるのではなく、むしろ、「簡単に憲法による保障範囲と条約による保障範囲とを同一視している[13]」ことにあると考えられる[14]。

また、self-executing性の問題に関しては、従来の裁判例が実際には条約の裁判規範性を認めてきたことを見過ごしてはならない[15]。学説上も、すでに、「裁判所は、一定の国際人権条約が国内裁判において裁判規範性を有することを黙示の前提としている[16]」、あるいは、「自由権規約と国内法との抵触関係のいかんについて、法律、規則、処分が規約に反しない旨判示した判例は少なくない。このことから、裁判所の態度は、従来から国内裁判における規約の自力執行性を認めているものと解せる[17]」といった評価がなされている。

逆に、条約の国内適用に関して、self-executing性の問題に関心が集中し、B規約がself-executingな条約であるということが強調されると、それがself-executingな条約とself-executingではない条約という「いまや『牧歌的』とも思える二分論的理解[18]」と結びついて、場合によっては、self-executing至上主義ともいうべき態度となり、塩見訴訟控訴審の大阪高裁昭和五九年一二月一九日判決[19]のように、self-executingではないとされる条約規定の切り捨てに等しい状況が生じかねないのである。

self-executing性の問題については、「現実に重要なことはこの概念の定義如何ではなく、特に裁判所における直接適用可能性の有無を探ることであり、その際必ずしも『自動執行性』なる言葉を使用する必要もないだろう。そしてこれは優れて国内法学ないし憲法学の領域に属する課題だといえる[20]」という指摘が適切であると考えられる。

さらに、「ある条項が直接適用可能かどうかは常に二者択一ではなく、憲法二五条の請求権部分はプログラム規定であるが、不作為を要請する部分については直接適用が可能であるというように、ある状況の下では直接適用が可能で別の状況の下では不可能であるという事態も十分起こりうる。……また、特定条項は固定的に常時どちらかであるわけのものではないし、国の作為を求める規定が常に直接適用できず立法不作為の条約違反を問えないわけではないだろう」[21]とされるのである。

つまり、日本国憲法にも第二五条のような規定があるように、条約という国法形式にもさまざまな規定があり、「どのような救済方法が可能であるかについては、一律に論じることはできず、国際人権条約の規定の性格に応じた検討が必要となる」[22]と考えられる。したがって、国際人権条約の規定の中で従来 self-executing ではないとされてきたものについても、これまで憲法訴訟に関して考察されてきたのと同様に、そのような条約が一定の範囲で裁判規範としての効力を有することを認めたうえで、そこに規定されている権利の自由権的側面に法的効果を認める場合、その条約を実施する法律の存在を前提にして行政処分の条約適合性を争う場合、条約を実施する法律の当該条約との適合性を争う場合、条約を実施する法律が制定されていないときにその立法不作為を争う場合、等を想定することが可能であると解されるのである。[23]

このように、国内裁判所における国際人権条約の実効性確保に関しては、国法秩序の段階構造における地位や self-executing 性だけが問題なのではなく、むしろここで重要なのは、国際人権条約に憲法に対するのと同等の尊重ないし配慮がなされることである。国内裁判所においては、具体的には、国際人権条約の規定について憲法解釈を流用するような判断が問題となる。「人権は憲法にすべて尽きているといった解釈態度は克服されなければならない。憲法の人権は、趣旨を同じくする条約によって補充され豊富化されなければならないのである」[24]。

ここで、こうした観点から注目される日本の裁判例について、瞥見しておきたい。受刑者の接見制限に関する徳島地裁平成八年三月一五日判決[25]である。同判決は、欧州人権条約における類似の規定および欧州人権裁判所の判断や、「あらゆる形態の拘禁・収監下あるすべての人の保護のための原則」を参照しつつ、「監獄法及び同法施行規則の接見に関する条項も右B規約一四条一項の趣旨に則って解釈されなければならないし、法及び規則の条項が右B規約一四条一項の趣旨に反する場合、当該部分は無効といわなければならない」とした。

徳島地裁判決において注目すべきは、法律に対する条約の優位に基づいて国際人権規約を国内法の解釈基準とし、さらに、法律の条約適合的解釈に成功しない場合には当該法律を条約違反として無効とする、という二段構えの枠組を提示した点である。[26]

ところで、徳島地裁判決は、一方で、受刑者の弁護士との面会は憲法第三二条の裁判を受ける権利には含まれないとしており、B規約を解釈基準として憲法第三二条を解釈するという方法はとらず、憲法第三二条の保障範囲は狭いままとして、それを超える部分についてはB規約を正面から適用するという方法をとっているように見える。

しかし、他方で、徳島地裁判決は、特定の憲法規定についての詳細な解釈を示すことなく、一般的に、「憲法上受刑者に対しては外部交通権としての接見の権利が保障されているものと解される」としており、その前の箇所で明らかにしたB規約第一四条第一項の保障内容を憲法解釈の中に読み込んでいるようにも見

える のである。

三　憲法の解釈基準としての条約

このように、国際人権条約違反を主張するに際しては、条約の規定を直接適用し、場合によっては法律に対する条約の優位を基礎として法律の条約適合的解釈を行う方法と、当該条約規定を憲法の解釈基準として用いる方法とが考えられるわけであるが、訴訟法上、国際人権条約違反という理由だけでは最高裁判所に上訴できない場合があるということを考慮する必要があるであろう。

そこで、条約を憲法の解釈基準とし、法律のみならず憲法をも条約適合的解釈の射程に入れるということについて考えてみたい(27)。

憲法学においても、すでに、条約を憲法の解釈基準として用いることについての指摘がなされている。例えば、「憲法第九八条二項で『条約を誠実に遵守する』ということになっておりますので、先ほど指摘した人権条約の規定が日本国憲法よりも保障する人権の範囲が広いとか、保障の仕方がより具体的で詳しいとかいう場合は――こういう場合が非常に多いということはさっきお話しましたが――、憲法のほうを条約に適合するように解釈していくことが必要だと思うのです。つまり人権条約の趣旨を具体的に実現していくような方向で憲法を解釈する、それが憲法解釈として必要になってくるわけです(28)」、あるいは、「人権規約を直接に生かすためには、条約優位説のほうが優れているとみることもできる。しかし、……憲法優位説にたっても人権規約の線に沿った憲法解釈をとることにより規約を生かすことができよう(29)」、あるいは、「条約で保障される『国際人権』には、憲法の規定にある同種の『人権』をより具体化し敷衍したものが多い。……これらの場合に条約の要請として展開することができるのは当然だが、ある場合には条約をふまえて憲法上の要請として当該憲法規定を解釈することができるであろう[30]」といった見解である。

問題は、第一に、憲法を国際人権条約に適合的に解釈することの法的根拠を明らかにすることである。憲法解釈に際して関連する国際人権条約の規定を参照することが望ましいのは確かであり、任意ないしは適宜にそのような参照が行われることがあったとしても、特段の疑問は生じないであろう。これに対して、法律の憲法適合的解釈のように常に憲法を国際人権条約適合的に解釈しなければならないということについては、その根拠について疑問が生じうる。憲法優位説の下でなぜ憲法が下位規範たる条約に適合的に解釈されることとなるのかが、明確にされなければならないものと考えられる。しかるに、憲法の条約適合的解釈を法的に根拠づけることについては、従来必ずしも十分に考察されていなかったのではないであろうか。

第二に、とりわけ最高裁判所について、「大きな問題は、条約が法律に優位すると解されているのにもかかわらず、国際人権規約違反を最高裁判所で争うことが制度的に保障されていないところにある[31]」のであり、国際人権条約違反についても憲法違反に対するのと同等の尊重ないし配慮をもって顧慮されることの確保が必要である。憲法規定の解釈基準として用いることによって国際人権条約の内容を実質的に実現するという手法は、あらゆる国際人権条約規定について常に可能であるわけではない。したがって、憲法に類似の規定が存在しない国際人権条約規定についても、その違反を最高裁判所に訴える方法が考えられなければならないであろう。

これらの問題については、第一章において考察することとする。

第二款　規約人権委員会の意見・見解[32]

「日本の締結又は加入した条約、日本の参加した国際機関の決定及び一般に承認された国際法規はこの憲法と共に尊重されなければならない」。憲法改正草案（政府原案）第九四条が憲法のみを最高法規とするように改められることになったとき、外務省は、「九四条削除により日本が条約・国際法を尊重する旨の規定が欠けることは好ましくない」として、このような試案を示した[33]。この試案は、法制局による修正を経て、現在の日本国憲法第九八条第二項の形が仕上がっていったのであるが、その過程で国際機関の意見・見解の法的意義についての、憲法上の明示の手がかりは失われたかに見える[34]。しかし、現行の日本国憲法第九八条第二項の文言は、国際機関の意見・見解の法的意義を明確に否定する意図をもって起草されたのであろうか。

日本国憲法の下で、現在、国際機関の意見・見解の法的意義が問題となりうるのは、国際人権条約の実施機関に関わるものであろう。具体的には、B規約、人種差別撤廃条約等があるが、とりわけB規約に係る規約人権委員会の意見・見解と国内裁判所の関係が、いわゆる戦後補償訴訟を中心に問題となっている。第三部の第二の目的は、国内裁判所での国際人権訴訟における、規約人権委員会の意見・見解の法的意義を考察することである。

一　無視ないし安易な同一視とその淵源

日本における国際人権訴訟において顕著であるのは、すでにしばしば指摘されていることであるけれども、[35]原告側が国際人権規約違反の主張をしているにもかかわらず、国際人権規約にまったく言及しない裁判例が存在することである。ただし、この種の裁判例は、一九九〇年代以降は急激に減少しているといわれる。[36]

次に、これも再三批判されていることであるが、[37]憲法の規定と国際人権規約の規定の内容を安易に同一視し、国際人権規約違反の主張について十分な検討を行わない裁判例が多数存在する。この種の裁判例は、今日もなお見受けられる。例えば、裁判官の政治活動に関する最高裁平成一〇年一二月一日大法廷決定[38]も、「憲法二一条一項に違反しないものである以上、市民的及び政治的権利に関する国際規約一九条に違反するといえないことも明らかである」と判示している。

これらの「安易に同一視する」裁判例は、当然ながら、原告側の主張のあり方に関わっているということができる。「安易な同一視」は、原告側が、違憲の主張と併行して、国際人権規約の類似の規定についての違反の主張を行う場合に生ずるものである。例えば、指紋押捺拒否訴訟においては、憲法第一三条および第一四条違反の主張に対する回答をもって、B規約第七条および第二六条違反の主張を退ける例が多く、そうすることによって、裁判所はB規約の具体的な解釈に立ち入ることを回避していたと考えられるのである。

二　安易な同一視をしない場合の解釈

そこで、関心が向かうのは、憲法に類似の規定を有しないB規約条項が援用された場合の裁判所の対応である。

例えば、(a)外国人の再入国の自由に関してB規約第一二条第四項の「自国に戻る権利」が主張され[39]、あるいは、(b)外国人の選挙権・被選挙権に関してB規約第二五条第一項の「すべての市民」にこれを認めるという規定が援用されている[40]。

これらの訴訟では、原告側は、国連での審議経過の検討、世界人権宣言・B規約の他の条項の文言との比較等に立脚する主張を展開しており、裁判所も具体的にB規約解釈を行っているが、当該規定の解釈可能性のうち、原告主張とは相容れない選択肢を採用しているのである。

ここで、B規約第二五条第一項の「すべての市民」の解釈については、原告側は外国人も含まれるという主張を展開したが、規約人権委員会は、一般的意見第一五の中で、外国人は含まれないという解釈を示していた。注目すべきは、大阪高裁平成八年三月二七日判決[41]が、この規約人権委員会の一般的意見を援用して、B規約第二五条の解釈を行っていることである。つまり、問題とされた国内法が条約違反ではないことを論証するために、規約人権委員会の一般的意見が援用されているのである。これに関連して、日本の国内裁判所は、国内法が条約違反であると判断することに極めて消極的であるとの指摘が想起される[42]。

三　注目された裁判例の実相

国際人権規約を原告側に有利に活用した希有の例とされていた、在日韓国人国民年金誤用訴訟の東京高裁昭和五八年一〇月二〇日判決[43]も、処分を違法と判断する際に、付加的にA規約に言及しているに過ぎない。

国際人権規約を直接適用したものとして注目された、東京高裁平成五年二月三日判決(44)は、B規約第一四条第三項(f)の「無料で通訳の援助を受けること」について詳細な解釈を展開し、この点に関する従来の多数の裁判例とは異なる結論を導き、被告人に通訳費用を負担させた原審横浜地裁判決を破棄しているが、この判決は、被告人のための無料の通訳を「B規約によって初めて成文上の根拠を持つに至った」権利であるとしたうえで、刑事訴訟法によって付される通訳は裁判所のためのものであって、これとは性格を異にするとし、刑事訴訟費用等に関する法律が条約違反であるという判断を回避したものと解することができるのである。

同様に、いわゆる京都指紋押捺拒否国賠訴訟における大阪高裁平成六年一〇月二八日判決(45)、いわゆる受刑者接見妨害国賠訴訟における徳島地裁平成八年三月一五日判決(46)および高松高裁平成九年一一月二五日判決(47)も、規約人権委員会の意見・見解や欧州人権裁判所の判例を引用しながらB規約解釈を展開して学説から高く評価されたが、国内法を条約違反と判断することに消極的な裁判例の傾向から完全に自由ではないとも解されるのである。大阪高裁判決による条約機関の意見・見解の華々しい引用は、損害額の算定のためになされたものであり、指紋押捺制度を正面から条約違反と判断することは回避された。徳島地裁判決および高松高裁判決も、弁護士との接見について特別の配慮等を定めない監獄法等をB規約に違反するとするのではなく、ただ接見の許可という運用の面で、刑務所長の裁量権行使の適正さを問題とするにとどまったのである。

これは日本の裁判所の消極主義の現れに過ぎないとも評されるが、国内裁判官は必ずしも国際人権法に明るくないという事情もあるかもしれない。一般には国際人権規約に対して冷淡と評されるような態度を示しながら、前述の大阪高裁平成八年三月二七日判決(48)のように、規約人権委員会の一般的意見に依拠して国内法がB規約違反ではないと判断している例もある。これは、法律を国際人権規約違反と判断するための理論的支柱が、憲法訴訟の場合に比べて、決定的に不足している証左であるとも考えられる。

この問題については、第二章において考察することとする。

(1) 刑集四九巻一〇号八四二頁。

(2) 判時一五六二号三九頁。

(3) 「国際人権訴訟」という呼称について、岩沢雄司「日本における国際人権訴訟」小田滋先生古稀祝賀『紛争解決の国際法』(三省堂・一九九七年)二五一―二五二頁参照。

(4) 米沢広一「国際社会と人権」樋口陽一編『講座憲法学2主権と国際社会』(日本評論社・一九九四年)一八四頁。

(5) 阿部浩己=今井直『テキストブック国際人権法』(日本評論社・一九九六年)三七頁。

(6) 伊藤正己「国際人権法と裁判所」国際人権一号(一九九〇年)一〇頁。

(7) 江橋崇「国際人権規約と日本国憲法」江橋崇=戸松秀典『基礎演習憲法』(有斐閣・一九九二年)三二頁。

(8) 「今日の憲法優位説は、ある種の条約は日本国憲法を越えて有効であるという条件つきの憲法優位説である。したがって、日本の裁判所が、国際人権規約のような、国際社会で広く受容されている人権条約について、それらに限って、憲法なみ、ないしそれ以上の効力を認めることはありえないではない」(江橋崇「日本の裁判所と人権条約」国際人権二号(一九九一年)二二頁)とされるが、この点については、「ここで江橋教授が、国際人権規約を、政治的強制性が強く国家の選択の余地のない条約であるポツダム宣言やサンフランシスコ平和条約と同等に把握し、人権条約優位説の根拠にしている点には賛成できない」(横田耕一「人権の国際的保障と国際人権の国内的保障」ジュリ一〇二二号(一九九三年)三二頁)という批判がなされている。また、芦部信喜『憲法学Ⅰ憲法総論』(有斐閣・一九九二年)九六―九七頁註一三参照。

(9)　伊藤・前掲論文（注6）一〇頁。
(10)　B規約違反について詳細な判示を行った、いわゆる京都指紋押捺拒否国賠訴訟における大阪高裁平成六年一〇月二八日判決に関し、自動執行性の問題に重点をおく評釈として、奥脇直也「判批」ジュリ一〇六八号（一九九五年）二四八頁以下がある。
(11)　条約優位か憲法優位かという問題は、従来は、「形式的効力」の問題、あるいは「効力順位」の問題と称されることが多かった。しかし、「効力」の語は、条約に関しては「国内的効力」の問題においても用いられ、現に両者が混同されていることも少なくない。本書では、多少長いが、「国法秩序の段階構造における地位」と表現している。
(12)　江橋・前掲「日本の裁判所と人権条約」（注8）一二二頁。
(13)　横田・前掲「人権の国際的保障と国際人権の国内的保障」（注8）一二八頁。
(14)　ちなみに、欧州人権条約が国内的効力を有する西欧諸国のうち、欧州人権条約が国法秩序の段階構造において憲法に優位することが確立されているのはオランダのみであり、その他にはオーストリアにおいて憲法と同位されているに過ぎない。しかも、これらの両国では、欧州人権条約にそのような地位を認めるに際して、憲法改正と同等の手続を踏んでいる。
(15)　国際人権条約の国内裁判所における裁判規範性が認められることと、国際人権条約違反の主張（の内容）が認められることとは、厳に区別されなければならない。換言すれば、ある事案において条約の裁判規範性が認められたとしても、そのことは、当該事案の解決について国内法に代わって条約が適用されるという結果を直ちに意味するものではない。
(16)　米沢・前掲論文（注4）一八四頁。
(17)　北村泰三『国際人権と刑事拘禁』（日本評論社・一九九六年）二二三頁、同「国際人権法の法的性格について」宮崎繁樹先生古稀記念『現代国際社会と人権の諸相』（成文堂・一九九六年）一二三頁。

(18)　阿部浩己「選択議定書とは――個人通報制度の背景と概要」法民三〇四号（一九九五年）一〇頁。
(19)　行集三五巻一二号二二二〇頁。この判決は、「同規約〔＝経済的、社会的及び文化的権利に関する国際規約（A規約）〕は、後記のとおりその内容がそのまま国内法と同様に通用せしめられる種類の条約ではなくして、その内容を実施するためには立法手続を要する種類の条約であって、直接裁判規範とはなり得ないものであり、直ちに法の効力に影響を与えるものではない」とし、また、「同規約において認められる権利についての諸規定が、そのまま同規約の締約国内において既に施行されている法律や、右法律に基づいてなされた処分の効力を判断する基準となるものではない」としている。
(20)　横田耕一「『国際人権』と日本国憲法――国際人権法学と憲法学の架橋」国際人権五号（一九九四年）一〇頁。
(21)　同論文一一頁。
(22)　米沢・前掲論文（注4）一八五頁。
(23)　条約規定には条約なりの、憲法規定には憲法なりの、背景や特質があり、その解釈・適用に際して留意する必要があることもあろう。その点に関して、条約については self-executing という用語で説明することもできるかもしれない。しかし、判断枠組の一般的構造は基本的に同一であり、根底から別異の思考を要するわけではないと考えられる。そもそも self-executing という概念は、その発祥の地とされるアメリカ合衆国においては、憲法規定についても用いられている。
(24)　横田・前掲「人権の国際的保障と国際人権の国内的保障」（注8）二六―二七頁。
(25)　判時一五九七号一一五頁。
(26)　ただし、一般的な判断枠組を構築した後の判示の内容は、規約人権委員会の意見・見解や欧州人権裁判所の判例を引用しながらB規約解釈を展開して注目された、いわゆる京都指紋押捺拒否国賠訴訟における大阪高裁平成六年一〇月二八日判決の詳細な判示に比べると、いささか詳細さ、あるいは具体性を欠く憾みがある。
(27)　従来の裁判例の中にも、当該事案の解決としての適否はさておき、このような判断手法の萌芽ともいえるもの、つまり、「日本国が締結した」国際人権条約を憲法の解釈基準として用いる形の裁判例を見ることができる。そのような例については、本書第二部においてすでに言及した。

(28)　芦部信喜「人権の普遍性と憲法――国際人権法との関連において」法セ四三七号（一九九一年）二九頁（同『憲法叢説2人権と統治』（信山社・一九九五年）所収二三頁）。

(29)　野中俊彦=浦部法穂『憲法の解釈I総論』（三省堂・一九八九年）三〇四頁〔野中執筆〕。

(30)　横田・前掲「『国際人権』と日本国憲法」（注20）一〇頁。

(31)　中村睦男「現代国際社会と条約の国内法的効力」佐藤幸治=中村睦男=野中俊彦『ファンダメンタル憲法』（有斐閣・一九九四年）三三二頁。

(32)　規約人権委員会はB規約第四〇条第四項に基づく「一般的意見」および第一選択議定書第五条第四項に基づく「見解」においてB規約の解釈を示しているが、本書においては、国際人権法学会第一一回大会の共通テーマ「国際人権条約の解釈――条約機関の意見・見解の法的意義」の用語にも依拠しつつ、規約人権委員会による解釈が示された文書についても包括的に「意見・見解」と表現することとする。

(33)　佐藤達夫（佐藤功補訂）『日本国憲法成立史第四巻』（有斐閣・一九九四年）七四六―七四七頁註三参照。その後の経緯については、第一部序章第一節参照。

(34)　なお、「外務省原案から九八条二項への変化は、国際法の国内法的効力およびその形式的効力を規律する法的意義を担う条文から、国際社会におけるわが国の過去の態度への反省と将来に向けての姿勢を表現する政治的意味合いの条文への変化、を表象するものであった。そしてこのような変化が、憲法施行後、国際法と国内法との関係をめぐって様々な見解を生ぜしめる要因ともなった」（佐藤幸治『国家と人間――憲法の基本問題』（放送大学教育振興会・一九九七年）一八〇頁）との指摘がある。

(35)　「国際人権法に対する日本の裁判所の消極的姿勢」として、岩沢・前掲論文（注3）二五四頁以下も、「国際人権法に基づく主張を無視する傾向」、「国際法に基づく主張を簡単に退ける傾向」、「国際人権法違反の認定を躊躇する傾向」を指摘する。

(36) 斉藤功高「国際人権規約B規約の我が国裁判所における適用――B規約の国内的効力と直接適用性について」宮崎繁樹先生古稀記念『現代国際社会と人権の諸相』（成文堂・一九九六年）六六頁。

(37) 例えば、「指紋押捺事件に関する多くの判決例は、安易に『国際人権』の保障する範囲と憲法の保障する範囲を同一視したり、格別の検討もないまま、……、『明らか』の一言で片付けている」、「ほとんどの判決例において『国際人権』の処理の仕方はいい加減であって、『国際人権』は憲法の人権の一種の飾り物として扱われているに過ぎない」（横田耕一「人権の国際的保障をめぐる理論問題」憲法理論研究会編『人権理論の新展開』（敬文堂・一九九四年）一六六―一六七頁、一六七―一六八頁）、「国際人権規約違反を主張しても、裁判所は、その内容を吟味することなく、簡単に憲法と同趣旨であると片付けてしまうことが意外と多い」（阿部＝今井・前掲書［注5］三七頁）等。

(38) 判時一六六三号六六頁。

(39) 例えば、東京地裁昭和六一年三月二六日判決（判時一一八六号九頁）、福岡地裁平成元年九月二九日判決（判時一三三〇号一五頁）。

(40) 例えば、大阪高裁平成八年三月二七日判決（訟月四三巻五号一二八五頁）、大阪地裁平成九年五月二八日判決（判タ九五六号一六三頁）。

(41) 訟月四三巻五号一二八五頁。

(42) 岩沢・前掲論文（注3）二五四頁以下および二六五頁以下。

(43) 判時一〇九二号三一頁。

(44) 東高刑時報四四巻一―一二号一一頁。

(45) 判時一五一三号七一頁。なお、上告審・最高裁平成一〇年九月七日第二小法廷判決（判時一六六一号七〇頁）は、国賠法上の違法はないとし、B規約違反の問題には言及しなかった。

(46)　判時一五九七号一一五頁。

(47)　判時一六五三号一一七頁。なお、上告審・最高裁平成一二年九月七日第一小法廷判決（判時一七二八号一七頁）は、監獄法施行規則の各規定は「憲法一三条及び三二条に違反するものでない」としたうえで、「また、右各規定が、市民的及び政治的権利に関する国際規約一四条に違反すると解することもできない」と判示した。

(48)　訟月四三巻五号一二八五頁。

第一章　国際人権訴訟と違憲審査

第一節　ドイツ基本法における国際法調和性の原則と連邦憲法裁判所

第一款　基本法の解釈基準としての欧州人権条約

一　欧州人権条約の実効性確保

ドイツ連邦共和国においては、条約は連邦法律と同位であるという解釈が判例および通説において確立している。このことは、欧州人権条約についても同様である。国法秩序の段階構造における欧州人権条約の地位を上昇させることを試みる学説もかつて少なからず存在したが、いずれも成功をおさめることはなかった。条約が法律と同位であるということは、連邦憲法裁判所において条約違反の主張が顧慮されないということを意味している。しかし、一九八〇年代に入って、欧州人権裁判所においてドイツ連邦共和国に対する欧州人権条約違反の判断が下されたことをきっかけとして、国内裁判所、とりわけ連邦憲法裁判所における欧州人権条約の実効性確保の問題があらためて注目されることとなったのである(1)。

二　欧州人権条約適合的解釈

ドイツ連邦共和国においては、すでに、憲法であるドイツ基本法の欧州人権条約適合的解釈が承認されている。

通常、憲法適合的解釈のように、上位規範に適合するように下位規範を解釈することの基礎にあるのは、法秩序の統一性確保の要請であると考えられる。また、国際法起源の規範の場合は、一般に、立法府の国際法遵守の意思の推定が、条約締結後に制定された法律についての国際法適合的解釈の根拠を提供することになる。しかし、条約に適合するように基本法を解釈するという要請は、この二つの根拠からは導かれえない。

そこで、まず理論的には、一般に適合的解釈は、解釈基準となる規範が解釈されるべき規範よりも「高い地位」を有していることを要求するが、そのことは、解釈基準となる規範が解釈されるべき規範よりも「高い形式的地位」を有しなければならないということを、無条件に意味するものではないと考えられる。むしろ、より「高い実質的地位」が必要とされるのである。その際、形式上は高い地位の規範が、実質的に高い地位の規範によって解釈されなければならないことにもなる。しかるに、基本法は、国際法を尊重しつつ国際法と国内法との調和を確保することを内容とする、国際法調和性(2)の原則を通じて、ドイツ連邦共和国を拘束する国際法を尊重するという要請を特別に憲法的地位に高めていると考えられる。ただし、それは、当該国際法規範自体に直接に憲法的地位を付与するということではない。欧州人権条約は、形式的には国法秩序の段階構造において基本法に劣位しているが、国際法調和性の原則によって適合的解釈の解釈基準となりうるのであり、その意味で実質的な優位が認められていると考えられるのである。

くわえて、「ドイツ国民は、世界のすべての人間共同体、平和および正義の基礎として、不可侵にして譲り渡すことのできない人権を信奉する」と規定する基本法第一条第二項が、国際人権条約適合的解釈の根拠を提供し、欧州人権条約を基本法規定について拘束力を有する解釈基準にまで高めるものと解されている。

三　連邦憲法裁判所による欧州人権条約の援用

連邦憲法裁判所に対する欧州人権条約違反を理由とする憲法異議は認められないとするのが判例・通説であるが、実際には、連邦憲法裁判所は、欧州人権条約を基本法の基本権規定の解釈のために援用してきたとされる。

そのような連邦憲法裁判所の一連の態度は、ついに一九八七年に、一般論として明確に提示されるに至った。この一九八七年三月二六日決定(3)によって、連邦憲法裁判所は、基本法の欧州人権条約適合的解釈の問題について、一つの極致に達したともいわれている。

この判示は、欧州人権条約を越えて国際人権条約適合的解釈についての一般論を示したものと評価され、その後の多くの文献において繰り返し引用されている(4)。また、この一九八七年決定以降、連邦憲法裁判所がこの決定を明示的に引用した例も、いくつか見出される。例えば、一九九三年四月一九日決定(5)が、一九八七年決定の枠組を確認しつつ、欧州人権裁判所の判例等を引用して、基本法解釈を展開している。

第二款　国際法調和性の原則

一　違憲審査制と条約適合性審査の擦り合わせ

このように、基本法の欧州人権条約適合的解釈の根拠が説明されるわけであるが、第二の難題として、違憲審査制と条約適合性審査の擦り合わせ、ともいうべき問題がある。つまり、憲法違反を審査するためにつくられた制度ないしは手続の枠組に、条約違反の主張が適合しないという問題である。

ドイツ連邦憲法裁判所は、一定の基本法違反を理由とする憲法異議の申立しか許容していないので、基本法の欧州人権条約適合的解釈という手法によっては満足されないような欧州人権条約違反の主張をどう扱うかが問題となるのである。

この点について、ドイツ連邦共和国においては、連邦憲法裁判所が果たすべき役割を再検討するという形で、欧州人権条約に間接的な憲法的地位を認める傾向にある。その際、その論拠の中核をなしているのが、国法秩序ないしは基本法の国際法調和性を基調とする国際法調和性の原則である。国際法調和性の原則は、国際法と国内法との可能な限りの調和を確保するという基本法の要請である。

ドイツ法秩序の国際法調和性あるいは基本法の国際法調和的傾向といったことは、判例においても学説においても、早くから言及されていたが、国際法調和性の原則の具体的な内容は、当初は必ずしも明らかではなかった。

一九八〇年代に入って、連邦憲法裁判所は国際法調和性の原則の内容を発展させるのであるが、その嚆矢となったのが、一九八一年六月二三日の、いわゆるEurocontrol I決定[6]であり、これが、その後の学説の展開にも大きな影響を与えることとなった。

二　連邦憲法裁判所判例の展開

このEurocontrol I決定において、連邦憲法裁判所は、「連邦憲法裁判所は、……その裁判権の枠内で、ドイツ裁判所による国際法規範の瑕疵ある適用または無視の中にあり、かつ、ドイツ連邦共和国の国際法上の法的責任を根拠づけうる国際法違反は、可能な限り避止されまたは排除されるということを、特別の基準において顧慮しなければならない」として、一般国際法違反について、連邦憲法裁判所の責務を拡大する方向を示し、ドイツ連邦共和国の国際法違反を避止するために連邦憲法裁判所が果たすべき役割を明らかにしたのである。

Eurocontrol I決定およびEurocontrol II決定で示された連邦憲法裁判所の審査権に関する枠組が条約違反にも適用されうるかについては、その後の連邦憲法裁判所の判断においてもなお明確な解答は示されないままであったが、一九八七年五月一二日決定[7]は、二つのEurocontrol決定を引用しつつ、「一般国際法もドイツ連邦共和国を拘束している条約法も、連邦憲法裁判所はそれらの遵守をその監視の対象とする権限を有している」と述べたうえで、欧州人権条約第八条第一項、B規約第一七条第一項および第二三条第一項、欧州社会憲章第一九条第六号、ならびに、A規約第二条第一項および第一〇条第一項を援用し、ドイツ連邦共和国は、憲法異議提起者に有利な結果を導くような国際条約法上の拘束の下にはないとした。

この決定については、Eurocontrol決定の枠組を条約にまで拡大し、連邦憲法裁判所が条約違反の避止を監視する権限をも有することを認めたものと解されている。

三　国際法調和性の原則と連邦憲法裁判所

このように連邦憲法裁判所は、当該国際法違反が、ドイツ連邦共和国の国際法上の法的責任を生じさせるものであり、かつ、当該国際法違反が、ドイツ連邦共和国を拘束する条約を含む国際法規範についての、ドイツ裁判所による瑕疵ある適用または無視に起因するものである場合には、ドイツ連邦共和国による国際法違反の避止または排除について顧慮することが自らの責務であることを確認した。

前述の一九八七年決定も含めた、このような判例の展開を受けて、まず、国際法調和性の原則は、基本法を含むすべての国内法についての欧州人権条約適合的解釈の根拠を提供する。そこで、各裁判所は、すべての国内法を欧州人権条約に適合的に解釈・適用するよう要請されることになる。さらに、国際法調和性の原則は、基本法の解釈に際して欧州人権条約を任意ないしは適宜に参照するのではなく、基本法規定を常に欧州人権条約適合的に解釈することを要請するのである。

連邦憲法裁判所は、個々の欧州人権条約規定を、国際法調和性の原則によって直接にその審査基準となしうるのではない。連邦憲法裁判所は、一般の裁判所が、国内法の解釈・適用に際して、このような国際法調和性の原則に従っているか否かを監視する責務を有することとなるのである。

したがって、国内裁判所が適用可能な欧州人権条約を適用せず、あるいは連邦法律の欧州人権条約適合的な解釈・適用についての要請を無視した場合、そのような国内裁判所の判断は、一般的憲法原則たる国際法調和性の原則に反するがゆえに、憲法的秩序に帰属しないものである。連邦憲法裁判所は、そのような判断を基本法第二条第一項違反として排除し、ドイツ連邦共和国の国際法違反を避止する責務を有するのである。

学説上は、このような形での連邦憲法裁判所による欧州人権条約の顧慮によって、国法体系における欧州人権条約の意義が強調され、国内裁判所による欧州人権条約の顧慮がよりよく保障されることとなるとされている。

このような国際法調和性の原則にも一定の限界がある。それは、連邦憲法裁判所の二つのEurocontrol決定の判示の中の、「可能な限り」という文言に示されている。つまり、国際法調和性の原則は、国内法の解釈・適用に際して、国際法違反の避止が「可能な限り」で実現されるべきことしか要請していないとされるのである。したがって、国際法調和性の原則は、基本法が設定した、条約その他の国際法規範の国法秩序の段階構造における地位に、なんら変更を加えるものではないのである。

ドイツ連邦共和国においては、条約と連邦法律とは同位であるとされており、条約と連邦法律との間にも後法優越の原則が適用されるので、条約と明らかに矛盾・抵触する連邦法律が後に制定された場合には、国際法調和性の原則によっても、その連邦法律が条約に優越することを阻止できないのである。

また、国際法調和性の原則は、国際法と国内法との調和をはかることによって国家の国際法違反を避止することを目的とするものであるから、ドイツ連邦共和国について国際法上の拘束力を有する規範、すなわち、ドイツ連邦共和国が締結した条約および慣習国際法のみが、その対象となる。

（1）本節の内容についての詳細は、本書第二部第二章を参照。
（2）Völkerrechtsfreundlichkeit. 訳語の問題については、本書第二部第二章第三節注（86）を参照。
（3）BVerfGE 74, 358（370）. 詳細は、本書第二部第二章第二節第一款三(2)参照。
（4）さらに、この決定において注目すべきは、「欧州人権条約の内容および発展状況」という文言である。欧州人権裁判所は、欧州人権条約について、発展的解釈と呼ばれる解釈方法を採用している。すなわち、欧州人権裁判所の一九七八年四月二五日の Tyrer 事件判決によれば、欧州人権条約は「今日の諸条件に照らして解釈されなければならない生きた文書（*Tyrer v U.K.*, 26 Publications of the European Court of Human Rights, Series A: Judgments and Decisions, 15）なのである。本決定において、連邦憲法裁判所は、欧州人権裁判所の判例も基本法の解釈基準となるとして、そのような欧州人権条約の発展をも基本法解釈に取り入れることを明らかにしたのである。この点については、次の第二章で論及する。
（5）EuGRZ, 1994, 73（76）.
（6）BVerfGE 58, 1（34）.
（7）BVerfGE 76, 1（78）.

第二節　フランス第五共和制憲法第五五条の射程と憲法院

第一款　憲法院と法律の条約適合性審査

一　法律に対する条約の優位の裁判的保障

条約と法律とが同位であるドイツ連邦共和国とは異なり、フランスにおいては、第四共和制憲法[8]以来、憲

法の明文で法律に対する条約の優位が認められている。(9)

しかしながら、法律の条約適合性を審査することは法律の効力を判断することとなり、それは裁判官には許されていないことであるとして、司法裁判所も行政裁判所も、条約を法律と同位のものとして扱ってきた。(10) 第五共和制憲法によって憲法院が設置されると、学説上、憲法第六一条に基づく法律の違憲審査において、条約違反の法律を憲法第五五条違反として憲法院が審査すべきであるという主張(11)が展開された。

しかし、憲法院は、一九七五年一月一五日判決(12)において、条約適合性審査は憲法院の任務ではないということを宣言した。(13) これをうけて、破毀院は、直ちに法律の条約適合性審査を開始した。他方、コンセイユ・デタは、その後も、法律の条約適合性審査は憲法第五五条違反を問う違憲審査につながるとする判例を墨守していたが、ついに、一九八九年の Nicolo 判決(14)において、後法たる法律に対しても条約が優位することを認めるに至った。(15) 同判決の論告において、論告担当官は、まず、従来のコンセイユ・デタの判例は、憲法第五五条に規定された法律についての条約の優位に対するなんらかの異論にその理論的基礎をおくものではなく、法律の効力を統制することは行政裁判官の役割ではないという原則の尊重に基づくものであることを確認した。そのうえで、そうした判例を法的観点から批判する意図はないとしながらも、時宜を得ているという点で極めて望ましい憲法第五五条のもう一つの解釈、すなわち法律に対する条約の優位を実現する解釈もまた、まったく同様に法的に成り立ちうるとし、また、前法たる条約に対する法律の適合性の統制は、真の意味での法律の憲法適合性の統制を構成しえないとしたのである。

このようにして、第五共和制憲法第五五条に規定された法律に対する条約の優位の裁判的保障は、原則として通常裁判所によって実現されることとなったのであるが、一方で、憲法院が積極的な役割を果たすべきことを主張する見解も少なくない。[16][17][18]

二　違憲審査制と条約適合性の考慮の擦り合わせ

憲法第五五条違反として法律の条約適合性審査を行う方法や、条約をいわゆる憲法ブロックに含める方法[19]を憲法院は採用していないが、これまでの憲法院判決の中にも、条約を法律の違憲審査の際の考慮要素としている例の存在が指摘されている。

例えば、一九八六年九月三日判決[20]は、審査対象となっている法律の中の憲法と矛盾する規定の法的効果を当該規定の解釈の中で失わしめるという、「違憲性中和的解釈」（interprétation neutralisante）の手法を用いて、「その尊重が不可欠である憲法第五五条によって規定された規範は、法律の沈黙においてさえ、とりわけ、一九六七年一月三一日のニューヨーク議定書によって修正された難民の地位に関する一九五一年七月二八日のジュネーヴ条約（両者とも国法秩序に編入されている）に適用される」として、問題とされた法律は、難民についてのいかなる特別の規制も規定していないので、条約によって認められた庇護をうける権利を難民から奪ったものとは解されないから、憲法には違反しないとしている。すなわち、法律は、その法律を条約の規定を尊重するように解釈する場合にのみ、合憲となるのである。[21]

また、一九九二年二月二五日判決[22]は、「国家は、国家が署名した国際約束および憲法的価値の原理の尊重という留保の下で、その領域について外国人の入国の条件を定義する権利を有する。……第八条の憲法への適合性が評価されなければならないのは、その国家の権利とその原理に関してである」としており、国際法的要素と憲法的要素とを「等位接続詞」で結びつけ、ともに違憲審査の考慮要素としている点が注目されている。[23]

三　条約の尊重と憲法院の役割

憲法院は、これらの判決において、一九七五年の判例を放棄してはいないものの、新たな道の可能性を示したとする見解がある。[24]「問題となっている法律の評価において国際的要素を介入させるという留保の下で」[25]当該法律は合憲となる。「国際規範に照らして憲法規範を確認し、かつ解釈するのは、憲法院の役割」であり、「憲法院は、そのときに、憲法自体がフランスによって受容された国際規範を承認しているので、法律の規定は憲法に適合しないと判断することができる」[26]とされる。

そのようにして、条約を尊重するような解釈に憲法院を導くしくみが実現し始めていると評価される。[27]また、これらの判決によって、憲法院は、一九七五年判例の放棄に至る道に慎重に踏み込むかもしれないとも[28]されるのである。[29]

第二款　憲法第五五条についての間接的違憲性と直接的違憲性

一　憲法第五五条についての直接的違憲性の審査

このような、憲法解釈において条約を考慮する方法とは異なり、直接に憲法第五五条違反を問題とする見解[30]がある。すなわち、条約に違反する法律はそのことによって憲法第五五条違反であると構成する方法を、条約違反の法律の間接的違憲性の問題とすると、憲法第五五条が規定している法律に対する条約の優位そのものを制限ないし排除するような法律は違憲であるとするのが、憲法第五五条についての直接的違憲性の問題である。[31]そして、ここでも、前述の一九八六年九月三日判決が、この見解を確認するものとされる。すなわち、一九八六年判決は、「正式に批准されかつ破棄通告されていない条約」の優位のみを規定する法律を、「適法に批准されまたは承認された条約もしくは協定」の優位を規定している憲法第五五条の適用領域を制限するものとして違憲としたのである。この判決は、「憲法院が条約に反する法律の間接的な違憲性を探究しないことにしているとしても、憲法院は、第五五条に直接的に違反する法律の審査はできるということを明らかにした[32]」とされる。この一九八六年判決によって、憲法院は、憲法第五五条の射程と憲法院の役割を明らかにしたとされるのである。[33]

この後のいくつかの判決[34]の中で、憲法院は、憲法第六一条に基づく法律の違憲審査には、法律の条約適合性の審査ではなく、「法律が憲法第五五条の適用領域を尊重していること」の確認が憲法院の役割であると判示した。

二　憲法院一九九三年判決

ところが、憲法院は、一九九三年八月一三日判決[35]において、興味深い判断を示した。憲法院は、まず、立法者が判断すべき法律の合憲性の評価は、「国際条約の規定と法律との適合性から引き出されうるのではなく、専ら憲法的性質の要請と法律との対比から帰結されるのである」として、一九七五年判例の枠組を確認した[36]。そして、そのうえで、現行法上、難民の地位に関するジュネーヴ条約第三三条の規定の尊重という留保の下で庇護申請者のフランスへの入国許可の拒否が認められていることに鑑みて、この条約尊重の「留保は、この条約の適用可能な条項のすべてに関するものと解されなければならない」とし、「さもなければ、当該法律は、憲法第五五条の規定を無視することとなる」と判示した。このような「限定解釈の下で、当該規定は憲法に違反しないこととなる」のである。

たとえ憲法院が憲法第六一条に基づく法律の違憲審査において法律の条約適合性審査を行わないとしても、それは、立法者が憲法第五五条によって定められた法律に対する条約の優位という規範への違背を許されたことを意味しない。この一九九三年判決は、そのような、憲法第五五条によって立法者に課せられた条約尊重義務を強調するものと解されている[37]。

三　間接的違憲性と直接的違憲性の融合

一九八六年判決の枠組を確認した憲法院の諸判決は、憲法第五五条について、間接的違憲性と直接的違憲性を截然と区別する理解を示してきた[38]。しかし、この一九九三年判決は、その両者の融合の可能性を示していると解することができるかもしれない。憲法院は、憲法第五五条によって立法者には条約尊重義務があり、したがって、法律も条約適合的に解釈されなければならず、さもなければ、法律に対する条約の優位を規定する憲法第五五条に違反するとしたのである。そして、条約適合的解釈をなしえないような条約違反の法律については、憲法院が、前述の一九八六年判決において、条約の尊重に関しても違憲性中和的解釈の可能性を示していることを考えると、実質的にその法的効果を奪われることになる可能性があると考えられる。このようにして、憲法第五五条についての直接的違憲性の審査によって担保された条約適合的解釈、および条約適合的解釈が不可能な場合の違憲性中和的解釈という形で、間接的違憲性の審査が実質的に実現されうるものと解される。

（8）　第四共和制憲法第二六条は、「正規の手続で批准され、かつ、公布された条約は、フランスの法律に反する場合であっても、法律の効力を有する。……」と、また第二八条は、「正規の手続で批准され、かつ、公布された条約は、国内的法律の権威よりも高い権威を有する……」（邦訳は、福井勇二郎訳／野田良之校訂『フランス共和国憲法』（有斐閣・一九五八年）二二頁による）と規定していた。

（9）　第五共和制憲法第五五条は、「適法に批准されまたは承認された条約もしくは協定は、他方当事国による各条約もしくは各協定の施行を留保条件として、公示後直ちに、法律の権威に優越する権威をもつ」と規定している。なお、建石真公子「『法律に対する条約優位原則』の裁判的保障——フランス一九五八年憲法第五五条の提起する問題（一）」名法一五一号（一九九四年）二二九頁以下参照。また、第五五条に見られる国際法尊重の趣旨は、「フランス共和国は、国際公法の諸規則を遵守する」（邦訳はいずれも、樋口陽一＝吉田善明編『解説世界憲法集』〔第四版〕（三省堂・二〇〇一年）二六七頁以下〔辻村みよ子訳〕による）とする、第五共和制憲法においても尊重される第四共和制憲法前文の第一四項によって、より一般的に確認される。

（10）　したがって、条約と法律の間には後法優越の原則が適用される。フランスにおいて、法律に対する条約の優位の問題が、後法たる法律に対しても条約が優越するか否かの問題として理解されることがあるのは、このためである。

（11）　Maurice Duverger, *Institutions politiques et droit constitutionnel*, P. U. F., 11e éd., 1970, p. 830; Jacques

Robert, *La competence, la procedure et le fond*, Le Monde 22/23 décembre 1974; Colette Constantinidès-Mégret, *Le droit de la Communauté économique européenne et l'ordre juridique des États membres*, *Bibliothèque de droit internatinal*, t. XLI, L. G. D. J., 1967, p. 85; Francine Batailler, *Le Conseil d'Etat juge constitutionnel*, *Bibliothèque de droit public*, t. LXVIII, L. G. D. J., 1966, p. 278; Léo Hamon, *Contrôle de constitutionnalité et protection des droits individuels*, *A propos de trois décisions récentes du Conseil* constitutionnel, Recueil Dalloz, 1974 Chronique XVII, p. 89.

(12) C. C. 74-54 DC, 15 janvier 1975, Rec., p. 19.

(13) この判決については、野村敬造「フランス憲法評議院と妊娠中絶法」金沢一九巻一＝二号（一九七六年）一頁以下、建石真公子「フランスにおける人工妊娠中絶法の憲法学的一考察――一九七五年人工妊娠中絶法・身体の自己決定権をめぐって」都法三二巻一号（一九九一年）二一九頁以下、大藤（原岡）紀子「現代立憲主義の下における人権条約の地位について――フランスの場合」杉原泰雄教授退官記念論文集『主権と自由の現代的課題』（勁草書房・一九九四年）二〇三―二〇五頁等参照。その後も、一九七五年判決の示した枠組は、一九八九年一二月二九日判決（C. C. 89-268 DC, 29 décembre 1989, Rec., p. 110.）、一九九一年七月二三日判決（C. C. 91-293 DC, 23 juillet 1991, Rec., p. 77.）、一九九一年七月二四日判決（C.C. 91-298 DC, 24 juillet 1991, Rec., p. 82.）、一九九四年一月二一日判決（C. C. 93-333 DC, 21 janvier 1994, Rec., p. 32）等において確認されている。

(14) C. E. Ass., 20 octobre 1989, Rec., p. 190.

(15) この判決については、矢口俊昭「フランス憲法院と通常裁判所――法律に対する統制の複数化へ」芦部信喜先生古稀祝賀『現代立憲主義の展開下』（有斐閣・一九九三年）二九二―二九三頁、および大藤（原岡）紀子「条約の解釈に関するフランス Conseil d'Etat の判例変更について」一研一七巻四号（一九九三年）三三―三七頁参照。なお、フランス国内裁判所と欧州人権条約について、建石真公子「ヨーロッパ人権裁判所の条約の解釈と国内裁判所――フランス行政裁判所における外国人の追放とヨーロッパ人権条約第三条・第八条について」愛知学泉大学コミュニティ政策学部紀要一号（一九九九年）一三三頁以下、同「フランス国内裁判所における人権条約の適用と解釈」国際人権一一号（二〇〇〇年）二二頁以下等参照。

(16)　例えば、Maurice Duverger, *Le système politique français*, P. U. F., 21e éd., 1996, p. 463–464. とりわけ国際人権条約について、Dominique Rousseau, *Droit du contentieux constitutionnel*, Montchrestien, 4e éd., 1995, p. 104–107.

(17)　ただ、憲法院が一九七五年判決において法律の条約適合性審査を憲法第六一条に基づく法律の違憲審査の範疇に属さないものとした大きな理由は、第六一条に基づく違憲審査が、「違憲と宣言された規定は、審署されることも施行されることもできない」（第六二条）ことから、「絶対的かつ終局的な性質」を有するのに対して、法律に対する条約の優位は、憲法第五五条が「他方当事国による各条約もしくは各協定の施行を留保条件として」いることもあって、「相対的かつ偶発的な性質」を有するものであるということにあった。憲法院は、一九八六年九月三日判決以降、「それぞれの権限の範囲内でこれらの国際条約の適用に留意するのは、種々の国家機関の役割である」ということを繰り返し判示し（C. C. 89–268 DC, 29 décembre 1989, Rec., p. 110; C. C. 91–293 DC, 23 juillet 1991, Rec., p. 77; C. C. 91–298 DC, 24 juillet 1991, Rec., p. 82）、また、選挙に関する争訟の裁判のように、憲法裁判官としてではなく通常裁判官と同じ立場で判断する場合には条約適合性審査を行っている（C. C. 88–1082, 21 octobre 1988, A.N., Val d'Oise (5e circonscription), Rec., p. 183）。これは、憲法院の一九七五年判決の理論にただちに従った破毀院に対する称賛であるとともに、条約に対する後法たる法律の優越に固執するコンセイユ・デタに対する警告であると理解される（Dominique Turpin, *Contentieux constitutionnel*, P. U. F., 2e éd., 1994, p. 106–107）。このような形で、憲法院は、通常裁判所において条約が顧慮されるように配慮していると考えられるのである。なお、矢口・前掲論文（注15）二九二—二九三頁参照。さらに、憲法院は、マーストリヒト条約に関する一九九二年四月九日判決（C. C. 92–308 DC, 9 avril 1992, Rec., p. 55）において、第四共和制憲法前文第一四項からフランスの条約遵守義務が導かれることを確認している。また、同年九月二日判決はEC法が憲法ブロックに含まれることを想定しているとして、「法律の違憲審査の際の憲法規範と条約の関係について、従来の憲法院の判例《（ママ）》を変更をもたらす結果となる」（建石真公子「憲法ブロックとマーストリヒト条約——改正後の憲法に対するマーストリヒト条約の違憲審査に関するフランス憲法院一九九二年九月二日判決について」法科二一号（一九九三年）一八五頁）とされる。なお、この点について、大藤・前掲論文（注13）二一〇—二一二頁参照。

(18) なお、本書は、法律の条約適合性審査を憲法院が行うべきか、通常裁判所が行うべきかという問題には立ち入らない。この問題に関しては、矢口・前掲論文（注15）、大藤・前掲論文（注13）等参照。本書では、一般的に、条約の優位を定める憲法規定と違憲審査制の関係の問題を考察することとしたい。

(19) ちなみに、第五共和制憲法が言及する第四共和制憲法前文第一四項の「国際公法の諸規則」は、憲法ブロックに含まれるとされている。すなわち、憲法院は、一九七五年一二月三〇日判決（C. C. 75-59 DC, 30 décembre 1975, Rec., p. 26）において、「マイヨット島はフランス共和国の一部をなす。右の認定は、国際機関の関与に拘らず、憲法の枠内においてなされ得る。……同島に関する法律の条項は国際公法のいかなる原則にも抵触しない」としたのである（野村敬造『憲法訴訟と裁判の拒絶——多元的裁判機構の下のフランス憲法訴訟の研究』（成文堂・一九八七年）九四頁）。

(20) C. C. 86-216 DC, 3 septembre 1986, Rec., p. 135. 評釈として、L. Favoreu, R. D. P., 1989, p. 399; B. Genevois, A. I. J. C., 1986, p. 436; B. Genevois, R. F. D. A., 1987, p. 120; R. Pinto J. D. I., 1987, p. 289; F. Loloum et P. Nguyen Huu, Rev. sc. crim., 1987, p. 566 等。

(21) Rousseau（supra note 16）p. 104.

(22) C. C. 92-307 DC, 25 février 1992, Rec., p. 48. 評釈として、P. Gaïa, R. F. D. C., 1992, p. 311; B. Genevois, R. F. D. A., 1992, p. 185; F. Julien-Laferrière, A. J. D. A., 1992, p. 656; D. Lochak, J. D. I., 1992, p. 669; D. Rousseau, R. D. P., 1993, p. 13; D. Turpin, L. P. A. n°134, p. 11; N. Van Tuong, J. C. P., 1992, II, 21848 等。

(23) Rousseau（supra note 16）p. 104. Jacques Robert, avec la collaboration de Jean Duffar, *Droits de*

l'homme et libertés fondamentales, Montchrestien, 5e éd., 1993, p. 134. なお、すでに憲法院一九九〇年一月二二日判決（C. C. 89-269 DC, 22 janvier 1990, Rec., p. 33）において、「立法者は、外国人に関して、フランスによって署名された国際約束および共和国の領域に居住するすべての外国人に認められた憲法的価値の自由および基本権の尊重という条件のもとに、特別の規定を採用することができる」という判示がなされているが、この事案は、国際法違反が問題とされたものではなかった。

（24）Roger Pinto, *Réflexions sur le rôle du Conseil Constitutionnel*, Journal du droit international, 1987, p. 299; Dominique Rousseau, *Chronique de jurisprudence constitutionnelle 1991-1992*, Revue du droit public, 1993, p. 13. また、一九八六年判決において、憲法院は、法律と条約との間の矛盾が憲法違反に帰着しうることをほのめかしたとも考えられる（Dominique Turpin, *La loi du 6 juillet 1992 sur la zone d'attente des ports et des aéroports*, Les petites affiches, 1992, n°134, p. 11）。その意味では、ここで、後述する一九九三年判決につながる道が拓かれたものとも解される。

（25）Rousseau（supra note 24）p. 14.

（26）Pinto（supra note 24）p. 299.

（27）Bruno Genevois, *La jurisprudence du Conseil Constitutionnel en 1986*, Annuaire international de justice constitutionnelle, 1986, p. 438.

（28）Rousseau（supra note 16）p. 104.

（29）なお、憲法院は明示的に欧州人権条約を援用することはしていないが、憲法院の判例と欧州人権条約機関の判断との類似性がつとに指摘されている。Pinto（supra note 24）p. 299; Robert Badinter et Bruno Genevois, *Rapport français, VIIIe Conférence des cours constitutionnelles européennes, La hiérarchie des normes constitutionnelles et sa fonction dans la protection des droits fondamentaux*, Annuaire international de justice constitutionnelle, 1990, p. 150-151. なお、憲法院は欧州人権条約機関の判断を考慮しているとされるが、その考慮

のあり方は、本書でも取り上げたドイツ連邦憲法裁判所の一九八七年三月二六日決定の「明示的な」態度と対比して、「黙示的な」ものと評される。Gérard Cohen-jonathan, *La place de la convention européenne des droits de l'homme dans l'ordre juridique français*, in: Frédéric Sudre et al., *Le droit français et la Convention européenne des droits de l'homme/1974–1992*, N. P. Engel, 1994, p. 21.

(30)　例えば、Guy Isaac, *Droit communautaire général*, Masson, 2e tirage, 1995, p. 186; Pinto（supra note 24）p. 300; Genevois（supra note 27）p. 437.

(31)　具体的に想定される例としては、「本法は、これに反する国際条約または国際協定のあらゆる規定にもかかわらず、適用される」と規定するような法律（Pinto（supra note 24）p. 300）、あるいは、「抵触する条約の条項にもかかわらずその適用を規定した法律、あるいは条約に反する法律を適用することを裁判官に命ずる法律」（Genevois（supra note 27）p. 437）等が挙げられている。

(32)　Genevois（supra note 27）p. 437; Bruno Genevois, *La liberté individuelle, le droit d'asile et les conventions internationales*, Revue française du droit administratif, 1987, p. 127.

(33)　Genevois（supra note 27）p. 436.

(34)　C. C. 89-268 DC, 29 décembre 1989, Rec., p. 110; C. C. 91-293 DC, 23 juillet 1991, Rec., p. 77; C. C. 91-298 DC, 24 juillet 1991, Rec., p. 82.

(35)　C. C. 93-325 DC, 13 août 1993, Rec., p. 224. 評釈として、L. Favoreu, R. F. D. C., 1993, p. 583; B. Genevois, R. F. D. A., 1993, p. 871; J.-J. Dupeyroux et X. Prétot, D. S., 1994, p. 69 等。

(36)　この判示は、一九九四年一月二一日判決（C. C. 93-335 DC, 21 janvier 1994, Rec., p. 40）において確認されている。法律の条約適合性審査を行わないという結論は同じであるけれども、憲法院が行う法律の違憲審査と条約適合性審査との相違を強調した一九七五年判例の枠組、憲法第五五条に関する直接的違憲性を審査するとした一九八六年以降の諸判決の枠組、そして、立法者の責任を強調したとされる本判決の枠組の間には、微妙な相違があるように見える。

(37) Bruno Genevois, *Un statut constitutionnel pour les étrangers,* Revue française du droit administratif, 1993, p. 874. なお、このような方向への発展は、すでに一九八六年判決の段階において指摘されていた。Pinto (supra note 24) p. 299-300.

(38) 前掲注（35）の諸判決を参照。

第三節　日本国憲法第九八条第二項と最高裁判所

第一款　憲法第九八条第二項の可能性

一　ドイツからの示唆

以上のように、まず、ドイツ連邦共和国においては、国内裁判所における欧州人権条約の実効性確保のために、国際法調和性の原則を通じて、欧州人権条約に、いわば間接的な憲法的地位[39]を認める方向に進みつつあると解される。具体的には、第一に、国際法調和性の原則に基づいて、基本法の欧州人権条約適合的解釈が要請され、第二に、国際法調和性の原則を介して、欧州人権条約違反について基本法第二条第一項違反を理由とする連邦憲法裁判所への憲法異議が可能となり、第三に、連邦憲法裁判所は、自らの判例の中で、国内裁判所が国際法調和性の原則の要請に反して、ドイツ連邦共和国が締結した条約および慣習国際法の瑕疵ある適用または無視を行った場合には、そのような判断を排除して、ドイツ連邦共和国の国際法違反を避止する責務を有することを確認している。

二　フランスからの示唆

また、フランスにおいては、法律に対する条約の優位を定める第五共和制憲法第五五条を根拠として、次のことが確認される。第一に、条約の優位に基づいて法律の条約適合的解釈が可能であると考えられるが、憲法院は、法律の違憲審査においては、条約の内容を憲法の要請という形で考慮に入れているものと解される。この点で、一九九三年判決が、「憲法的性質の要請」のみが法律の違憲審査の基準になるとしながら、条約の尊重を憲法第五五条と結びつけて顧慮していることが注目される。第二に、条約に違反する法律を憲法第五五条に違反する違憲の法律と構成する、間接的違憲性の審査を考えることができる。憲法院は、一九七五年判決においては、この解釈を採用しなかったが、逆に、コンセイユ・デタは、一九八九年のNicolo判決による判例変更までは、法律の条約適合性審査は法律の憲法第五五条違反を審査することであると考えていた。第三に、憲法院は、自らの判決の中で、憲法第六一条に基づく法律の違憲審査において、憲法第五五条については、直接的違憲性の審査を行うとしている。つまり、憲法院は、憲法第五五条が定める法律に対する条約の優位を制限ないし排除するような法律を統制する責務を有するとしているのである。そのうえで、さらに憲法院は、一九九三年判決において、憲法第五五条についての間接的違憲性審査と直接的違憲性審査とを融合させる考え方を示したものと考えられる。

三　日本国憲法の可能性

日本国憲法においては、第九八条第二項の「日本国が締結した条約……は、これを誠実に遵守することを必要とする」という憲法的決定の理解が一つの鍵になると考えられる。ドイツ基本法には条約の遵守を明言する規定がないため、国際法調和性の原則は種々の基本法規定から看取される国法秩序の国際法調和性を基調として導き出されているが、日本国憲法においては、まさに第九八条第二項が、条約の誠実な遵守を憲法的決定として明確に規定しており、ここに国際法調和性の原則の基礎を見出すことができるであろう。(40) また、通説的見解においては、日本国憲法第九八条第二項は、一般に、法律に対する条約の優位を保障する役割を担うものとされており、その意味においては、フランス第五共和制憲法第五五条と類似の機能を有することとなる。

そこで、以上で見てきたことに鑑みると、第一に、日本国憲法第九八条第二項は、第九九条の憲法尊重擁護義務とも相俟って、最高法規である憲法の規定と矛盾するのではない限りにおいて、憲法解釈においても「日本国が締結した条約」を顧慮することを要請するものと解することができる。そうすると、日本国が締結した国際人権条約に適合的に憲法を解釈するという手法については、条約規定の援用は憲法第九八条第二項の要請として行われるのであり、単に憲法解釈において関連する条約規定を任意ないし適宜に参照することとは、法的意味において大きく異なると考えられる。(41) 国法秩序の段階構造において条約に優位する憲法についても、条約適合的解釈を行うべきことが、憲法第九八条第二項に基づいて法的に要請されているのである。

第二に、国際人権条約を憲法の解釈基準とするという手法では条約上の権利の実質的な主張に十分成功しえない場合、換言すれば、当該条約規定を解釈基準となしうるような憲法規定が存在しない場合には、条約の遵守を規定する憲法第九八条第二項を通じて条約違反の存在を違憲と構成する手法が考えられる。条約違反を憲法第九八条第二項違反とする構成については、すでに多くの裁判例が見られるところである(42)。最高裁判所においても、例えば、昭和五八年一一月二五日第二小法廷判決(43)、平成元年三月二日第一小法廷判決(44)、平成元年六月二〇日の三つの第三小法廷判決(45)、平成元年九月二八日第一小法廷判決(46)、同じく平成元年九月二八日第一小法廷判決(47)、平成五年三月二日第三小法廷判決(48)等が、結果としては条約違反は認めていないものの、条約違反を憲法第九八条第二項違反とする主張の枠組に則って判断を下している。

第三に、最高裁判所は、条約の遵守を規定する憲法第九八条第二項の要請によって、日本の国際法違反を避止する責務を有することとなると解され、そのことを念頭に置いて、現行制度を理解しなければならないものと考えられる。ここで問題となるのが、訴訟法上、条約違反を理由とする最高裁判所への上訴が制限されていること、すなわち、違憲審査制と条約適合性審査との擦り合わせである。

第二款　最高裁判所への上訴

一　訴訟法上の問題

日本の現行法上、国際人権条約違反を理由とする訴訟が直面する難点の一つとして、最高裁判所への上訴の問題がある。条約違反を理由とする場合、民事訴訟法上も刑事訴訟法上も上告および特別上訴(49)は認められ

ないとされるのである。(50)

実際に、最高裁判所は、最高裁判所が初めて国際人権規約について判断を示したものとされる、昭和五六年一〇月二二日第一小法廷判決(51)、いわゆる高松簡易保険局事件判決において、国家公務員法および人事院規則の規定がB規約に違反し無効であるという主張を、「同法〔＝刑訴法〕四〇五条各号の上告理由にあたらず」として退けている。(52)

二　憲法第九八条第二項違反が主張された例

このような場合における憲法第九八条第二項違反の主張に対しては、刑事訴訟における上告に係る昭和四四年四月二日大法廷判決(53)は、地方公務員法が「ＩＬＯ八七号条約および国際慣習法規にも違反し、ひいては憲法九八条二項にも違反する旨の主張」に対し、「ＩＬＯ八七号条約は、争議権の保障を目的とするものではなく、ＩＬＯ一〇五号条約および教員の地位に関する勧告は、未だ国内法規としての効力を有するものではなく、また公務員の争議行為禁止措置を否定する国際慣習法が現存するものとは認められないから、所論は、すべて採用することができない」として、条約違反についても審査した。

しかし、昭和五七年一一月五日第二小法廷判決(54)は、「憲法九八条二項違反をいう点は、その実質は公職選挙法一三八条一項、二三九条三号（昭和五〇年法律第六三号による改正前のもの）が市民的及び政治的権利に関する国際規約（昭和五四年八月四日公布条約第七号）に違反する旨をいう主張であつて、刑訴法四〇五条の上告理由にあたらない」と判示している。

しかるに、平成二年四月一七日第三小法廷判決[55]は、「上告趣意のうち、地方公務員法……につき憲法……九八条二項……違反をいう点は、当裁判所の判例（……）の趣旨に徴して理由がなく、その余は、単なる法令違反、事実誤認の主張であって、刑訴法四〇五条の上告理由に当たらない」としており、条約違反に起因する憲法第九八条第二項違反の主張を、上告理由に当たらない単なる法令違反とは区別しているものと解されるのである。

三　最高裁平成七年判決の理解

そこで、国際人権規約違反の主張を一瞥もしなかった、平成七年一二月一五日第三小法廷判決における最高裁判所の態度をどう解するかが問題となる。[56] 本判決は、「弁護人菅充行の上告趣意は、違憲をいう点を含め、実質は単なる法令違反の主張であって、適法な上告理由に当たらない」と判示している。

確かに、当該上告趣意書の冒頭には、「当弁護人は、原判決に国際人権規約違反及び憲法九八条二項違反がある点を論ずるものである」との記載があり、また、上告趣意書の前文では、「条約違反は条約の誠実遵守義務を定めた憲法第九八条第二項に違反する結果を招来するから、この点でも刑訴法第四〇五条第一号の上告理由となり得る」ということも言及されている。

しかし、上告趣意書の詳細な本文は、「第一、自由権規約第七条の解釈適用の誤り」と「第二、自由権規約第二六条の解釈適用の誤り」の二つの理由から構成されている。これらの本論の部分においては直接に条約違反を問う形となっており、結論においては、それぞれ、「原判決は指紋押捺制度は自由権規約第七条にいう『品位を傷つける取扱い』にあたらないと判示したが、これは右に見たとおり、『品位を傷つける取扱い』の解釈適用を誤ったものであるので、この点で原判決は破棄を免れない」、「右のとおり、原判決は自由権規約第二六条の解釈適用を誤ったものであり、この点でも破棄を免れない」とされている。この本文の限りでは、従来の最高裁判所の判断枠組においては、単なる法令違反の主張に過ぎないとして退けられることとなるものと解される。

この平成七年判決の判示は、前述の昭和五七年判決とは異なり、最高裁判所が憲法第九八条第二項違反を主張する手法を意識的に否定する意図を有していたのか否かは必ずしも明らかではない。本件においては、最高裁判所は、条約違反に起因する憲法第九八条第二項違反の主張に、正面から応答してはいないと解される。最高裁判所は、未だ無意識の揺れの中にあると考えられるのである。憲法第九八条第二項による方途は、最高裁判所によっても未だ完全には閉ざされていないと解することができるであろう[57]。

問題は、第九八条第二項の「誠実に遵守することを必要とする」という規定から、どこまでの要請を導き出すことができるかにあると考えられる。

少なくとも、重要な条約規定について、安易に憲法の内容と同視したり、条約違反の主張に対して判断を示さないというような、下級裁判所による条約の瑕疵ある適用または無視が存在する場合には、憲法第九八条第二項に反するものとして最高裁判所への上訴を認め、それによって、日本がその国際法上の義務に反することを避止し、そしてさらには、そうすることによって、下級裁判所による国際人権条約の顧慮を確保することが最高裁判所の責務であると考えることは可能であろう。

さらに進んで、あらゆる条約違反が直ちに憲法第九八条第二項違反になると構成することは可能であろうか。最高裁判所は、すべての条約違反が、そのことによって直ちに憲法第九八条第二項違反になるのではないと考えているようにも見える。しかし、前述のように、すでに最高裁判所自身が条約違反に起因する憲法第九八条第二項違反の主張に則って判断を行った例が少なからず存在している。また、日本では「条約は法律に優先する力を有する。そうしてみると、条約に基づく主張は単なる法令に基づく主張と同視すべきではないと思われる。人権条約、特に国際人権規約の規定は、憲法の人権規定と類似しており、法律の規定に優先する点では同様である。このような条約に違反することを理由とする上告は、憲法違反を理由とする上告と同等のもの又は『法令の解釈に重要な事項を含む』ものとみなして受理すべきであろう[58]」とされるところである。最高裁判所の思考が、「具体的な事件の審理に当たって、救済の必要性、重要性、緊急性が極めて高い場合に、……憲法に明示の規定がなければ、国際人権規約に沿った憲法の解釈によって、それも不可能な場合は、国際人権規約の国内直接適用という順序になる[59]」というものであるならば、国際人権条約を憲法の解釈基準とするという手法では条約上の権利の実質的な主張に十分成功しえない場合、換言すれば、当該条約規定を解釈基準となしうるような憲法規定が存在しない場合には、条約の遵守を規定する憲法第九八条第二項を通じて条約違反の存在を違憲と構成し、最高裁判所への上訴も可能となると考えることができるのではないであろうか。

憲法第九八条第二項を媒介とするか否かによって裁判における条約の扱いが異なると考えるのは、なにか実質から遊離した形式論のようにも見える。しかし、そのような立論が訴訟法を厳格に解する最高裁判所の態度に親和的であるならば、「このようにして、裁判所の現在のアプローチを前提としても、なお裁判規範として国際人権規約を活用する道を探求すべきであろう[60]」。

(39)　「間接的な憲法的地位」という考え方は、「準憲法的地位」という考え方が、国法秩序の段階構造における条約の地位を憲法と同等ないしはそれに近似するところまで上昇させるということを意味する限りにおいて、それとは区別されなければならないであろう。

(40)　なお、ドイツ連邦共和国における国際人権条約適合的解釈の根拠が基本法第一条第二項にも求められることがあるように、日本国憲法においても、最高法規の章に置かれた第九七条が国際人権条約適合的解釈の要請を導く根拠の一つとなりうるかもしれない。

(41)　その意味で、国際人権法学において提唱されている国際人権文書の間接適用と、本書にいう憲法の国際人権条約適合的解釈とは異なる。国際人権文書の間接適用を提唱する学説が、「条約の国内的効力を認めていない国（たとえばカナダ）の実務家がどのように人権条約を国内裁判で援用しているのかをみていくことも、これからの重要な実践的課題となっていこう」とし、間接適用に関しては「カナダでは、さらに顕著な展開がみられ、一九八二年に制定されたカナダ人権憲章を裁判所が解釈、適用する際に、国際人権規約やヨーロッパ人権条約がさかんに活用されている。とくにヨーロッパ人権条約については、カナダは締約国たりえないにもかかわらず、人権委員会・裁判所の先例も積極的に参考にしている」（阿部浩己＝今井直『テキストブック国際人権法』（日本評論社・一九九六年）四九頁および三六頁）としていることが、その相違を示している。

(42)　詳しくは、本書第二部序章第二款を参照。

(43)　訟月三〇巻五号八二六頁。

(44)　訟月三五巻九号一七五四頁。

(45)　労判五五二号二四頁、二六頁、二八頁。

(46)　判例自治七二号二五頁。

(47)　判例自治七二号二八頁。
(48)　判時一四五七号一四八頁。
(49)　刑事訴訟法上の特別抗告（第四三三条）、ならびに民事訴訟法上の特別上告（第三二七条第一項）および特別抗告（第三三六条第一項）。
(50)　民事訴訟法の全面改正によって、民事訴訟法上の上告も、その理由が憲法違反に限定されることとなった（第三一二条第一項）。それによって、行政訴訟における国際人権条約違反の主張も困難に直面すると考えられる。序章第一款の冒頭で触れた、指紋押捺に関する最高裁平成八年二月二二日第一小法廷判決のような事例でも、これまでとは異なり、最高裁平成七年一二月一五日第三小法廷判決同様、条約違反の主張は一瞥もされないこととなりかねないのである。
(51)　刑集三五巻七号六九六頁。
(52)　この問題については、確かに、訴訟法を改正して条約違反を理由とする上訴を可能にすることが正攻法ではあろう（浦田賢治「戦後理論史における憲法と条約」全国憲法研究会編『憲法問題２』（三省堂・一九九一年）一九頁参照）。しかし、現実の訴訟法改正は、それとは逆の結果をもたらしている。
(53)　刑集二三巻五号三〇五頁。
(54)　集刑二二九号一八一頁。
(55)　刑集四四巻三号一六九頁。
(56)　周知の通り、本件の上告趣意における国際人権規約違反に係る主張の部分は、刑集では省略されている。執筆に際しては、本件に携わられた菅充行弁護士から貴重な資料の提供を受けた。その御厚意に対し、ここに記して謝意を表したい。
(57)　その後の最高裁判決としては、たとえば、注目された徳島地裁平成八年三月一五日判決および高松高裁平成九年一一月二五日判決に係る受刑者接見妨害国賠訴訟についての、最高裁平成一二年九月七日第一小法廷判決（判時一七二八号一七頁）が、「右各規定が、市民的及び政治的権利に関する国際規約一四条に違反すると解することもできない」と判示しているが、同判決にはまだ平成一〇年一月一日に施行された改正後の民訴法第三一二条は適用されない（改正付則第二〇条）。

(58) 岩沢雄司「日本における国際人権訴訟」小田滋先生古稀祝賀『紛争解決の国際法』（三省堂・一九九七年）二五五頁。

(59) 園部逸夫「日本の最高裁判所における国際人権法の最近の適用状況」国際人権一一号（二〇〇〇年）四頁。

(60) 伊藤正己「国際人権法と裁判所」国際人権一号（一九九〇年）一一頁。

第二章　国際人権訴訟と条約機関の意見・見解

第一節　規約人権委員会の意見・見解への対応の揺れ

一　規約人権委員会の意見・見解への対応の諸相

日本の国際人権訴訟において、規約人権委員会の意見・見解や欧州人権条約機関の判断を援用する主張が増加しつつあるが、裁判所の対応は、揺れているようにも見える。

前出の大阪高裁平成六年判決や徳島地裁判決・高松高裁判決は、規約人権委員会の見解や欧州人権裁判所の判例を引用してB規約解釈を展開し、学説によって高く評価された。

そこまで積極的な態度を示さないものの、規約人権委員会の意見・見解を考慮に入れている裁判例も見られる。東京高裁平成七年五月二二日判決[1]は、「規約人権委員会の示した同条〔＝B規約第七条〕に関する一般的見解……を斟酌すれば、……遮へい板を設置しないことが国際的基準により合致するものということができる」としながらも、結論としては、本件は「違法とまではいい難い」とした。

他方、大津地裁平成九年一一月一七日判決[2]および東京高裁平成一〇年九月二九日判決[3]は、規約人権委員会

の意見・見解の位置づけに言及することなく、直ちに、当該見解は本件とは事案を異にすると判示した。従来の、B規約の国内的効力ないし直接適用可能性の問題に言及することなくB規約違反の主張を退けていた裁判例との対比で考えた場合、[4] この大津地裁判決および東京高裁判決が規約人権委員会の意見・見解の国内裁判所における法的意義をB規約条項と同程度に認めたものと解することができるかは、必ずしも明らかではない。これに対して、大阪高裁平成一〇年九月二五日判決[5]は、規約人権委員会の一般的意見について検討を加えた後に、「ちなみに」として、B規約解釈における法的拘束力を否定する見解を付加している。

さらに、問題とされるのは、いわゆる戦後補償訴訟における規約人権委員会の意見・見解の取扱いである。大阪地裁平成七年一〇月一一日判決[6]は、規約人権委員会の見解を援用する原告の主張については、「これらの規約の裁判規範性の有無の点はさておいても、これらの規約の定める平等原則も、憲法一四条と同趣旨のものであり」として、簡単に退けている。前述の大津地裁判決および東京高裁平成一〇年判決の他に、規約人権委員会の意見・見解について言及がなされている例として、東京地裁平成一〇年七月三一日判決[7]は、「選択議定書やB規約四一条に基づく規約人権委員会の意見は、日本に対する法的拘束力を有していないというべきである。したがってB規約の適用に当たって規約人権委員会の意見を前提にしなければいけないとの原告主張は採用できないが、これを解釈の補足的手段として考慮することは可能と解される」とし、いわゆるゲイエ対フランス事件について比較的詳細な検討を加えたが、本件とは事案が異なるとして排斥した。[8] 京都地裁平成一〇年三月二七日判決[9]は、「我が国はB規約四一条に基づく宣言をしておらず、また第一選択議定書も批准していないから、同〔＝規約人権〕委員会の『見解』等は我が国の裁判所を法的に拘束するものではない。したがって、同委員会の『見解』等はあくまで事実上の意見として斟酌されるにとどまる」とした。また、大阪高裁平成一一年一〇月一五日判決⑩も、結局のところ、「人権規約委員会の意見は我が国の裁判所のA、B両規約についての解釈を法的に拘束するものではない」という態度を示した。

二　ILO諸機関の意見・見解への対応の経験

当該国際機関の意見・見解には法的拘束力がないとしてそこで示された解釈の採用を拒否するという思考方法は、すでにILO条約関係の裁判例でしばしば見られた。裁判所が、規約人権委員会の意見・見解の採否という問題に直面したとき、それについての理論的解明が不足している状況において、これらのILO条約関係の裁判例の手法に範を見出したということはあるかもしれない。

例えば、盛岡地裁昭和五七年六月一一日判決[11]は、「ILOの見解は現代の国際労働常識となっており、国内法規を解釈する際の重要な参考意見となり得るものであるが、未批准の条約等を通じてのILOの見解は政府に向けられたものであり、また、それにとどまるものであって、いまだ法源性を有しているとはいえない」とし、東京高裁昭和六三年五月二六日判決[12]は、「右各委員会の解釈が、そのままILO全体を支配する統一的見解であるとは考えられないのみならず、右各委員会の意見や報告等は、各国政府に対し、労働立法の整備や労働政策の是正等を要望する趣旨のものであって、そこで採られた条約の解釈は、公権的ないしは司法的解釈を示すものではなく、もとより各国裁判所の法令解釈を拘束する性質のものではない」とし、東京地裁平成二年四月一九日判決[13]は、「ILO諸機関の右の各条約に関する意見や報告は、専門的な権威ある意見として、各国政府に対し、その報告等の趣旨に沿った国内労働立法の整備や労働政策の是正等を要望する趣旨のものということはできても、そこで採られた解釈が、ＩＬＯ条約を解釈する際の法的拘束力ある基準として法源性を有するに至っているものと認めることはできない」とし、また、福岡高裁平成四年一一月二四日判決[14]も、「条約勧告適用専門家委員会等のＩＬＯ諸機関の勧告や報告等……は加盟国に対する勧告ないし希望的な意見の表明にとどまり、これをもって右条約の解釈適用の際の拘束力のある基準とすることはできない」としていたのである。

さらには、ストライキを禁止しうる公務員の範囲を限定的に解する条約勧告適用専門家委員会の報告を「希望的意見に過ぎない」と一蹴する一方、あおり行為の規制を容認する結社の自由委員会の報告を日本の法制を前提とした「法的所見」であるとして重視している。[15]ここからも、条約機関の意見・見解は、国内法が条約違反ではないことを論証するためであれば、積極的に援用されうることが看取されるのである。

しかし、ＩＬＯに関して問題となった条約勧告適用専門家委員会や結社の自由委員会は、ＩＬＯ憲章に明示の根拠を有しない補助機関であり、しかも、ＩＬＯ憲章第三七条はＩＬＯ憲章および関連条約の解釈権は国際司法裁判所にあると規定している。その意味では、裁判所の立論も、まったく根拠のないものではなかったかもしれない。例えば、福岡地裁昭和六〇年一二月二六日判決[16]は、「たしかにＩＬＯ諸機関の前記見解は右各条約の解釈に関する一つの公式見解となっていることは否めないとしても、それはあくまで政府に対し、ＩＬＯ条約の趣旨にそった国内法の整備を求めているに止まるものであって、条約の解釈をめぐる疑義紛争について下される国際司法裁判所の最終判断（ＩＬＯ憲章三七条一項、二項）とは異なり条約を解釈適用する際の法的拘束力ある基準として、法源性を有するに至っているとまでは解されない」とし、また、札幌地裁平成九年一一月二七日判決[17]は、「ＩＬＯの諸機関の見解は、ＩＬＯ条約に関する一つの公式見解として考慮されるべきではあるが、国際司法裁判所の最終判断（ＩＬＯ憲章三七条一項、二項）とは異なり、これがＩＬＯ条約を解釈する際の法的拘束力ある基準として法源性を有するものとは考えられない」としていたのである。

もちろん、ＩＬＯ諸機関の意見・見解は内容的に優れた、権威あるものであるとされており、国内裁判所においてもこれを参照することが望ましいであろうが、Ｂ規約と規約人権委員会の関係とは多少論理を異にしていると考えられるのである。その意味で、このＩＬＯ関連の裁判例の思考が、規約人権委員会の意見・見解が問題となった戦後補償訴訟に踏襲されているとすれば、問題である[18]。

（1）　判タ九〇三号一一二頁。
（2）　訟月四五巻七号一二〇五頁。
（3）　判時一六五九号三五頁。
（4）　北村泰三『国際人権と刑事拘禁』（日本評論社・一九九六年）二三頁参照。
（5）　判タ九九二号一〇三頁。
（6）　判タ九〇一号八四頁。
（7）　判時一六五七号四三頁。
（8）　当事者の依拠する条約機関の意見・見解について、国内裁判所が当該訴訟とは事案を異にすると考える場合、国内裁判所は、条約規定の解釈のために条約機関の意見・見解を検討するというよりも、援用された事案と当該事案との相違についての判断を行う傾向が指摘される（*Robert Uerpmann,* Die Europäische Menschenrechtskonvention und die deutsche Rechtsprechung: Ein Beitrag zum Thema Völkerrecht und Landesrecht (Berlin, Dunker & Humblot, 1993) S. 156 ff.)。日本においても、典型的な例として、東京地裁平成八年一一月二二日判決（訟月四四巻四号五〇七頁）を挙げることができる。

(9)　訟月四五巻七号一二五九頁。

(10)　判時一七一八号三〇頁。

(11)　判時一〇六〇号四二頁。

(12)　判時一二七八号五八頁。

(13)　判時一三四九号三頁。比較的近年でも、千葉地裁平成八年一二月二五日判決（労判七一〇号二八頁）が、「そもそもＩＬＯ諸機関のＩＬＯ条約に関する意見や報告は、専門的な権威ある意見として、各国政府に対し、その報告等の趣旨に沿った国内労働立法の整備や労働政策の是正等を要望する趣旨のものということはできても、そこで採られた解釈が、ＩＬＯ条約を解釈する際の法的拘束力ある規準として法源性を有するに至っているものと考えることはできない」として、同様の趣旨を述べている。

(14)　労判六二〇号四五頁。

(15)　東京高裁昭和六〇年一一月二〇日判決（判時一一七七号一五頁）。東京高裁昭和六三年五月二六日判決（判時一二七八号五八頁）も類似。

(16)　判タ五八八号四六頁。

(17)　判時一六三二号一三二頁。

(18)　なお、この点に関して、徳川信治「人権条約と国内裁判所——国際人権規約の国内的効力及び直接適用可能性の問題を中心に」日本弁護士連合会編『日弁連研修叢書・現代法律実務の諸問題（平成九年度版）』（第一法規出版・一九九八年）六八八頁は、「勧告的効力しか持たない国際機関の決議の効力をどのように解釈するかという点で、日本の裁判所はどのような立場をとっているのでしょうか」として、ＩＬＯに関する前出の東京高裁昭和六〇年一一月二〇日判決を引用したうえで、「裁判基準とすることを否定しており、かなり厳格な基準を採用しているように思われます」と評している。

第二節　国内裁判所における国際人権条約の解釈と条約機関の意見・見解の意味

第一款　国内裁判所における条約機関の意見・見解の意味

一般に、条約機関の意見・見解の意味を先例拘束性の原理で説明するのは難しいとされる。(19)ところで、個人通報ないし個人申立の制度が整備・活用されるようになると、条約機関の判断は、国内裁判所に対して大きな影響力を有するようになる。(20)条約機関の意見・見解は、国内裁判所の判決を直ちに法的に否定するものではないが、現存する条約機関の意見・見解に従わない場合には、後に条約機関によって条約違反の判断を下されることが予想される。締約国の裁判所は条約機関の意見・見解に適合的な解釈を採用することによって自国が条約違反と判断されることを避止しようとする傾向が強いことに鑑みると、(21)事実上の「事実上の拘束力」が存在するといえるかもしれない。(22)

ただし、日本は未だＢ規約第一選択議定書を批准しておらず、このような影響力を語りうる状況にはない。一般に、国際人権条約において条約機関への個人の申立権を認めない場合には、当該締約国は、いかなる現実の危険も侵すことなく条約機関の意見・見解を無視することができるともいわれる。[23]

第二款　日本の裁判所における規約人権委員会の意見・見解の意味

しかし、問題は、国内裁判所における規約人権委員会の「解釈」の採否であり、条約機関の意見・見解の国内的効力ではない。[24] B規約の規定について、規約人権委員会の意見・見解にもっとも適合的な解釈を採用するよう国内裁判所が要請されていることを説明できれば足りるはずである。[25]

ここで、条約機関の意見・見解が、内容的に優れた、権威あるものであることを理由に、国内裁判所における その参照を求める考え方がある。[26] 確かに、国際機関は専門的能力において高い評価を受けている人材が選任されていることが多く、国内裁判所がそうした機関の意見・見解に従うことは、望ましくこそあれ、否定されるべきではないであろう。しかし、この考え方は、国内裁判所による任意ないしは適宜の参照が奨励されることとの説明とはなりえても、国内裁判所が常に条約機関の意見・見解に適合的な解釈を行うよう法的に要請されていることまでは説明できないと考えられる。しかも、先に見たように、日本の裁判所が国際機関の意見・見解の採否について法律が条約適合的であることを論証する場合においてのみ積極的であることに鑑みると、「内容的に優れた」意見・見解の選択を全面的に裁判所の裁量に委ねることとなる論理は疑問が残る。[27] 条約機関の意見・見解を顧慮すべきことが法的に要請されていることを論証することこそが必要であると解されるのである。

さらに、国際機関の権威に依拠する説明は、しばしば、権威の源泉の一つとして、国際機関の意見・見解の量的増大と、その尊重に関する締約国の実行の積み重ねを指摘することがある。[28] 確かに、そのような積み重ねが権威を裏づけることはありうるであろうが、本書が直面する問題については、積極的な解決の糸口を示すものではない。

一方、規約人権委員会の意見・見解の日本の国内裁判所における意味は、ウィーン条約法条約によって根拠づけられるとされることがある。[29] 条約法条約の規定する解釈規則の理解については、国際法学の検討に委ねざるをえないが、条約法条約の規定する解釈規則の適用については、国際法学の理解と訴訟における主張・判断との間に齟齬があるようにも見えるところである。[30]

ただ、規約人権委員会の意見・見解の日本の国内裁判所における実効性確保を考える際に重要であるのは、裁判所による違憲審査の枠組においてＢ規約が活用されうる方途を探ることである。国際人権訴訟が「人権」に関わるものである以上、憲法との連携を念頭におく必要がある。また、国内裁判所における「訴訟」である以上、最高裁判所に上訴する場合のことを視野に入れておく必要もある。規約人権委員会の意見・見解が憲法の解釈基準となりうるか、をも検討しておかなければならないと考えられるのである。

第三款　ドイツ連邦憲法裁判所における欧州人権裁判所判例の意味

そこで参考となるのが、国内裁判所とりわけ国内の違憲審査制における条約機関の意見・見解の意味について類似の問題状況にある、ドイツ連邦共和国である。もちろんドイツ連邦共和国は、欧州人権条約の締約国であり、個人申立についての欧州人権条約機関の管轄権を受け容れている。そして、ドイツの国内裁判所においては、ドイツが当事国となった事案に関するものを含め、とりわけ一九七〇年代の終盤以降、欧州人権条約機関の意見・見解が相当程度援用されているといわれる[31]。

ドイツ基本法が欧州人権条約に適合的に解釈されるべきことを明らかにした、連邦憲法裁判所一九八七年三月二六日決定[32]は、欧州人権裁判所の判例についてもまた、「基本法の解釈に際して、……欧州人権条約の内容および発展状況もまた、考慮に入れられねばならない。それゆえ、その限りにおいて、欧州人権裁判所の判例もまた、基本法の基本権および法治国原理の内容および射程の確定のための解釈支援として役立つ」としている[33]。そして、本件において、連邦憲法裁判所は、一九八三年三月二五日の欧州人権裁判所のMinelli判決を明示的に援用して、無罪推定の原則の解釈を展開したのである。連邦憲法裁判所のこの決定は、「欧州人権条約機構のダイナミズムの憲法的受容についての新たな道を拓いている[34]」と評される。連邦憲法裁判所は、これまでも欧州人権条約を基本法の解釈基準として援用していたが、この一九八七年決定において、基本法が欧州人権条約に照らして解釈されるべきであるということについて初めて一般論を展開した。そして同時に、連邦憲法裁判所は、そこにいう欧州人権条約の意味を明らかにするために、欧州人権裁判所の判例もまた考慮されなければならないことを明らかにしたのである[35]。

このように、欧州人権条約機関の意見・見解は、欧州人権条約の解釈に際してだけではなく、ドイツ法の解釈についてもまた援用されている[36]。とりわけ連邦憲法裁判所においては、欧州人権条約が直接的には審査基準とならないため、欧州人権条約機関の意見・見解は基本法の解釈に際してしばしば援用されることとなるのである[37]。ここで、欧州人権裁判所判例の国法体系における意味は国法秩序の段階構造における欧州人権条約の地位には依拠していない、ということが注目される。連邦憲法裁判所は、欧州人権条約が国法秩序の段階構造において連邦法律と同位であることを確認しているが、それにもかかわらず、連邦憲法裁判所の一九八七年決定は、基本法を欧州人権裁判所判例に照らして解釈しなければならないとしたのである。(38) 欧州人権条約が上位規範たる基本法の解釈基準となりうること、および連邦憲法裁判所が欧州人権条約を援用することは、同決定によれば、「欧州人権条約の発効によって生じた、基本法と欧州人権条約との関係についての法的効果に基づく」とされる。これは、国際法を尊重しつつ国際法と国内法との可能な限りの調和を確保することを要請する、国際法調和性の原則から導かれるものである。(39)

憲法たる基本法から導かれる国際法調和性の原則は、その中核的内容の一つとして欧州人権条約適合的解釈を含んでいる。つまり、国内裁判所に対して、可能な限り、基本法を含む国内法の解釈基準として欧州人権条約ないし欧州人権裁判所判例を援用し、あるいは基本法規定の解釈可能性の中で欧州人権条約適合的な解釈を選択することを要請するものである。連邦憲法裁判所は、ドイツ連邦共和国の欧州人権条約違反を避止し、国内裁判所がこのような国際法調和性の原則に従っているかを監視する責務を有する。国内裁判所が十分な理由づけもなく欧州人権裁判所判例と異なる解釈を採用した場合には、連邦憲法裁判所が、国際法調和性の原則の要請によってこれを排除するのである。(40)

このように、国際法調和性の原則によって欧州人権条約は基本法の解釈基準となり、しかも、そこでいう欧州人権条約の内容は欧州人権裁判所によって明らかにされたものでなければならず、結果として、欧州人権裁判所判例もまた、基本法の解釈において援用されることとなる。

(19) Georg Ress, *The Effects of Judgements and Decisions in Domestic Law*, in R. St. J. Macdonald, F. Matscher and H. Petzold, eds., *The European System for the Protection of Human Rights* 807, 810 (Nijhoff, 1993).

(20) See Id. at 812.

(21) See Id. at 810.

(22) 例えば、欧州人権条約について、国内裁判所は、国内の上級裁判所の判例に照らして判断するのと同じく、欧州人権裁判所の判例に照らして判断することが期待されているが、それは欧州人権条約による法的義務として存在しているのではないことが指摘される。Vgl. *Dietrich Shindler*, Die innerstaatlichen Wirkungen der Entscheidungen der europäischen Menschenrechtsorgane, in: M. Kummer/H. U. Walder (Hg.), Festschrift zum 70. Geburtstag von Dr. iur. Max Guldener (Zürich, Schulthess Polygraphischer Verlag, 1973), S. 273 (289).

(23) Thomas Buergenthal, *The Effect of the European Convention on Human Rights on the Internal Law of Member States*, in Intl & Comp L Q, Supplementary Publication No. 11: The European Convention on Human Rights 79, 103 (1965).

(24) 国際機構によって示された条約規定の（新たな）解釈の国法体系への受容の問題は、国際機構の決定の受容の問題ではなく、条約規定の国法体系への受容の問題に還元される（Mohammed Bedjaoui, *The Reception by National Courts of Decisions of International Tribunals*, in T. M. Franck and G. H. Fox, eds., *International Law Decisions in National Courts* 21, 35 (Transnational Publishers, 1996)）。

(25) 欧州人権条約との対比でいえば、欧州人権裁判所で新たに下された判決そのものの国内的効力の問題ではなく、既に存在している欧州人権裁判所の判例の国内裁判所における意義の問題に類縁性を有する。欧州人権条約第四六条（旧第五三条）は、「締約国は、自国が当事者であるいかなる事件においても、裁判所の決定に従うことを約束する」と規定しているが、国内裁判所が欧州人権条約を解釈・適用する際に欧州人権裁判所の判例に従わなかったとしても、そのことのみによって欧州人権条約に違反していることにはならない。その意味で、自国が当事者である事案において欧州人権裁判所の判断に従うことを拒否する場合とは異なるのである（Buergenthal, 11 Intl & Comp L Q Supp Pub at 100–101 (cited in note 23)）。

(26) *Uerpmann* (Anm. 8) S. 220 ff.; *Christoph Schreuer*, Wechselwirkungen zwischen Völkerrecht und Verfassung bei der Auslegung völkerrechtlicher Verträge, in: G. Ress/C. Schreuer, Wechselwirkungen zwischen Völkerrecht und Verfassung bei der Auslegung völkerrechtlicher Verträge (Heidelberg, C. F. Müller, 1982), S. 61 (76 f.). 北村・前掲書（注4）も、規約人権委員会の「見解」について、「それは法的拘束力を欠いている……にもかかわらず、規約人権委員会の公平な立場から客観的に述べられた専門的な意見は独自の権威を有している」のであり、「国内裁判所がそれを積極的に考慮することは何ら妨げられないどころか、望ましいことである」（七六頁）とし、さらに「規約人権委員会の『一般的意見』や選択議定書に基づく通報の審査に関して委員会が述べる『見解』は、国際判例として、わが国の法体系のなかにも組み入れられるべきものである」（七二頁）と考えるものと解される。B規約の註釈書として著名な、Manfred Nowak, *U. N. Covenant on Civil and Political Rights: CCPR Commentary* XXIV (N. P. Engel, 1993) も、規約人権委員会の「個人通報に関する判例法」および「一般的意見」を、「たとえそれらが国際的に拘束的ではないとしても、規約の解釈において高いランクを有する」とし、規約の関連条項の「権威的解釈」として扱っている。国際機構の判断にそのような権威が認められる際の指標について、vgl. *Herbert Miehsler*, Zur Autorität von Beschlüssen internationaler Institutionen, in: C. Schreuer (Hg.), Autorität und internationale Ordnung (Berlin, Duncker & Humblot, 1979), S. 35 (44 ff.).

(27) 「ドイツ裁判所が、欧州人権裁判所の判断は説得力があると思われるという理由だけでそれに従うならば、ドイツ裁判所が欧州人権裁判所の論述を正しくないと考え、そしてそれゆえ欧州人権裁判所とは異なる判断をするということが生じる」（*Uerpmann* (Anm. 8) S 155）と指摘される。

(28) See Christoph H. Schreuer, *The Authority of International Judicial Practice in Domestic Courts*, 23 Intl

& Comp L Q 681, 707 (1974).

(29) たとえば、日本弁護士連合会編著『国際人権規約と日本の司法・市民の権利——法廷に活かそう国際人権規約』(こうち書房・一九九七年)三二一—三三頁。また、規約人権委員会の意見・見解や欧州人権委員会・欧州人権裁判所の判断を引用しながらB規約解釈を展開した、大阪高裁平成六年一〇月二八日判決(判時一五一三号七一頁)は、それらの引用を条約法条約第三二条に依拠して行っている。また、欧州人権裁判所の判断を引用した、徳島地裁平成八年三月一五日判決(判時一五九七号一一五頁)および高松高裁平成九年一一月二五日判決(判時一六五三号一一七頁)も、条約法条約に言及している。

(30) ウィーン条約法条約がB規約には直接には適用されえないことは措くとして、大阪高裁平成六年判決が、規約人権委員会の意見・見解や欧州人権裁判所判例等を条約法条約第三二条に依拠して「解釈の補足的手段」と位置づけていることに対しては、「解釈の補足的手段」として依拠することが許されるもの、および「解釈の補足的手段」に依拠することが許される場合は限定的に理解されており、むしろ条約法条約第三一条第三項(b)の「条約の適用につき後に生じた慣行であって、条約の解釈についての当事国の合意を確立するもの」に該当すると捉えるべきではないかとされる(植木俊哉「判批」ジュリ一〇八九号(一九九六年)三四七頁。なお、大阪高裁平成六年判決が欧州人権条約上の機関の判断を規約人権委員会の意見・見解と同等のものと位置づけることにも疑問が呈されている)。この点、徳島地裁平成八年判決は、条約法条約第三一条第三項(c)の「当事国の間の関係において適用される国際法の関連規則」に言及しつつ、欧州人権裁判所の判断はB規約の「解釈に際して一定の比重を有することは認められよう」とし、高松高裁平成九年判決も、条約法条約第三一条第三項(c)に言及したうえで、欧州人権裁判所の判断を、条約法条約第三一条第三項(c)に該当するとはいえないとしても「条約法条約三一条三項における位置づけはともかくとして」B規約の「解釈に際して指針とすることができるというべきである」とするなど、やや慎重な姿勢を示している。評釈においても、「ヨーロッパ人権条約……は、現時点では同条約〔=条約法条約〕により援用される要件を満たすまい」(愛知正博「判批」平成九年度重要判例解説(一九九八年)二〇一頁)との批判がある。くわえて、条約法条約第三一条第三項(a)の「条約の解釈又は適用につき当事国の間で後にされた合意」についてであっても、第三一条第三項(b)についてであっても、B規約の場合には、欧州人権裁判所とは異なり、「実施機関である規約人権委員会は、判決及び決定などの形で規約解釈について法的拘束力のある判断をなし得ない」（北村・前掲書［注4］七六頁）のであって、規約人権委員会の意見・見解は「当事国間での法的な解釈を確立するものではない」（同所）とされることが想起される。

(31)　*Uerpmann*（Anm. 8）S. 145. なお、他方で、欧州人権条約の締約国の国内裁判所が欧州人権裁判所の判例を引用する場合、一般に、欧州人権裁判所判例は付加的ないし補助的な論拠として用いられており、単独で決定的な判断要因とはなっていないという指摘（Holly D. Jarmul, *Effects of Decisions of Regional Human Rights Tribunals on National Courts*, in T. M. Frank and G. H. Fox, eds., *International Law Decisions in National Courts* 247, 283（Transnatonal, 1996)）にも留意する必要がある。

(32)　BVerfGE 74, 358（370).

(33)　一九八七年三月二六日決定を引用する後の連邦憲法裁判所判断として、BVerfGE 82, 106; 83, 199; 88, 103 等がある。

(34)　*Georg Ress*, Verfassungsrechtliche Auswirkungen der Fortentwicklung völkerrechtlicher Verträge Überlegungen zum Verhältnis des Grundgesetzes zur Europäischen Wirtschaftsgemeinschaft und Europäischen Menschenrechtskonvention, in: W. Fürst/R. Herzog/D. C. Umbach (Hg.), Festschrift für Wolfgang Zeidler, Bd. 2（Berlin/New York, Walter de Gruyter, 1987）S. 1775（1796).

(35)　かつては、国内裁判所の判断が明らかに欧州人権条約による影響を受けたという事例はわずかであり、むしろ欧州人権条約規定はすでに得られた結論を補強するために援用されていたが、今後は、欧州人権条約機関の判断がドイツ判例の発展に先行している領域において、欧州人権条約が大きな意義を獲得する可能性が指摘され、そのような連邦憲法裁判所の判断も見られるとされる（*Jürgen Schwarze*, Europäische Einflüsse auf das nationale

Verfassungsrecht aus der Sicht ausgewählter Mitgliedstaaten—Deutscher Landesbericht, in: J. Schwarze (Hg.), Die Entstehung einer europäischen Verfassungsordnung. Das Ineinandergreifen von nationalem und europäischem Verfassungsrecht (Baden-Baden, Nonos, 2000) S. 109 [166 f.])。

(36) *Uerpmann* (Anm. 8) S. 146 ff.

(37) 連邦憲法裁判所が欧州人権裁判所の判例を考慮に入れている例について、Jörg Polakiewicz/Valérie Jacob-Foltzer, *The European Human Rights Convention in Domestic Law: The Impact of Strasbourg Case-Law in States where Direct Effect is given to the Convention,* 12 HRLJ 65, 80 (1991). なお、*Uerpmann* (Anm. 8) S. 147 ff. は、欧州人権裁判所判例の基本法解釈への転用ともいうべき事例を指摘している。

(38) *Georg Ress,* Wirkung und Beachtung der Urteile und Entscheidungen der Straßburger Konventionsorgane, EuGRZ 1996, 350 (353).

(39) Vgl. *Georg Ress,* Wechselwirkungen zwischen Völkerrecht und Verfassung bei der Auslegung völkerechtlicher Verträge, in: G. Ress/C. Schreuer, Wechselwirkungen zwischen Volkerrecht und Verfassung bei der Auslegung völkerechtlicher Verträge (Heidelberg, C. F. Müller, 1982), S. 7 (52); ders., Die Europäische Menschenrechtskonvention und die Vertragsstaaten: Die Wirkung der Urteile des Europäischen Gerichtshofes für Menschenrechte im innerstaatlichen Recht und vor innerstaatlichen Gerichten, in: I. Maier (Hg.), Europäischer Menschenrechtsschutz (Heidelberg, C. F. Müller, 1982) S. 227 (258); Georg Ress, *The Effects of Judgements and Decisions in Domestic Law,* in R. St. J. Macdonald, F. Matscher and H. Petzold, eds., *The European System for the Protection of Human Rights* 807, 835–836 (Nijhoff, 1993). 欧州人権裁判所判例を憲法の領域に取り込む形という連邦憲法裁判所の一九八七年決定の手法は、欧州人権条約および欧州人権裁判所判例に「間接的な憲法的地位」を認めることとなる (*Ress* (Anm. 38), 353)。

(40) 国内裁判官は、欧州人権裁判所判例に従わないという選択も可能であるが、その場合には、欧州人権裁判所判例に反する判断の方が優れていることを論証する責任を負担するともいわれる（*Ress*, Europäische Menschenrechtskonvention und die Vertragsstaaten（Anm. 39）S. 258 f.)。その場合も、国内裁判所が十分な理由づけもなく欧州人権裁判所判例とは異なる解釈を採用した場合には、連邦憲法裁判所が、国際法調和性の原則の要請によってこれを排除することとなるのである。これに対して、このような論証負担の転換という形式における欧州人権裁判所判例の顧慮の要請については、欧州人権裁判所判例に従わなかったこと自体は欧州人権条約違反ではなく欧州人権裁判所によって審査されないことから、そのような要請の意義に疑問を示す見解もある（*Uerpmann*（Anm. 8）S. 231 f.)。しかし、この見解も認めるように、国内裁判所がなんらの理由づけなしに欧州人権条約を欧州人権裁判所とは異なるように解釈するならば、それは憲法異議の手続において連邦憲法裁判所によって恣意的な解釈として排除されるであろう。このように、国内裁判所とりわけ最上級裁判所は、自国が条約違反の判断を受けないように行動しており、そのような事実上の「事実上の拘束力」が存在しない場合でも、国際法調和性の原則から、条約の瑕疵ある適用または無視を排除することが要請されていると考えられるのである。

第三節　日本国憲法第九八条第二項の「誠実に遵守すること」の法的意義

第一款　「法的拘束力／参照」二分論への疑問

日本国憲法においては、第九八条第二項から、ドイツ連邦共和国において国際法調和性の原則として説明された内容が導かれうるのではないかと考えられる。ここで、規約人権委員会の意見・見解を顧慮することが国際人権訴訟における国内裁判所の役割として要請されうるか、という問題は、換言すれば、憲法第九八条第二項の「日本国が締結した条約……は、これを誠実に遵守することを必要とする」という憲法的決定の射程の問題と解される。「誠実に遵守する」という文言から、規約人権委員会の意見・見解の尊重という要請を導くことが可能か、規約人権委員会の意見・見解が憲法の解釈基準となることを基礎づけることが可能か、という問題の解明は必ずしも容易ではないが、本書第一部でも論及したように、少なくとも、次のような二つの手がかりが見出される。

第一に、「遵守する」という文言である。国際法上は条約を遵守すべき義務を負うことは当然であるとして、これを条約の国内的効力の根拠として説明するのが一般的である。さらに、多くの学説が、本項を法律に対する条約の優位の根拠として挙げているが、これも条約を「遵守する」という要請の帰結としてであろう。このように、従来、条約の国内的効力および法律に対する優位という、憲法の明文には記されていない帰結が、「遵守する」という「当然のこと」を述べた規定から抽出されている。つまり、「遵守する」という規定は、文言から直ちに看取される以上の意味を盛り込むことを許すものと考えられているのである。

第二に、「誠実に」という文言である。これは、憲法第七三条第一号にも登場する。ここでいう「法律を誠実に執行する」の意味について、憲法学は、「単に法律の文字を形式的に執行するにとどまらず、さらにその精神に、あるいはその目的に即して、忠実にこれを執行すべきであることを意味する」[41]、あるいは、「法律によって義務づけられた行動をとるだけでなく、その法律の目的が具体的に達せられるため必要な措置をとることまでも含む[42]」と説明している。つまり、「誠実に」という文言が憲法規定において有する意味として、精神あるいは目的に忠実に行動すること、目的の具体的な達成に必要な行動をとること、といった内容を読みとることが可能であると考えられるのである。さらに、法律の「執行は、行政部の重要な職責であって、ことさら規定を要しない。ここでは、『誠実に』という限定が重要で、法律内容に対する批判にもとづいて不誠実であることを戒めるものである[43]」という理解は、「法的にいえば、わが国が締結した条約について、わが国および国民が相手国に対して国際法上、遵守する義務を負うということは当然のことであ[44]」るというとき、「『誠実に』という限定」の意味についての再検討を促す。

　憲法制定過程において、「条約と云うものには、種々なる種類があろう」から「其の条約の性質に照らして如何に扱うかを慎重に考えなければならぬ」とされていた[45]ことをも想起すると、「誠実に遵守すること」とは、「日本国が締結した条約」の性質に応じて、当該条約に内在する要求を可能な限り顧慮することを意味するものと考えられる。

　国際人権条約については締約国の国内裁判所における実施が重要であるとはいえ、条約の規定の解釈が締約国ごとに区々であるなら、国際人権条約の意義は大幅に減殺される。したがって、人権保護の普遍的な基準の具体的内容を解明する役割を担うものとして条約機関が設置されている場合には、条約機関の示す解釈が遵守すべき条約の内容と考えられることとなる[46]。

　Ｂ規約も、「人権及び自由の普遍的な」基準を定めるものであり、その規定の解釈を提示する機関として規約人権委員会を設けている。Ｂ規約第四〇条第四項は、委員会が締約国からの政府報告を検討し、コメントおよび一般的意見を締約国に送付しなければならないと規定しており、また、第一選択議定書よって行われる個人通報を検討した結果としての見解を、Ｂ規約第四五条の定める年次報告に記載することとしている。

この規約人権委員会によって示された内容が、第一次的には、B規約第二条第一項において「尊重し及び確保することを約束」されている「この規約において認められる権利」と考えられる。[47] 規約人権委員会自身も、一九九四年の一般的意見（二四／五二）の中で、B規約は「掲げている目標を達成するために、委員会が監視的役割を果たすことを想定している」とし、「このような保障措置は規約の構造の重要部分であり、その実効性を支えるものである」としている。これは、規約人権委員会がB規約の解釈を示す、というしくみがB規約にとって不可欠であるという理解を示しているものと解される。

このようなB規約を締結した以上、国内裁判所においても、規約人権委員会の意見・見解を可能な限り顧慮することが、「誠実に遵守すること」に適うのではないであろうか。つまり、国際法上の問題としてではなくて、日本国憲法の問題として、規約人権委員会の意見・見解の顧慮が求められているのである。第九八条第二項のこのような解釈は、条約違反がただちに憲法違反を構成するということを必ずしも意味しない。少なくとも、条約違反の主張や条約機関の意見・見解の無視ないし安易な取扱いは、「日本国が締結した条約……は、これを誠実に遵守することを必要とする」という憲法的決定に反すると解するものである。

第二款　二分論から三類型論へ

一　「法的拘束力／参照」二分論への疑問

さきに概観した日本の裁判例によれば、規約人権委員会の意見・見解は、第一選択議定書未批准の段階では「法的拘束力」を有するものではなく、事実上の見解として「参照」されるに過ぎないとされる。この、

「法的拘束力」が存するか「参照」にとどまるか、という二分論は疑問である。[48]すでに繰り返し指摘されているように、第一選択議定書を批准しても、規約人権委員会の意見・見解が「法的拘束力」を有することにはならない。他方、注目を浴びた大阪高裁平成六年判決や徳島地裁判決・高松高裁判決も、規約人権委員会の意見・見解を日本について「法的拘束力」を有しない欧州人権条約機関の判断と同列に扱っており、二分論を前提として「参照」の枠内において規約人権委員会の意見・見解を斟酌したに過ぎないのではないか、との疑念が生じるところである。[49]

二　二分論から三類型論へ

裁判例に見られる二分論に代えて、条約機関の意見・見解との関わりあいの三類型を考えることが可能である。

第一類型は、事実上の「事実上の拘束力」が存在する状況である。日本も、B規約第一選択議定書批准後は、このような状況に置かれることとなる。[50]ただし、規約人権委員会の意見・見解の顧慮についての法的根拠は、憲法第九八条第二項である。

第二類型は、現在の日本における規約人権委員会の意見・見解のような場合である。憲法第九八条第二項の要請によって、規約人権委員会の意見・見解は、国内裁判所においても可能な限り顧慮されなければならない。また、最高裁判所は、上訴手続を通じて、下級裁判所による規約人権委員会の意見・見解の尊重を確保する責務を有する。従来、規約人権「委員会の報告や意見に法的拘束力が与えられていない以上、それらをどのように活かすかは最終的に当事国自身の裁量にかかっている」[51]されていたが、この「裁量」を憲法が枠づけていると考える、というのが本章の考察の根幹をなす思考である。

第三類型は、日本が締結していない条約およびその条約機関の意見・見解を、その内容ないし権威に着目して参照する場合である。外国の裁判所の判例を参照する場合と、基本的には同一の取扱いとなる。

従来は、第一類型が「法的拘束力あり」と誤解され、第二・第三類型が「法的拘束力なし」として一括されて、二分論が形成されているものと解される。

第二類型において、国内裁判所は、規約人権委員会の意見・見解に常に服従することを要求されるのではない。国内裁判所は、十分な理由があると考えるときには、規約人権委員会の意見・見解と異なる解釈を採用することができる。このように解することは、Ｂ規約第四〇条第五項の精神、および締約国との建設的対話を求める規約人権委員会の立場とも合致するであろう[52]。

なお、国内裁判所が規約人権委員会の意見・見解に従わなければならないとすることは憲法第七六条第三項に抵触する、という懸念が示されるかもしれない。しかし、規約人権委員会の意見・見解が解釈基準として援用されるとしても、それは、規約人権委員会の判断をもって有効な国内法を排除するということではなく、それによって国内的効力を有する条約、さらには憲法を含む国内法の内容が確認されるということであり、裁判官が「憲法及び法律にのみ拘束される」ことと矛盾はしないと解される[53]。さらに本質的であるのは、規約人権委員会の意見・見解の顧慮は憲法第九八条第二項に基づく、ということである。憲法第七六条第三項は、裁判官は憲法に拘束されるとしている。規約人権委員会の意見・見解の尊重は、まさに、日本国憲法が国際人権訴訟における国内裁判所の役割として要請するものと解されるのである。

(41) 宮沢俊義（芦部信喜補訂）『全訂日本国憲法』（日本評論社・一九七八年）五五八頁。
(42) 樋口陽一『憲法Ⅰ』（青林書院・一九九八年）三三二頁。
(43) 小嶋和司『憲法概説』（良書普及会・一九八七年）四四二頁。
(44) 佐藤功『憲法(下)』〔新版〕（有斐閣・一九八四年）一二八八頁。
(45) 清水伸編著『逐条日本国憲法審議録第三巻』〔増訂版〕（日本世論調査研究所ＰＲセンター・一九七六年）七七九頁、七八三頁。
(46) 「人権条約の統一的『実施』をはかる条約実施機関の機能は、単に個々の申立事件を『解決』することにとどまらない。申立事件、特に多数の個人申立事件の処理を通じて、条約規定の解釈基準を締約国全体に提示しその発展をはかることがこれらの機関の重要な機能となっている」（薬師寺公夫「人権条約の解釈・適用紛争と国際裁判——ヨーロッパ新人権裁判所への移行」小田滋先生古稀祝賀『紛争解決の国際法』（三省堂・一九九七年）二一八頁）。
(47) Ｂ規約における規約人権委員会の意見・見解の重要性について、see Yuji Iwasawa, *International Law, Human Rights, and Japanese Law—The Impact of International Law on Japanese Law* 117-118 (Clarendon Press, 1998).
(48) 徳川・前掲論文（注18）六八八頁も、「規約人権委員会の『意見』に関しての政府見解から判断すると、法的拘束力がないことがそれを尊重すべきかどうかのメルクマールになっていると思われます」と批判する。Vgl. Schreuer, *The Authority of International Juditial Practice* at 695 (cited in note 28); *Uerpmann* (Anm.8) S. 217.
(49) しかし、高松高裁判決については、「条約解釈の法理論としては、本判決は確かに曖昧な部分を残しているともいえる。たとえば、欧州人権条約の判例がいかなる意味において自由権規約解釈と関連を有するのかなどの点に関しては、法的に突き詰めた議論を回避しているともみえる。判決は、こうした詳細な吟味にあまり意義を見出すことなく、欧州人権条約と自由権規約との実質的連関性を認めれば足りるという態度であった。こうした姿勢は、辻褄合わせの議論を展開するよりもむしろ実際的かもしれない」（北村泰三「自由権規約の解釈方法と裁判所——徳島刑務所受刑者接見訴訟控訴審判決をめぐって」季刊刑事弁護一四号（一九九八年）一三六頁）との評価もある。こうした理解は、本書第二部において批判的に検討した、国際人権法学における間接適用の思考に通ずるものがあるかもしれない。それらは、本書の見地からは、憲法上の根拠を有しない単なる「参照」にとどまると解されるのである。

(50)　なお、政府報告書審査について規約人権委員会のフォローアップが強力に行われるようになると、類似の影響力を語りうる状況が生まれる可能性がある。

(51)　安藤仁介「国際人権保障の展開と問題点」国際九八巻一＝二号（一九九九年）二八—二九頁。

(52)　欧州人権条約についても、国内裁判所が欧州人権裁判所の判例理論に疑問を発し、またはその判例理論に与しない可能性を否定することは、欧州諸機関および欧州人権条約の枠組全体から、欧州人権条約の漸進的発展のためのきわめて価値ある対話を奪うことになると指摘される（Helmut Steinberger, *Reference to the Case Law of the Organs of the European Convention on Human Rights before National Courts*, 6 HRLJ 402, 409 (1985)）。

(53)　ドイツ連邦共和国においても、欧州人権裁判所の判例を解釈基準として援用することは、「裁判は法律および法に拘束されている」とする基本法第二〇条第三項、および「裁判官は独立であり、ただ法律にのみしたがう」とする基本法第九七条第一項には違反しないと説明されている（*Uerpmann*（Anm. 8）S. 219）。

終　章　国際人権訴訟と日本国憲法

第三部では、国際人権条約の国内裁判所における実効性確保のために国際人権条約に間接的な憲法的地位を認めるという観点から、日本における国際人権訴訟に関する諸問題を考察してきた。

本書は、国内裁判所における国際人権条約の実効性確保のためには、単に当該条約規定の self-executing 性を強調し直接適用を要求するだけでは足りない場合があり、むしろそこで重要なのは、国際人権条約に憲法に対するのと同等の尊重ないし配慮がなされることであると考える。具体的には、国際人権条約を憲法の解釈基準とすること、および一定の国際人権条約違反の状況を条約の遵守を規定する憲法に違反するものと考えること等を検討してきた。そのようにして国際人権条約に間接的な憲法的地位を認めることが重要であると考えられた。したがって、「国際人権法の『直接適用』」では「条約の self-executing 性が前提とされている。それ故に、直接適用の場面では、国際人権条約と憲法とは同等の尊重ないし配慮がなされているということになる(1)」とされるとき、「同等の尊重ないし配慮」という同一の表現が用いられていても、その意味するところには、本書の見解との間の懸隔を否定できないのである。

国際人権条約に間接的な憲法的地位を認めるという本書の見解に対しては、「国際人権規約の国内適用を活性化させるためには、規約を憲法と同じようなレベルにまで引き上げなければならない、という理屈は成立しない、というべきである」[2]という批判が投げかけられる。

この批判の観点からは、第一に、「ある条約への違反があった場合に、それは条約遵守義務違反であるから憲法（九八条二項）違反になる、という論法」を使うと、「国際人権条約などの場合だけではなく、ふつうの二国間条約の場合も含めて、条約違反はすべて同時に憲法違反をも意味する、という話になってしまって不合理であろう」[3]という指摘がなされる。

しかし、本書の見解は、必ずしも、条約違反を直ちに憲法違反とすることを主張するものではない。少なくとも、条約違反の主張や条約機関の意見・見解を無視すること、あるいは、憲法の規定と国際人権条約の規定の内容を安易に同一視して国際人権条約違反の主張について十分な検討を行わないことは、「日本国が締結した条約……は、これを誠実に遵守することを必要とする」という憲法的決定に反すると解することができると考えられるのである。さらに、本書の基本的立場は、条約の性質によって取扱いの種類を分けるというものである。そこでは、憲法による国際人権条約への対応と二国間条約への対応とが、常に同一である必要はないと解されるのである。

上述の批判の観点からは、第二に、「国際人権規約の中には日本国憲法と緊張関係にある規定も散見されるし、ましてそれは『確立された国際法規』とまではいえない」というような理由から、「国際人権規約の趣旨をくみ入れた形で日本国憲法を解釈しなおす、という手法についても、疑問が残るというべきであろう」[4]という指摘がなされる。この見解からは、「日本国憲法は、その内容や解釈が、国際人権条約の動向によって左右されるようなものではない、とみるべきであろう。だから、ある法令や行政措置が、国際人権条約に違反するが、憲法には違反しない、ということがあっても、少しもおかしくないのである」、あるいは「条約は条約であり、憲法は憲法である。だから、条約に、すばらしいことが書いてあるからといって、憲法の条文を、それと同じものとして解釈していい、ということにはならないのである」[5]ということが、かねてから指摘されていた。

しかし、枢要な問題は、前述のように、国際人権条約違反を主張するに際して、条約の規定を直接適用し、場合によっては法律に対する条約の優位を基礎として法律の条約適合的解釈を行う方法と、当該条約規定を憲法の解釈基準として用いる方法とが考えられるときに、訴訟法上、国際人権条約違反という理由だけでは最高裁判所に上訴できない場合があるということを考慮する必要があるのではないか、ということである。

その際に、前掲の批判の「国際人権規約の中には日本国憲法と緊張関係にある規定も散見される」という点については、本書の考察は、「可能な限りにおいて」憲法を条約に適合的に解釈することが要請されるとするものである。この批判が国際人権規約の直接適用によって国際人権規約の実施を目指すときに日本国憲法と適合的に実施が可能とされる範囲と、本書にいう国際人権規約適合的な解釈で実現可能な範囲とに、径庭はないはずである。さらに、国際人権規約は「『確立された国際法規』とまではいえない」という点については、これは「『確立された国際法規』は国内法に優位するという命題」[6]を前提として憲法を国際人権規約に適合的に解釈することを批判するものと解されるが、本書の考察は、国際人権条約が国法秩序の段階構造において憲法に優位することを前提とするものではない。

「人権条約が憲法より広汎・詳細に人権を保障している場合、一見人権条約独自のようにみえる権利保障が、解釈を通じ憲法の価値体系の中に組み込まれることは当然あり得よう」として、「人権条約の趣旨を憲法解釈に取り込む」ことは認めつつも、本書の考察が憲法の条約適合的解釈は日本国憲法第九八条第二項に基づいて法的に要請されているとするのに対して、憲法第九八条第二項の『遵守』にそこまでの意味を読み込むことができるのか」との疑問を示す見解もある。(7) この見解は、条約の趣旨に適合するような解釈は、「人権条約の保障内容が憲法の趣旨に合致するものと解されるのであれば、要請まではされないとしても、憲法解釈として容認されよう(8)」とするのである。

本書の考察は、「人権条約が日本国憲法と抵触しうる条項を少数ながら含んでいること(9)」などにも鑑み、日本国憲法第九八条第二項は、憲法の規定に矛盾するのではない限りにおいて、憲法解釈についても「日本国が締結した条約」を顧慮することを要請していると解するものである。

上述の見解が指摘するように、人権条約の内容が憲法の趣旨に合致すると解されるのであれば、その内容を解釈を通じて憲法の価値体系の中に組み込むことが「憲法解釈として容認され」るのは、「当然」のことであろう。しかし、それは、比較法的な検討を通じて、諸外国の憲法についての知見を日本国憲法の解釈において「参照」することが「容認」されることと同じではないであろうか。そして、そのような解釈が「憲法解釈として容認され」るのは、第一に、その解釈が「憲法の趣旨に合致するものと解される」からであって、その解釈が人権条約の趣旨に適合的であることは、そこでは副次的な要素であると考えられる。人権条約の趣旨に適合的な解釈も容認されるが、それ以外の解釈も選択肢として同様に容認されるのであれば、それはもはや、「日本国が締結した条約……は、これを誠実に遵守することを必要とする」とする憲法第九八条第二項に関わる問題ではない。

くわえて、この見解は、本書の考察に対して、「憲法解釈にあたり準拠すべき『条約』としてはどのようなものがあり得るのか」として、本書の考察が「規約人権委員会など条約機関の意見・見解も視野に入れている」ことを問題として指摘する。(10)

日本国憲法第九八条第二項は、国内裁判所における規約人権委員会の意見・見解の法的意味についても、その根拠を提供するものと考えられる。ここでの問題は、国際裁判所の判決の当事国における国内的効力あるいは法的拘束力に関わるものではなく、国内裁判所における条約機関の「解釈」の採否である。人権保護の普遍的な基準の具体的内容を解明する役割を担うものとして条約機関が設置されている場合には、条約機関の示す解釈が遵守すべき条約の内容と考えられることとなる。したがって、条約機関の意見・見解の取扱いもまた、「日本国が締結した条約……は、これを誠実に遵守することを必要とする」という憲法的決定の実現に係る一分枝なのである。(11)

（1）　原田一明「国際人権条約の裁判規範性」比較憲法学研究一一号（一九九九年）八一頁。ただし、この見解も、self-executing 性を強調することによって「self-executing ではないとされた条約の切り捨てがある種容易に行われる恐れがあることにも配慮がなされなければならない」（同所）としており、この点では本書第三部序章における主張と完全に一致している。なお、この見解においては、①「国内法上の措置をまつことなく裁判規範となり、そこで保障される人権は、裁判所が裁判を通じて強行できる権利である」とされる「self-executing 性」を有する条約と、②「人権規約をそのまま、すなわち国内法の介在の必要なく国内裁判で適用すること」とされる「国際人権法の『直接適用』」と、③「B規約から、裁判所がいかなる具体的権利を引き出すことができるのかについての問題」とされる「人権規約をめぐる裁判規範性」の問題は、別個の意味を有するものとされているようである。しかし、それら①〜③の相互間に本質的な相違があるといえるのか、疑問である。また、「裁判所がいかなる具体的権利を引き出すことができるのか」が「裁判規範性」の問題であるとすることは、self-executing ではないとされた条約の裁判規範性を否定することにならないであろうか。本書は、従来 self-executing ではないとされてきた国際人権条約規定についても、一定の範囲で裁判規範としての効力を有することを認めたうえで、そこに規定されている権利を訴訟において実現する方途を探ることが有用であると考える。

(2) 内野正幸「国際法と国内法（とくに憲法）の関係についての単なるメモ書き」国際人権一一号（二〇〇〇年）八頁。

(3) 同論文八頁。

(4) 同論文八頁。

(5) 内野正幸『人権のオモテとウラ——不利な立場の人々の視点』（明石書店・一九九二年）三八、一二三頁。

(6) 内野・前掲論文（注２）八頁。

(7) 只野雅人「判批」判時一七四六号（二〇〇一年）二〇三—二〇四頁。

(8) 同論文二〇四頁。

(9) 同論文二〇二頁。

(10) 同論文二〇三頁。

(11) Ｂ規約第一選択議定書の批准に関する問題の検討は、他日を期すこととしたい。

は行

ま行

や行

ら行

欧語

さ 行

た 行

な 行

事項索引

あ 行

か 行

〈著者紹介〉
齊 藤 正 彰（さいとう・まさあき）

1970年　札幌市に生まれる
1993年　北海道大学法学部卒業
1998年　北海道大学大学院法学研究科博士課程修了、
　　　　北海道大学助手を経て
現　在　北星学園大学経済学部助教授

国法体系における憲法と条約　〔学術選書〕

2002（平成14）年3月27日　第1版第1刷発行　3077-0101

筆　者　齊　藤　正　彰
発行者　今　井　　貴
発行所　株式会社信山社
〒113-0033　東京都文京区本郷6-2-9-102
電　話 03（3818）1019
FAX 03（3818）0344
出版編集　信山社出版株式会社
販売所　信山社販売株式会社

Printed in Japan

印刷・製本／松澤印刷・大三製本

ISBN4-7972-3077-0 C3332
3077-012-050-015
NDC323.001

ブリッジブック

ブリッジブック憲法　横田耕一・高見勝利 編

ブリッジブック商法　永井和之 編

ブリッジブック裁判法　小島武司 編

ブリッジブック国際法　植木俊哉 編

ブリッジブック先端法学入門　土田道夫・高橋則夫・後藤巻則 編

ブリッジブック刑法　町野朔 編

ブリッジブック民事訴訟法の基礎　徳田和幸 著

信山社